■ 全国高等院校药学类专业“十三五”规划教材

药品经营质量管理规范实用教程

主　编　陈绍成

副主编　袁　泉　徐　飞　张　珊

编　者（按姓氏笔画为序）

于　洋　王　韵　方应权　赵　颖

宋　丹　陈绍成　陈章宝　张　珊

李　俊　周　琴　罗雪燕　柏　秀

徐　飞　袁　泉　曹纬国　戴传云

GSP

重庆大学出版社

内容提要

本书以《中华人民共和国药品管理法》(2015 年修正版)、《药品经营质量管理规范》(2016 年修改版)和《药品经营质量管理规范现场检查指导原则》(2016 年修订稿)的内容为依据,结合行业岗位需求进行设计和编排,力求科学性、知识性和应用性的统一。从采购、收货验收、储存养护、出库运输、销售与售后服务等药品经营链条各环节质量管理控制出发,提出了明确的管理要求和操作规程,并对经营企业运行中的内部机构及人员设置、设施设备、计算机系统、质量管理体系内审和风险评估及认证进行了系统阐述,书中有案例讨论、知识链接和复习思考题,并附有参考答案,便于学生学习和掌握教材的精髓,为读者提供了理论与实践相结合的范式读本。

本书可作为高等院校药学、药品、制药、经营类专业教材,也可作为药品企业和监督管理部门的培训教材和药学人员学习的参考用书。

图书在版编目(CIP)数据

药品经营质量管理规范实用教程 / 陈绍成主编. --重庆:重庆大学出版社,2017.8
ISBN 978-7-5689-0653-1

Ⅰ.①药… Ⅱ.①陈… Ⅲ.①药品—商业经营—质量管理—规范—中国—教材 Ⅳ.①F721.8

中国版本图书馆 CIP 数据核字(2017)第 165770 号

药品经营质量管理规范实用教程

主 编 陈绍成
副主编 袁 泉 徐 飞 张 珊
策划编辑:曾显跃
责任编辑:陈 力 薛婧媛 版式设计:曾显跃
责任校对:王 倩 责任印制:赵 晟

*

重庆大学出版社出版发行
出版人:易树平
社址:重庆市沙坪坝区大学城西路 21 号
邮编:401331
电话:(023) 88617190 88617185(中小学)
传真:(023) 88617186 88617166
网址:http://www.cqup.com.cn
邮箱:fxk@cqup.com.cn(营销中心)
全国新华书店经销
重庆学林建达印务有限公司印刷

*

开本:787mm×1092mm 1/16 印张:26.5 字数:648 千
2017 年 8 月第 1 版 2017 年 8 月第 1 次印刷
印数:1—2 500
ISBN 978-7-5689-0653-1 定价:68.00 元

前　言

随着医药卫生体制改革的逐步深入，国家对药品经营企业的监督管理越来越规范，2016年国家食品药品监督管理总局对2015年版《药品经营质量管理规范》进行了修改，特别对药品经营链条中计算机系统信息化、仓储运输环节温湿度的自动监测、冷链及特殊管理药品的管控、药品追溯等重点环节提出了新的管理措施；药品风险管理、质量体系内审、验证等新方法已运用到药品经营质量管理中，对药品经营从采购到售后服务整个经营链条中各个环节提出了更新更高的要求；原有的教材内容没有及时更新，不能适应国家基本药物制度改革的需要，结合最新的药品经营监管政策，编写一部具有时代特色的药品经营技术监管的应用性教材非常必要。在全国唯一以“食品药品安全教育研究”为机构名称命名的重庆市食品药品安全教育研究会的倡导下，由陈绍成秘书长组织全国药学类专业产教融合的知名高校、食品药品监督管理局教育培训中心、药品技术评审认证中心以及大型国有医药企业集团的教授、专家，以实用为主线、组织编写了全国高等院校药学类专业十三五规划教材《药品经营质量管理规范实用教程》。

《药品经营质量管理规范实用教程》是一门政策性、技术性、时代性、应用性很强的课程，质量管理的所有内容都必须紧跟当前的国家政策，注重知识的传递和学生应用能力的培养。我们围绕当前国家医改政策，结合药品行业特征，以培养精通药品经营质量管理高素质型、高技能型、应用型、专业型人才为目标来编写本书，符合当前医药卫生体制改革的发展方向和药学专业学科发展；本书内容以国家食品药品监督管理总局出台的《药品经营质量管理规范》2016年修改版的有关内容为依据，结合行业岗位需求进行设计和编排，对药品经营有关的各岗位及人员职责、管理制度、操作规程等均进行了合理描述和示范，对药品经营的每个环节均用规范的流程图进行了明示，内容深度和广度安排合理，知识重点和难点突出，书后备有大量的复习思考题，并附有参考答案，便于学生学习，也便于教师通过教材备有的大量练习题督促学生课后预习，让学生更好地掌握教材的精髓。

本书由既具有实践经验又具有教学经验的高校、企业和监督管理部门的教授和专家编写，可读性、实用性、应用性很强，由长期从事药品监督管理后转任高校教授的陈绍成主任药师担任主编，具体分工为陈绍成负责第1章（药品经营质量管理概述）、第14章（药品经营质量管理规范复习题及参考答案）、附录的编写以及全书的统稿、框架结构的设计、审修和编排;曹纬国、袁泉负责第 2 章(药品经营企业的组织机构与人员);方应权、宋丹负责第 3 章(药品经营企业的质量管理体系);赵颖负责第 4 章(设施与设备管理);徐飞负责第 5 章(校准与验证管理);张珊负责第 6 章(药品采购管理);王韵、柏秀负责第 7 章(药品的收货与验收管理);袁泉、戴传云负责第 8 章(药品的储存与养护);陈章宝、于洋负责第 9 章(药品的销售与售后管理);罗雪燕、张珊负责第 10 章(药品的出库运输与管理);周琴、袁泉负责第 11 章(药品质量内审与风险管理);徐飞、陈绍成负责第 12 章(计算机系统管理);李俊、宋丹负责第 13 章(GSP 认证管理)。

本书适合高等院校药学、药品、制药、经管类专业学生学习使用,也可以作为药品经营、使用、生产、管理等部门的药学工作者的参考和培训用书。由于编者水平有限,书中难免存在疏漏和不足,敬请各位读者批评指正。

编　者

2017 年 5 月

目　录

第1章 药品经营质量管理概述

药品是指用于预防、治疗、诊断人的疾病,有目的地调节人的生理机能并规定有适应症或者功能主治、用法和用量的物质,包括中药材、中药饮片、中成药、化学原料及其制剂、抗生素、生化药品、放射性药品、血清、疫苗、血液制品和诊断药品等。药品作为一种商品,其使用价值与人的生命和身体健康息息相关,具有特殊性,主要表现在药品使用的专属性、药品功效的双重性(治疗作用和副作用)、药品需求的及时性、药品检验检测的专业性、药品渠道管控的严格性等,所以对药品在经营过程中各个环节应进行严格管理,以保证其质量。

1.1 药品经营企业概念及类型

药品经营企业,是指经营药品的专营企业或兼营企业,根据药品经营方式分为药品批发企业、药品零售连锁企业和药品零售企业。药品批发企业,是指将购进的药品销售给药品生产企业、药品经营企业、医疗机构的药品经营企业;药品零售连锁企业,是指经营同类药品、使用统一商号的若干个门店,在同一总部的管理下,采取统一采购配送、统一质量标准、采购同销售分离、实行规模化管理经营的企业;药品零售企业,是指将购进的药品直接销售给消费者的药品经营企业。

1.2 药品经营质量监督管理法律法规

药品经营质量监督管理是指药品监督管理行政机关依照法律法规的授权,依据相关法律法规的规定,对药品的流通环节进行管理的过程。

国家为加强药品监督管理,规范药品流通秩序,保证药品质量,根据《中华人民共和国药品管理法》(以下简称《药品管理法》)、《中华人民共和国药品管理法实施条例》(以下简称《药品管理法实施条例》)和有关法律、法规的规定,制定了《药品流通监督管理办法》《药品经营许可证管理办法》《处方药与非处方药分类管理办法》《处方药与非处方药流通管理暂行规定》《药品经营质量管理规范》《药品经营质量管理规范实施细则》《药品电子商务试点监督管理办法》《药品经营质量管理认证管理办法》《零售药店设置暂行规定》《城镇职工基本医疗保险定点零售药店管理暂行办法》等与药品流通有关的法律法规，这些法律法规对保证药品正常流通，提高药品流通质量起到了重要的管控作用，但也存在一些不足。药品流通领域包括药品生产企业、普通商业企业、药品批发企业、药品零售企业、药品零售连锁企业等多种行业的企业监督管理工作，故应针对不同类型完善现行的法律法规形成适用于药品流通各个类别的较为成熟的法律体系，还应增订一些适用于药品流通领域的新法规以保证我国药品流通领域各个行业的健康发展。

1.3 药品经营质量管理规范（GSP）

1.3.1 GSP 的概念

《药品经营质量管理规范》简称 GSP，是 Good Supply Practice 的英文缩写，是一个国际通用的概念，意思为“良好的供应规范”。它是针对药品经营链条中计划采购、收货验收、储存养护、出库运输、按需销售和售后服务等各环节进行有效的管控，通过严格的管理制度约束企业的经营行为，保证药品经营符合质量标准的一整套管理规程，防止药品质量事故发生，为人民提供合格的药品。

1.3.2 GSP 的法律依据

《药品管理法》《药品管理法实施条例》明确了监督实施 GSP 的法律地位，监督实施 GSP 是管控药品经营质量的重要措施，GSP 是药品经营管理和质量控制的基本准则，企业应当在药品收货、验收、采购、储存、销售、运输等环节采取有效的质量控制措施，确保药品质量。任何药品经营企业必须严格执行本规范，药品生产企业销售药品，药品流通过程中其他涉及储存与运输药品的，也应当符合本规范相关要求。药品经营企业应当坚持诚实守信，依法经营。禁止任何虚假、欺骗行为；GSP 认证是强制性的技术认证，没有通过 GSP 认证的企业不得从事药品经营，GSP 已经成为衡量一个持证药品经营企业是否具有继续经营药品资格的一道技术杠杆。

1.3.3 GSP 的历史沿革

1980 年国际药品联合会在西班牙马德里召开的全体大会上，通过决议呼吁各成员国实施 GSP，这对全世界推行 GSP 起到了积极作用。

知识链接

日本是推广 GSP 最积极，也是实施 GSP 较早的国家之一。在日本，医药商品销售部门包括零售药局和批发企业两个部分。这两部分本属同一范畴,现已完全分化,其职能、规模及设施设备已大不相同。这是日本经济飞速发展和医疗保险制度普及的必然结果。医药商品批发企业也是以自由竞争为基本特征的经济社会中的企业,如果制药企业进行大规模生产,那么就必然进行大规模销售,直接损害批发商的利益。批发商则要竭尽全力投入占领市场的竞争。然而,医药商品是一种特殊的商品,不能像普通商业那样只顾赢利和赚钱,医药商品必须绝对保证安全有效。医药商品批发企业的使命和义务是随时随地为消费者提供任何数量的任何产品,包括一些非赢利的产品。只要是生产或经营药品,就必须把社会效益放在第一位,即把医药品的安全性、有效性摆在首位。这就需要有一种法律来规范批发商的行为,因此日本的 JGSP 应运而生。

1982 年中国医药公司在考察分析日本等发达国家药品经营质量管理规范的基础上将我国的药品经营管理理念和日本等发达国家的 GSP 融合提炼,形成了具有中国特色的第一部 GSP,于 1984 年由国家医药管理局发布。

1992 年 3 月国家医药管理局发布了我国第二部 GSP,于 1992 年 10 月 11 日施行,该版本对第一部 GSP 进行了长达 8 年的系统修改,相关协会也编辑出版了相应的具体操作指南,将 GSP 工作推向了一个新的阶段。

知识链接

1993 年 6 月中国医药商业协会将第二版 GSP 管理、技术要求具体化,编辑了《医药商品质量管理规范指南》,对 GSP 的执行提供了操作依据。1994 年该协会为了在全行业普及 GSP 知识,制作了想象化的教学录像及音像教材。在医药行业推进 GSP 的同时,中医药行业管理和卫生行政管理部门也结合自身行业和职能特点,开始将 GSP 作为有效管理的手段。1997 年国家中医药管理局制定了符合中药经营质量管理要求的中药经营企业 GSP 验收标准,并对 11 家中药经营企业进行了合格验收。卫生部在制定药品经营企业许可证审批标准时,就吸收了许多 GSP 的原则和要求。各医药管理部门对 GSP 的介入或关注,推进了我国 GSP 的发展,使 GSP 逐步成为医药经营领域内质量管理工作的统一标准,为维护药品市场的正常秩序,规范企业经营行为,保障人民用药安全,推进我国药品流通监督管理工作稳步向前发展起到促进作用。

知识链接

自 1984 年发布第一部 GSP,到 1998 年正式成立国家药品监督管理局,经过十几年的不断探索和实践,GSP 推行工作取得了令人瞩目的成就。但是作为一项医药行业的管理政策,GSP 在推行中也有一些不足。一是 GSP 不具有法律上的约束性,其实施与否,仅取决于企业的自主行为;二是推行 GSP 的政府主管部门医药管理局,只有行业管理权限,对企业实施 GSP 当中存在的问题,只能提出指导性意见,不具有行政监管的效能;三是 GSP 管理工作中存在某些不尽科学和规范的做法。这些问题影响了 GSP 在我国药品经营企业中的广泛推行,影响了 GSP 在药品经营质量管理中所能发挥的作用。1998 年国家药品监督管理局组建后,根据我国药品流通领域的实际状况和药品监督管理工作的职责范围和要求,明确将监督实施 GSP 作为国家药品监督管理工作的重要组成部分。

2000 年 4 月 30 日国家食品药品监督管理局以第 20 号局令发布了《药品经营质量管理规范》,并已于 2000 年 7 月 1 日起正式施行。这是 1998 年国家药品监督管理局成立后颁布的第一部 GSP,也是我国实施 GSP 以来延续制(修)订的第三部 GSP,这标志着我国药品经营监督实施 GSP 工作开始步入正轨。该版《药品经营质量管理规范》具有以下特点:

①它是国家药品监督管理局发布的一部具有强制性的行政规章,是我国第一部纳入法律范畴的 GSP。

②该规范管理的商品范围与国际接轨,与《药品管理法》管理范围完全一致。

③该规范在文件结构上对药品批发和药品零售的质量要求分别设章表述,利于实际执行。

④该规范充分吸收现代质量管理学的理论成果,对药品经营企业提出建立质量体系并使之有效运行的基本要求。

⑤该规范与现行《处方药与非处方药分类管理办法》《药品流通监督管理办法》《进口药品管理办法》等行政规章的有关管理要求实现了较好地衔接。

⑥该规范明确 GSP 的监督实施主体为药品行政执法部门,确保 GSP 在全社会药品经营企业中全面推行。

⑦该规范是药品市场准入的一道“技术壁垒”。

随着社会经济的发展,医药流通购销模式、技术管理方式、物流配送、高风险药品的监管以及药品追溯等方式发生了较大变化,现有 GSP 的一些规定不能适应药品流通的发展需要,国家食品药品监督管理局从 2005 年起开始进行调查研究,于 2009 年正式启动新一轮的 GSP 修订工作;借鉴了一些发达国家和地区的药品流通监管政策,结合我国现有实际情况,多次召开地方食品药品监督管理部门、行业协会、药品生产经营企业以及相关部门代表座谈会,广泛征求商务部、工信部、国家中医药管理局等部门的建议,3 次上网征求反馈意见,形成 GSP 修订草案,于 2012 年 11 月 6 日经卫生部部务会议审议通过第三版 GSP(中华人民共和国卫生部令第 90 号),2013 年 1 月 22 日正式公布,2013 年 6 月 1 日正式实施。

知识链接

《药品经营许可证管理办法》于 2004 年 1 月 2 日经国家食品药品监督管理局局务会审议通过,该办法自 2004 年 4 月 1 日起正式施行。颁发该办法主要是为了防止药品经营企业低水平重复建设,保证药品经营与市场规范化运作,改变药品经营企业多、小、散乱状况,促进药品经营企业结构性战略调整,进一步明确开办药品批发零售企业的申请、受理、审查、发证程序,强制推行药品经营企业进入市场前的公示制度,接受社会和公众监督,严厉打击企业在申请《药品经营许可证》时提供虚假证明文件数据,加强药品经营 GSP 认证制度建设,建立健全认证管理制度和工作程序。2013 年版将药品经营许可和药品 GSP 认证标准合一,检查合一,换证企业一次性检查符合规定的,同时核发《药品经营许可证》和《药品经营质量管理规范认证证书》;新开办的企业一次性检查合格后发短期证,经营一段时间后再检查,符合 GSP 规定的同时核发《药品经营许可证》和《药品经营质量管理规范认证证书》,不符合规定的,短期证到期自动失效。

随着监督管理体制的变化、医药卫生体制改革的逐步实施、国家基本药物政策以及流通监管方式的创新，国家食品药品监督管理总局局务会议于2015年5月18日审议通过了第四版《药品经营质量管理规范》（国家食品药品监督管理总局第13号令），自2015年6月25日起施行。原卫生部2013年6月1日施行的《药品经营质量管理规范》（中华人民共和国卫生部令第90号）同时废止。

为贯彻《国务院办公厅关于加快推进重要产品追溯体系建设的意见》（国办发〔2015〕95号）精神，以落实企业追溯管理责任为基础，强化企业主体责任，建设来源可查、去向可追、责任可究的药品追溯体系，在听取部分药品生产企业、药品经营企业、相关行业协会以及专家意见的基础上，食品药品监管总局起草了《药品经营质量管理规范》（修订草案），2016年2月20日起向社会公开征求意见。此次修订主要是将药品电子监管系统调整为药品追溯体系，强调以药品生产经营企业为责任主体，建立药品追溯体系（特药等法规规定的品种另行规定）。2016年4月23日，国务院发布《关于修改〈疫苗流通和预防接种管理条例〉的决定》（国务院令 第668号），取消了原条例关于药品批发企业经营疫苗的规定，改由疫苗生产企业直接向疾控机构销售和配送，需要对原药品GSP中关于疫苗经营的规定作出相应修改。根据《国务院办公厅关于加快推进"三证合一"登记制度改革的意见》（国办发〔2015〕50号），原使用组织机构代码证、税务登记证办理相关事务的，一律改为使用"三证合一"后的营业执照，需要对原药品GSP中关于查验首营企业证件要求进行修改。根据第十二届全国人民代表大会常务委员会第十四次会议《关于修改〈中华人民共和国药品管理法〉的决定》，新公布的《药品管理法》调整了部分条文序号，对原药品GSP中涉及引用《药品管理法》的相关条文序号进行修改。

1）涉及药品追溯要求的条款

现行药品GSP中涉及药品电子监管的内容共有10条，分别为第三十六、五十七、八十一、八十二、八十四、一百零二、一百三十八、一百四十九、一百六十一、一百七十六条。鉴于相关条款是在企业内部管理制度、收货验收、出库或者销售扫码、计算机管理等环节的具体操作要求，相关内容修订不涉及规章结构调整，主要是将"药品电子监管系统"的表述修改为"药品追溯系统"，以突出企业自主建设的主体责任，并取消强制执行电子监管码扫码和数据上传的要求。

具体修改包括以下内容，详见表1.1。

（1）确立药品追溯体系建设的基本定位和要求

在总则中增加一条，内容为"药品经营企业应当按照国家有关要求建立药品追溯制度，实现药品来源可查、去向可追、责任可究"。同时，考虑到对特药的追溯相关法规和规章有明确规定，在附则中增加一条，内容为"特殊管理的药品的追溯体系应当符合国家有关规定"。

（2）删除或者修改涉及强制要求电子监管码扫码和数据上传的内容

具体包括下述内容。

①删除原第八十一条"对实施电子监管的药品，企业应当按规定进行药品电子监管码扫码，并及时将数据上传至中国药品电子监管网系统平台"、原第一百零二条"对实施电子监管的药品，应当在出库时进行扫码和数据上传"、原第一百七十六条"对实施电子监管的药品，在售出时，应当进行扫码和数据上传"。

②删除原第八十四条中“和进行药品电子监管码的扫码与数据上传”的内容和原第一百六十一条中“实施电子监管的药品,还应当按照本规范第八十一条、第八十二条的规定进行扫码和数据上传”的内容。

③将原第八十二条中“企业对未按规定加印或者加贴中国药品电子监管码,或者监管码的印刷不符合规定要求的,应当拒收。监管码信息与药品包装信息不符的,应当及时向供货单位查询”修改为“企业对无法溯源的药品,应当拒收。追溯信息与药品包装信息不符的,应当及时向供货单位查询”。

(3)将“执行药品电子监管的规定”修改为“执行药品追溯的规定”

具体涉及原第三十六条第二十一项、原第一百三十八条第十七项。

(4)删除或者修改要求企业计算机系统“满足药品电子监管的实施条件”的内容

具体包括下述内容。

①删除原第五十七条中“并满足药品电子监管的实施条件”的内容。

②将原第一百四十九条“企业应当建立能够符合经营和质量管理要求的计算机系统,并满足药品电子监管的实施条件”修改为“企业应当建立能够符合经营和质量管理要求的计算机系统,并满足药品追溯的要求”。

表 1.1 《药品经营质量管理规范》(修订草案)修改部分

序号	现行 GSP 相关条文	修订后条文	备　注
1		第五条　药品经营企业应当按照国家有关要求建立药品追溯制度,实现药品来源可查、去向可追、责任可究。	新增
2	第三十六条　质量管理制度应当包括以下内容: (一)质量管理体系内审的规定; (二)质量否决权的规定; (三)质量管理文件的管理; (四)质量信息的管理; (五)供货单位、购货单位、供货单位销售人员及购货单位采购人员等资格审核的规定; (六)药品采购、收货、验收、储存、养护、销售、出库、运输的管理; (七)特殊管理的药品的规定; (八)药品有效期的管理; (九)不合格药品、药品销毁的管理; (十)药品退货的管理; (十一)药品召回的管理; (十二)质量查询的管理; (十三)质量事故、质量投诉的管理; (十四)药品不良反应报告的规定; (十五)环境卫生、人员健康的规定; (十六)质量方面的教育、培训及考核的规定; (十七)设施设备保管和维护的管理;	第三十七条　质量管理制度应当包括以下内容: (一)质量管理体系内审的规定; (二)质量否决权的规定; (三)质量管理文件的管理; (四)质量信息的管理; (五)供货单位、购货单位、供货单位销售人员及购货单位采购人员等资格审核的规定; (六)药品采购、收货、验收、储存、养护、销售、出库、运输的管理; (七)特殊管理的药品的规定; (八)药品有效期的管理; (九)不合格药品、药品销毁的管理; (十)药品退货的管理; (十一)药品召回的管理; (十二)质量查询的管理; (十三)质量事故、质量投诉的管理; (十四)药品不良反应报告的规定; (十五)环境卫生、人员健康的规定; (十六)质量方面的教育、培训及考核的规定; (十七)设施设备保管和维护的管理;	修改

续表

序号	现行 GSP 相关条文	修订后条文	备 注
2	(十八)设施设备验证和校准的管理； (十九)记录和凭证的管理； (二十)计算机系统的管理； (二十一)执行药品电子监管的规定； (二十二)其他应当规定的内容。	(十八)设施设备验证和校准的管理； (十九)记录和凭证的管理； (二十)计算机系统的管理； (二十一)执行药品追溯的规定； (二十二)其他应当规定的内容。	修改
3	第五十七条　企业应当建立能够符合经营全过程管理及质量控制要求的计算机系统，实现药品质量可追溯，并满足药品电子监管的实施条件。	第五十八条　企业应当建立能够符合经营全过程管理及质量控制要求的计算机系统，实现药品质量可追溯。	修改
4	第八十一条　对实施电子监管的药品，企业应当按规定进行药品电子监管码扫码，并及时将数据上传至中国药品电子监管网系统平台。		删除
5	第八十二条　企业对未按规定加印或者加贴中国药品电子监管码，或者监管码的印刷不符合规定要求的，应当拒收。监管码信息与药品包装信息不符的，应当及时向供货单位查询，未得到确认之前不得入库，必要时向当地食品药品监督管理部门报告。	第八十二条　企业对无法溯源的药品，应当拒收。追溯信息与药品包装信息不符的，应当及时向供货单位查询，未得到确认之前不得入库，必要时向当地食品药品监督管理部门报告。	修改
6	第八十四条　企业按本规范第七十条规定进行药品直调的，可委托购货单位进行药品验收。购货单位应当严格按照本规范的要求验收药品和进行药品电子监管码的扫码与数据上传，并建立专门的直调药品验收记录。验收当日应当将验收记录相关信息传递给直调企业。	第八十四条　企业按本规范第七十条规定进行药品直调的，可委托购货单位进行药品验收。购货单位应当严格按照本规范的要求验收药品，并建立专门的直调药品验收记录。验收当日应当将验收记录相关信息传递给直调企业。	修改
7	第一百零二条　对实施电子监管的药品，应当在出库时进行扫码和数据上传。		删除
8	第一百三十八条　药品零售质量管理制度应当包括以下内容： (一)药品采购、验收、陈列、销售等环节的管理，设置库房的还应当包括储存、养护的管理； (二)供货单位和采购品种的审核； (三)处方药销售的管理； (四)药品拆零的管理； (五)特殊管理的药品和国家有专门管理要求的药品的管理； (六)记录和凭证的管理； (七)收集和查询质量信息的管理； (八)质量事故、质量投诉的管理；	第一百三十七条　药品零售质量管理制度应当包括以下内容： (一)药品采购、验收、陈列、销售等环节的管理，设置库房的还应当包括储存、养护的管理； (二)供货单位和采购品种的审核； (三)处方药销售的管理； (四)药品拆零的管理； (五)特殊管理的药品和国家有专门管理要求的药品的管理； (六)记录和凭证的管理； (七)收集和查询质量信息的管理； (八)质量事故、质量投诉的管理；	

续表

序号	现行 GSP 相关条文	修订后条文	备　注
8	(九)中药饮片处方审核、调配、核对的管理; (十)药品有效期的管理; (十一)不合格药品、药品销毁的管理; (十二)环境卫生、人员健康的规定; (十三)提供用药咨询、指导合理用药等药学服务的管理; (十四)人员培训及考核的规定; (十五)药品不良反应报告的规定; (十六)计算机系统的管理; (十七)执行药品电子监管的规定; (十八)其他应当规定的内容。	(九)中药饮片处方审核、调配、核对的管理; (十)药品有效期的管理; (十一)不合格药品、药品销毁的管理; (十二)环境卫生、人员健康的规定; (十三)提供用药咨询、指导合理用药等药学服务的管理; (十四)人员培训及考核的规定; (十五)药品不良反应报告的规定; (十六)计算机系统的管理; (十七)执行药品追溯的规定; (十八)其他应当规定的内容。	修改
9	第一百四十九条　企业应当建立能够符合经营和质量管理要求的计算机系统,并满足药品电子监管的实施条件。	第一百四十八条　企业应当建立能够符合经营和质量管理要求的计算机系统,并满足药品追溯的要求。	修改
10	第一百六十一条　验收合格的药品应当及时入库或者上架,实施电子监管的药品,还应当按照本规范第八十一条、第八十二条的规定进行扫码和数据上传,验收不合格的,不得入库或者上架,并报告质量管理人员处理。	第一百六十条　验收合格的药品应当及时入库或者上架,验收不合格的,不得入库或者上架,并报告质量管理人员处理。	修改
11	第一百七十六条　对实施电子监管的药品,在售出时,应当进行扫码和数据上传。		删除
12		第一百八十一条　特殊管理的药品的追溯体系应当符合国家有关规定。	新增

2)涉及疫苗要求的条款

根据第 668 号国务院令,修改原药品 GSP 关于疫苗经营企业和疫苗经营的两处规定,改为针对疫苗配送活动的规定。具体内容为:

①将原第二十二条第二款“经营疫苗的企业还应当配备 2 名以上专业技术人员专门负责疫苗质量管理和验收工作”,修改为“从事疫苗配送的,还应当配备 2 名以上专业技术人员专门负责疫苗质量管理和验收工作。”对疫苗配送企业提出较为严格的要求,以利于提高参与配送企业素质,严格控制数量。

②将原第四十九条“经营冷藏、冷冻药品的”修改为“储存、运输冷藏、冷冻药品的”;其下第(一)项中“经营疫苗的应当配备两个以上独立冷库”,修改为“储存疫苗的应当配备两个以上独立冷库”。

3)涉及查验税务登记、组织机构代码证件要求的条款

根据国办发〔2015〕50 号文件,对原 GSP 第六十二条首营企业要求审核查验的证件资料中单独要求提供的第(六)项“《税务登记证》和《组织机构代码证》复印件”,合并入第(二)

项,成为"营业执照、税务登记、组织机构代码的证件复印件,以及上一年度企业年度报告公示情况",以便于企业实施。

4)涉及《药品管理法》条文序号的条款

第十二届全国人民代表大会常务委员会第十四次会议修改公布的《药品管理法》将原第七十九条条文序号修改为第七十八条。因此,将原药品GSP第一百八十六条中引用的《药品管理法》第七十九条条文序号修改为第七十八条。

我国GSP自1984年药品经营企业自愿试行以来,通过行业主管部门推行,国家药品行政主管部门监督实施和依法强制实施,改善了药品经营企业GSP管理工作,特别是国家食品药品监管总局2016年7月20日发布《国家食品药品监督管理总局关于修改〈药品经营质量管理规范〉的决定》极大地推动GSP走上了科学化、法制化管理的轨道,为我国药品流通行业的兼并重组、持续、健康、规范发展创造了条件。

1.3.4 GSP实施的目的和意义

1)GSP实施的目的

通过严格的管理制度约束经营企业的行为,对经营过程进行全方位的监督和管理,防止药品流通过程中质量事故的发生。GSP是一项包含全过程、全员参与、全企业的质量管理行为。医药企业在药品流通的过程中通过市场调查、分析、采购、流通、验收入库、储存、养护、销售等一系列经营活动,通过企业全体员工的共同参与、团结协作,以及企业各职能部门充分发挥质量管理工作,才能有计划、有步骤、高效率地实施GSP活动,从每个环节把控药品质量管理,实现GSP的目标。随着我国《药品经营质量管理规范》的逐步完善,有利于维护药品市场的正常秩序、规范企业经营行为、保障人民用药安全、推进我国药品流通监督管理工作稳步健康快速发展。

2)GSP实施的意义

(1)实施GSP是贯彻执行国家有关法律法规的需要

GSP作为我国药品经营质量管理工作基本准则,收录了先行质量管理法规中对药品商业企业的要求,实施GSP将会更好地促进药品经营企业依法经营和依法管理,以保证经销药品质量,保护用户、消费者的合法权益和人民用药安全有效。

(2)实施GSP保障人民用药安全

在药品的流通环节中,通过采用各种严格和有针对性的措施,提高药品经营企业的人员素质和经营条件,严格企业管理制度和行为规范,控制可能影响药品质量的各种因素,消除发生质量问题的隐患,保证了药品在流通环节中的安全性、有效性和稳定性。处方药和非处方药的分类管理,大大减少了处方药滥用的发生,有助于消费者进行正确的自我药疗,杜绝了因处方药滥用导致的有害事故的发生。

(3)实施GSP是药品经营企业参与市场竞争的需要

质量是企业的生命,市场竞争关键是人才和质量的竞争。我国的GSP作为当前药品经营企业质量工作的基础规范,对药品经营质量管理及质量保证措施作出了具体统一的规定,这就为药品经营企业提供了平等竞争的条件,国家在强化这一规则的实施中必将采取相应的政策和措施,促使企业定期达到GSP的规定,对于不能定期达GSP认证的企业将会予以取缔。

(4)实施GSP是积极参与国际竞争和一带一路协同发展的需要

GSP已经成为衡量一个持证药品经营企业是否具有继续经营药品资格的一道硬杠杆,成为药品市场准入的一道技术壁垒,提高了医药行业市场的准入门槛。因此,推行GSP可以改变目前药品经营企业过多过滥的现象,促进药品经营行业的经济结构调整、兼并重组,做大做强一批药品经营企业,提高企业集约化、规模水平和综合竞争力,并努力实现我国医药商业质量管理与质量保证标准国际化,早日使我国药品步入世界市场,促进国际医药交流,提高企业的经济效益,使药品经营企业得到长足的发展。以适应我国参与国际竞争和一带一路发展要求而作出的重大决策,是我国药品流通领域改革的必由之路。

(5)实施GSP是提高药品经营企业质量管理水平的需要

GSP作为一个思想体系最重要的一条是"质量第一",要求企业进行任何经营活动都必须以质量为首要目标,确保药品质量。同时GSP从管理职责、人员与培训、设施设备、进货验货及存储等方面,对药品经营企业的硬件及软件作出了规范性的要求。通过明确企业内部管理人员的职责、规范人员专业素质、强化人员培训及再教育、考察供货单位的合法性及保证具有与药品保管规模相适应的设施与设备,全过程、全方位地对药品经营企业提出了要求。因此,通过实施GSP,能够提高药品经营企业产品质量和服务质量的竞争能力,转变企业经营思想,使员工不仅要具有商业道德素养,更要具备相应的文化素质,熟知药品的功效、使用禁忌及储藏保管等基本常识。促使企业在管理水平、制度建设、人员素质、设施改造等方面不断创新、发展和提高,有利于企业的发展,促进企业经营思想和经营组织结构的变化,促进企业运用先进的科学技术保证药品的安全可靠。

(6)实施GSP可以降低药品经营企业的质量风险

药品经营企业的人员、管理制度、设施设备、药品流通管理在药品经营过程中共同组成了一个有机的整体,每一个环节都存在着质量风险。药品经营企业的质量风险来源复杂,既有人为造成的(假药、劣药、以次充好),也有药品自身性质决定的(特殊的储存条件、特有的使用禁忌、配伍/联合用药禁忌、已知的药品不良反应、未知的药品不良反应)。如果药品经营企业能够严格遵守GSP的规定,认真贯彻实施GSP,在药品的购进、查验、储存保管、药品销售等环节中便可有效地杜绝风险的发生,甚至通过对日常工作中易发生风险的环节进行强化管理、素质教育,就可规避风险,防患于未然。

案例分析

药企起诉国家食品药品监督管理总局　电子监管码再惹争议

药品电子监管码是指运用信息技术、网络技术和编码技术,给药品最小包装附上一个电子监管码。通过这个电子监管码给药品一个合格的身份证。实施电子监管以后,企业通过电子监管系统上传信息,使得赋码药品不管走到哪里都能被实时监控。

2016年1月25日,北京市第一中级人民法院收到一纸来自医药企业的诉状,被告是国家食品药品监督管理总局(简称食药监总局)。起诉的缘由是食药监总局近日强力推行交由阿里健康运营的药品电子监管系统。原告养天和大药房企业集团有限公司(下称养天和)认为电子监管码使同样作为零售企业的阿里健康掌握全国药品流通信息,获得垄断数据,同时加大了药企不必要成本。

据悉，原国家食药监局2006年与中信21世纪(中国)科技有限公司合作，后者是药品电子监管码的唯一服务提供商。2008年开始，国家药监局对全国范围内的血液制品、疫苗、第二类精神药品等管控药品实施电子监管。2011年，国家药监局要求生产基本药品中标企业纳入电子监管网。2015年年底，国家食药监总局要求所有药品批发、零售企业也全部入网赋码。

经营企业被纳入进来，导致药品零售企业的成本加大，直接涉及他们的利益。随着药品电子监管码的逐渐推进，一部分药品生产企业一定程度上已经认可了依托电子监管码建立的药品追溯体系，但零售企业的反对声音较大。

值得注意的是，国务院办公厅印发了《关于加快推进重要产品追溯体系建设的意见》，要求到2020年，追溯体系建设的规划标准体系得到完善，使食品、药品、农产品等"重要产品生产经营企业追溯意识显著增强"。要实现追溯，电子监管是大趋势，如何做到公平公正或许是此案备受舆论关注的焦点所在。

原告药企:强推药品电子监管属非法行政

1月26日，湖南养天和大药房集团有限公司的法人兼董事长李能在京召开新闻发布会，讲述其之所以起诉CFDA的原因，认为CFDA强制推行药品电子监管码属于行政违法，要求立即停止这一违法行为。

2015年底，食药监总局"2015年284号公告"和"2015年176号通知"加强了新版《药品经营质量管理规范》(下称"新版GSP")的要求，"对实施电子监管的药品，企业应当按规定进行药品电子监管码扫码，并及时将数据上传至中国药品电子监管网系统平台"。自2016年1月1日起，凡是未通过新修订药品GSP认证的药企，一律停止药品经营活动。并要求地方食药监局对未认证的企业逐一审查，停止企业的药品经营活动。起诉书认为，这一行政通知构成行政违法，请求判令被告立即停止违法行为，对被告制定的《药品经营质量管理规范》中关于药品电子监管的条款之合法性进行审查。

李能在发布会上表示，国家食药监总局委托中信21世纪(现更名为阿里健康)运营药品电子监管码，未公开招投标，缺少合法性。要求生产、流通企业进行药品电子监管码赋码，不履行赋码相关要求的生产企业产品不得进入招采平台，药品流通企业要终止经营资格，这些都没有法理依据。

李能在发布会上说，国家食药监总局允许阿里健康一方面经营网上药品，一方面代表国家权力运营全行业数据，属于滥用行政权力。同样作为零售商的阿里健康掌握了全国药品流通的大数据，这对所有药品生产、流通企业造成极大不公平。

同时，在他看来，电子监管码是重复建设，现有的条形码和药品批号已经足以完成药品追溯，电子监管码加大了药企成本，会转嫁给消费者。他也向南都记者透露，仅药品零售行业一次性增加的运营成本初步估算为150亿元，未来如果继续扩展到占整个药品市场销售80%的医疗机构，产生的成本将非常惊人。

食药监系统人士:电子监管码可防止假药进入流通渠道

中部某省食药监系统工作人员向南都记者表示，药品电子监管码首要作用是保证并防止假冒伪劣药品进入药品流通的正规渠道，作为企业应该有这样的社会义务。

该人士向南都记者介绍，电子监管码要求"一盒一码"，这意味着不法分子企图制造仿冒假药，就会变得很困难，因为其没有办法知道每一盒药的"身份证"是多少。

该人士还解释,之所以要求作为经营企业的药房也必须进行电子监管码管理,是想形成药品流通的一个闭环系统。通过独一无二的监管码,从药厂、药店、医院直到消费者,每一个环节都需要扫码录入流通信息,消费者能够确保到达手中的药来自正规渠道。

上述食药监系统工作人员还告诉南都记者,电子监管码还能够发现药品流通中很多问题,河北省石家庄市有关方面曾通过电子监管码发现,一些县医院里的药品是从北京的医院流通到消费者手中的。北京卖出去的药,怎么会在石家庄的药店里被发现?

这一工作人员还表示,这个现象非常普遍。他了解到,有些医保患者开出大量超过治疗所需的药品,药贩子通过较高的价格收回,又以低于市场价格转卖给其他地方的一些药店,从中非法套取医保牟取利润。

不过,他也向南都记者直言,如果《药品管理法》中能够明确规定,药品生产流通经营企业实施电子监管码制度是企业的责任与义务,这在法律程序上或许会更加规范。

法院人士:受理该案的北京市第一中级人民法院以"诉讼请求不在法院行政诉讼的受案范围"为由,裁定为不予立案。

结果:食药监总局在公布的关于《药品经营质量管理规范》(修订草案)的说明中指出,2013 年 1 月发布的《药品经营质量管理规范》和 2015 年总局修订后的《药品经营质量管理规范》中有关药品经营企业执行药品电子监管规定与落实企业追溯主体责任有关要求不符,有必要对现行药品 GSP 中的相关规定作相应修改完善;将药品电子监管系统调整为药品追溯体系,以突出企业自主建设的主体责任,并取消强制执行电子监管码扫码和数据上传的要求。

问题:药品可追溯,一定要用电子监管码吗?

思考题

1. 药品经营企业实施 GSP 的目的和意义。
2. 药品经营企业的类型和特点。
3. 如何建立药品质量追溯体系?

技能实训项目

参观药品批发企业和药品零售连锁经营企业,了解其经营范围、方式是否与《药品经营许可证》规定的内容相符合,若有不相符的地方,请进行描述。

第2章　药品经营企业的组织机构与人员

2.1　药品经营企业的组织机构的设置

2.1.1　药品批发（零售连锁）企业管理组织与机构设置

1）组织机构的概念

组织机构是药品批发(零售连锁)企业质量管理的一个关键要素。企业应该建立与自身经营规模和质量管理工作相适应的组织机构并制订相应的质量职责,以确保经营全过程符合要求。

组织机构是组织的全体成员为实现组织目标,在管理工作中进行分工协作,在职务范围、责任、权利方面所形成的结构体系,是组织在职、责、权方面的动态结构体系,本质是为了实现组织战略目标而采取的一种分工协作体系,组织机构必须随着组织的重大战略调整而调整。企业组织单位、部门和岗位的设置,不是把一个企业组织分成几个部分,而是企业作为一个服务于特定目标的组织,必须由几个相应的部分构成,各个单位、部门和岗位的职责、权利的界定是对各个部分的目标功能作用的界定。各个部分在发挥作用时,彼此具有协调、配合、补充、替代的关系。

2）组织机构的设置

企业组织机构的设置取决于企业的行业特征、企业性质、经营模式、规模大小等因素。

组织架构的设计要求审视两个问题:其一,是否存在职能重叠或缺失的现象,尤其是组织所需的关键职能是否具备。其二,职能部门是否定位清晰,是否有明确的使命。企业上下级之间应有对应性,一个下级只对一个上级负责,不越级指挥和管理,命令和指挥才存在统一性。各岗位的职责与职权间必须存在对应性,即承担什么样的责任,就应该赋予什么样的权利。

企业组织机构的设置应符合法律法规的要求和企业的实际情况,以事为中心,因事设岗,因岗设人。组织机构既要严谨又不能规定过死,需要具有一定的弹性,能适应新情况的变化,本着精简高效、责权明确、管理科学的原则以及企业经营规模决定部门的设置、层次结构、部门人员职责。

企业组织机构的建立必须与企业经营管理实际情况相适应，确保企业管理架构能够满足质量管理的需要。

①企业设置的组织机构应当是企业为开展日常业务与管理活动真实组建的机构，包括所有的业务经营部门、质量管理部门以及岗位。企业应当按照《质量管理文件管理制度》的要求和相关程序的规定，建立各级组织机构相应文件，并确定各部门及岗位的管理职责，明确其质量责任，制作组织机构图如图 2.1 所示，确定各部门及岗位的业务和质量管理关系。

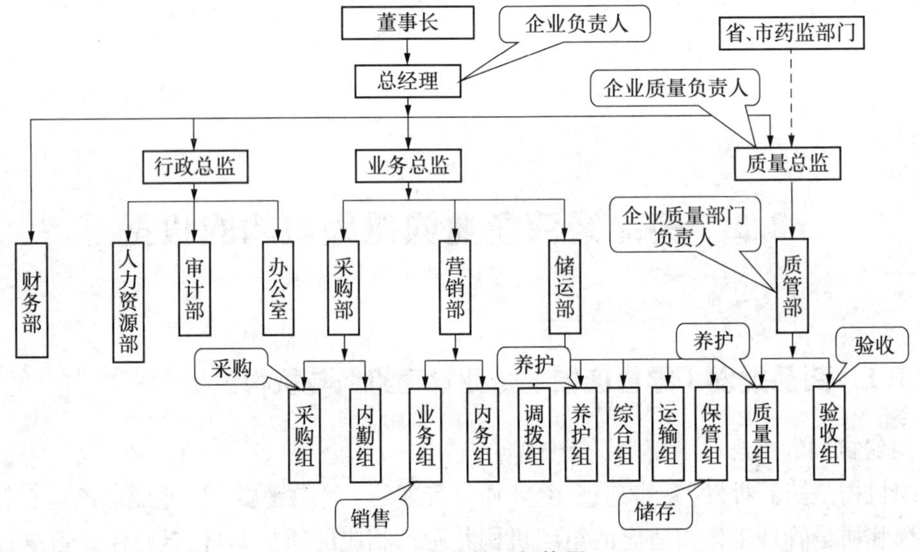

图 2.1　企业组织机构图

②企业组织机构的设置应当符合有关法律法规的要求以及企业经营实际，需充分考虑行业特征、企业性质、经营范围、经营模式、规模大小、员工数量、管理特点等因素，尽可能实现企业内部的资源共享和整合，实现规模经济效应最大化，并最大限度地降低成本。

③企业组织机构的合理设置能够提升企业在行业中的竞争力，使得企业最终形成两大核心能力：质量管理能力和市场运作能力。

④企业机构设置应该尽量简化，尽量减少管理层级，做到以需设岗、定责，职责分明。

⑤企业应当及时应对市场变化，调整组织机构。

职责是指为了在某个关键成果领域取得成果而完成的系列任务的集合，它常常用任职者的行动加上行动的目标来加以表达。

岗位是指组织要求个体完成的一项或多项责任以及为此赋予个体的权利的总和。一份职位一般是将某些任务、职责和责任组为一体；而一个岗位则是指一个人所从事的工作。岗位与人对应，通常只能由一个人担任，一个或若干个岗位的共性体现就是职位，即职位可以由一个或多个岗位组成。

权限是指为了保证职责的有效履行，任职者必须具备的，对某事项进行决策的范围和程度，即职能权利范围。

质量职责是指对企业业务部门和各级各类人员在质量管理活动中所承担的任务、责任和权限的具体规定。只有明确质量职责才能真正做到质量工作事事有人管、人人有专责，才能把所有的质量职能活动切实落实到每个部门和工作岗位上。一旦发现存在质量问题，可以查清责任，总结正反两方面的经验，从而更好地保证和提高产品质量。

企业应该根据实际业务经营情况建立起必要的组织机构和质量职责，并设置相应的部门和岗位，规定其职责和权限，明确组织成员之间的相互关系并使之合理、清晰，从组织上保证企业各项经营活动和质量管理工作的顺利开展。

企业的组织机构一般应设置质量、采购、储存、运输、销售、财务、人力资源、信息和行政办公等单位或部门。

企业质量管理组织机构应设置专职的质量管理部门，其作用不仅要参与日常经营过程的业务流程和岗位操作，同时还要负责各岗位对法律、法规及本企业质量管理制度的执行、监督、指导。质量管理机构应当在本企业履行药品质量管理和质量控制的职责，保证企业药品经营全过程的质量控制。质量管理部门应设置质量管理部门负责人、药品质量管理、药品验收等岗位，明确质量管理职责，承担具体的药品质量管理与控制工作。

根据企业实际需要或企业有条件时，也可以成立企业的质量领导组织。质量领导组织一般以企业主要负责人为首，成员应包括企业质量负责人、质量机构负责人、主管业务负责人、各业务部门负责人及相关部门（行政办公、人力资源、财务、信息等）负责人。质量领导组织是企业质量管理的最高权力机构和决策组织，负责质量管理工作中重大事项的决定。其主要职责是建立企业质量管理体系，确保其有效运行，实施企业质量方针，领导进行 GSP 内审，并保证企业质量负责人、质量管理部门及质量管理人员履行职责。

企业设立的质量管理部门及相关岗位，以及配备的人员应该与企业的经营规模相适应，即要形成企业的质量管理体系。能够实现包括质量方针、目标的制订以及质量策划、质量控制、质量保证和质量改进等系列活动。加强本企业从采购、收货、验收、入库、销售、售后服务等全过程的质量管理活动，并予制度化、标准化，使之成为企业内部质量工作的要求和活动程序，从而达到使经营的药品安全、有效的目的。

3）企业负责人的质量责任

企业负责人应为本企业所有药品经营活动的最高负责者，对本企业的全部日常经营活动负责，是经营药品质量的主要责任人。企业负责人应熟悉国家有关药品管理的法律法规及《药品经营质量管理规范》，对企业所经营药品的质量承担相应的法律责任。

企业负责人全面负责企业日常管理。

企业负责人是指企业的最高经营管理者，即企业《药品经营许可证》中“企业负责人”项所载明的人员。企业负责人一定是一个自然人，但可以不是法人代表（法人代表是指代表企业法人行为的自然人）。企业负责人最具备职业经理人资格。其工作应是在董事会的领导下，在任期内遵守国家的法律法规和行业主管部门的规定，依法执业，向董事会及股东会负责或报告工作，坚持独立、客观、公正的宗旨，诚信服务，保证本企业发展的正确方向。企业负责人主持制订和组织实施企业发展规划、人才发展规划、各项规章制度和企业重大决策，是企业经营活动中的最高管理者。

企业负责人为本企业所有药品经营活动的最高负责者，要对本企业的全部日常经营活动负责，是经营药品质量的主要责任人。企业负责人应熟悉国家有关药品管理的法律法规及《药品经营质量管理规范》，对企业所经营药品的质量承担相应的法律责任。企业负责人全面负责企业日常管理。

企业负责人应为本企业的质量管理机构提供必要的保障和条件，确保质量管理部门质量管理人员可以顺利地开展质量工作，如：明确质量管理岗位在企业经营活动中的重要性，给予质量管理人员一定的权利与责任，配备与企业经营规模相适应的质量管理人员，确保质量管理人员能够在工作中顺利、有效地行使质量权利和履行质量职责，以及适当提高质量人员在企业中的地位和经济收入，积极鼓励和培养质量管理人员，支持企业进行质量后备人才的储备。

企业负责人应参与制订并最终确定企业的质量方针、目标，建立本企业的质量管理体系，签发本企业质量管理制度，带领本企业认真执行国家有关药品管理的法律法规及《药品经营质量管理规范》，确保企业实现质量目标并按照法律法规及《药品经营质量管理规范》要求经营药品。

4）企业质量负责人的职责

企业质量负责人全面负责药品质量管理工作，独立履行职责，在企业内部对药品质量管理具有裁决权。

质量管理裁决权是指对企业内部发生的涉及质量管理的事情作出最终判定、判断、决定的权力。质量负责人是指企业的最高质量管理者，即企业《药品经营许可证》中"质量负责人"项所载明的人员。高层管理人员是指对整个组织的管理负有全面责任的人，制订组织的总目标、总战略，掌握组织的大政方针，并评价整个组织的绩效。质量负责人能够参与重大决策和全盘负责某个部门，兼有参谋和主管双重身份；能参与企业各项经济任务的制订和战略决策；按照任务给各部门分配资源；为主管部门批准计划、预算和主要投资。质量负责人在企业中拥有较高的地位，管理权限较大，所需承担的责任也较多，因此享有较高的报酬。质量负责人一般是企业领导班子的成员。

企业质量负责人是由企业高层管理人员担任的，应该全面负责企业质量管理体系的正常运行，对本企业药品质量管理工作的开展负有全面责任。质量负责人应具备独立履行质量管理职责的能力和权利，并在本企业内部对药品质量管理工作具有裁决权。药品质量管理裁决权具体体现在：组织并审核企业质量管理制度，对本企业的首营企业、首营品种、上下游客户的质量资质等质量相关内容进行最终核准，对不合格药品的最终确认等。

质量负责人是指企业质量管理工作的最高管理者，即企业《药品经营许可证》中"质量负责人"项所载明的人员。该人员应由专人担任且相对稳定，不得在其他企业兼职，或在本企业兼职业务工作。

5）质量管理部门

药品批发企业应该设置与其经营规模相适应的质量管理部门，承担企业经营活动过程中的质量管理与控制。

（1）质量管理部门的设置

企业必须设立独立的质量管理部门，必须为质量管理部门履行职责提供必要的保障和条件，配备与本企业经营规模相适应的足够的质量管理人员，确保质量管理部门的组织与人员落实到位。

质量管理部门应确保对本企业制定的各项质量管理制度在经营活动的全过程及全员范围内执行的有效性。质量管理部门独立承担与行使质量管理具体职责,不得将质量管理职责委托给其他部门及人员代为承担与行使。

质量管理部门应设立专职质量管理员、验收员等岗位,对本企业药品的质量管理工作和药品实物的质量判定进行管理。同时,企业还应负责对库存药品进行必要的养护,以确保药品在存储期间的质量安全。

非质量管理部门的人员不得代为行使质量职权。

企业在设置质量管理部门时应注意以下问题:

①质量管理部门的设置应当与企业的经营规模、经营范围相适应,如企业规模较大,可按照不同的工作内容,设置若干质量管理、验收等小组。

②为保证质量管理工作的有效性,质量管理部门必须独立,以保证质量管理部门能独立行使职权、开展工作。

③质量管理部门在企业的组织机构中,不得低于其他部门或隶属于其他部门。

(2)质量管理部门的职责

链接

药品经营质量管理规范(2016年修改版)

第十七条　质量管理部门应当履行以下职责:

(一)督促相关部门和岗位人员执行药品管理的法律法规及本规范;

(二)组织制订质量管理体系文件,并指导、监督文件的执行;

(三)负责对供货单位和购货单位的合法性、购进药品的合法性以及供货单位销售人员、购货单位采购人员的合法资格进行审核,并根据审核内容的变化进行动态管理;

(四)负责质量信息的收集和管理,并建立药品质量档案;

(五)负责药品的验收,指导并监督药品采购、储存、养护、销售、退回、运输等环节的质量管理工作;

(六)负责不合格药品的确认,对不合格药品的处理过程实施监督;

(七)负责药品质量投诉和质量事故的调查、处理及报告;

(八)负责假劣药品的报告;

(九)负责药品质量查询;

(十)负责指导设定计算机系统质量控制功能;

(十一)负责计算机系统操作权限的审核和质量管理基础数据的建立及更新;

(十二)组织验证、校准相关设施设备;

(十三)负责药品召回的管理;

(十四)负责药品不良反应的报告;

(十五)组织质量管理体系的内审和风险评估;

(十六)组织对药品供货单位及购货单位质量管理体系和服务质量的考察和评价;

(十七)组织对被委托运输的承运方运输条件和质量保障能力的审查;

(十八)协助开展与质量管理相关的教育和培训;

(十九)其他应当由质量管理部门履行的职责。

本条款明确规定了企业质量管理部门具体的管理职责,质量管理部门对本企业经营药品的质量负有直接责任。质量管理部门应当严格履行《药品经营质量管理规范》中明确规定的各项职责,但应根据实际工作情况对具体职责进行梳理,应包括但不限于《药品经营质量管理规范》规定的19项内容。企业应提供必要的保证和条件以确保质量管理体系的有效运行。机构和质量管理职责具体要求如表2.1所示。

表2.1 机构和质量管理职责具体要求一览表

机构和质量管理职责具体要求
企业负责人是药品质量的主要责任人,全面负责企业日常管理,负责提供必要的条件,保证质量管理部门和质量管理人员有效履行职责,确保企业实现质量目标并按照《药品经营质量管理规范》要求经营药品
企业质量负责人应当由企业高层管理人员担任,全面负责药品质量管理工作,独立履行职责,在企业内部对药品质量管理具有裁决权
企业应当设立质量管理部门,有效开展质量管理工作
企业质量管理部门的职责不得由其他部门及人员履行
质量管理部门应当督促相关部门和岗位人员执行药品管理的法律法规及《药品经营质量管理规范》的要求
质量管理部门应当组织制订质量管理体系文件,并指导、监督文件的执行
质量管理部门应当负责对供货单位和购货单位的合法性、购进药品的合法性以及供货单位销售人员、购货单位采购人员的合法资格进行审核,并根据审核内容的变化进行动态管理
质量管理部门应当负责质量信息的收集和管理,并建立药品质量档案
质量管理部门应当负责药品的验收,指导并监督药品采购、储存、养护、销售、退货、运输等环节的质量管理工作
质量管理部门应当负责不合格药品的确认,对不合格药品的处理过程实施监督
质量管理部门应当负责药品质量投诉和质量事故的调查、处理及报告
质量管理部门应当负责假劣药品的报告
质量管理部门应当负责药品质量查询
质量管理部门应当负责指导设定计算机系统质量控制功能,负责计算机系统操作权限的审核和质量管理基础数据的建立及更新
质量管理部门应当组织验证、校准相关设施设备
质量管理部门应当负责药品召回的管理
质量管理部门应当负责药品不良反应的报告
质量管理部门应当组织质量管理体系的内审和风险评估
质量管理部门应当组织对药品供货单位及购货单位质量管理体系和服务质量的考察和评价
质量管理部门应当组织对被委托运输的承运方运输条件和质量保障能力的审查
质量管理部门应当协助开展质量管理教育和培训
质量管理部门应当承担其他应当由质量管理部门履行的职责

2.1.2　药品零售企业管理组织与机构设置

1)组织机构

药品零售企业,是指将购进的药品直接销售给消费者的药品经营企业,是直接面向消费者销售药品、提供用药服务的药品流通终端环节,对药品质量和消费者安全合理用药承担着重要的责任,其管理与批发企业相比,既有相同的地方,又有自身的特点。

企业质量管理工作的有效运行和质量管理目标的实现,必须依靠高效、适宜的组织体系来保障,企业组织机构的设置决定于企业的行业特征、企业性质、管理模式、经营规模等因素。企业应根据自身的经营规模和经营管理的实际需要,按照精简高效、事权明确、管理科学的原则,合理设置组织机构、配备相关人员如图 2.2 所示。

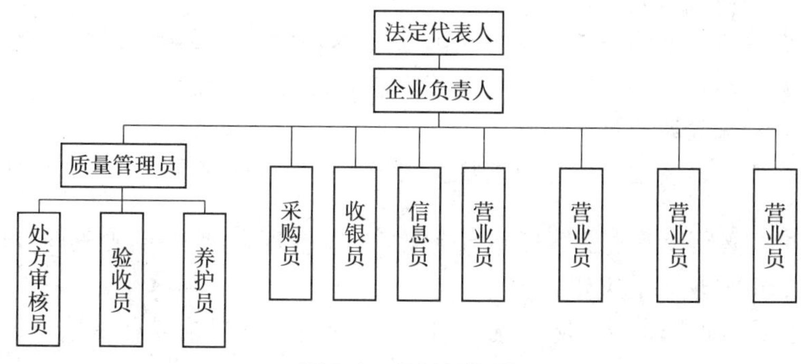

图 2.2　组织机构图

2)企业负责人的职责

企业负责人应当是《药品经营许可证》上载明的"企业负责人",是企业日常管理的最高管理者。应当提供的必要条件主要是指保证质量工作有效开展的管理权限和必要的人、财、物保障。切实保证企业各项经营活动符合有关法律法规及《药品经营质量管理规范》的要求。

企业负责人是企业最高的经营者和管理者,应当做到以下几点:

①提供资源:合理调配人(招聘符合岗位要求的人员)、财、物(提供经营所需要的设施设备)等各方面资源。

②充分调动质量管理部门和质量管理人员的积极性,授权质量管理人员行使质量职责,保证质量工作有效开展。

③对药品经营提出质量要求,签发质量管理文件,协调各部门的利益与质量保证之间的关系,保证药品经营和服务符合《药品经营质量管理规范》要求。

④企业经营过程中出现任何质量问题,企业负责人应当负主要责任。

3)质量管理部门或人员的职责

质量管理部门或人员的职责如下:

链接

药品经营质量管理规范(2016 年修改版)

第一百二十三条　企业应当设置质量管理部门或配备质量管理人员,履行以下职责:

（一）督促相关部门和岗位人员执行药品管理的法律法规及本规范；
（二）组织制订质量管理文件，并指导、监督文件的执行；
（三）负责对供货单位及其销售人员资格证明的审核；
（四）负责对所采购药品合法性的审核；
（五）负责药品的验收，指导并监督药品采购、储存、陈列、销售等环节的质量管理工作；
（六）负责药品质量查询及质量信息管理；
（七）负责药品质量投诉和质量事故的调查、处理及报告；
（八）负责对不合格药品的确认及处理；
（九）负责假劣药品的报告；
（十）负责药品不良反应的报告；
（十一）开展药品质量管理教育和培训；
（十二）负责计算机系统操作权限的审核、控制及质量管理基础数据的维护；
（十三）负责组织计量器具的校准及检定工作；
（十四）指导并监督药学服务工作；
（十五）其他应当由质量管理部门或质量管理人员履行的职责。

企业组织机构必须设置质量管理部门或配备质量管理人员，并明确其职责内容，突出质量管理岗位在 GSP 管理中的重要性。

药品零售企业应根据企业实际情况，合理设置质量管理机构或配备质量管理人员负责药品质量管理工作。

质量管理部门或质量管理人员在药品经营过程中应当行使质量管理职能，开展质量管理活动，确保质量管理落实到药品经营各个环节。

按照《药品经营质量管理规范》附录2《药品经营企业计算机系统》第五条规定，质量管理部门对计算机系统的职责还应当包括：

①负责指导设定系统质量控制功能。
②负责系统操作权限的审核，并定期跟踪检查。
③监督各岗位人员严格按规定流程及要求操作系统。
④负责质量管理基础数据的审核、确认生效及锁定。
⑤负责经营业务数据修改申请的审核，符合规定要求的方可按程序修改。
⑥负责处理系统中涉及药品质量的有关问题。

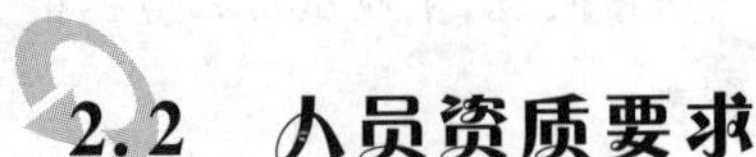

2.2 人员资质要求

2.2.1 药品批发（零售连锁）企业人员资质要求

药品质量关系到人民群众的用药安全，药品经营管理既有普通商品经营管理活动规律的共性，又独具特征，药品经营管理是药品服务具体化过程也是质量管理具体化过程。作为药品经营企业，销售的是治病救人的特殊商品，其质量直接与人们的生命和身体健康息息相关。必须确保药品质量，提高药品服务水平，防止因药品经营和管理工作人员药学专业知识欠缺导致药品经营活动不规范，造成药品安全管理和药品质量管理问题，使药品质量受到影响而危害广大人民群众用药安全。

企业员工的素质直接关系到实施《药品经营质量管理规范》的成效，也是衡量企业经营管理水平和发展潜力的重要指标。因此，在实施《药品经营质量管理规范》的过程中，企业必须树立以人为本的管理理念，为各质量岗位配备符合岗位要求的相关人员，并通过培训等方式不断提高员工素质。

《药品经营质量管理规范》对药品批发企业涉及质量管理相关岗位人员的学历、专业、从业资格和接受培训、培训效果等方面均作出了具体规定，旨在通过提高从业人员综合素质和药学专业知识，确保所经营药品在流通环节的质量。

1）从业禁止的规定

对从事药品经营和质量管理工作人员法定资格的限定，一是要符合法律法规及《药品经营质量管理规范》规定的资格要求，二是不得有相关法律法规禁止从业的情形。依据《药品经营许可证管理办法》规定：企业法定代表人、企业负责人、质量负责人不得有《中华人民共和国药品管理法》以下简称(《药品管理法》)第七十五条、第八十二条规定的情形。

《药品管理法》第七十五条明确规定了禁止从业人员范围："从事生产、销售假药及生产、销售劣药情节严重的企业或者其他单位，其直接负责的主管人员和其他直接责任人员十年内不得从事药品生产、经营活动。"

《药品管理法》第八十二条规定了违法提供需要证明的情况："违反本法规定，提供虚假的证明、文件资料样品或者采取其他欺骗手段取得《药品生产许可证》《药品经营许可证》《医疗机构制剂许可证》或者药品批准证明文件的，吊销《药品生产许可证》《药品经营许可证》《医疗机构制剂许可证》或者撤销药品批准证明文件，五年内不受理其申请，并处一万元以上三万元以下的罚款。"

国务院制定的《国家药品安全"十二五"规划》指出，开展企业信用等级评价工作，建立从业人员诚信档案，对严重违规和失信的企业和从业人员实行行业禁入。

2）关键岗位人员资质要求

（1）企业负责人资质要求

企业负责人为本企业所有药品经营活动的最高负责者，要对本企业的全部日常经营活动负责，是经营药品质量的主要责任人。要求企业负责人应熟悉国家有关药品管理的法律法规及《药品经营质量管理规范》，对企业所经营药品的质量承担相应的法律责任。企业负责人全面负责企业日常管理。

大学专科教育主要包括两种形式：高职（高等职业学校）和高专（高等专科学校），即高等学校里就读专科专业至毕业的学生。大学专科以上学历包括：本科、硕士研究生、博士研究生3个层次，另外还有第二学士学位班、研究生班（研究生班近几年已停招）。经国家主管教育部门批准具有举办学历教育资格的普通高等学校（含培养研究生的科研单位），成人高等学校所颁发的学历证书，国家予以承认。通过自学考试，由国务院自学考试委员会授权各省（自治区、直辖市）自学考试委员会颁发的自学考试毕业证书，国家同样予以承认。

专业技术职称是指专业技术人员的专业技术水平、能力，以及成就的等级称号，反映专业技术人员的学术和技术水平、工作能力和工作成就。

药学专业知识一般应包括西药学（药理学、药物分析、药物化学、药剂学等）和中药学（中药学、中药药剂学、中药鉴定学、中药化学等）两个方面。国家有关药品管理的法律法规一般应包括《中华人民共和国药品管理法》《中华人民共和国药品管理法实施条例》《药品经营许可证管理办法》《药品流通监督管理办法》《药品经营质量管理规范》《药品召回管理办法》《麻醉药品和精神药品管理办法》《处方药与非处方药流通管理暂行规定》等。

企业负责人应该熟悉行业的管理要求，具备大学专科以上学历或中级以上专业技术职称，并经过药学专业知识的培训，以保证其对药品经营企业的管理符合药品管理的法律、法规、规范等，并保证质量体系的有效运行。

(2)质量负责人资质要求

企业质量负责人应具备较强的药学专业知识和执业资格，并且有丰富的质量管理工作经验，能够解决药品经营企业重大质量决策和质量实施的问题。从学历、执业资格、工作经验、工作能力等多个方面保证质量负责人履行职责的能力。

企业质量负责人为企业高层管理人员，是质量行为的审批人和决策人，决定着质量管理体系的建立和有效运行，具有独立的质量裁决权。

企业质量负责人应为专职人员，分工上不得分管采购、销售等业务工作。

(3)质量管理部门负责人资质要求

企业质量管理部门负责人应具备丰富的质量管理工作经验，具备执业药师资格，并且能够独立解决药品经营企业经营过程中的质量问题。

企业质量管理部门负责人属于企业中层管理人员，质量管理部门在企业组织架构中是独立的企业内设机构，直接汇报上级为企业质量负责人。

企业质量管理部门负责人应当熟悉企业的各项质量管理制度及操作流程，具有指导、监督履行质量职责的能力。

企业质量管理部门负责人应为专职人员，不得兼职。

(4)质量管理工作岗位人员资质要求

企业从事质量管理、验收、养护工作的人员根据企业的经营范围应当具有相应的专业基础知识、技术职称和工作年限，保证其能够履行所从事岗位的质量职责。

质量管理人、验收、养护工作的人员是质量管理工作的直接实施者，其所具备的专业知识、工作经验是保证质量基础工作规范的必备条件。

由于中药材、中药饮片的特殊性，其验收养护人员要求具有中药学知识，直接收购中药材的，对验收养护人员的要求更高，以免假劣中药材流入合法渠道。

根据《疫苗流通和预防接种管理条例》以及《疫苗经营监督管理意见》的要求“疫苗批发企业应有两名以上专业技术人员从事疫苗质量管理工作。专业技术人员应有预防医学、药学、微生物学或医学等专业本科以上学历及中级以上专业技术职称，具有 3 年以上从事疫苗管理或技术工作经验,并不得兼职。以上专业技术人员应对疫苗的接种反应和疫苗质量问题有一定的判断能力。从事疫苗质量管理工作的专业技术人员负责疫苗的验收、养护等质量管理,以及相关记录和档案的管理”。

(5)质量管理人员在职在岗要求

企业从事质量管理、验收工作的人员应为专职人员,不得兼职其他业务工作,以保证其公正地行使质量管理职责。

在职是指与企业确定劳动关系的在册人员,指与企业签订正式劳动合同,按国家规定缴纳医疗保险及相关社会保险费用。

在岗是指相关岗位人员在工作时间内在规定的岗位履行职责。

“其他业务工作”主要指和销售、采购相关的工作。质量管理、验收工作与业务工作是相互制约的关系,如其兼职业务工作,会在判断标准上有失偏颇,导致质量管理工作的差错或者失误。

(6)采购、销售人员资质要求

企业从事药品购进工作的人员要求具备药学或相关专业知识,并具有中专以上学历,保证购进行为、购进渠道合法,保证购进药品质量。规定销售和储存作业人员具有高中以上文化程度,以保证其可以理解并按照规范以及企业制度的要求开展岗位活动。

从事购进工作的人员,对药品经营的渠道选择、品种选择上有着非常重要的影响,承担着购进计划的编制,采购合同的签订、首营品种及企业的资质材料的索取及申报等工作,必须具备一般的药学相关知识才能按照规范和制度的要求从事药品购进工作。

特别注意销售、储存等工作的人员应具有高中以上文化程度,文化程度不是指学历,而是具备了高中文化水平,普通高中、职业高中、中等专业学校、技工学校等都属中等教育范畴,检查时不应强行要求具有高中毕业证书。

2.2.2 药品零售企业人员资质要求

人员管理是《药品经营质量管理规范》的重要内容,人是实施质量体系的关键因素和重要的资源保证。配置数量适当、资质相当、有一定实践经验并赋予适当权限和职责的人员,有计划地对其进行相关知识与技能的培训,使其具备并不断提高在其相关岗位对药品质量或服务质量符合性控制的能力,是保持质量管理体系有效运行并持续改进的重要条件。

1)从业、禁止从业的规定

①从事药品经营和质量管理工作的人员包括药品购销业务活动的人员和质量管理及相关人员,如:药品采购员、药品营业员、质量管理员、药品验收员、养护员、保管员等。

②相关法律法规禁止从业的规定是指:依据《药品经营许可证管理办法》规定:企业法定代表人、企业负责人、质量负责人无《中华人民共和国药品管理法》第七十五条、第八十二条规定情形。即:一是从事生产、销售假药或生产、销售劣药情节严重且在十年内的;二是违反《药品管理法》规定,提供虚假的证明、文件资料样品或者采取其他欺骗手段取得《药品生产许可证》《药品经营许可证》《医疗机构制剂许可证》或者药品批准证明文件且在五年内的,

均属不符合规定。

③依据《中华人民共和国劳动法》第六十九条规定："国家确定职业分类，对规定的职业制定职业技能标准，实行职业资格证书制度。"《招用技术工种从业人员规定》第二条规定："国家实行先培训后上岗的就业制度。用人单位招用从事技术复杂以及涉及国家财产、人民生命安全和消费者利益工种（职业）的劳动者，必须从取得相应职业资格证书的人员中录用。"《持职业资格证书就业的工种（职业）目录》[商业、服务人员]项下包括：中药购销员、医药商品调剂员、中药调剂员。故从事药品购销活动，如未取得执业资格（执业药师）或药学及相关专业技术职称（药师等），应按照国家有关规定取得医药购销员、中药购销员、中药调剂员相关职业资格证书，持证上岗。[2015 年 11 月 13 日，国家人力资源和社会保障部决定对原劳动保障部《招用技术工种从业人员规定》（劳动保障部令第 6 号）予以废止。在该文件中，涉及医药行业的职业有 3 个，分别是中药购销员、医药商品购销员、中药调剂员。所以医药经营中要求的这 3 种上岗证可不作要求，但按照 GSP 规定，相关岗位必须具备相关的学历和职称要求。]

2）人员资质要求

药品零售企业人员资质要求对从事药品零售企业质量管理、验收、采购、营业员岗位人员资格有严格的规定，目的是加强对药品质量管理、验收、采购等环节的质量管控，因为上述岗位人员的药学专业水平和能力直接影响所经营药品的质量，为确保企业经营药品的质量，从事质量管理、验收、采购岗位人员必须具备一定的专业素质，包括一定的专业理论和实际操作能力；还应具备《药品经营质量管理规范》规定的具有药学或医学、生物、化学等相关专业学历或者具有药学专业技术职称。

质量管理、验收、采购人员应具有药学或医学、生物、化学等相关专业学历或者具有药学专业技术职称。

为保证服务质量，营业员应具有高中以上文化程度或符合省级药品监督管理部门规定的条件。

药品批发企业质量相关岗位人员资格要求见表 2.2。

表 2.2　药品批发企业质量相关岗位人员资格要求一览表

企业从事药品经营和质量管理工作的人员，应当符合有关法律法规及《药品经营质量管理规范》规定的资格要求，不得有相关法律法规禁止从业的情形
企业负责人应当具有大学专科以上学历或者中级以上专业技术职称；应当经过基本的药学专业知识培训，熟悉有关药品管理的法律法规及本规范
企业质量负责人应当具有大学本科以上学历、执业药师资格和 3 年以上药品经营质量管理工作经历，在质量管理工作中具备正确判断和保障实施的能力
企业质量管理部门负责人应当具有执业药师资格和 3 年以上药品经营质量管理工作经历，能独立解决经营过程中的质量问题
企业应当配备符合相关资格要求的质量管理、验收及养护等岗位人员
从事质量管理工作的，应当具有药学中专或者医学、生物、化学等相关专业大学专科以上学历或者具有药学初级以上专业技术职称

续表

从事验收工作的，应当具有药学或者医学、生物、化学等相关专业中专以上学历或者具有药学初级以上专业技术职称
从事养护工作的，应当具有药学或者医学、生物、化学等相关专业中专以上学历或者具有药学初级以上专业技术职称
从事中药材、中药饮片验收工作的，应当具有中药学专业中专以上学历或者具有中药学中级以上专业技术职称
从事中药材、中药饮片养护工作的，应当具有中药学专业中专以上学历或者具有中药学初级以上专业技术职称
直接收购地产中药材的，验收人员应当具有中药学中级以上专业技术职称
经营疫苗的还应当配备两名以上专业技术人员专门负责疫苗质量管理和验收工作，专业技术人员应当具有预防医学、药学、微生物学或者医学等专业本科以上学历及中级以上专业技术职称，并有3年以上从事疫苗管理或者技术工作经历
从事质量管理、验收工作的人员应当在职在岗，不得兼职其他业务工作
从事采购工作的人员应当具有药学或者医学、生物、化学等相关专业中专以上学历
从事销售、储存等工作的人员应当具有高中以上文化程度
企业应当对各岗位人员进行与其职责和工作内容相关的岗前培训和继续培训，以符合《药品经营质量管理规范》的要求
培训内容应当包括相关法律法规、药品专业知识及技能、质量管理制度、职责及岗位操作规程等
企业应当按照培训管理制度制定年度培训计划并开展培训，使相关人员能正确理解并履行职责
培训工作应当做好记录并建立档案
从事特殊管理的药品的人员，应当接受相关法律法规和专业知识培训并经考核合格后方可上岗
从事冷藏冷冻药品储存、运输等工作的人员，应当接受相关法律法规和专业知识培训并经考核合格后方可上岗
企业应当制订员工个人卫生管理制度
企业储存、运输等岗位人员的着装应当符合劳动保护和产品防护的要求
质量管理、验收、养护、储存等直接接触药品岗位的人员应当进行岗前及年度健康检查，并建立健康档案
患有传染病或者其他可能污染药品的疾病的，不得从事直接接触药品的工作
身体条件不符合相应岗位特定要求的，不得从事相关工作

2.3 人员的继续教育

2.3.1 执业药师与职业资格准入

执业药师是指经全国统一考试合格，取得《执业药师资格证书》并经注册登记，在药品生产、经营、使用单位执业的药学技术人员。执业药师应负责处方的审核及监督调配，提供用药咨询与信息，指导合理用药，开展治疗药物的监测及药品疗效的评价等临床药学工作。药品经营企业应当按照GSP的有关要求必须配备执业药师，以确保消费者用药安全。

链接

处方审核

药品零售企业是药品流通终端，直接服务公众健康，面对消费者提供药品和药学服务。为确保公众用药安全，企业应当履行法律义务，配备经全国统一考试合格，取得《执业药师资格证书》并经注册登记的执业药师，负责处方审核，指导消费者合理用药。

依据《处方管理办法》，处方是指由注册的执业医师和执业助理医师在诊疗活动中为患者开具的，由取得药学专业技术职务任职资格的药学专业技术人员审核、调配、核对，并作为患者用药凭证的医疗文书。

处方审核是由取得药学专业技术职务任职资格的药学专业技术人员对处方资质及处方适宜性审查的过程。处方应为职业医师开具并使用符合规定处方笺规范书写的处方，处方用药适宜性审核包括下列内容：

①对规定必须做皮试的药物，处方医师是否注明过敏试验及结果的判定；

②处方用药与临床诊断的相符性；

③剂量、用法是否准确；

④剂型与给药途径是否正确；

⑤是否有重复给药现象；

⑥是否有潜在临床意义的药物相互作用和配伍禁忌。

⑦处方调剂后药剂人员（处方审核、调配、复核人员）要在处方上签字。

2.3.2 人员培训及管理

企业应对各岗位人员进行与其职责和工作内容相关的岗前培训和继续培训，要符合《药品经营质量管理规范》的要求。目的是明确药品经营企业对员工进行培训的内容，提高药品从业人员的综合素质，强化药品从业人员药学知识及药品管理法律法规知识，树立药品质量意识、守法意识和服务意识，确保药品质量，减少药害事故的发生。

岗前培训就是向新员工介绍企业的规章制度、岗位职责、操作规程、企业文化以及企业的业务。就其本质来讲，岗前培训只是培训的开始。岗前培训内容主要包括：公司规章制度、企业文化、岗位安全知识、岗位职责等，办公室人员还可以培训职场礼仪。

继续培训是对在职在岗的工作人员进行知识更新、补充、拓展和能力提高的一种高层次的追加教育。继续培训的内容是新知识、新技术、新理论、新方法、新信息和新技能，目的是为了更新补充知识，扩大视野，改善知识结构，提高创新能力，以适应科技发展、社会进步和本职工作的需要。

1）培训内容

企业对相关岗位人员的具体培训内容包括相关法律法规、药品专业知识及技能、质量管理制度、职责及岗位操作程序等。

药品管理相关法律法规包括药品管理专业法律法规和公共法律法规。药品管理专业法律法规一般包括：《药品管理法》《药品管理法实施条例》《药品经营质量管理规范》（GSP）及其实施细则、《药品流通监督管理办法》《药品经营许可证管理办法》等。公共法律法规一般包括：《中华人民共和国行政许可法》《中华人民共和国行政处罚法》《中华人民共和国国家赔偿法》《中华人民共和国行政诉讼法》《中华人民共和国行政复议法》《中华人民共和国行政强制法》及《中华人民共和国刑法》等国家有关法律法规。

药品专业知识包括药学专业知识和药品专业知识。药学专业知识，是指药学基本理论、基本知识以及药品质量控制、评价及指导合理用药的基本技能，包括药学、化学、生物学、医学、微生物学、免疫学等方面的知识和技能。药品专业知识，包括常用药物的性质、药理作用、药效学和药物安全性评价的基本方法和技术以及药品咨询服务的能力。

药品技能包括药品的陈列与养护、储存与保管、服务与咨询等。

企业应结合任职岗位职责进行有针对性的培训，培训内容应当主要侧重于任职岗位相关的各项质量管理制度、职责及岗位操作规程等。

2）培训计划与实施

企业应建立培训制度，并按照制度的要求开展培训工作。培训的组织形式包括两种，一是外部培训，如药监部门组织的质量人员培训，安监部门组织的安全培训等。二是内部培训，是由企业组织，由内外部师资开展的培训。培训的内容包括药学知识、监管法规、企业制度、工作程序、信息系统操作、安全知识等与岗位相关的各类培训。培训周期的安排根据企业的培训计划，一般1年不少于1次，对于新进人员、转岗人员应在入职或者上岗前开展岗位培训。培训的考核形式可以是书面考试，也可以通过操作进行验证。

企业的培训工作应每年制订培训计划，培训计划的制订可以建立在培训需求调研的基础上，结合监管要求及企业制度的修订情况进行安排。年度培训主要按照计划进行，计划外的培训安排同样需要建立培训档案。每年末或次年初，需要对年度培训计划的实施情况进行跟踪和总结，形成年度培训总结。

年度培训计划、培训总结，每次培训的通知、签到表、课件、考卷、外部培训的合格证书等原始培训资料均应作为培训档案收集并存档。培训档案应一人一档，并记录该员工入职后所有的培训记录及原始素材。

培训工作应做好记录并建立档案,具体可分为企业内部培训教育档案和员工个人培训教育档案,分别从不同角度记载企业开展质量方面教育与培训的情况。企业内部培训教育档案内容包括培训教育管理制度、年度培训计划、历次培训方案、培训签到表、考试试卷、培训工作记录及总结、培训考核结果及所采取的措施。员工个人培训教育档案内容包括培训教育登记表,学历、职称证明及历次培训教育证明(复印件)和其他相关资料。

3)高风险岗位人员上岗培训要求

从事有特殊管理要求的药品储存及运输等岗位的人员应当接受相关法律法规和专业知识的培训,以保证相关人员能够保证所管理的药品的安全性和质量稳定性。

特殊管理的药品是指麻醉药品、精神药品、医疗用毒性药品、放射性药品。

特殊管理药品的储存与运输不仅要保证质量稳定,还要避免混淆和差错,安全防止流弊事件的发生是储存运输人员必须要保证的事项之一。该岗位人员必须具备相关的知识,以及处置突发事件的能力。特殊管理药品突出在经营环节必须做到专库存放、专账记录、专人管理和双人验收、双人复核等基本要求,根据药房购销情况、管理能力,制订既能严格管控,又便于实际操作的管理制度。相关的法律法规包括:《药品类易制毒化学品管理办法》《易制毒化学品管理条例》《麻醉药品和精神药品管理条例》《放射性药品管理办法》《医疗用毒性药品管理办法》《麻醉药品和精神药品经营管理办法(试行)》《麻醉药品和精神药品运输管理办法》《麻醉药品和精神药品邮寄管理办法》《麻醉药品、第一类精神药品购用印鉴卡管理规定》等。

冷藏、冷冻药品保证质量稳定的重要环节就是温度的控制,从事此类药品储存运输的人员必须了解冷藏冷冻药品的风险,熟悉冷链管理要求,掌握冷链突发事件的应急处理能力,冷藏药品温度控制在2~8 ℃,冷冻药品温度控制在-10~-25 ℃。

案例

验收员钱某拿着一张单子,急急忙忙走到冷库取出3支诺和灵,用塑料袋裹紧交给大厅的促销员王某,并叮嘱她下班别忘记带回家放冰箱。

请问:上面这个案例违反了《药品经营质量管理规范》中的哪几个条款?

【分析】

1. 验收员本职工作为药品验收,发货人应为保管员。

2. 冷藏药品最好为双人核对,用冰袋保温。

3. 冰箱内的温度不能保证2~8 ℃。

4. 取药人应为零售企业验收员(营业员),不应为促销员。

2.4 人员卫生管理和健康检查

2.4.1 卫生管理

从事储存、运输等岗位的人员，应保证卫生和着装的要求，避免对存储环境和药品产生污染而影响产品的质量稳定性，同时也是对劳动人员的劳动保护。

药品经营企业应当建立个人卫生管理制度，卫生、着装的规定应该与工作环境及劳动保护的要求相适应。对主要工作环境可能对人体造成危害的情况进行保护，如冷藏、冷冻药品存储区域应配备棉衣，装卸人员严禁穿拖鞋作业。

2.4.2 健康检查

对直接接触药品岗位的人员健康检查，目的是为了加强员工身体健康情况的管理，一是保护药品不被污染，二是保护消费者的身体健康，防止传染病的传播。岗位人员患有痢疾、伤寒、甲型病毒肝炎、戊型病毒性肝炎等消化道传染病以及活动性肺结核、化脓性皮肤病等有碍药品安全的疾病，不得从事直接接触药品的工作，以避免药品受到致病菌的污染，更好地保证药品安全和药品质量。身体条件不符合相应岗位特定要求的，不得从事相关工作，包括不能有效控制和约束自身行为的人员。

需要参加健康检查的岗位包括：质量管理员、验收员、养护员、储存作业人员（包括保管员、复核员、搬运作业人员以及库区设备管理人员）、运输人员。

健康检查的周期至少是每年 1 次，对新到岗的人员应该在到岗前进行健康检查，符合要求方可上岗。

健康检查应建立健康档案，包括检查时间、地点，应检人员，检查结果，不合格人员的处理情况，原始体检表等内容。

体检不合格的人员应调离相关工作岗位，应有调离证明。康复之后调回原岗位需要出示相关的体检报告及企业内部审批手续。

2.4.3 特别注意事项

根据人力资源和社会保障部、教育部、卫生部联合下发《关于进一步规范入学和就业体检项目维护乙肝表面抗原携带者入学和就业权利的通知》，明确取消入学、就业体检中的乙肝病毒检测项目。

链接

传染病：是由各种病原体引起的能在人与人、动物与动物或人与动物之间相互传播的一类疾病。中国目前的法定传染病有甲、乙、丙 3 类，共 39 种。

甲类传染病是指:鼠疫、霍乱。

乙类传染病:是指传染性非典型肺炎、艾滋病、病毒性肝炎、脊髓灰质炎、人感染高致病性禽流感、麻疹、流行性出血热、狂犬病、流行性乙型脑炎、登革热、炭疽、细菌性和阿米巴性痢疾、肺结核、伤寒和副伤寒、流行性脑脊髓膜炎、百日咳、白喉、新生儿破伤风、猩红热、布鲁氏菌病、淋病、梅毒、钩端螺旋体病、血吸虫病、疟疾。

丙类传染病:是指流行性感冒、流行性腮腺炎、风疹、急性出血性结膜炎、麻风病、流行性和地方性斑疹伤寒、黑热病、包虫病、丝虫病,除霍乱、细菌性和阿米巴性痢疾、伤寒和副伤寒以外的感染性腹泻病。

思考题

1. 药品经营企业机构设置的原则和标准有何规定?
2. 药品经营企业哪些人员必须进行健康检查?
3. 药品经营企业各岗位人员的学历和职称有何规定?

技能实训项目

1. 如果你毕业后,准备去应聘某一药品批发公司的质量管理员或者验收员,按照 GSP 规定,你需要做哪些准备。

2. 根据某医药公司的经营实际情况,为该公司绘制一幅组织机构示例图,并针对其机构设置岗位,制订一份该公司的年度培训计划。

第3章　药品经营企业的质量管理体系

《药品经营质量管理规范》是经营药品企业的技术标准和操作指南，明确了企业全员参与质量管理的要求，公司的每个部门及部门的每个员工均应在所在的岗位承担相应的质量职责，要求药品经营链条的每个环节必须按照 GSP 的规定开展工作，防止出现质量真空，杜绝一切潜在的药品质量问题，只有根据企业的实际经营情况，建立科学、规范、完善的质量管理体系，才能避免药品质量事故的发生。

3.1　药品经营企业质量管理体系的概念

任何一个药品经营企业如果要取得长足的发展，都应根据自身的实际经营状况，建立相适应的质量管理体系，质量管理体系是企业内部建立的，为实现质量目标所需的、系统的质量管理模式，是企业的一项重要战略决策。药品经营质量管理体系是指为保证建立药品经营过程的服务质量，满足规定的（或潜在的）要求，为实现药品经营质量目标所需的，由组织机构、职责、程序活动、能力和资源构成的有机整体。

3.2　药品经营企业经营目标和质量方针

经营目标是从企业的长期战略目标出发，在分析企业外部环境和内部条件的基础上所制订的公司下一年度各种经营活动所要达到的境界或所要取得的结果。是企业经营思想的具体化。

医药经营目标不是单一的数据，而是一组综合指标。涵盖营业额、毛利润、净利润、市场拓展，甚至营业外收益、财务预算等。经营目标制订需要考虑外部环境和内部环境影响因素。外部环境影响因素：国家基本药物管理政策和国际整体经济运行情况关系着药品经营企业的目标制订，加上营销模式的转变，互联网+电商的迅速发展，企业应根据自身实际情况

去综合考虑目标的制订;

内部环境影响因素:企业员工的基本素质和能力、经营药品结构等均会影响顾客需求,间接影响企业业绩,经营企业在制订年度目标指标时,需要考虑企业的发展与定位,充分考虑企业的人员情况、商品结构的发展与优化,合理规划企业发展趋势,同时考量团队的综合管理能力。

在考虑上述影响因素后,在制订目标前还要明确相关数据,以作为制订目标的参考依据:上一年度自身经营的各项经营数据、行业与当地同类企业的类比数据、当地国民经济数据,如 GDP 增幅、社会零售总额、财政收入等。

质量方针是由公司的最高管理者正式发布的本公司的质量宗旨和质量方向,是公司在一定时期内质量工作的指导思想。是根据《药品管理法》及其实施条例、新版 GSP 及其实施细则等法律法规,结合企业经营实际制订的。通过实施质量方针目标管理,以保证质量方针目标顺利实现,质量体系正常有效运行。

质量目标主要包括质量指标、服务指标以及重点质量管理工作。质量领导小组负责质量方针、目标的制订与监督实施,质量管理部为责任部门。

质量方针由公司总经理主持,质量领导小组成员参与共同制订。质量方针、目标制订的依据是国家有关政策、法律和法规;结合公司中长期发展规划、公司现实问题和上年度目标未实现的问题,以及国内外市场信息、情报、经济发展动向。公司的质量方针制订时间:每年年底(即每年十二月份)。

质量方针制订程序是质量管理部每年年底总结本年度质量方针、目标实施情况,并制订下年度质量方针及目标设想,形成质量方针、目标,提交总经理、各副总经理(含质量副总经理)等公司领导进行审议。经质量领导小组讨论通过。

质量方针的实施:质量方针自下年度的 1 月 1 日起实施,各责任部门按目标展开图组织开展工作,适用于全体员工。

质量方针的执行情况由质量管理部每年底对质量方针、目标实施情况组织检查,检查的情况记录在“质量方针目标检查表”,对存在的问题提出纠正措施及时间期限,并及时组织人员进行复查。

质量管理部质量方针目标展开图见表 3.1。

表 3.1 质量管理部质量方针目标展开图

编号:××××—××—×××—××××—×× 填表日期: 年 月 日

部门方针	序号	内 容	目标与工作	标准分	具体负责人	协作组(人)	进度要求
	1	药品入库验收率					
	2	验收记录准确完整					
	3	验收入库合格率					
	4	不合格药品处理及时处理率					
	5	药品质量档案准确率					

续表

部门方针	序号	内容	目标与工作	标准分	具体负责人	协作组(人)	进度要求
	6	质量查询、投诉或事故处理率					
	7	首营企业、首营品种的审核准确率					
	8	重大质量信息及时收集、分析、传达与处理					

分管领导：　　质管部负责人：　　部门负责人：　　制表人：

采购部质量方针目标展开图见表3.2。

表3.2　采购部质量方针目标展开图

编号：××××—××—×××—××××—××　　填表日期：　年　月　日

部门方针	序号	内容	目标与工作	标准分	具体负责人	协作组(人)	进度要求
	1	购进品种合法率	合法率				
	2	首营企业和首营品种审核率	审核率				
	3	供货单位销售人员均有符合规定的法人授权委托书					
	4	药品购进记录准确、完整					
	5	购进药品质量验收合格率					
	6	每份合同内容必须含有规定的质量条款(或协议书)					

分管领导：　　质管部负责人：　　部门负责人：　　制表人：

案例讨论

马应龙麝香痔疮膏储存过程中的质量风险管理

冰片是马应龙麝香痔疮膏的主要成分，易挥发，随储存时间的延长，可能引起成品中的冰片减少而导致质量的变化。图3.1是11个批次的成品冰片的含量随月数变化(0～36

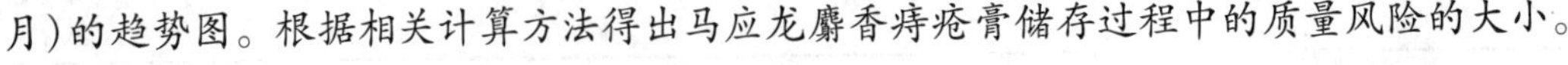
月)的趋势图。根据相关计算方法得出马应龙麝香痔疮膏储存过程中的质量风险的大小。

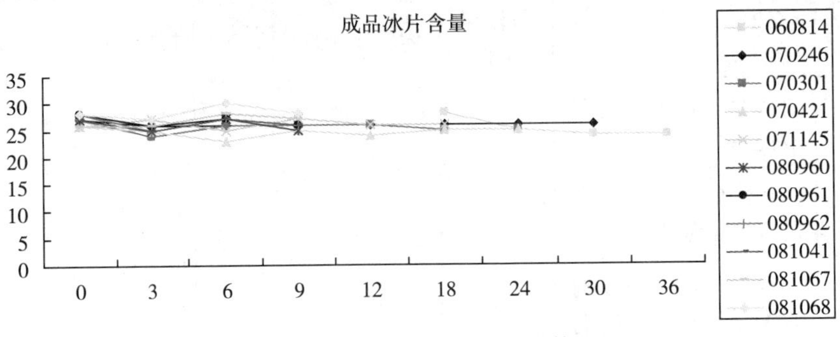

图 3.1　成品冰片含量变化趋势图

实训项目

1. 制订医药企业的经营目标应注意哪些因素?
2. 质量方针的制订依据是什么?
3. 请制订出储运部质量方针目标展开图。

3.3　药品质量管理体系文件

质量管理体系文件是指一切涉及药品经营质量的书面标准和实施过程中的记录结果组成的、贯穿药品质量管理全过程的、连贯有序的系列文件。质量管理体系文件是质量管理运行的依据,可以起到沟通意图、统一行动的作用。企业制订质量管理体系文件应当符合企业实际。文件包括质量管理制度、部门及岗位职责、操作规程、档案、报告、记录和凭证等。

3.3.1　质量管理体系文件概述

企业的质量管理是通过对工作过程进行管理来实现的,需要明确对过程管理的要求、管理的人员、管理人员的职责、实施管理的方法以及实施管理所需要的资源,把这些用文件形式表述出来,形成企业的质量体系文件。

2015 版 GSP 将质量管理体系文件作为单独一节提出,显示出质量管理体系文件的重要性。质量管理体系文件是药品经营质量管理的决定性要素,是实施、保证和保持质量管理体系有效运行的基础,是企业质量活动的法规,是各级管理人员和全体员工都应遵守的工作规范,是药品经营企业贯彻执行 GSP 的内部依据和外部见证,是质量体系审核和质量体系认证的主要依据。

质量管理体系文件不等同于“质量管理文件”,质量管理文件仅是质量管理体系文件中的一个专项部分。药品经营企业质量管理体系文件的内容应当涵盖所有与药品质量相关的管理与业务活动,包括采购、收货、验收、储存、销售、运输、财务、信息、人力资源以及质量管理等方面。

质量管理文件一般应由质量管理部门统一归口管理,其管理职责包括组织编制、审核、修订、换版、解释、培训、指导、检查及分发、销毁等,企业可以按照自己实际情况确定具体责任部门。

3.3.2　质量管理体系文件的建立原则

按照《中华人民共和国药品管理法》《中华人民共和国药品管理法实施条例》《药品经营质量管理规范》等法律法规的要求,建立质量管理体系文件的原则为:

(1)合法性原则

质量管理文件内容应符合国家相关法律、法规,并与之保持同步变动,及时调整。

(2)指令性原则

质量管理文件为企业内规范,必须明确指出企业、部门、岗位应该做什么,不应该做什么,要在文件中给予明确详细的规定。

(3)实用性原则

质量管理文件既要与有关法规、标准的要求相衔接,又要充分考虑其有效性,应与自身的实际情况紧密结合,符合企业实际,满足实际经营需要。

(4)先进性原则

质量管理文件的编制既来源于实际,又要适当高于实际,要具有一定前瞻性。还应注意学习和借鉴外部的先进管理经验,通过文件的编制和使用不断提高企业管理水平。

(5)系统性原则

编制的文件既要层次清晰,又要前后协调,各部门的质量管理程序、职责应紧密衔接。

(6)可操作性原则

质量管理文件的规定都是实际工作中能够达到和实现的。

(7)可检查性原则

质量管理文件应便于监督部门量化检查。

3.3.3　质量管理体系文件的类型

质量管理体系文件分为4类:质量管理制度类;部门及岗位职责类;操作规程类;档案、报告、记录和凭证类。质量管理制度、部门及岗位职责、操作规程属于执行性文件,是开展各项工作和活动的基本准则和标准。档案、报告、记录和凭证属于结果性文件,也是对各项工作和活动进行追溯、核实的依据,要与企业计算机系统的功能紧密结合。

(1)质量管理制度

质量管理制度是企业根据质量管理工作的实际需要而制订的质量规则,是对企业各部门和各业务环节如何实施质量管理作出的明确规定。对企业质量管理过程具有权威性和约束力，是首要的支持性文件。

(2)质量职责

质量职责是企业根据质量管理工作的需要，对组织机构中设置各部门和岗位的工作内容、工作目标、工作结果等提出的明确要求，即明确相关的质量管理工作由谁负责完成的问题。

(3)操作规程

操作规程是为进行某项质量活动或过程所规定的途径(方法)，是对各项质量活动采取方法的具体描述，也是企业规范经营活动的支持性文件。

在操作规程中应明确规定何时、何地以及如何做，应采取什么材料、设备，应用哪些质量管理文件，如何对活动进行控制和记录等。

(4)质量记录

质量记录是阐明所取得的结果或提供所完成活动的证据性文件。记录是工作过程的真实记载，反映工作的质和量，为工作的有效性及需要追溯相关质量信息时提供证据。在药品流通过程中，伴随着大量记录的流转，相关人员可以依据记录了解、追溯、控制药品流转的情况，使经营过程清晰、透明、可追溯。

3.3.4 质量管理体系文件的主要内容

质量管理体系文件的内容应符合下述要求。

①质量管理文件内容应符合现行药品法律法规、政策文件的规定，围绕企业质量方针和质量目标来建立，覆盖质量管理的所有要求。

②质量管理文件应齐全、层次清晰，包括质量管理制度、部门职责、岗位职责、操作规程、工作程序、档案、报告、记录和凭证等。

③质量管理文件应符合经营规模、经营方式、经营范围、操作过程、控制标准等企业实际，满足实际经营需要。

④文件之间应保持内在逻辑性、关联性、一致性，不互相矛盾。

⑤计算机管理信息系统的功能设计、操作权限、数据记录等应符合质量管理文件的规定，覆盖企业能够控制和施加影响的所有质量过程。

1)药品批发(零售连锁)企业质量管理体系文件

(1)质量管理制度应当包括以下必备内容

①质量管理体系内审的规定。

②质量否决权的规定。

③质量管理文件的管理。

④质量信息的管理。

⑤供货单位、购货单位、供货单位销售人员及购货单位采购人员等资格审核的规定。

⑥药品采购、收货、验收、储存、养护、销售、出库、运输的管理。

⑦特殊管理的药品的规定。

⑧药品有效期的管理。

⑨不合格药品、药品销毁的管理。

⑩药品退货的管理。

⑪药品召回的管理。

⑫质量查询的管理。

⑬质量事故、质量投诉的管理。

⑭药品不良反应报告的规定。

⑮环境卫生、人员健康的规定。

⑯质量方面的教育、培训及考核的规定。

⑰设施设备保管和维护的管理。

⑱设施设备验证和校准的管理。

⑲记录和凭证的管理。

⑳计算机系统的管理。

㉑执行药品电子监管的规定。

㉒其他应当规定的内容。

GSP 验收标准要求：

①有质量管理制度总目录。

②质量管理制度应齐全，至少应涵盖（一）~（二十二）项制度。

③质量管理制度内容应符合法律法规的规定和企业实际。

④操作规程、工作程序、文件记录等应与相对应质量管理制度中的内容和要求保持一致。

GSP 现场检查要点：

①查阅制度，企业质量管理制度应当至少包括上述内容。

②抽查制度内容，检查是否符合相关法规和企业实情。

③通查（或抽查）制度内容，判定是否与岗位职责、操作规程等发生原则性混淆。

④提问质量管理部门人员是否知道企业质量管理制度应当包括哪些内容，关键岗位操作人员应当清楚岗位管理制度具体内容。

（2）药品批发企业（零售连锁）部门及岗位职责

①质量管理、采购、储存、销售、运输、财务和信息管理等部门职责。

②企业负责人，质量负责人及质量管理、采购、储存、销售、运输、财务和信息管理等部门负责人的岗位职责。

③质量管理、采购、收货、验收、储存、养护、销售、出库复核、运输、财务、信息管理等岗位职责。

④与药品经营相关的其他岗位职责。

GSP 验收标准要求（一）：

①有质量管理、采购、储存、销售、运输、财务和信息管理等部门职责。

②部门职责应齐全，与部门权责一致，符合企业实际。

③各部门现场应有部门职责的现行文件。

④有关质量记录应能体现各部门切实履行部门职责。

GSP 验收标准要求(二):

①有企业负责人,质量负责人及质量管理、采购、储存、销售、运输、财务和信息管理等部门负责人的岗位职责。

②部门负责人岗位职责应齐全,与部门负责人权责一致,符合工作实际和岗位要求。

③各部门负责人办公现场应有部门负责人岗位职责的现行文件。

有关质量记录应能体现各部门负责人切实履行岗位职责。

GSP 验收标准要求(三):

①有质量管理、采购、收货、验收、储存、养护、销售、出库复核、运输、财务、信息管理等岗位职责,以及与药品经营相关的其他岗位职责。

②岗位职责应齐全,与岗位权责一致,符合工作实际和岗位要求。

③各部门现场应有部门内各岗位职责的现行文件。

④有关质量记录应能体现各岗位人员切实履行岗位职责。

(3)药品批发(零售连锁)企业操作规程主要内容

企业应当制订药品采购、收货、验收、储存、养护、销售、出库复核、运输等环节及计算机系统的操作规程。

GSP 验收标准要求:

①有药品采购、收货、验收、储存、养护、销售、出库复核、运输等环节及计算机系统的操作规程。

②操作规程应齐全、简明、易懂、可操作,涵盖企业经营质量管理的各个环节,与相应的质量管理制度保持一致,符合工作实际和岗位要求。

③各部门现场应有相应的现行操作规程文件。

④有关质量记录应与操作规程的规定保持一致。

(4)药品批发(零售连锁)企业记录凭证主要内容

企业应当建立药品采购、验收、养护、销售、出库复核、销后退回和购进退出、运输、储运温湿度监测、不合格药品处理等相关记录,做到真实、完整、准确、有效和可追溯。

GSP 验收标准要求:

①有药品采购、验收、养护、销售、出库复核、销后退回和购进退出、运输、储运温湿度监测、不合格药品处理等相关记录(文件编制申请表、制度执行情况检查记录、供货方汇总表、供货方质量体系调查表、合格供货方档案表、采购计划表、购进质量验收药品目录、药品质量档案表、药品购进、质量验收纪录、药品储存、陈列环境检查记录、环境温湿度监测记录、近效期药品催销表、药品拆零销售记录、处方药销售调配销售记录、中药饮片装斗复核记录、中药方剂调配销售记录、顾客意见征询表、药品质量问题查询表、药品质量问题投诉、质量事故调查处理报告)。

②记录应与质量管理制度、操作规程、工作程序等上位文件保持一致,与企业实际相符。

③文件管理操作规程应对记录的规范填写提出要求。

④记录应及时填写，字迹清晰，不得随意涂改，不得撕毁。

⑤更改记录的，应注明理由、日期并签名，保持原有信息清晰可辨。

⑥记录应体现时间、逻辑顺序性，做到真实、完整、准确、有效和可追溯。

对于质量管理记录，《药品经营质量管理规范》相关规定还有：

(5)通过计算机系统记录数据时，有关人员应当按照操作规程，通过授权及密码登录后方可进行数据的录入或者复核；数据的更改应当经质量管理部门审核并在其监督下进行，更改过程应当留有记录

GSP验收标准要求：

①各部门或岗位操作人员应严格按照规定权限开展相关质量活动，进行数据的录入、复核或更改。

②数据信息出现错误或需要改动时，必须由质量管理部门审核，并留有更改记录。

③计算机数据应真实、完整、准确、有效、安全和可追溯。

④计算机数据应按日备份。

(6)书面记录及凭证应当及时填写，并做到字迹清晰，不得随意涂改，不得撕毁。更改记录的，应当注明理由、日期并签名，保持原有信息清晰可辨

GSP验收标准要求：

①文件管理操作规程应对记录的规范填写提出要求。

②书面记录及凭证应及时填写，字迹清晰，不得随意涂改，不得撕毁。

③更改记录的，应注明理由、日期并签名，保持原有信息清晰可辨。

④记录应体现时间、逻辑顺序性，做到真实、完整、准确、有效和可追溯。

(7)记录及凭证应当至少保存5年。疫苗、特殊管理的药品的记录及凭证按相关规定保存

GSP验收标准要求：

①文件管理操作规程应明确规定记录及凭证至少保存5年。

②疫苗的记录及凭证应当保存至超过药品有效期2年。

③特殊管理的药品应建立专门登记台账，处方留存不少于5年(《麻醉药品和精神药品管理条例》规定为麻醉药品处方至少保存3年，精神药品处方至少保存2年)。

④特殊管理药品专用账册的保存期限应当自药品有效期期满之日起不少于5年。

2)药品零售企业质量管理体系文件内容

(1)药品零售质量管理制度应当包括的内容

①药品采购、验收、陈列、销售等环节的管理，设置库房的还应当包括储存、养护的管理。

②供货单位和采购品种的审核。

③处方药销售的管理。

④药品拆零的管理。

⑤特殊管理的药品和国家有专门管理要求的药品的管理。

⑥记录和凭证的管理。

⑦收集和查询质量信息的管理。

⑧质量事故、质量投诉的管理。

⑨中药饮片处方审核、调配、核对的管理。

⑩药品有效期的管理。

⑪不合格药品、药品销毁的管理。

⑫环境卫生、人员健康的规定。

⑬提供用药咨询、指导合理用药等药学服务的管理。

⑭人员培训及考核的规定。

⑮药品不良反应报告的规定。

⑯计算机系统的管理。

⑰执行药品电子监管的规定。

⑱其他应当规定的内容。

GSP 验收标准要求：

①有质量管理制度总目录。

②质量管理制度应齐全。

③质量管理制度内容应符合现行法律法规的规定和企业实际，具有可操作性。

④有关质量记录应与相对应质量管理制度中的内容和要求保持一致。

(2)各部门及岗位职责主要包括的内容

企业应当明确企业负责人、质量管理、采购、验收、营业员以及处方审核、调配等岗位的职责，设置库房的还应当包括储存、养护等岗位职责。

①有企业负责人、质量管理、采购、验收、营业员以及处方审核、调配等岗位职责。

②设置库房的企业，应有储存、养护等岗位职责。

③岗位职责应齐全，与岗位权责一致，符合企业实际。

④各岗位现场应有岗位职责的现行文件。

⑤有关质量记录应能体现各岗位人员切实履行职责。

GSP 验收标准要求：

①质量管理文件应明确规定其他岗位人员不得代为行使质量管理岗位、处方审核岗位的职责。

②质量管理文件、记录等应能体现质量管理岗位履行职责。

③药品调配处方中应能体现审核处方的执业药师有效履行职责。

④审核处方的执业药师不在岗时，应停止处方药的销售。

⑤质量管理员、审核处方的执业药师应专职专岗，不得兼职其他岗位工作。

(3)药品零售操作规程主要包括的内容

①药品采购、验收、销售。

②处方审核、调配、核对。

③中药饮片处方审核、调配、核对。

④药品拆零销售。

⑤特殊管理的药品和国家有专门管理要求的药品的销售。

⑥营业场所药品陈列及检查。

⑦营业场所冷藏药品的存放。

⑧计算机系统的操作和管理。

⑨设置库房的还应当包括储存和养护的操作规程。

GSP 验收标准要求：

①有药品零售操作规程。

②操作规程应齐全、简明、易懂、可操作，涵盖零售经营质量管理的各个环节，与相应的质量管理制度保持一致，符合工作实际和岗位要求。

③各岗位现场应有相应的现行操作规程文件。

④有关质量记录应与操作规程的规定保持一致。

(4)企业应当建立药品采购、验收、销售、陈列检查、温湿度监测、不合格药品处理等相关记录，做到真实、完整、准确、有效和可追溯。

GSP 验收标准要求：

①有药品采购、验收、销售、陈列检查、温湿度监测、不合格药品处理等相关记录。

②设置库房的企业，应有储存、养护等相关记录。

③记录应与质量管理制度、操作规程等上位文件保持一致，与企业实际相符。

④文件管理制度或规程应对记录的规范填写提出要求。

⑤记录应及时填写，字迹清晰，不得随意涂改，不得撕毁。

⑥更改记录的，应注明理由、日期并签名，保持原有信息清晰可辨。

⑦记录应体现时间、逻辑顺序性，做到真实、完整、准确、有效和可追溯。

(5)记录及相关凭证应当至少保存5年。特殊管理的药品的记录及凭证按相关规定保存。

GSP 验收标准要求：

①文件管理制度或规程应明确规定记录及凭证至少保存5年。

②特殊管理的药品应建立专门登记台账，处方留存不少于5年。

③特殊管理药品专用账册的保存期限应当自药品有效期期满之日起不少于5年。

3.3.5　药品质量管理规范体系文件的编写和管理

1)企业制订质量管理规范体系文件应当符合企业实际

质量管理规范体系文件包括质量管理制度、部门及岗位职责、操作规程、档案、报告、记录和凭证等。

①质量管理文件内容应符合现行药品法律法规、政策文件的规定，围绕企业质量方针和质量目标来建立，覆盖质量管理的所有要求。

②质量管理文件应齐全、层次清晰，包括质量管理制度、部门职责、岗位职责、操作规程、工作程序、档案、报告、记录和凭证等。

③质量管理文件应符合经营规模、经营方式、经营范围、操作过程、控制标准等企业实际,满足实际经营需要。

④文件之间应保持内存逻辑性、关联性、一致性,不互相矛盾。

⑤计算机管理信息系统的功能设计、操作权限、数据记录等应符合质量管理文件的规定,覆盖企业能够控制和施加影响的所有质量过程。

2)**文件的起草、修订、审核、批准、分发、保管,以及修改、撤销、替换、销毁等应当按照文件管理操作规程进行,并保存相关记录**

①有文件管理操作规程。

②文件的起草、修订、审核、批准、分发、保管、修改、撤销、替换、销毁等与文件管理操作规程的规定相符。

③应根据现行法律法规的变化或企业质量方针、目标的改变及时修订、替换文件。

④文件管理的相关记录应按规定保存。

3)**文件应当标明题目、种类、目的以及文件编号和版本号。文字应当准确、清晰、易懂。文件应当分类存放,便于查阅。**

①文件管理操作规程应明确文件格式,要求文件应标明题目、种类、目的以及文件编号和版本号。

②文件中文字表述应准确、清晰、易懂,文件内容不得模棱两可、含糊不清、前后矛盾。

③文件应按文件编号、业务部门、操作程序等条件进行分类存放,便于查阅。

4)**企业应当定期审核、修订文件,使用的文件应当为现行有效的文本,已废止或者失效的文件除留档备查外,不得在工作现场出现。**

①文件管理操作规程应规定审核、修订文件的周期和条件。

②文件应随质量管理体系的运作环境的变化而变化,要始终保持有效。

③有定期审核、修订、收回、撤销、销毁等文件管理记录,且记录内容应符合文件管理操作规程的规定。

④工作现场使用的文件应为现行有效的文本,不得出现已废止或者失效的文件。

5)**企业应当保证各岗位获得与其工作内容相对应的必要文件,并严格按照规定开展工作。**

①文件管理操作规程应有文件发放、培训、检查、考评的规定。

②各部门或岗位在使用处应有相应的现行文件。

③应对文件内容进行培训、考核,并有相关记录,确保各岗位能正确理解文件要求。

④应对文件执行情况进行检查、考核,并有相关记录,确保各岗位严格按照规定开展工作。

3.3.6 质量管理体系文件编写规程及文件示例

1)**质量管理体系文件的编写规程及编写流程**

质量管理体系文件的编写规程及编写流程如图 3.2 所示。

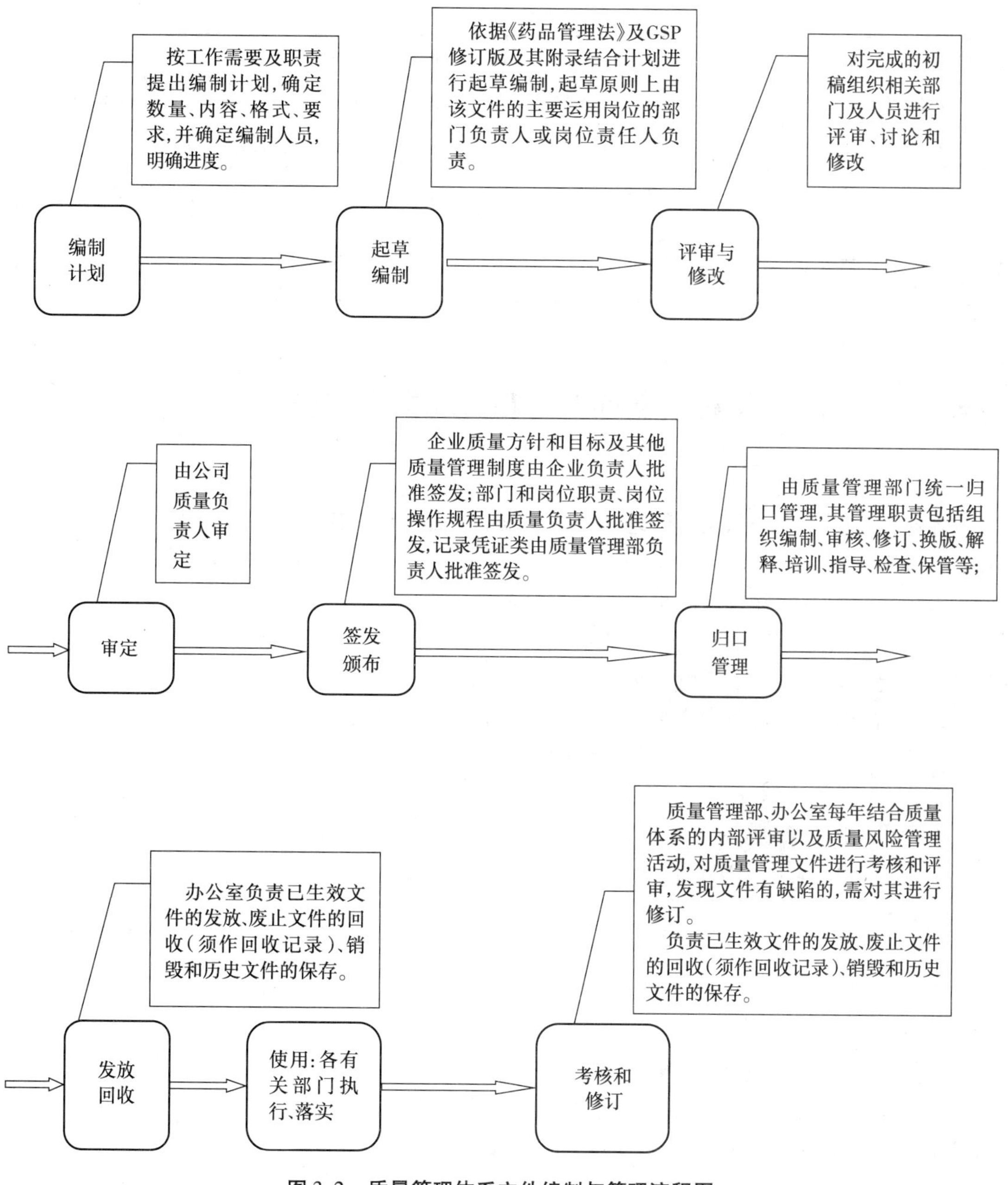

图3.2　质量管理体系文件编制与管理流程图

××医药有限责任公司文件

文件名称	质量文件编写和管理操作规程				
文件编号	××××-SOP-0××-201×			版本号	201×-01
起草者		起草日期	年　月　日	起草部门	
审核者		审核日期	年　月　日	受控状态	受控
批准者		批准日期	年　月　日	生效日期	年　月　日
分发部门	□质管部　□采购部　□销售部　□仓储部　□运输部　□人力资源信息部　□财务部				

质量文件编写和管理操作规程

1. 适用范围

本标准适用于本公司质量管理体系所要求的全部文件的编写和操作管理。

2. 职责

2.1　总经理：负责文件的批准发布。

2.2　质量副总经理：负责文件的审核。

2.3　质管部：负责质量管理体系文件的编制、修订和管控。

2.4　各相关部门：负责本部门相关文件的起草使用和保管。

3. 内容

3.1　文件的分类：

3.1.1　质量管理制度；

3.1.2　部门及岗位职责；

3.1.3　操作规程；

3.1.4　档案；

3.1.5　报告；

3.1.6　记录和凭证。

3.2　文件的编号应按下述规则要求执行：

3.2.1　编号结构：本公司文件编号由4个英文字母的公司代码，2～3个英文字母的文件类别代码，3位阿拉伯数字的序号加4位阿拉伯数字的年号编码组合而成。

如：□□□□　　□□□　　□□□　　□□□□—□□

公司代码　　文件类别代码　　文件序号　　年号—修订号

3.2.1.1　公司代码：如"重庆市恒信医药有限责任公司"代码为"HXYY"。

3.2.1.2　文件类别：

a. 质量管理制度的文件类别代码，用英文字母"QM"表示；

b. 部门和岗位职责的文件类别代码用英文字母"QD"表示；

c. 操作规程的文件类别代码用英文字母“SOP”表示；

d. 档案的文件类别代码用英文字母“DA”表示；

e. 报告的文件类别代码用英文字母“BG”表示；

f. 记录和凭证的类别代码用英文字母“QR”表示。

3.2.1.3　文件序号：质量管理体系文件序号用 3 位阿拉伯数字，从“001”开始顺序编码。

3.3　文件的受控管理

3.3.1　凡与质量体系运行紧密相关的文件均应为受控文件。公司各相关部门应按规定对这些文件执行编制、审核、批准、发放、使用、更改/修订，再次批准、标识、回收及作废等操作。

3.3.2　所有受控文件必须在该文件封面右上角加盖表明其受控状态的印章，并注明分发号。

3.4　文件的审核与批准：公司的质量管理体系文件由质量管理部组织编写或修订，经公司质量副总经理审核后，报公司总经理批准，并发布执行。

3.5　文件的发放

3.5.1　文件原稿为正本，复印件为副本。正本由质量管理部存入档案，副本作为发放文件。

3.5.2　依据发放范围，质量管理部复印相应数量的文件，并在复印件的每一页盖上“受控文件”的印章。

3.5.3　文件的发放、回收要填写《文件发放、回收记录》，应确保文件使用的各相关场所都得到适用文件的有关版本。

3.5.4　质量管理部在文件发出后，填写“受控文件一览表”。

3.5.5　借阅文件者应填写文件借阅记录，由相关部门负责人按规定权限审批后向相关人员借阅。

3.5.6　丢失补发的文件，应给予新的分发号，并注明已丢失文件的分发号失效。

3.5.7　因破损而重新领用的新文件，分发号不变，但应收回相应的旧文件。

3.6　文件的修订：质量管理部负责质量管理体系文件的修订工作，由质量管理员填写质量文件修订申请，经质量管理部长审核，上报质量副总经理批准后方可实施修订。质量管理部应保留文件修订内容的记录。

3.7　文件的保存、作废与销毁

3.7.1　文件的保存

3.7.1.1　与质量管理体系相关的文件都必须分类存放在干燥、通风、安全的地方，以确保文件的字迹清晰和便于识别。

3.7.1.2　各相关部门质量管理体系文件由本部门相关人员保管。质量管理部应每季度对各相关部门文件保管情况进行检查，对受控文件，各相关部门相关人员应及时填写本部门使用文件的受控文件清单。

3.7.1.3　任何人不得随便在受控文件上乱涂乱画，不准私自外借受控文件。

3.7.2　文件的作废与销毁

3.7.2.1　所有失效或作废文件由相关部门相关人员及时从所有发放或使用场所撤出，加盖“作废”印章，防止作废文件的非预期使用。

3.7.2.2　对要销毁的作废文件，由相关部门填写文件销毁申请，经质量副总经理批准后，由质量管理部授权相关部门销毁，并记录于“销毁文件记录表”中。

3.7.2.3　如确有因法律或其他原因需要保留的，都应在文件封皮加盖“作废”印章，并标注“仅供参考”。

2）药品批发企业和药品零售连锁企业文件

（1）质量管理制度类文件示例

①质量否决权管理制度

文件名称	药品质量否决权管理制度				
文件编号	××××-QM-0××-201×			版本号	2016-0×
起草者		起草日期	年　月　日	起草部门	质量管理部
审核者		审核日期	年　月　日	受控状态	受控
批准者		批准日期	年　月　日	生效日期	年　月　日
分发部门	□质管部　□采购部　□销售部　□仓储部　□运输部　□人力资源信息部　□财务部				

1.目的

为确立和维护质量管理部门在质量监督及管理工作的权威性，确保质量管理人员行使质量否决权，保证公司在药品经营质量管理中的规范管理。

2.依据

依据《药品管理法》和《药品经营质量管理规范（新版）》及其附录、重庆市药品批发企业经营许可和认证检查验收标准等有关法律法规及行政规章制定本制度。

3.适用范围

适用于本公司质量管理人员在经营质量管理中行使质量否决权管理。

4.内容

4.1　质量否决的范围：主要包括药品质量和工作质量两个方面。

4.2　质量否决的方式

4.2.1　在考察评价基础上提出更换采购药品的供货单位或停止采购。

4.2.2　在审核确认的基础上提出停销或收回药品。

4.2.3　对库存药品养护检查发现或法定检验不合格的药品决定停销、封存或销毁。

4.2.4　对售出的药品经查询，核实存在问题后予以收回或退货处理。

4.2.5　对各级质量监督检查出有质量问题的药品予以处理。

4.2.6　对违反质量管理制度和操作规程的行为予以指出、通报批评或处罚，并要求立即改正。

4.2.7　对不适应质量管理需要的设施、设备决定停止使用并提出添置、改造、完善的建议。

4.2.8　对未按规定验证和校准的相关设施设备决定停止使用,并提出改进措施。

4.2.9　对不符合规定的计算机系统和网络系统决定停止使用,并提出改进措施。

4.3　质量否决的内容

4.3.1　对存在以下情况之一的采购行为予以否决:

4.3.1.1　不具合法资格的供货单位。

4.3.1.2　不具合法资格的销售人员。

4.3.1.3　资质证明文件不具有合法性、有效性的供货单位。

4.3.1.4　未办理首营企业质量申报或审核不合格的。

4.3.1.5　未办理首营品种质量申报或审核不合格的。

4.3.1.6　被国家有关部门吊销批准文号或通知封存回收的药品。

4.3.1.7　超出本公司的经营范围或供货单位生产范围、经营范围的药品。

4.3.1.8　质量管理体系评价和整体综合质量评审决定取消其供货资格的。

4.3.1.9　供货单位未提供合法发票和发票上的购销单位名称及金额、品名与付款流向及金额、品名不一致的或与财务账目内容不相对应的。

4.3.1.10　药品包装标识不符合有关规定的药品。

4.3.2　对采购入库的药品存在以下情况之一予以否决:

4.3.2.1　未经质量验收或质量验收不符合质量标准的药品。

4.3.2.2　存在质量疑问或质量异议,未确认药品质量状况的。

4.3.2.3　相关证明文件不全或内容与到货药品不符合的。

4.3.2.4　未按批号提供同批号检验报告书的。

4.3.2.5　相关证明文件未按规定加盖印章的。

4.3.2.6　未按规定加印或粘贴中国药品电子监管码或监管码有印刷不符合规定要求造成扫描设备无法识别的。

4.3.2.7　确认为假劣药品的。

4.3.2.8　其他不符合国家有关法律法规的。

4.3.3　对储存运输和环境存在下列情况之一予以否决:

4.3.3.1　公司药品经营办公场所环境质量不符合 GSP 相关规定要求的。

4.3.3.2　药品储存内外环境和设施设备条件不符合 GSP 有关规定要求的。

4.3.3.3　药品运输工具不符合 GSP 有关规定要求的。

4.3.4　对存在下列情况之一的设备予以否决:

4.3.4.1　未按 GSP 有关规定进行验证和校准的相关设备。

4.3.4.2　未按 GSP 有关规定设置计算机系统和网络系统的。

4.3.5　对存在下列情况之一的销售药品行为予以否决:

4.3.5.1　经质量管理部确认为不合格的药品。

4.3.5.2　国家有关部门通知封存和回收的药品。

4.3.5.3　存在质量疑问或质量异议,未确认药品质量状况的。

4.3.5.4　其他不符合国家有关法律、法规的药品。

4.3.6　对存在以下情况之一的购货单位销售药品予以否决:

4.3.6.1　未确认该购货单位合法资格的。

4.3.6.2　购货单位证明文件和采购或提货人员身份证明资格合法性、有效性审核不符合 GSP 有关规定的。

4.3.6.3　所供药品超出购货单位规定的生产范围、经营范围和诊疗范围的。

4.3.6.4　被国家有关部门吊销“证照”的。

4.3.6.5　其他不符合国家有关法律、法规的。

4.4　质量否决权的执行

4.4.1　公司各级领导应坚决支持质量管理部门行使质量否决权。

4.4.2　质量管理部门负责本制度的执行，并结合有关奖惩进行检查考核，公司质量副总经理审定后，交财务部执行，对情节严重的可同时给予其他处罚。

4.4.3　凡发生在公司内部相关部门之间的质量纠纷，由质量管理部提出处理意见，报公司质量副总经理裁决后，由质量管理部门行使否决权。

4.4.4　质量管理部与采购、销售、储存运输等部门在处理质量问题发生意见分歧时，上述部门应服从质量管理部意见。

5. 相关文件

5.1　《限期整改通知单》。

5.2　《问题跟踪检查表》。

②药品质量信息管理制度

<table>
<tr><td>文件名称</td><td colspan="6">药品质量信息管理制度</td></tr>
<tr><td>文件编号</td><td colspan="3">××××-QM-0××-201×</td><td>版本号</td><td colspan="2">2016-0×</td></tr>
<tr><td>起草者</td><td></td><td>起草日期</td><td>年　月　日</td><td>起草部门</td><td colspan="2">质量管理部</td></tr>
<tr><td>审核者</td><td></td><td>审核日期</td><td>年　月　日</td><td>受控状态</td><td colspan="2">受控</td></tr>
<tr><td>批准者</td><td></td><td>批准日期</td><td>年　月　日</td><td>生效日期</td><td colspan="2">年　月　日</td></tr>
<tr><td>分发部门</td><td colspan="6">□质管部　□采购部　□销售部　□仓储部　□运输部　□人力资源信息部　□财务部</td></tr>
</table>

1. 目的

为确保本公司质量管理体系的有效运行，建立高效畅通的质量信息网络体系，保障质量信息上报及时，传递顺畅。

2. 依据

依据《药品管理法》和《药品经营质量管理规范（新版）》及其附录、重庆市药品批发企业经营许可和认证检查验收标准等有关法律法规及行政规章制定本制度。

3. 适用范围

适用于本公司所有质量信息的收集、汇总、分析、处理、上报等管理。

4. 内容

4.1　定义：质量信息是指质量活动中的各种数据、报表和资料文件等。

4.2　信息收集

4.2.1　质量管理部为公司质量信息收集管理部门,由相关部门组成信息网络,并设专(兼)职人员负责收集、整理、传递质量信息。

4.2.2　信息来源

4.2.2.1　各级药品监督管理部门、技术监督管理部门、卫生行政部门等所发的药品质量信息通报文件、资料等。

4.2.2.2　新闻媒体、报纸杂志所登载的药品质量信息。

4.2.2.3　本公司转发或通报、交流的药品质量信息。

4.2.2.4　用户投诉、反映的药品质量信息。

4.2.2.5　在药品采购、收货、验收、储存、养护、销售、出库、运输过程中发现的药品质量信息。

4.2.2.6　其他渠道反映、交流的药品质量信息。

4.2.3　质量信息按重要、较重要、一般重要分为A、B、C三级:

4.2.3.1　A级:各级药监、技监、卫生等部门的质量文件。

4.2.3.2　B级:药品质量的抽查、公告、通报、通知等信息。

4.2.3.3　C级:媒体杂志报道的各种药品质量信息及其他药品质量信息。

4.2.4　公司各相关信息网络部门收集信息时,应做到准确、及时、适用经济、全方位地收集,并应将收集的信息及时分类整理、传递和反馈。

4.3　信息处理

4.3.1　A、B级药品质量信息文件,由本公司质量管理部组织实施,各相关部门配合并及时反馈执行结果,重大质量事件信息应及时报总经理或质量副总经理。

4.3.2　C级药品质量信息,各相关部门结合实际,酌情执行,定期反馈执行结果。

4.4　信息反馈

4.4.1　凡涉及药品质量事故或药品质量有疑问等信息,各相关部门应及时上报质量管理部。

4.4.2　凡涉及假劣药品质量信息应及时报药监部门。

4.4.3　凡属药品不良反应报告制度规定的内容,应将情况报告药品不良反应监测部门。

4.5　信息分析

4.5.1　公司各相关部门应将收集的信息、传递、执行等情况及时反馈给质量管理部。

4.5.2　公司质量管理部应将获悉的信息,负责进行按季度汇总、分析,并加以利用指导和改进工作。质量信息应按年度整理,建立质量信息管理档案。

5.相关文件

5.1　《质量信息收集反馈表》。

5.2　《质量信息汇总分析表》。

③药品质量投诉管理制度

文件名称	药品质量投诉管理制度				
文件编号	××××-QM-0××-201×			版本号	2016-0×
起草者		起草日期	年 月 日	起草部门	质量管理部
审核者		审核日期	年 月 日	受控状态	受控
批准者		批准日期	年 月 日	生效日期	年 月 日
分发部门	□质管部 □采购部 □销售部 □仓储部 □运输部 □人力资源信息部 □财务部				

1. 目的

为规范药品的售后质量管理，认真处理售后药品的质量问题，确保及时发现问题，消除质量隐患。

2. 依据

依据《药品管理法》和《药品经营质量管理规范(新版)》及其附录、重庆市药品批发企业经营许可和认证检查验收标准等有关法律法规及行政规章制定本制度。

3. 适用范围

适用于本公司售出的药品因质量问题投诉的管理。

4. 内容

4.1 公司质量管理部为药品质量投诉的归口管理部门。

4.2 公司相关部门应设置用户意见簿，公布投诉电话或电子邮件，接受购货单位监督，优化服务质量。

4.3 药品质量投诉应由质量管理员负责处理，接到购货单位的质量投诉反映后，要及时向领导反映，同时进行跟踪了解，查明原因，分清责任，认真处理。

4.4 公司相关部门在接到药品质量投诉时，应及时作好记录，派员进行现场核实，根据情况按有关规定进行处理，并将处理意见及时转告购货单位，做到件件有交代，事事有签复，让购货单位放心满意。

4.5 药品质量投诉应按以下原则处理

4.5.1 经核实确认药品质量合格的，应解除暂停发货，并通知相关部门恢复销售。

4.5.2 经核实确认为药品质量不合格的，对未超过药品有效期的应书面通知购货单位，按供货单位和购货单位双方约定，妥善处理好相关事宜，同时向供货单位进行药品质量查询，并对药品做停售处理。

4.5.3 对于医疗使用单位或个人的质量投诉，应立即通知投诉方停止使用该药品，同时通知供货单位派员共同调查、核实和处理。

4.5.4 若经调查确认为假冒某公司销售的药品，应及时报告当地药品监督管理部门，并协助核查，以弄清事实真相。

4.6 购货单位反映投诉的问题，如属药品不良反应，应将药品的不良反应情况按规定及时上报有关部门。

5. 相关文件

5.1　《质量投诉记录》。

5.2　《质量投诉调查、处理记录》。

(2)操作规程类文件示例

①含特殊药药品复方制剂验收操作规程

文件名称	含特殊药品复方制剂的验收操作规程					
文件编号	××××-SOP-0××-201×				版本号	2016-0×
起草者		起草日期	年　月　日		起草部门	
审核者		审核日期	年　月　日		受控状态	受控
批准者		批准日期	年　月　日		生效日期	年　月　日
分发单位	□质管部　□采购部　□销售部　□仓储部　□运输部　□人力资源信息部　□财务部					

1. 适用范围

适用于采购药品及销后退回药品的验收工作。

2. 职责

验收员和二类精神药品专管员对本操作规程的实施负责。

3. 内容

3.1　公司指定专人负责含特殊药品复方制剂的验收工作。含麻黄碱类和磷酸可待因类成分的复方制剂由专人负责含特殊药品复方制剂的验收员和二类精神药品专管员一同进行验收。

3.2　药品收货后,特殊药品验收员应立即进入特殊药品待验区、对货位上有黄色标志带的待验药品进行质量验收。

3.3　采购药品的验收

3.3.1　查验检验报告书。有与到货药品批号相同的检验报告书,供货单位为生产企业时,应当提供药品检验报告书原件;供货单位为经营企业时,检验报告书应当加盖其质量管理专用章原印章。

3.3.2　按《验收抽样操作规程》对待验药品抽取具有代表性的样品。

3.3.3　检查包装的封条有无损坏,包装上是否清晰注明药品通用名称、规格、生产厂家生产批号、生产日期、有效期、批准文号、储藏、包装规格及储运图示标示,以及外用药品、非处方药的标识等标记。

3.3.4　检查最小包装的封口是否严密、牢固,有无破损、污染或渗液,包装及标签印字是否清晰,标签粘贴是否牢固。

3.3.5　检查每一最小包装的标签、说明书是否符合相关规定。必要时与质量档案进行核对。特别注意含麻黄碱类复方制剂每个最小包装规格麻黄碱类药物含量口服固体制剂不得超过 720 mg,口服液体制剂不得超过 800 mg。

3.3.6　对于相关证明文件不全或内容与到货药品不符的,不得入库,并交质管部处理。

3.3.7　药品整件包装中有产品合格证。

3.3.8　检查验收结束后，应当将检查后的完好样品放回原包装，并在抽样的整件包装上标明验收标志。

3.4　销后退回药品的验收

3.4.1　对销后退回的药品加倍抽样进行逐批检查验收。整件包装完好的，按照采购药品验收检查；无完好外包装的，每件须抽样检查至最小包装，必要时送药品检验机构检验。

3.4.2　对未按规定加印或加贴中国药品电子监管码，或因监管码印刷不符合规定要求，造成扫描设备无法识别的，报质管部处理。

3.4.3　监管码信息与药品包装信息不符的报质管部，质管部及时向供货单位进行查询、确认，未得到确认之前不得入库，必要时向当地药品监督管理部门报告。

3.4.4　验收员验收合格后，用授权的账号和密码进入验收入库平台—购货待验入库开单—采购验收（抽样记录），填写抽样量、批号、生产日期、有效期至、包装情况、外观、标签、说明书、同批号检验报告书以及验收结论并保存，生成采购药品验收记录，将验收单转为入库单完成验收工作，有销售退货的情况需做购货商销售退货验收记录，操作与普通验收记录操作一致。

3.4.5　对验收不合格的药品，不得入库，按《不合格药品的确认和处理操作规程》执行。

3.4.6　验收记录内容包括：药品通用名称、剂型、规格、批准文号、批号、生产日期、有效期、生产厂家、供货单位、到货数量、到货日期、验收合格数量、验收结论、验收人员姓名和验收日期等内容。验收记录保存5年。

②含特殊药品复方制剂的收货操作规程

文件名称	含特殊药品复方制剂的收货操作规程				
文件编号	××××-SOP-031-2016			版本号	2016-01
起草者		起草日期	年　月　日	起草部门	
审核者		审核日期	年　月　日	受控状态	受控
批准者		批准日期	年　月　日	生效日期	年　月　日
分发单位	□质管部　□采购部　□销售部　□仓储部　□运输部　□人力资源信息部　□财务部				

1. 适用范围

适用于含特殊药品复方制剂收货作业。

2. 职责

收货员对本操作规程的实施负责。

3. 内容

3.1　供货单位来货

3.1.1　药品到货时，对运输工具和运输状态进行检查。检查车厢是否密闭，如发现车厢内有雨淋、腐蚀、污染等可能影响药品质量的现象，应通知业务部门并报质管部处理。

3.1.2　药品到货时，收货员用授权的账户、密码进入商务理事收货平台，在采购订单历史查询，选择查询品种、供应商和查询日期范围，找到相应采购订单。

3.1.3　收货员查验随货同行单（票）以及采购订单，无随货同行单（票）、采购订单的应当拒收；随货同行单（票）内容有：供货单位、生产厂家、药品的通用名称、剂型、规格、批号、数量、收货单位、收货地址、发货日期等内容，随货同行单（票）应为打印的单据，并加盖供货单位出库专用章原印章，且随货同行单（票）及加盖的供货单位出库专用章原印章与公司档案中备案式样一致。

3.1.4　收货员根据采购订单，核对运输单据所载明的启运日期是否符合协议约定的在途时限，对不符合约定时限的，应当报质量管理部门处理。

3.1.5　供货单位委托运输药品的，业务部门应当提前向供货单位索要委托的承运方式、承运单位、启运时间等信息，并将上述情况提前告知收货人员。收货人员在药品到货后，要逐一核对承运方式、承运单位、启运时间等信息，不一致的应当通知业务部门并报质量管理部门处理。

3.1.6　依据随货同行单（票）核对药品实物。随货同行单（票）中药品的通用名称、剂型、规格、批号、数量、生产厂家等内容与药品实物不符的，应当拒收，并通知业务部门进行处理。

3.1.7　收货过程中，对于随货同行单（票）与采购记录、药品实物数量不符的，报业务部，经业务部与供货单位确认后，调整采购订单后，收货人员方可收货。

3.1.8　收货过程中，供货单位对随货同行单（票）与采购记录、药品实物不相符的内容不予确认的，到货药品应当拒收，存在异常情况的，报质管部处理。

3.1.9　收货员应当拆除药品的运输防护包装，检查药品外包装是否完好，对出现破损、污染、标识不清等情况的药品，应当拒收。

3.1.10　收货员对采购订单与随货同行单和实物核对无误后，将药品放置于相应库房的待验区域内，同时对商务理事系统中采购订单进行收货，填写到货数量、收货数量、拒收数量以及相关信息，完成收货记录。同时自动发布验收通知单，通知验收员进行药品验收，收货员在随货同行单（票）上签字后移交验收人员。

3.1.11　对于到货药品数量较大或容易破损的药品，可将其放置于相应库区的货位上，用黄色标志带进行标识。

3.2　销后退回含特殊药品的复方制剂药品

3.2.1　退货药品到达时，对运输工具和运输状态进行检查。

3.2.2　收货员用授权的账户、密码进入收货平台，进入售后退回收货，在售后退回通知单中查询，选择查询日期范围、客户和品种，找到相应的售后退回通知单，核实售后退回通知单与退货实物是否一致，确认相符后收货，根据售后退回通知单将到货数量、收货数量以及相关信息进行填制，完成收货记录，将退回药品放置于相应库房的退货区域内，同时系统自动发布验收通知单，通知验收员进行药品验收。

3.2.3　对到货药品和销后退回药品实行双人随到随收。

（3）职责类文件示例

①质量管理部职责

<table>
<tr><td>文件名称</td><td colspan="5">质量管理部职责</td></tr>
<tr><td>文件编号</td><td colspan="3">XXYY-QD-0XX-201X</td><td>版本号</td><td>2016-0X</td></tr>
<tr><td>起草者</td><td></td><td>起草日期</td><td>年　月　日</td><td>起草部门</td><td>质管部</td></tr>
<tr><td>审核者</td><td></td><td>审核日期</td><td>年　月　日</td><td>受控状态</td><td>受控</td></tr>
<tr><td>批准者</td><td></td><td>批准日期</td><td>年　月　日</td><td>生效日期</td><td>年　月　日</td></tr>
<tr><td>分发部门</td><td colspan="5">□质管部　□采购部　□销售部　□仓储部　□运输部　□人力资源信息部　□财务部</td></tr>
</table>

1. 职责概述

根据本公司质量方针与目标，组织建立和运行公司质量管理体系，并进行经营管理服务过程中各项流程的改进、实施和控制，保证药品和服务质量。

2. 工作职责内容

2.1　负责督促本公司相关部门和岗位人员执行药品管理的法律法规和《药品经营质量管理规范(新版)》及其附录；

2.2　负责组织制订质量管理体系文件，并指导、监督文件的执行；

2.3　负责对供货单位、购货单位的合法性，产品的合法性以及人员资质的合法性进行审核，完善相关信息，并根据审核内容的变化进行动态管理，特别注重首营企业和首营品种的管理。

2.4　负责药品质量信息的查询、收集、分析并建立质量信息档案；

2.5　负责药品的验收，指导并监督药品采购、储存、养护、销售、退货、运输等环节的质量管理工作；

2.6　负责不合格药品的确认，对不合格药品的处理过程实施监督；

2.7　负责药品质量投诉和质量事故的调查、处理及报告；

2.8　负责假劣药品的报告；

2.9　负责指导设定计算机系统质量控制功能；

2.10　负责计算机系统操作权限的审核和质量管理基础数据的建立及更新；

2.11　负责组织参与仓储、运输部门相关设施设备的验证和校准工作；

2.12　负责监督二类精神药品、含特殊药品复方制剂由质管部专项管理，监督落实随货同行回执联签字及电子文档的建立，切实加强对二类精神药品、含特殊药品复方制剂采购和销售行为的日常监控管理工作；

2.13　负责对冷链药品运输回执联的签字管理及建立电子文档；

2.14　负责药品召回的管理工作；

2.15　负责药品不良反应的报告；

2.16　负责组织质量管理体系的内审和风险评估；

2.17　负责组织对药品供货单位及购货单位质量管理体系和服务质量的考察和评价工作；

2.18　负责组织对被委托运输的承运方运输条件和质量保证能力的审查工作；

2.19　负责协助本公司相关部门开展质量管理教育和培训工作；

2.20　承担其他应当由质量管理部履行的职责。

②质量管理部门负责人岗位职责

文件名称	质量管理部门负责人岗位职责				
文件编号	××××-QD-0××-201×			版本号	2016-0×
起草者		起草日期	年　月　日	起草部门	人力资源信息部
审核者		审核日期	年　月　日	受控状态	受控
批准者		批准日期	年　月　日	生效日期	年　月　日
分发单位	□质管部　□采购部　□销售部　□仓储部　□运输部　□人力资源信息部　□财务部				

1. 岗位说明

1.1　岗位名称:质量管理

1.2　所属部门:质量管理部

1.3　直属上级:质量副总经理

2. 任职资格

2.1　学历要求:专科以上学历,执业药师资格。

2.2　专业要求:药学或者医学、生物、化学等相关专业。

2.3　经验要求:3 年以上药品经营质量管理工作经验。

2.4　知识技能要求

2.4.1　熟悉药品经营环节,准确掌握国家有关药品法律法规和 GSP 管理的要求;

2.4.2　能独立解决本公司药品经营过程中的质量问题;

2.4.3　了解国内外质量管理及风险控制的新方法和有关新技术、新知识;

2.4.4　具有较强的药品质量管理能力、沟通协调能力和分析判断能力;

2.4.5　具有较强的观察力和应变能力;

2.4.6　具有较强的责任意识,能坚持原则,秉公办事。

3. 职责概述

执行国家有关药品管理的法律、法规和规章,起草本公司各项质量管理体系文件,并指导、督促执行,采取有效措施确保本公司所经营药品的质量稳定和质量管理体系有效运行。

4. 岗位职责内容

4.1　全面负责药品质量管理工作,独立履行职责,在企业内部对药品质量管理具有裁决权;

4.2　组织督促本公司相关部门和岗位人员执行药品管理的法律法规和 GSP 的实施;

4.3　负责组织制订本公司质量管理体系文件,并指导、督促文件的执行;

4.4　负责组织对供货单位和购货单位的合法性进行审核,对购进药品的合法性及供货单位销售人员、购货单位采购人员的合法资格,以及首营企业、首营品种的审核,必要时组织对药品供货单位及购货单位质量管理体系和服务质量的考察和评价,并负责建立供货、购货客户档案;

4.5　组织质量管理体系的内审和风险评估,对各项质量管理制度的执行情况进行检查和考核;

4.6　负责指导并监督采购、验收、储运、养护、销售、退货、运输等环节的质量管理工作;

4.7　负责不合格药品的确认审核,对不合格药品报损、销毁等的处理过程实施监督管理,并定期对不合格药品情况进行汇总分析和上报;

4.8 负责药品质量查询、质量投诉、质量事故的调查处理和报告；

4.9 负责质量信息收集和管理，保证信息的传递通畅、准确、及时；

4.10 负责指导设定计算机系统质量控制功能和操作权限的审核，以及质量管理基础数据的建立和更新；

4.11 负责计算机系统质量管理基础数据的审核、确认生效及锁定；

4.12 负责指导监督各相关岗位人员严格按规定流程和要求操作计算机系统；

4.13 负责经营业务数据修改申请的审核和指导处理计算机系统中涉及药品质量的有关问题；

4.14 负责指导和组织本公司仓储运输部门对相关设施设备共同实施验证和校准；

4.15 负责组织建立健全药品质量档案，规范本公司质量记录和凭证的管理；

4.16 负责本公司假劣药品的报告和药品召回管理工作；

4.17 负责本公司所经营药品发生不良反应情况的收集和报告；

4.18 负责组织参与对委托运输的承运方，运输条件和质量保障能力的审查；

4.19 负责协助相关部门开展质量管理的教育和培训；

4.20 负责本部门日常工作安排，任务分配和人员的培养、考核和激励等管理；

4.21 承担其他应当由质量管理部长履行的职责。

③药品质量管理员岗位职责

文件名称	药品质量管理员岗位职责				
文件编号	××××-QD-0××-201×			版本号	2016-0×
起草者		起草日期	年　月　日	起草部门	质管部
审核者		审核日期	年　月　日	受控状态	受控
批准者		批准日期	年　月　日	生效日期	年　月　日
分发单位	□质管部　□采购部　□销售部　□仓储部　□运输部　□人力资源信息部　□财务部				

1. 岗位说明

1.1 岗位名称：质量管理员

1.2 所属部门：质量管理部

1.3 直属上级：质量管理部长

2. 任职资格

2.1 学历要求：药学中专或相关专业大学专科以上学历或药学初级以上专业技术职称，经岗位培训合格。

2.2 专业要求：药学或医学、生物、化学等相关专业。

2.3 专业知识要求：熟悉国家有关药品的法律、法规和《药品经营质量管理规范》，具备药品管理和药学知识等。

2.4 经验要求：从事药品质量管理工作1年以上。

2.5 能力素质要求

2.5.1 具有良好的分析和解决问题的能力；

2.5.2 具有良好的沟通及应变能力；

2.5.3　能独立对药品质量情况作出判断，并进行处理或提出处理建议；

2.5.4　能坚持原则，秉公办事；

2.5.5　善于学习，工作恪尽职守；

2.5.6　身体健康，视力在0.9以上（含矫正视力），无辨色障碍。

3. 职责概述

负责承担对本公司质量管理体系的运行情况和对药品购、销、调、存等各环节的药品质量工作进行指导、监督和检查，做好质量控制工作，不断改进工作方法，促进企业质量管理工作规范有序。

4. 岗位职责内容

4.1　负责本公司质量管理体系文件在相关部门的检查、指导和督促执行工作；

4.2　协助质量管理部长组织对供货单位（首营企业、首营品种）和购货单位的资格、资质证明文件等进行合法性、有效性审核；

4.3　负责药品质量信息的收集和管理，以及药品质量档案的建立工作；

4.4　负责指导并监督药品采购、验收、储存、养护、销售、退货、运输等环节的质量控制和管理工作；

4.5　负责不合格药品的确认和报损前的审核，并对不合格药品的处理过程实施监督管理工作；

4.6　负责对含特殊药品复方制剂按公司文件规定执行，专人负责监督管理，并负责在来货随货同行单上和销售凭证回执上签字并签署日期；

4.7　负责按公司有关规定实行报告制度，应向所在地食品药品监督管理分局报告含特殊药品的经营有关情况，报告内容包括公司所经营含特殊药品复方制剂药品的产品名称、生产厂家，供货单位及其销售人员，购货单位及其采购人员等；

4.8　负责药品质量查询、投诉和质量事故的调查、处理及报告和建档工作；

4.9　负责质量管理基础数据的审核、确认生效和锁定，并定期进行跟踪检查；

4.10　负责监督各相关岗位人员严格按规定流程及要求操作计算机系统；

4.11　负责经营业务数据修改申请的审核，符合规定要求的方可按流程修改，并处理系统中涉及药品质量的有关问题；

4.12　负责组织、参与和指导仓储运输部门相关设施设备的验证和校准工作；

4.13　负责组织和协助相关部门的药品召回管理工作；

4.14　负责药品不良反应信息的收集处理及报告工作；

4.15　协助并参与对药品供货单位及购货单位质量管理体系的审核和服务质量的考评工作；

4.16　协助质量管理部长组织对本企业质量管理体系的内审和风险评估工作；

4.17　协助做好质量管理教育和培训工作；

4.18　承担其他应当由药品质量管理员履行的岗位职责。

（4）记录类文件示例

××医药有限责任公司文件发放、回收记录

序　号	文件名称	编　号	版　别	发放记录				回收记录		
				部　门	签　字	日　期	份　数	签　字	日　期	份　数

续表

序　号	文件名称	编　号	版　别	发放记录				回收记录		
				部　门	签　字	日　期	份　数	签　字	日　期	份　数

3)药品零售企业文件示例

(1)质量管理制度类文件

××药店管理文件

文件名称:药品销售管理制度		编号:
起草人:	审核人:	批准人:
起草日期:	批准日期:	执行日期:
变更记录:		版本号:

1.目的

加强药品销售环节的质量管理,严禁销售质量不合格药品。

2.依据

《药品经营质量管理规范》、药品管理法律、法规及有关规定

3.适用范围

适用于本企业药品销售的管理。

4.责任

执业药师或药师、营业员对本制度的实施负责。

5.内容

5.1　凡从事药品零售工作的营业员,上岗前必须经过业务培训,考核合格后取得上岗证,同时取得健康证明后方能上岗工作。

5.2　在营业场所的显著位置悬挂药品经营许可证、营业执照、执业药师注册证等。

5.3　药品陈列应清洁美观,摆放做到药品与非药品分开、处方药与非处方药分开、内服药与外用药分开、品名与包装易混淆的药品分开,药品要按用途陈列。

5.4　营业员依据顾客所购药品的名称、规格、数量、价格核对无误后,将药品交与顾客。

5.5　销售药品必须以药品的使用说明书为依据,正确介绍药品的适应症或功能主治、用法用量、不良反应、禁忌及注意事项等,指导顾客合理用药,不得虚假夸大药品的疗效和治疗范围,误导顾客。

5.6　在营业时间内,应有执业药师或药师在岗,所有从业人员应佩戴标明姓名、岗位、从业资格等内容的胸卡。

5.7　顾客凭处方购药,按照《药品处方调配管理制度》执行,处方必须经药师审核签章

后，方可调配和出售。

5.8　销售非处方药，可由顾客按说明书内容自行判断购买和使用，如果顾客提出咨询要求，药师应负责对药品的购买和使用进行指导。

5.9　销售近效期药品应当向顾客告知。

5.10　药品拆零销售按照《药品拆零销售操作程序》执行。

5.11　不得采用有奖销售、附赠药品或礼品销售等方式销售药品。

5.12　不得销售国家规定不得零售的药品。

5.13　销售药品所使用的计量器具应经计量检定合格并在有效期限内。

5.14　药品营业人员应熟悉药品知识，了解药品性能，不得患有精神病、传染病或其他可能污染药品的疾病，每年定期进行健康检查。

5.15　店堂内的药品广告宣传必须符合国家《广告法》和《药品广告管理办法》的规定。

5.16　对缺货药品要认真登记，及时向采购员传递药品信息，组织货源补充上柜，并通知客户购买，非本企业人员不得在营业场所内从事药品销售相关活动。

5.17　对实施电子监管的药品，在售出时应当进行扫码和数据上传。

5.18　销售药品开具有药品名称、生产厂家、批号、规格、价格等内容的销售凭证。

相关文件：

1.《处方药品销售管理制度》

2.《药品拆零销售操作规程》

3.《中药饮片处方审核、调配、核对管理制度》

4.《处方调配销售记录》

5.《药品拆零销售记录》

6.《中药方剂调配销售记录》

请阅读并分组讨论以上材料，你能根据新版 GSP 要求起草一份质量制度管理文件吗？

(2)操作规程类文件

①营业场所药品陈列及检查操作规程

××药店管理文件

文件名称：营业场所药品陈列及检查操作规程		编号：
起草人：	审核人：	批准人：
起草日期：	批准日期：	执行日期：
变更记录：		版本号：

1. 目的

通过制订营业场所的药品陈列及检查操作规程，有效控制营业场所的药品陈列及检查符合质量规定的要求。

2. 依据

《药品管理法》《药品经营质量管理规范》。

3. 适用范围

适用营业场所的药品陈列及检查全过程。

4. 责任者

门店养护人员及门店营业员。

5. 内容

5.1 药品陈列

5.1.1 质量管理员按照药品剂型、用途以及储存要求分类陈列;设置醒目标志,类别标签要求字迹清晰、放置准确;药品陈列于销售区域柜台或货架上,摆放整齐有序,避免阳光直射。

5.1.2 药品分类要求:处方药、非处方药分区陈列,并有处方药、非处方药专用标识;处方药不得采用开架自选的方式陈列和销售;外用药设置外用药品专柜;拆零销售的药品集中存放于拆零专柜;特殊管理的药品和国家有专门管理要求的药品不得陈列,按有关要求专人负责;冷藏药品放置在冷藏设备中,按规定对温度进行监测和记录,并保证存放温度符合要求;中药饮片柜斗谱书写正名正字;装斗前认真复核,防止错斗、串斗;定期清斗,防止饮片生虫、发霉、变质;不同批号的饮片装斗前必须清斗并填写清斗记录;非药品在专区陈列,与药品区域明显隔离,并有醒目标志。

5.2 陈列药品检查方法

5.2.1 药品养护员依据陈列药品的流动情况,制订养护检查计划,对陈列药品每1个月检查1次,并认真填写"陈列药品检查记录"。

5.2.2 药品养护:药品养护员在质量养护检查中,依据陈列药品的外观质量变化情况,抽样进行外观质量的检查;抽样的药品依照"药品外观质量检查要点",按照药品剂型逐一检查,检查合格的药品填写好"陈列药品检查记录"可继续上架销售;质量有问题或有疑问的品种要立即下柜停止销售,并详细记录,同时上报质量管理员进行复查。

5.2.3 中药饮片养护:中药饮片要按其特性分类存放,药斗要做到一货一斗,不得错斗、串斗;新进饮片装斗前要填写"清斗记录",按要求真实、准确记录相关项目;养护员每月检查药斗内饮片质量,防止发生生虫、霉变、走油、结串、串药等现象;夏防季节,对易变质饮片要每天检查;如有变化要及时采取相应的养护措施,并如实填写"中药饮片检查记录"。

5.2.4 药品效期管理:药品养护员根据每月对陈列药品的检查,填报"近效期药品催售表";一式三份,质量负责人、养护员各一份,柜组一份,质量负责人督促营业员按照"先进先出、近期先出"的原则进行销售;养护员每月对近效期商品进行核查,在"近效期药品催销表"上如实记录已售、退货结论。

②营业场所冷藏药品的存放操作规程

××药店管理文件

文件名称:营业场所冷藏药品的存放操作规程		编号:
起草人:	审核人:	批准人:
起草日期:	批准日期:	执行日期:
变更记录:		版本号:

1. 目的

通过制订营业场所冷藏药品的存放操作规程,有效控制营业场所冷藏药品的存放符合质量规定的要求。

2. 依据

《药品管理法》《药品经营质量管理规范》。

3. 适用范围

适用营业场所冷藏药品的存放全过程。

4. 责任者

门店在册上岗人员。

5. 内容

5.1 冷藏药品的收货、验收操作程序

5.1.1 冷藏药品收货区应在阴凉或冷藏环境中,不得置于露天、阳光直射和其他可能改变周围环境温度的位置。营业员收货前,应查看并确认运输全程温度符合规定的要求后,方可接收货物,移入待验区并立即通知验收人员进行验收。

5.1.2 冷藏药品的验收要在30分钟内完成,验收人员需按照冷藏药品的温度要求及外观质量情况进行验收,验收合格后立即将药品转入低温柜存放;如对质量不合格或有疑问的药品要及时上报质量管理员待查。

5.2 冷藏药品的储藏、养护操作程序

5.2.1 冷藏药品需存放在可调节温度的低温柜中,养护人员每天两次对低温柜内温湿度进行监测并记录,确保冷藏药品质量合格。

5.2.2 低温柜要定期进行维护保养并作好记录。养护人员如发现设备故障,应先将药品隔离,暂停销售,作好记录并及时上报质量管理员。

请阅读并分组讨论以上材料,你能根据新版GSP要求起草一份质量制管理操作类型文件吗?

(3)职责类文件

①药品验收员岗位职责

××药店管理文件

文件名称:药品验收员岗位职责		编号:
起草人:	审核人:	批准人:
起草日期:	批准日期:	执行日期:
变更记录:		版本号:

1. 目的

规范药品的验收工作,保证入库药品的质量。

2. 依据

《药品经营质量管理规范》。

3. 适用范围

适用于企业的药品验收员。

4. 责任

药品验收员对本职责的实施负责。

5. 工作内容

5.1 审核供应商是否具有符合规定的供货资格。

5.2　审核来货是否在供货企业被批准的经营范围之内。

5.3　按法定标准和验收规程，及时完成入库药品的验收工作并作好验收记录。

5.4　严格按规定的标准、验收方法和抽样原则进行验收和抽取样品。

5.5　对验收合格的药品，与保管员办理入库交接手续。

5.6　对验收不合格的药品拒收，做好不合格药品的隔离存放工作，并及时报质量管理人员处理。

5.7　规范填写验收记录，并签章。收集药品质量检验报告书和进口药品检验报告书，按规定保存备查。

5.8　收集质量信息，配合质量管理人员做好药品质量档案工作。验收中发现药品质量变化及时报质量管理人员。

②营业员岗位职责

××药店管理文件

文件名称：营业员岗位职责		编号：
起草人：	审核人：	批准人：
起草日期：	批准日期：	执行日期：
变更记录：		版本号：

1. 目的

规范企业的销售，保证销售的服务质量和销售药品的质量。

2. 依据

《药品经营质量管理规范》。

3. 适用范围

适用于企业的营业员。

4. 责任

企业营业员对本职责的实施负责。

5. 工作内容

5.1　严格遵守企业纪律、规章制度，执行相关质量管理制度及程序。

5.2　每日做好当班责任区内的清洁卫生、陈列、整理、定价、调价、养护、退库、有效期跟踪等作业。

5.3　保证仪容、仪表符合企业规定，对顾客礼貌招呼，热情微笑服务，文明用语。

5.4　掌握并不断提高服务技巧、销售技能，不断熟悉药品知识，及时掌握新品种的药学内容，销售药品做到准确无误，并且正确说明用法、用量和注意事项，务必提醒顾客要认真阅读说明书，不得夸大宣传和欺骗顾客。

5.5　做好药品防盗和防止药品变质的工作。

5.6　负责协助进行经营场所的气氛营造，装饰物的悬挂等。

5.7　做好每班的贵重药品的交接班工作。

5.8　协助搞好企业经营场所的设备维护、设施维护保养。

③处方审核人员岗位职责

××药店管理文件

文件名称:处方审核人员岗位职责		编号:
起草人:	审核人:	批准人:
起草日期:	批准日期:	执行日期:
变更记录:		版本号:

1. 目的

为规范处方审核人员的行为,保证处方药销售的合法性。

2. 依据

《药品经营质量管理规范》。

3. 适用范围

适用于处方审核人员。

4. 责任

处方审核人员对本职责的实施负责。

5. 工作内容

5.1　负责药品处方内容的审查及所调配药品的审核并签字。

5.2　负责执行药品分类管理制度,严格凭处方销售处方药。

5.3　对有配伍禁忌或超剂量的处方,应当拒绝调配、销售。

5.4　指导营业员正确、合理摆放及陈列药品,防止出现错药、混药及其他质量问题。

5.5　营业时间必须在岗,并佩戴标明姓名、执业药师职称等内容的胸卡,不得擅离职守。

5.6　为顾客提供用药咨询服务,指导顾客安全、合理用药。

5.7　对销售过程中发现的质量问题,应及时上报质量管理部门。

5.8　对顾客反映的药品质量问题,应认真对待、详细记录、及时处理。

案例讨论

2012年12月,××省××县×××大药房向省食品药品监督管理局申请GSP验收,验收小组依法对该药品经营企业严格按照现行药品经营质量管理规范(卫生部令第90号)进行认证验收,现场检查发现该企业质量管理体系文件存在不规范情况(购进药品验收记录填写不完整)。认证小组依据药品经营质量管理规范(卫生部令第90号)"验收人员对购进的药品,应根据原始凭证,严格按照有关规定逐批验收。药品验收应作好记录,验收记录记载供货单位、数量、到货日期、品名、规格、批准文号、生产批号、生产厂商、有效期、质量状况、验收结论和验收人员等项内容"之规定,责令企业整改,暂不通过。对此认定是否合法?

思考题

1. 药品批发企业 GSP 验收需要哪些质量文件?
2. 质量管理体系文件的编写应遵循的原则有哪些?
3. 质量管理体系文件包括哪些类型?
4. 质量管理体系文件编写应注意哪些问题?

技能实训项目

模拟填写:药品养护管理制度文件

重庆市××大药房管理文件

文件名称:药品养护管理制度			编号:
起草人:	审核人:	批准人:	颁发人:
起草日期:	审核日期:	批准日期:	生效日期:
分发人员:			

1. 目的:
2. 依据:
3. 适用范围:
4. 责任:
5. 内容:

请你参考以下文献进行起草:

《药品经营质量管理规范(2016 修改版)认证检查指南》
《重庆市药品批发企业经营许可和认证检查验收标准(暂行)》
《重庆市药品零售企业经营许可和认证检查验收标准》
《冷藏、冷冻药品的储存与运输管理检查内容》(重庆市)
《药品经营企业计算机系统检查内容》(重庆市)
《温湿度自动监测检查内容》(重庆市)
《药品收货与验收检查内容》(重庆市)
《验证管理检查内容》(重庆市)

第4章 设施与设备管理

环境、场所和布局是GSP硬件配置要求的主要内容之一，是开办药品经营企业不可缺少的基本条件。《药品管理法》第十五条第二款规定，药品经营企业必须具有与所经营药品相适应的经营场所、设备、仓储设施和卫生环境。在新版GSP中第四十七至五十一条、第一百四十六至一百五十四条也分别对药品批发企业和零售企业的库房、经营场所、设施设备做出了具体规定。经营场所、仓库、设施与设备是药品经营企业正常经营和运行的主要平台和硬件基础。仓库是药品经营企业不可缺少的基础性设施，设施与设备是企业资产的主要体现形式，对药品经营企业的设施设备进行合理配置和管理是保证药品经营质量、有效实施质量过程控制的必要条件，同时也体现了药品经营企业的管理水平。因此，企业硬件设施的设置和管理应当符合GSP的相关要求，既要坚持标准，也要符合企业经营实际。

4.1 仓库选址与布局

仓库是以库房、货场及其他设施装置为劳动手段，对商品、货物、物资进行收进、整理、储存、保管和分发等工作的场所。药品经营企业的仓库是用于储存和养护药品的地方，药品在库期间的质量控制取决于仓库条件、保养技术和管理水平。因此，药品经营企业必须重视仓库建设。

4.1.1 仓库的选择原则

GSP中第四十三、四十四、四十六条规定，企业应当具有与其药品经营范围、经营规模相适应的经营场所和库房。库房的选址、设计、布局、建造、改造和维护应当符合药品储存的要求，防止药品的污染、交叉污染、混淆和差错。库房的规模及条件应当满足药品的合理、安全储存。

仓库在药品经营活动中具有重要的地位。药品经营企业应当配备与经营范围相适应的各种专用库房，并保证各类库房有足够的仓储空间储存药品，防止因仓储空间不足造成库内药品储存不规范、库外违规存放或出现药品储存不符合规定条件的现象，影响药品质量与安全。

1）仓库选址要求

药品仓库选址和修建应在交通方便的地方，能够保证用电、用水充分供给；地面平坦、地质坚固，能承受较大压力；地势较高、雨季能迅速排水；远离江、河、湖等水域，并能保持干燥环境、通风良好；远离居民区；远离严重污染源、远离汽车库和油库，避免烟尘、粉尘、污染性气体、排污等造成污染的环境；危险品库应在离车站、码头较远的地区。

知识链接（提示）

①仓库的所有权不属于GSP认证内容，GSP认证对仓储设施的审核着重于设置的条件是否符合标准、是否会影响药品质量。按照国家规定，药品经营企业的仓库可以自建也可以采取租用等方式，但如果采用租用或其他合作方式，应该具有合法、有效的租赁使用合同，并在当地药监部门备案。

②经营规模是指企业接受检查时追溯前12个月的实际物流规模，包括药品的入库量、在库量、出库量等物流作业环节。衡量物流规模应当以前12个月内载明的经营范围中各类别药品的最大峰值量分别进行判断。

③新版GSP中取消了对药品经营企业根据大中小型企业不同其仓库面积的具体规定（大型企业不应低于1 500 m^2，中型企业不应低于1 000 m^2，小型企业不应低于500 m^2），提出仓库面积应与企业自身经营规模相适应，但不得低于各省的许可准入标准，有利于企业根据自身情况实际操作。

2）库区环境要求

药品库区内部环境应做到地面平坦、容易修整、无露土地面；库区内地面一般应高于库外地面，以防止地面积水或反潮；库区设置排水系统，并保持通畅；库区内地面应全部硬化或绿化，药品库房的库区可采用水泥、沥青、地砖等材料进行硬化处理，以防止扬尘，便于库区车辆行驶作业；绿化区域不宜种植易生虫、易飘絮和花粉较多的花草树木；库区内无垃圾、杂物或废弃物堆积，以保持环境的美化和净化。

3）仓库建筑与装修要求

新版GSP中第四十六、一百五十条对药品批发企业和零售企业的库房作出了具体的要求。对新开办的药品经营企业，其选址、硬件设计、建筑施工、装修等均应严格遵循新版GSP要求进行合理布局、规划或进行整改以达到新版GSP要求。仓库建筑与装修要求见表4.1。

表4.1 仓库建筑与装修要求

项目内容	要 求
库房主体建筑	应选用有利保温、隔热的材料，保证库房的恒温要求
门窗	尽量减少窗户数量并减少其面积，设计简洁、适用、易于清洁，门窗结构严密，关闭无明显间隙，保证库房内外环境的气密性
储存作业强度较小的库房地面建筑材料	选用花岗岩、瓷砖、环氧乙烷层或木质材料

续表

项目内容	要　求
储存作业强度较大的库房地面建筑材料	应选用耐冲击、负荷大、强度适宜的材料;选用厚度为2~4 cm的水泥地面,平整,无较大缝隙、无明显积水、无严重地面沉降、无地面铺设材料脱落损坏
工程管线	合理布局,各类管线应采用暗装形式
库房内部设计	设计为易于清洁的结构,一般墙与墙、墙与地面、墙与顶棚连处应有一定的弧度
库房内部装修	选用无毒、无污染、发尘量少、吸湿性小、不易黏附尘粒的材料,砖木混合结构库房的木质顶棚应吊顶;砖混及钢混结构的库房屋顶应当进行墙面装修处理,钢架结构的屋顶建筑材料应当坚固,房屋不起尘、不挂灰、不掉皮脱落,平整光洁便于清洁
特殊管理药品仓库	采用砖混或钢混结构的建筑,不得设明窗,要安装钢制防盗门
药品装卸作业场所	应在库房装卸货月台上方安装防雨顶棚,确保药品在装卸作业时可有效防止雨雪、风沙、极端低温等异常天气可能对药品质量造成影响。冬季室外气温可能降至-10 ℃以下的地区,应当设置室内装卸作业场所

新版GSP对药品库房规划、设计和建设的标准化、规范化做出了方向性的引导,其对药品经营企业仓库的要求在强调药品的合理和安全储存的同时增加了安全注意事项;增加了室外作业区域受异常天气影响的保护措施如设置顶棚等,以保证药品质量。

4.1.2 仓库的分类

1)按仓库所处地理位置分类

根据仓库所处的地理位置,可以分为码头仓库、内陆仓库。

2)按照仓库的构造分类

(1)单层仓库

单层仓库又称为平面仓库,是指以托盘地垫堆码垛、轻型及中型货架储存,人工搬运形式作业的仓库。单层仓库设计简单,只有一层,占地面积大,仓库全部的地面承压能力较强,在仓库内搬运、装卸货物比较方便,各种附属设备安装、使用和维护比较方便,适用于性能稳定的药品的储存。

(2)多层仓库

多层仓库具两层及以上的结构,占地面积较小,可将药品库房和其他部门根据要求进行隔离,有利于库房的安全和防火,在整个仓库布局方面比较灵活,可适用于各种不同的使用要求,一般使用垂直输送设备来搬运药品。

(3)立体仓库

立体仓库是一种特殊的单层仓库,又分为高架仓库和全自动立体仓库。高架仓库由重型多层货架构成,以标准托盘为单元集装储存管理,采用人工操作高架叉车出入库作业,配套使用条形码扫描识别、无线传输、自动识别等物流信息技术的仓储模式。自动化立体仓库的主体由高层货架、巷道式堆垛起重机、出入库工作台和自动出入库及操作控制系统等组成。货架是钢结构或钢筋混凝土结构的建筑物或结构体,货架内是标准尺寸货位空间,承载单元是标准托盘,巷道堆垛起重机穿行于货架之间的巷道中,完成药品出入库自动作业。立体仓库的仓储模式具有仓库高层效率化、存取自动化、操作简便化的特点。

3)按仓库用途分类

(1)采购供应仓库

仓库规模大,主要用于集中储存从生产部门收购的或供国际间进出口的整批药品,药品储存期较长。一般采用整批进、整箱出的收发货方式。

(2)中转批发仓库

这类仓库规模同采购供应仓库相比要小一些,主要用于储存从采购供应库场调进或在当地收购的药品,一般货物在此仅做临时停放。中转批发仓库既可从事批发供货,也可从事拆零供货业务。

(3)零售仓库

仓库规模小,通常为前店后仓,主要用于商业零售业短期储货,一般是提供店面销售,储存期短,所储存药品周转快。

4)按保管货物的特性分类

(1)原料仓库

用来储存生产所用的原料。

(2)产品仓库

用于存放已经完成的产品。

(3)专用仓库

对于特殊管理的药品以及危险性药品、冷藏冷冻药品、中药材、中药饮片等应有专用的库房。专用仓库必须根据企业的经营规模和所储存药品的不同性能进行建造并配有相应设施设备。

知识链接(提示)

①特殊管理的药品:规范中提及特殊管理的药品是一个广义的概念,包括麻醉与精神药品、医疗用毒性药品、放射性药品、药品类易制毒化学品、蛋白同化制剂、肽类激素、终止妊娠药品、部分含特殊药品复方制剂、治疗性功能障碍药等。

②危险品:危险品是指受到外界因素(如光、热、空气、水分或撞击)影响而引起自燃、助燃、燃烧、爆炸或者具有刺激性、腐蚀性、剧烈毒性的药品。分为易爆炸品、易燃液体、易燃固体、压缩和液化气体、氧化剂和有机氧化物、腐蚀性药品、毒害品7类。

5)按药品的储存条件分类

根据药品的理化性质不同所需储存温湿度条件的不同,可将药品仓库分为冷库(2 ~

10 ℃)、阴凉库(20 ℃以下)、常温库(10 ~ 30 ℃)3 种类型。药品仓库的相对湿度为 35% ~75%。

课堂讨论

某药品经营企业购进一批药品,包括人血白蛋白、妈咪爱、小儿退热栓、抗病毒颗粒剂、阿莫西林胶囊、健儿清解液、奥美拉唑肠溶片、狂犬疫苗、二氢埃托啡、美沙酮、麝香壮骨膏、注射用头孢呋辛钠、布洛芬混悬液、凝血酶冻干粉、依托泊苷软胶囊、麦角胺、麻黄素、吗啡阿托品注射液、卡西酮、氯胺酮、咖啡因、苯巴比妥、六神丸、云南白药气雾剂、左氧氟沙星滴眼液、咽立爽滴丸、丁丙诺啡透皮贴剂、氨酚氢可酮片、康泰克胶囊、克林霉素磷酸酯凝胶。请同学进行分组讨论,为以上药品选择合理的储存库房并说明依据。

4.1.3 仓库的布局

新版 GSP 对药品经营企业的仓库工作提出了整体要求,确保库房外部环境和内部构造布局符合要求,防止出现药品的污染和混淆。GSP 第四十五条规定,药品批发企业的药品储存作业区、辅助作业区应当与办公区和生活区分开一定距离或者有隔离措施。第一百四十六条规定,药品零售企业的营业场所应与药品储存、办公、生活辅助及其他区域分开。

1)库区划分原则

按使用性质,库区划分为药品储存作业区(包括库房、装卸作业场所、运输车辆停放场所及保管员办公场所等),辅助作业区(包括验收养护室、分装室、票据管理室等)及办公生活区(包括非物流办公室、食堂、宿舍、车库及相关公共生活服务设施)。这 3 大区域的划分与布置应当能满足药品经营企业的经营需要与药品质量属性的需要,为人流与物流提供有序、有效的服务;各作业区之间应分开一定距离,形成有效的管理隔离,或设有设施强制隔离,确保办公生活区的人流、物流不对储存作业区造成影响,杜绝库区管理的质量隐患。各库房应按照其用途及性质设立明显的标识,企业可在库区或库房适宜位置展示仓库平面示意图。

2)仓库内部区域设置

库房的规模和条件应当满足药品合理、安全储藏,库内的布局规划应当与企业的药品经营规模和经营范围相适应。库房的收货、验收、储存、发货、出库等区域布局、流程合理,方便各类物流作业活动的规范和高效开展。库区和库房的药品储存及物流走向应当合理,做到有效防止药品混淆和差错。

在新版 GSP 中,增加了验收、发货、退货的专用场所及不合格药品专用存放场所。根据药品的质量管理状态要求,应将仓库划分为:待验库(区)、合格品库(区)、发货库(区)、不合格品库(区)、退货库(区)和中药饮片零货称取库(区)。药品批发企业经营规模较大,库房数量较多,可以按库进行划分管理;企业经营规模较小如药品零售企业,库房面积有限,可在库房内实行划区管理;企业也可以实行库房分类与库内划区的方式进行管理。库房各类库或区的划分方式,应由企业经营规模及经营特点决定。库房标识所采用的颜色应符合药品仓储色标管理的规定,标明所储存药品的质量管理状态,杜绝库存药品的存放差错。根据色标区分标准,合格品库(区)、发货库(区)、中药饮片零货称取库(区)为绿色;不合格品库

（区）为红色；质量状态不明确的待验库（区）、退货库（区）为黄色。药品仓库平面示意图如图4.1所示。

3）专用仓库的布局

对于仓库的内部布局，药品经营企业应根据自身经营产品类别来合理规划。中药材、中药饮片、易串味药品、特殊管理药品、冷藏药品、危险品等应设置单独库房。具有中药材、中药饮片经营范围的企业应当有中药材、中药饮片专库，中药材、中药饮片应按性质要求分别设置相应的阴凉库、常温库，直接收购地产中药材的企业还应当设置中药样本室（柜）（见图4.1）。特殊管理药品的库房应划分为麻醉药品库、精神药品库、毒性药品库、放射性药品库等，麻醉药品和精神药品可同库分区存放（见图4.2）。经营蛋白同化制剂、肽类激素等药品的企业应当配备符合规定的专库或专柜。具有疫苗经营范围的药品经营企业应当配备两个及以上独立冷库；如果仓库是冷库等有特殊要求的仓库，还需要设置空调系统机组管理区（见图4.3）。

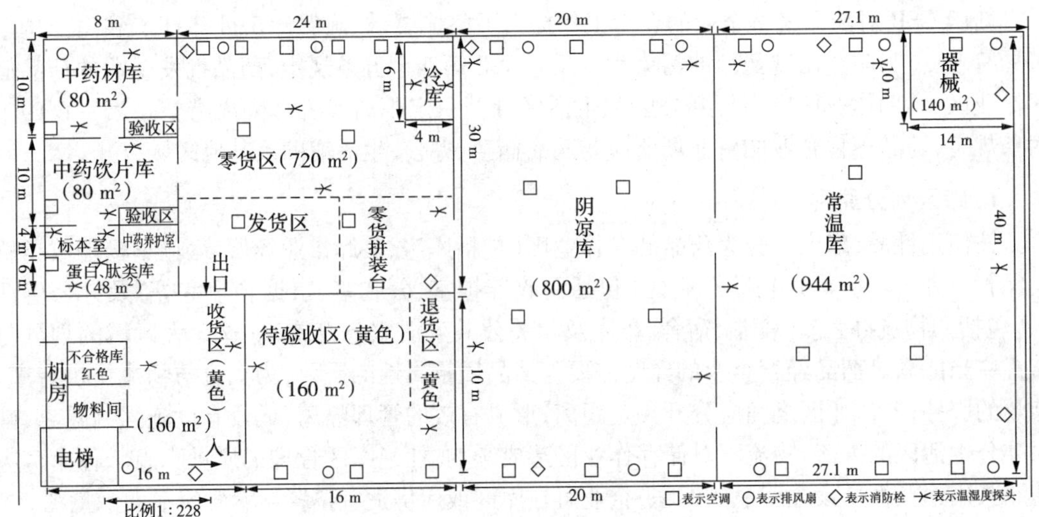

图4.1 药品仓库平面示意图

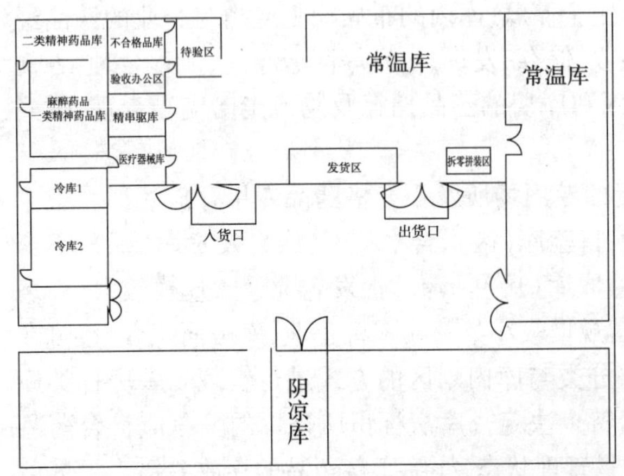

图4.2 特殊管理药品、易串味药品专用库房平面示意图

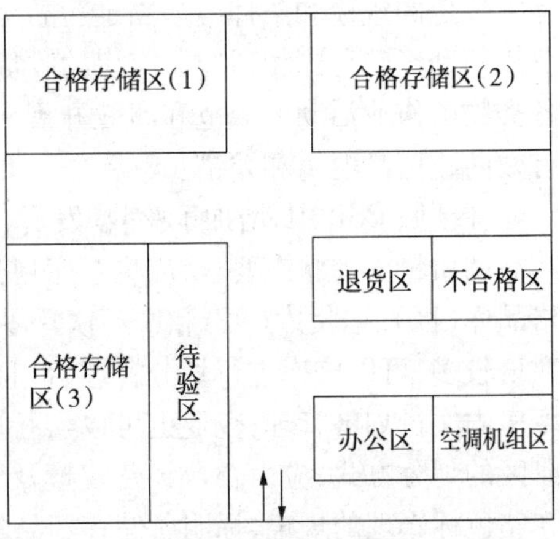

图4.3 冷库布局图

4.2　设施设备配备的原则

新版 GSP 在药品的储存、验收、养护、配送、陈列等环节提出了在环境、布局、场所等方面的要求以及在各环节应该配置的主要仪器、设备、装置等，以保证各环节中药品质量的有效控制和评价。药品经营企业应根据 GSP 的要求，结合自身实际情况，在设施设备的配置上做到合理布局、重点突出、适当配置、科学管理、维护和保养，从而保证设施设备的正常运行，既可降低企业经营成本，又能保证药品质量，防止各种形式与内容的差错。

4.2.1　设施设备配置应与经营规模相适应

药品批发企业、药品零售连锁企业和零售企业应按照各自经营实际需要建立有效的硬件配备及管理，布置基本设施，配置与经营规模相适应的设施设备。经营规模的大小不同，配置设施设备的要求也不相同，所需设施设备的类型、数量也不尽相同。配置的设施设备与经营规模不相适应可能导致在经营活动中出现工作差错与服务差错等从而造成药品质量差错，因此，GSP 提出了药品经营企业配置设施与设备应与本企业的经营规模相适应的原则，即按 GSP 储存流程管理的要求应能合理存放及作业。

4.2.2　设施设备配置应与经营品种相适应

药品经营范围不同如经营中药材、中药饮片、特殊管理药品、冷藏药品等，与一般药品对硬件设施的要求差异很大。药品批发企业、药品零售连锁企业和药品零售企业有着不同的经营范围，在经营范围内又有不同的品种和剂型，这些品种和剂型又都有不同的质量属性，因此药品经营企业配置设施与设备要与本企业所经营的药品品种质量属性相适应，来实现在经营过程中对药品的质量保证。比如经营疫苗的企业应当配备两个及以上独立冷库及相应的设备，经营冷藏药品的零售企业应在营业场所配备冷柜等设备，否则药品的质量很难得到保证。营业场所应该按照药品分类管理的要求对不同类别、不同剂型、不同品名、不同用途的药品进行营业布局，配置相应的设施设备，设立特定的区(柜)并提供有效的识别指引。经营中药饮片的零售企业应在营业场所内布置专门的零售区域，应有专门的分剂量器具和设备。

4.3　设施设备类别

根据新版 GSP 的要求，把药品经营企业储存、验收、养护、配送、陈列等业务环节所用的设施设备按其功能分为：储存药品的设施与设备；验收与养护药品的设施与设备；运输药品的设施与设备和销售与陈列药品的设施与设备。

4.3.1 储存药品的设施设备

新版 GSP 第四十七、一百五十一至一百五十三条分别对药品批发企业和药品零售企业库房配备的设施设备作出了规定。库房应当配备以下设施设备:药品与地面之间有效隔离的设备;避光、通风、防潮、防虫、防鼠等设备;有效调控温湿度及室内外空气交换的设备;自动监测、记录库房温湿度的设备;符合储存作业要求的照明设备;用于零货拣选、拼箱发货操作及复核的作业区域和设备;包装物料的存放场所;验收、发货、退货的专用场所;不合格药品专用存放场所;经营特殊管理的药品有符合国家规定的储存设施;经营冷藏药品的,有与其经营品种及经营规模相适应的专用设备;储存中药饮片应当设立专用库房。

1)药品与地面之间有效隔离的设备

隔离设备主要有地垫、货架(见图 4.4 和图 4.5),起到保证药品在储存过程中防潮、通风、防止污染的作用。地垫材料通常为木质或塑料,与地面高度不小于 10 cm,堆码药品的货架一般为金属材料,与地面距离不小于 10 cm。地垫及货架使用的材料应具备相应的结构强度,经过防蛀、防锈等处理,无异味,不得对药品质量产生直接或潜在的影响。

图 4.4 地垫

图 4.5 高位货架

2)避光、通风、防潮、防虫、防鼠等设备

①避光设备:储存药品的仓库应采取有效措施,避免阳光直射药品。仓库窗户闭光可加挂窗帘、采用遮光膜、有色玻璃、磨砂玻璃等。

②通风设备:储存药品的仓库应配备促进空气循环、流通的设备,如空调系统、换气扇等;较大规模的中药材库房,特别是储存未经净化加工的中药材库应当加装适宜的专用换气装置,可直接向库外排气、换气。

③防潮设备:储存药品的仓库应根据库房面积和经营品种等情况合理配备空调系统、地垫、货架、药品仓库专用除湿机、排气扇、门帘、风帘等设备,防止地面及墙壁的潮气或外界的水汽影响药品及库房环境。

④防虫、防鼠设备:储存药品的仓库应配备挡鼠板、粘鼠板、老鼠夹、捕鼠笼、电子驱鼠器(电子猫)、灭蝇灯、纱网等以防止鼠类及昆虫进入库房。

3)有效调控温湿度及室内外空气交换的设备

药品经营企业应当根据库房温湿度参数的调控要求以及库房建筑结构条件等因素,选择、设计适宜的空调类型。调控温湿度的设施设备主要包括空调、除湿机、采暖设备等;室内外空气交换设备主要指换气设施,如:空调系统、排气扇(排气扇应配置防护百叶或安装防护网)。通过对库房室内环境空气的温度、湿度、洁净度等进行调节和控制,使库房环境温湿度符合药品储存管理的条件要求。

4)自动监测、记录库房温湿度的设备

所有储存药品的库房内和运输冷藏冷冻药品的运输工具上均应当安装温湿度自动监测系统,对药品储存过程的温湿度状况及冷藏冷冻药品运输过程的温度状况进行实时自动监测和记录,有效防范储存运输过程中可能发生的影响药品质量安全的风险。系统由测点终端(温湿度数据采集设备)、管理主机、不间断电源以及相关软件等组成,各测点终端能够对周边环境温湿度数据进行实时采集、向管理主机传送数据和发出超限提示报警;管理主机是保证系统独立运行、对各测点终端实施管理的主设备,对各测点终端监测的数据进行实时自动收集、处理和记录,在发生温湿度超限、断电等异常情况下实施短信报警功能。系统应当自动生成温湿度监测记录,内容包括温度值、湿度值、日期、时间、测点位置、库区或运输工具类别等。

5)符合储存作业要求的照明设备

药品经营企业应配备符合储存作业要求的照明设备,能够满足药品收货、验收、入库、盘点、养护、发货、出库复核、退货等作业的需要。电线应有套管,不得裸露;安全照明要求仓库无阴暗区,有便于商品标识识别的光线强度,即灯光无死角;危险品库房要安装防爆灯。

6)用于零货拣选、拼箱发货操作及复核的作业区域和设备

对于零货拣选作业、零货拼箱操作及药品出库复核等环节,药品经营企业应当分别设立专门的作业区域,并配备必要的操作设备,如配备发货操作台及统一的药品拼货箱、运输箱、推车及适宜拆零或拼箱发货的工具设备,如打包器、胶纸带、标签、条码采集器等。

7)消防、安全设备

药品经营企业应配备符合规定要求的消防、安全设施,如灭火器、消防栓、门禁、探头等。

8)包装物料的存放场所

储存作业中使用的包装物料,包括药品周转箱、零货拼箱用包装箱、封箱胶带等,应当设置专门的存放场所,与药品存放货位有效分开。

9)验收、发货、退货的专用场所

冷藏冷冻药品、直接收购的地产中药材应当分别在其专用库房内设立验收、发货、退货专用场所,且药品经营企业设立的验收、发货、退货等专用场所应当符合要求,并与其对应库房的经营范围品种、经营规模相适应。企业可以根据自身的业务规程和库房条件,在库房内合理设立验收、发货、退货等专用场所,可以集中在专用的收发货库内统一设立各专用场所或区域,也可以在独立建筑的库房中分别按需要设立。通过对物流作业流程中不同质量状态的药品划定专用场所,分隔化控制,防止发生药品物流流动线交叉而导致混淆和差错。

10)不合格药品专用存放场所

药品经营企业对不合格药品应实行严格的控制管理,根据经营的品种范围、经营规模、物流作业流程和库房结构条件，合理设立不合格药品的专用存放场所。不合格药品可以集中设库，也可根据库房结构、条件在相应库房内分别设立专区管理。不合格药品专库或专区应与其他药品储存区域严格隔离，并明显标识，防止混药事故。特殊管理的药品应当在其专用库房或储存设备内设置不合格药品的专用存放区域。

知识链接（提示）

①库房的设施和配备方面，增加了自动监测、记录库房温湿度的设备，主要适用于冷藏冷冻药品的库房；另外增加了验收、发货、退货的专用场所及不合格药品专用存放场所。

②旧版 GSP 中"符合安全用电要求的照明设备"修订为"符合作业要求的照明设备"，这样更考虑到药品的性质和储存条件。

4.3.2 验收与养护的设施设备

新版 GSP 中取消了对检验场所、仪器设备、养护场所及中药饮片分装场所的具体要求，药品经营企业可根据自己的经营规模和经营范围合理配备相关设施和设置相关区域。药品批发企业应在仓库设置验收养护室，其面积大型企业不小于 50 m^2；中型企业不小于 40 m^2；小型企业不小于 20 m^2。验收养护室应备有稳压装置的交直流两用电源，接触良好的接地线与工作台等装置，并配置万用表、兆欧表等常用仪表及养护需要的操作工具。验收养护室应有必要的防潮、防尘设备。如在仓库未设置药品检验室或不能与检验室公用仪器设备的，应配置千分之一天平、澄明度检测仪、标准比色液等。企业经营中药材、中药饮片的还应配置水分测定仪、紫外荧光灯、解剖镜或显微镜等。

4.3.3 营业场所设施设备

新版 GSP 第一百四十七、一百四十八条规定，营业场所应当具有相应设施或者采取其他有效措施，避免药品受室外环境的影响，并做到宽敞、明亮、整洁、卫生。药品零售企业的设施与设备可分为硬件设施（营业场所、仓储、办公用房等）和过程设备（如计算机及其软件、各类有关控制和监测设备、各种工具、辅助用具等）两大类。营业场所常用设施设备及要求如下：

①营业场所具有陈列药品的货柜、货架，柜台及货架整齐合理，各柜台或展示货架的药品分类标志醒目。

②营业场所需安装检测和调控温度的设备，用于监测室温和阴凉陈列与冷藏储存设备的温度，如温湿度计和空调。

③对保存温度有不同要求的药品应设有符合药品特性要求的常温、阴凉和冷藏存放的设备，如冰箱或冷柜。

④经营第二类精神药品、毒性中药品种和罂粟壳的，需配置保险柜等专用存放设备。

⑤药品拆零销售所需的调配工具、营业用计量工具、衡器、开票用具和包装用品。药品拆零销售应配备调配工具和包装用品，调配工具指消毒用具、加盖托盘、药勺、剪刀、镊子、医用手套等。包装用品指清洁药袋，应符合卫生要求和调配要求，不得对药品造成污染，药袋

上应有:药品名称、规格、数量、用法用量、批号、有效期、药店名称等内容。拆零销售还应配备便于操作和清洁的专用柜台。

⑥药品经营企业应当建立能够符合经营和质量管理要求的计算机系统,并满足电子监管的实施条件。

知识链接(提示)

①药品零售企业是直接面对患者或者患者家属的窗口,因此对于零售企业的经营场所提出了具体要求,要求环境适应工作需要,可以避免外界环境对药品产生不利影响,整体环境宽敞、明亮、整洁、卫生。

②第一百四十五条和旧版GSP相比,在硬件上要求有所提高,除了需要达到基本的卫生标准,还要求有相应的温湿度调控功能,该条款参照了多个国际现行标准及冷链管理的要求,主要目的是为了保证药品在零售环节的存储不受外界环境的影响,从而降低药品质量发生变化的风险。

4.3.4 运输药品的设施设备

新版GSP第五十、五十一条规定,运输药品应当使用封闭式货物运输工具。运输冷藏、冷冻药品的冷藏车及车载冷藏箱、保温箱应当符合药品运输过程中对温度控制的要求。冷藏车具有自动调控温度、显示温度、存储和读取温度监测数据的功能;冷藏箱及保温箱具有外部显示和采集箱体内温度数据的功能。

1)运输药品应当使用封闭式货物运输工具

为防止药品运输过程中因天气异常可能造成的雨淋、包装污损、破损等质量问题以及安全措施不力导致的丢失、偷盗、替换等安全事故,新版GSP规定运输药品应当使用封闭式货物运输工具进行封闭式运输,以确保运输过程中的药品质量和安全。封闭式货物运输工具主要包括厢式货车、集装箱货车、专用客厢车等封闭式车辆,药品经营企业自行配置的货车和委托运输药品的车辆都应当是封闭式车辆,不得使用敞篷平板式货车或护栏平板式货车运输药品。

2)冷藏车及冷藏设备应当符合药品运输过程中对温度控制的要求

冷藏、冷冻药品属于温度敏感型的质量高风险药品,极易受温度影响而导致质量异常。因此,企业运输冷藏、冷冻药品必须正确使用符合冷链运输基本性能和功能的冷藏车及车载冷藏箱、保温箱(见图4.6),还要对运输工具在运输过程中的温度状况进行实时监测和记录,一旦发生温度超限或运输设备故障等情况,必须及时发出报警信息,提示相关人员采取有效措施进行应急处理,防止发生药品质量事故。

药品经营企业应当根据实际业务规模和药品配送的需要,合理选择适宜型号、数量的冷藏车以及冷藏箱或者保温箱。对于企业可以两种类型都选择配置,也可以仅选择其中一种配置,但必须与经营规模和药品实际配送需要相适应。

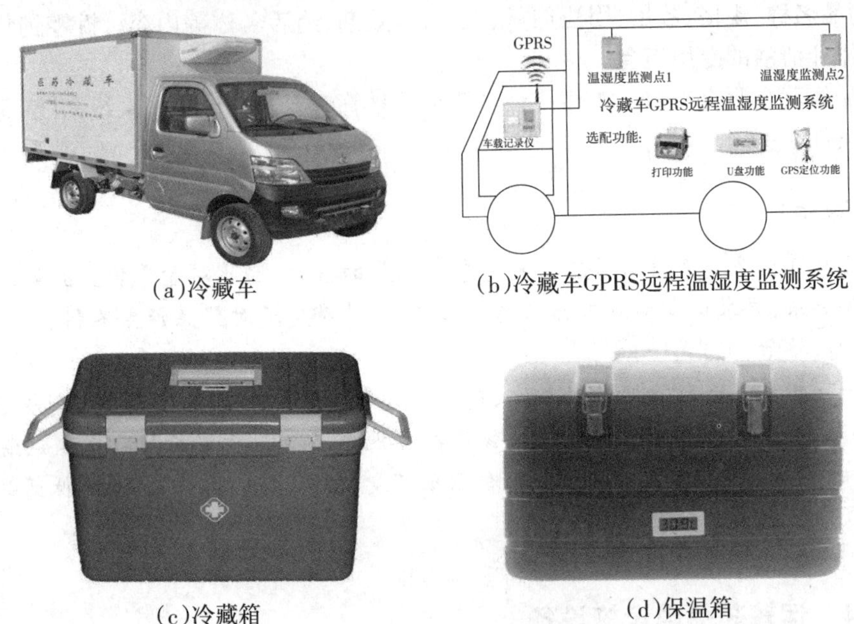

(a)冷藏车　(b)冷藏车GPRS远程温湿度监测系统

(c)冷藏箱　(d)保温箱

图4.6　运输药品的设施设备

知识链接(提示)

第五十、五十一条为新增条款。该条款对运输工具提出了具体的要求。明确提出了冷链运输的设备要求,主要体现在温度的控制功能,便于采购时向供货方提出相关用户要求或委托第三方物流运输时考查对方的运输条件及运输能力是否符合要求。

4.3.5　经营中药材的设施设备

新版GSP第四十八、一百五十三条规定,经营中药材、中药饮片的,应当有专用的库房和养护工作场所,直接收购地产中药材的应当设置中药样品室(柜)。储存中药饮片应当设立专用库房。

1)经营中药材、中药饮片应当有专用的库房和养护工作场所

企业在中药材、中药饮片储存过程中,应当根据其具体质量特性,采取适宜、安全、有效的方法进行储存和养护管理,确保中药材、中药饮片有独立的储存养护空间,以避免受到污染或中药材、中药饮片污染其他药品。中药材和中药饮片的养护工作场所可以分别单独设置,也可以统一设置共同使用。直接收购地产中药材的应当设置中药样品室(柜),经营中药饮片的企业仓库还应有饮片储存箱、电冰箱或小冷藏库,用于储存需冷藏药品。

2)经营中药材、中药饮片常用设备

药品零售企业经营中药材、中药饮片等品种,应具有调配药品处方和药品拆零销售的必要设备和包装用品,如:具有存放中药饮片的药斗(百子柜),药斗数量应按照经营需要设置;调配中药的调配台与预分装台、戥秤、冲筒、乳钵、铁研船、药筛、台秤、天平、发药牌、小型粉碎切片干燥设备、煎药设备等;配备一定数量罐、瓶等容器,便于不同特性、不同炮制品种、不同规格等级饮片的存放。

知识链接(提示)

①直接收购地产中药材是指企业从国家批准的中药材专业市场、农村集贸市场或向种植农户直接收购当地种植生产的中药材的活动。直接收购地产中药材的企业应有辨认中药材的能力,设置中药材样品标本,收购时可以作好对照,避免收购到假的、劣质的中药材。

②企业应当对收集的地产中药材品种比对样品进行集中管理,可根据收集的品种数量设置中药样品室或中药样品柜。中药样品室或中药样品柜应当设置在中药材验收场所附近,以便于在验收时进行提样比对。

4.3.6 经营特殊药品的设施设备

新版GSP第四十七、一百四十九条规定,经营特殊管理的药品应当有符合国家规定的储存设施。对于药品经营企业,在药品经营活动中,可能会涉及某些特殊药品,储存特殊管理的药品如麻醉药品、一类精神药品、毒性药品、放射性药品等应当设置储存专库,具有相应的防火设施,采用无窗建筑形式,安装专用钢制防盗门,实行双人双锁管理,并具有视频监控设施和自动报警装置,自动报警装置应当与公安机关报警系统联网。经营第二类精神药品的企业应当在药品库房中设立独立的专库或专柜。经营医疗用毒性药品、药品类易制毒化学品的企业,应当设立专库或专柜。如经营第二类精神药品、毒性中药品种和罂粟壳的,应当有符合安全规定的专用存放设备如保险柜等。

4.3.7 经营冷藏、冷冻药品的设施设备

新版GSP第四十九、一百四十五条规定,经营冷藏、冷冻药品的药品经营企业,应当配备以下设施设备:与其经营规模和品种相适应的冷库,经营疫苗的应当配备两个以上独立冷库;用于冷库温度自动监测、显示、记录、调控、报警的设备;冷库制冷设备的备用发电机组或者双回路供电系统;对有特殊低温要求的药品,应当配备符合其储存要求的设施设备;冷藏车及车载冷藏箱或者保温箱等设备应当符合药品运输过程中对温度控制的要求。

1)经营冷藏、冷冻药品的企业配备的冷库应当与经营规模和品种相适应

目前,我国尚未制定药品储存、运输专用的冷库、冷藏车、冷藏箱及保温箱的相关标准。新版GSP要求冷藏、冷冻药品的收货、验收、储存、发货、零货装箱、出库复核等环节都应当在药品标示或规定的储存温度环境操作,因此药品经营企业在新建或改造冷库时,应设计和设立冷库的缓冲区或缓冲间,以提高冷链控制的效果;应当在冷库内设计能满足上述储存作业的专用区域或库房,如收货、验收、储存、包装材料预冷、装箱发货、待处理药品存放等区域,并有明显标识。

2)具有疫苗经营范围的企业应当配备两个及以上独立冷库

经营疫苗的企业应当配备两个以上独立冷库,并且两个冷库应当能够同时启动。是因为疫苗属于高风险品种,企业必须建立强制性风险应急措施,当一个冷库发生设备故障状况时,另一个冷库可以起到应急保障作用。我国药品经营企业建设的冷库,目前大多采用在库

房建筑内组装装配式冷库的方式，即库体采用钢框架和轻质预制的硬质聚氨酯泡沫塑料或聚苯乙烯泡沫塑料夹心板材组装而成，冷库主要由库体、制冷系统、冷却系统、控制系统和辅助系统几个部分组成。控制系统主要对冷库的温湿度、制冷系统、冷却系统进行控制，实现对冷库温度的自动监测、显示、记录、报警的功能，从而保证冷库安全、正常地运行。

知识链接（提示）

①独立冷库是指冷库的制冷系统（制冷机组、冷风机、控制系统等）独立配置，不得与其他库房共用；冷库空间单独封闭，与其他仓间严格隔离。

②第四十九条为新增条款。在条款中明确了经营冷藏、冷冻药品的企业应当配置的储运设施设备基本条件。经营冷藏、冷冻药品的，硬件配置要求较高，应根据企业的经营范围进行合理配备。

3）用于冷库温度自动监测、显示、记录、调控、报警的设备

冷库应有温度监测探头、温度显示设备、温度自动记录系统、调控系统、报警系统。温度自动记录系统至少每两小时记录1次，数据应能保存、查询，且不可更改。冷库温度超出设置范围时，报警设备应自动启动，及时告知工作人员采取措施。冷库应有电力保障措施，配有备用发电机组或双回路供电系统，当发生电力故障时，能及时开启备用发电机、切换供电线路保证冷库制冷用电。

4）对有特殊温度要求的药品，应当配备符合其储存要求的设施设备

特殊温度要求的药品是指储存温度低于0 ℃的，需要冷冻储藏的药品。经营冷冻药品品种的企业应当根据品种储存条件和经营规模设置适宜的冷冻存储设施。对有特殊低温要求的药品，企业应配备装量、温度适宜的冷库、冷柜、冰箱等设施设备。药品运输过程中应配备冷藏车、车载冷藏箱或者保温箱等设备。如果经营范围中有生物制剂，需要有带除湿功能的恒温冰箱等。

课堂讨论

在对某药品经营企业现场检查时，发现如下情况：

①企业的库房储存区已满，将大量药品堆放在库房二楼通道、洁具间等处；

②库房整件货品库通道处堆满验收完成待上架入库的药品；

③企业库房平面库合格品储存区内大部分药品堆码高度约为10 m；部分采用地垫与地垫叠放的方式堆码；

④中药饮片库2号空调旁有直径10 cm的洞与室外相通，未配备防虫设备；

⑤储存一类精神药品的库房外墙有一向外打开的窗口，无任何防盗措施；

⑥企业有疫苗经营范围，现场检查发现企业仅有1个独立冷库。

请同学进行分组讨论，分析以上情况是否符合新版GSP规定，如不符合，请进行说明。

4.4　设施设备的管理

为保证药品经营企业用于药品储存、验收及养护的设施设备、仪器、计量器具等能正常发挥作用,从而为药品储存和验收养护提供物质保障,应对仪器设备进行科学的管理。药品经营企业的设备管理,根据不同的企业性质和规模,有很大的差距。药品经营企业针对设施设备的规范管理通常包括以下内容:

①企业应该建立关于设施设备选型、采购、验收、安装、验证、使用和日常维护的规章制度。

②企业应该对设备使用人员和维护人员进行定期培训。

③企业应该对关键设备进行检定、校准或者验证。

④企业应该对设施设备逐一建立档案,并不断更新。

4.4.1　使用管理

设施设备的日常使用管理工作,是药品经营企业遵循 GSP 的一项基本工作。药品经营企业应该建立设施设备运行管理制度和设备清洁管理制度,确保企业正常使用和维护清洁有序的状态。在设施设备的使用管理过程中,应注意以下几点:明确设施设备的管理责任者、操作使用者;规定设施设备存放、使用地点与环境;规范设备、仪器操作使用方法;建立仪器设备管理台账(见表4.2);作好运行、使用记录(见表4.3),如实、及时地记录相关信息,并定期及时归档,纳入设备档案。设施设备、仪器的运行、使用记录,是追溯并证明药品验收、储存、养护等质量过程控制合法、有效的资料,应满足及时、完整、准确、有效的要求。

表4.2　仪器设备台账

编号:

序　号	设备号	设备名称	规格型号	生产厂家	购置价格	购置日期	启用日期	配置地点	用　途	使用与维护负责人	备　注

表4.3　仪器设备使用记录

编号:

仪器设备名称			型　号		编　号	
日　期	使用原因	开始时间	停止时间	运行状态	操作人员	备　注

4.4.2 计量检定管理

企业应当按照国家有关规定定期，对计量器具、温湿度监测设备等定期进行校准或者检定。质量管理部门负责计量器具与仪器的检定管理工作，定期联系计量检定主管部门进行鉴定校验。经检定合格的仪器设备，应有检定证书及检定合格标识。

根据《中华人民共和国计量法》相关规定，列入国家强制检定目录的，必须由国家鉴定机构进行检定或校验，检定或校验周期按国家规定来执行；没有列入国家强制检定目录的仪器仪表，也必须进行校验，但是鉴定机构可以是仪器仪表的生产商，或者其他第三方有资质和校验能力的委托机构，保证其量值的溯源性，校验周期可以由企业自行确定。企业根据仪器仪表的使用频率，可以调整校验周期。对于使用频率高的仪器仪表缩短校验周期，增加校验频次。企业应该对日常使用中发现有故障或者有迹象显示有损坏趋势的仪表，进行临时性的校验，以确保仪器仪表发挥正常功能。

关于仪器仪表的校验，药品经营企业应该选择具有相关资质和经验的人员担任计量员，并根据国家法规和相关技术规范，进行仪器仪表的计量管理工作。根据国家计量管理有关法律法规，药品经营企业常用的属于国家强制检定的工作计量器具主要有分光光度计、砝码、天平、秤等。温湿度自动监测系统配置的测点终端属于国家非强制性检定计量器具，企业应当制定测点终端校准的相关制度，明确校准规程。企业应当对测点终端每年至少进行一次校准，校准应当作好记录并出具计量校准报告或者计量校准证书。

知识链接(提示)

①检定是指查明和确认计量器具是否符合法定要求的程序，包括检查、加贴检定合格印(证)、出具计量检定证书。

②校准是指在规定条件下，为确定测量仪器或者测量系统所指示的量值，或者实物量具、参考物质所代表的量值，与对应的由标准所复现的量值之间关系的一组操作。

4.4.3 维护管理

新版 GSP 对药品经营企业提出了很高的要求，企业应基于科学和风险的原则，加强对设施设备的维护管理，通过定期对设施设备进行维护，可以确保药品经营环节中各类设施设备安全有效地运行，提高设备的完好率，延长设施设备的使用期限，保证药品经营企业工作的顺利开展，防止发生药品质量事故。

1)设施日常使用中的维护管理

建筑设施投入使用后，需要建立各类制度来维护管理设施，确保设施在生命周期内满足工作需求。药品经营企业应该建立设施的消防、卫生、验证、维护、检修等相关管理制度及与这些制度配套的记录，并定时完成归档存放。这些和建筑设施相关的记录都应该纳入建筑设施档案的管理范围中，使其符合新版 GSP 的要求。

2)设备维护管理

良好的设备维护，可以降低维修成本，降低设备损坏率和报废率，延长设备使用寿命。

因此,维护工作在设备整个生命周期的管理中占有重要位置。药品经营企业应该建立设备维护制度和定期维护检修计划以及相应设备检修维护记录(见表4.4),并严格执行。这些制度和记录要及时归档,纳入设备档案。

表4.4　设备检修维护记录

编号:

设备名称		启用日期		放置地点		
设备编号		型　号		责任部门		
维修日期	维修原因	维修内容	维修结果	维修人	复查人	备　注

4.4.4　档案管理

新版GSP第五十二条规定,储存、运输设施设备的定期检查、清洁和维护应当由专人负责,并建立记录和档案。建立储运、运输设施设备的检查、维护记录和档案,是企业规范化管理的基本要求,可以全面掌握设施设备的状况,提高设施设备的科学合理化管理水平,有效降低设施设备的故障发生率。

1)设施档案管理

药品经营企业应该对设施的设计、施工、验收、验证和日常维护的相关文件进行管理,以便维护设施的正常功能运行。设施档案由工程部统一建立,相关部门提供技术支持,最后由档案室负责保管。工程部设施管理员应认真做好设施技术资料的收集、整理、填写、装订和保管工作,填写时字迹应规范、整齐、清楚。管理员对所有设施分别编号、分类登记。设施分为主要设施和一般设施,原则上都应该建立设施档案,填写《设施一览表》,做到每个设施都有档案。设施的档案应存放在专门的资料柜中,所有资料入档时,要有记录,如有借出,也必须有记录和相应领导批复,严防资料丢失和损坏。对于使用部门需借阅的资料,一律以复印件借阅,并由档案管理员作好批准登记手续并作好《设施资料借阅登记卡》记录。每年应对设施档案进行整理,做到账、卡、物相符。一般情况下,设施档案需要长期保存。

关于设施档案,不同企业有不同要求,一般包括以下内容:

①封面;

②设施基础信息(包括名称、位置、建设日期、启用日期、公司内部编号等);

③设计图纸等设计资料;

④施工图纸等施工资料;

⑤验收资料;

⑥验证资料;

⑦日常使用和维护资料;

⑧变更资料；

⑨其他资料。

2）**设备档案管理**

设备档案的工作，是在生命周期内对设备和仪器进行全程管理的文件记录，药品经营企业应该给予高度重视。对公司所有设备的原始资料和相关记录进行有效的归档和管理，可为设备的管理提供各种技术资料。设备管理员应认真做好设备技术资料的收集、整理、填写、装订和保管工作，填写时字迹应规范、整齐、清楚。设备的档案应存放在专门的资料柜中，所有资料入档时，要有记录，如有借出，也必须有记录和相应领导的批复，严防资料丢失和损坏。对于使用部门需借阅的资料，一律以复印件借阅，并由档案管理员作好批准登记手续并作好《设备资料借阅登记卡》记录。每年应对设备档案进行整理，做到账、卡、物相符。一般情况下，设备档案需要长期保存，至设备报废后 1 年为止。

设备档案的形式，不同企业有不同规定，一般包括以下内容：

①封面；

②设备基础信息；

③设备选型报告；

④设备采购合同或者协议；

⑤设备验收报告；

⑥设备随机资料（包括合格证、说明书或操作手册、安装说明和图纸、安全要求、电气图纸、关键部位材质说明等）；

⑦设备验证方案和验证报告；

⑧设备再验证文件；

⑨设备维护记录；

⑩设备检修记录；

⑪设备变更记录。

设施设备档案的规范管理，既是企业管理水平的体现，也是企业对新版 GSP 符合性的体现，每个药品经营企业都应该重视。

案例分析

【案例】 ××省对 2013—2015 年药品批发及零售连锁企业新版 GSP 认证现场检查结果进行统计分析，在新版认证检查出现频次最高的缺陷项目中，设施与设备排在第 1 位，设施与设备方面的缺陷主要是门窗不严密、排气扇没有安装防护网等，仓库建筑老化、不合理使用或疏于管理维修，仓库内环境陈旧，出现墙体剥落、渗水等现象，五防工作未能达到标准，仓库管理岗位的工作人员没有很好地履行职责，使在库药品存在质量隐患。

请阅读以上材料，试分析以上的缺陷项不满足新版 GSP 哪些条款？分别从监管、管理、养护、人员角度谈谈需采取哪些措施。

思考题

1. 药品的储存三温、三色、五库(五区)、五距分别是指什么?
2. 经营冷藏、冷冻药品的药品批发企业应该配备哪些设施设备?
3. 储存特殊管理的药品应配备哪些设施设备?

技能实训项目

1. 参观药品批发企业的仓库及配备的设施设备,根据仓库管理人员讲解的仓库布局和设施设备的使用及管理情况作好记录,绘制仓库平面图,列举在药品批发企业中所配置的设施设备并说明用途,设计并填写设施设备台账和使用记录,撰写实训报告。

2. 参观药品零售药店,观察零售药店营业场所的布局、设施设备配置、经营药品的类别及药品的陈列和存放,对药品零售企业的营业场所和设备合理性是否符合新版 GSP 的要求作出评价,并阐述理由和依据。

第5章 校准与验证管理

校准或检定是保证计量器具、检测仪器等正常使用、计数准确的前提条件，确认和验证是保证设施设备达到预定目标正确使用的基础测试，二者引入新版 GSP 都是为了保证药品流通领域中的药品质量。如果温湿度记录仪等计量不准确，设施设备运行状态不稳定，就没有真正的高质量、高效益的药品经营质量管理。因此新版 GSP 强调校准和验证的目的就是让我国药品流通质量管理标准更加接近国际规范，它吸收了国外药品经营质量管理的先进经验，同时结合我国药品经营质量管理的现行情况，其语言简单明了，内容规范标准，指导性和可操作性极强。新版 GSP 正文第六节和附录 5 对“校准与验证”作出明确规定，附录 3 对温湿度自动监测系统的功能确认方面也作出了具体要求。

5.1 校准管理

药品是一种特殊商品，在日常的储运过程中对温湿度的要求特别讲究，尤其是冷藏冷冻药品，其储运适宜温度范围狭窄，稍有不慎，便会带来药品变质、效期缩短等质量风险，导致药品质量安全事故。药品在储运过程中本身不能显示其温湿度，只能依靠放置其储运环境中的温湿度记录仪来指示和记录温湿度，因此药品储运及验证过程中所使用的计量器具显示记录数据的真实、准确、可靠尤为重要，目前能保证这一重要性的唯一手段便是校准与检定。同样，药品经营过程中的称量准确也是保证老百姓用药安全的一种基本要求，称量仪器的称量准确也只能依靠校准或检定来实现。因此新版 GSP 要求对药品经营过程中所使用的计量器具、温湿度监测设备等定期进行校准或者检定。

5.1.1 药品经营企业实施计量器具、温湿度监测设备校准或检定的依据

①[新修改的 GSP]第十七条质量管理部门应当履行以下职责：

(十二)组织验证、校准相关设施设备。

②[新修改的 GSP]第三十六条质量管理制度应当包括以下内容：

(十八)设施设备验证和校准的管理。

③[新修改的 GSP]第五十三条企业应当按照国家有关规定，对计量器具、温湿度监测设

备等定期进行校准或者检定。

④[国家食药监总局关于修改与 GSP 相关的冷藏、冷冻药品的储存与运输等5个附录文件的公告(2016年国家食药监总局第197号)附录3 温湿度自动监测]第十六条 企业应当对测点终端每年至少进行一次校准,对系统设备应当进行定期检查、维修、保养,并建立档案。

⑤[国家食药监总局关于修改与 GSP 相关的冷藏、冷冻药品的储存与运输等5个附录文件的公告(2016年国家食药监总局第197号)附录3 温湿度自动监测]第四条 系统温湿度测量设备的最大允许误差应当符合以下要求:

(一)测量范围为0~40 ℃,温度的最大允许误差为±0.5 ℃;

(二)测量范围为-25~0 ℃,温度的最大允许误差为±1.0 ℃;

(三)相对湿度的最大允许误差为±5% RH。

⑥[国家食药监总局关于修改与 GSP 相关的冷藏、冷冻药品的储存与运输等5个附录文件的公告(2016年国家食药监总局第197号)附录3 温湿度自动监测]第十条 验证使用的温度传感器应当经法定计量机构校准,校准证书复印件应当作为验证报告的必要附件。验证使用的温度传感器应当适用被验证设备的测量范围,其温度测量的最大允许误差为±0.5 ℃。

5.1.2 药品经营企业应进行校准或检定的设备

①老版 GSP 要求药品经营企业养护室应配置千分之一天平、澄明度检测仪、标准比色液,经营中药材、中药饮片的还应配置水分测定仪、紫外荧光灯、解剖镜或显微镜等。但由于新版 GSP 已经不再强求不经营中药材、中药饮片的药品经营企业设立药品养护场所,经营中药材、中药饮片的企业设立养护场所的目的也是为了干燥、熏蒸、红外、微波等养护方法的使用,不是为了检测。因此千分之一天平、澄明度检测仪、标准比色液、水分测定仪等仪器在药品经营企业中可以不再配置。按国家计量法要求,药品经营企业应当校准或检定的计量设备应为温湿度记录仪、红外测温仪、测温枪等,强制检定的计量器具为电子天平等称量工具。

②目前药品经营企业要求进行校准或检定的主要设备为各类温湿度记录仪、红外测温仪、测温枪、电子天平等,其中要求强制检定的设备主要为电子天平,定期送检即可。少数经营中药材、中药饮片的经营企业为了提高中药材、中药饮片的验收和养护质量可能会配备水分测定仪,由于检测中药材、中药饮片水分的行为为企业自主行为,因此水分测定仪的校准或检定未作强制要求。

③药品批发企业常用温湿度记录仪主要分为移动式和固定式两类。固定式温湿度记录仪一般一次性固定在药品仓库的某一位置,其温湿度探头将探测到的温湿度转换成数字信号通过有线传输的方式直接储存于管理主机内,或先储存于本记录仪中,再通过有线传输的方式转存于管理主机内。移动式温湿度记录仪分车载式和箱载式两种,移动式温湿度记录仪是将其温湿度探头探测到的温湿度转换成数字信号后通过无线方式传输到有无线接收装置的管理主机内。温湿度记录仪按记录仪中装置感受周边环境温湿度探头的方式,又可分为内置和外显两种模式。

图 5.1 为各校准或检定设施设备的示例照片。

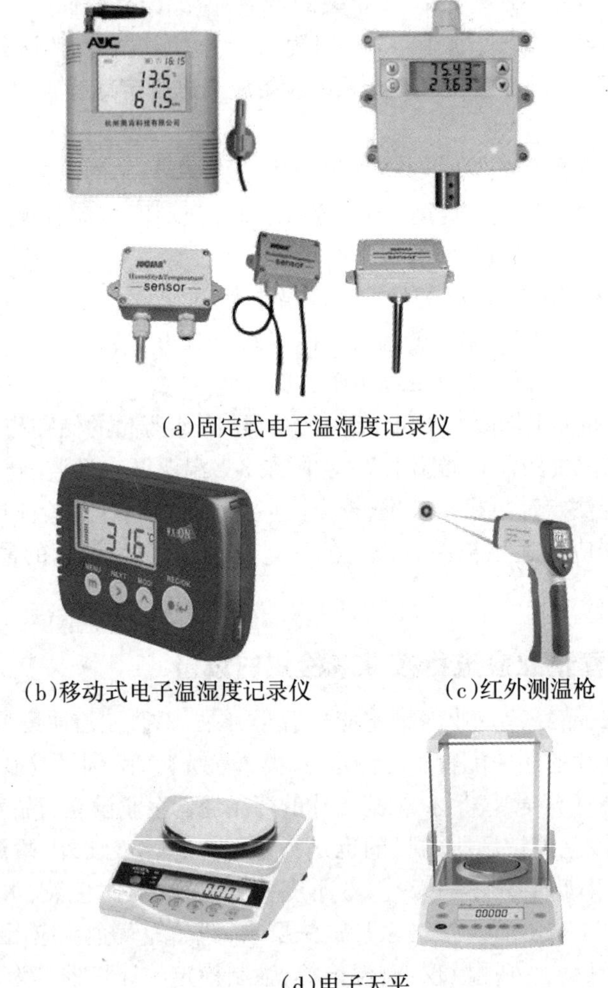

(a)固定式电子温湿度记录仪

(b)移动式电子温湿度记录仪

(c)红外测温枪

(d)电子天平

图 5.1 各校准或检定设施设备示例

5.1.3 校准、检定和比对

1)校准

校准是依据国家、地区、部门制定的《计量检定规程》或企业自行制定的《校准规范》,为确定计量器具示值误差的一组操作,是被测仪器、测量系统或计量器具与已知参考标准进行比较的过程,校准不是测量系统简单的自我调整。校准只需给出测量结果和示值误差,不需要作出是否合格的结论,属于自下而上量值溯源的一组操作,是定量手段。用户可自己选择计量器具能否投入使用。因此,计量校准比计量检定更灵活,应用也更广泛。

(1)校准的分类

①内校:利用可追溯的转移标准件对各单位使用的计量器具、检测仪器、标准件等自行校正。

②外校：将各单位使用的计量器具、检测仪器、标准件等送有校正能力的实验室或法定机构代为校正（接近于检定）。

③免校：各单位使用的计量器具、检测仪器、标准件等在出厂后一定时期内无须校正。

（2）校准的基本要求

①环境条件：校准如在检定（校准）室进行，则环境条件应满足实验室要求的温度、湿度等规定。校准如在现场进行，则环境条件要能满足被校设备现场使用的条件。

②仪器：作为校准用的标准仪器其误差限应是被校仪器误差限的1/3～1/10。

③人员：校准虽不同于检定，但进行校准的人员也应经过计量培训和考核，并取得相应的合格证书，只有持证人员方可出具校准证书和校准报告，也只有这种证书和报告才被认为有效。

（3）校准的表示方式

校准可以用综述、校准函数、校准图、校准曲线或校准表格的形式表示。某些情况下，它可以包括对具有测量不确定度的示值的修正，加修正值或乘修正因子。校准的结果记录在校准证书或校准报告中。

（4）校准的步骤

是通过检验、校正、报告或通过调整来消除被比较的测量装置在准确度方面的任何偏差的过程。

图5.2为温湿度记录仪校准证书图例。

GRGTEST 广州广电计量检测股份有限公司
GUANG ZHOU GRG METROLOGY & TEST CO.,LTD.

CNAS

校 准 证 书

CALIBRATION CERTIFICATE

证书编号：Certificate No. J201704203740-0036　　第 1 页 共 3 页 Page of

委托方 Client：重庆医药（集团）股份有限公司

委托方地址 Address：重庆市沙坪坝区土主镇远怀路重庆医药现代物流基地

仪器名称 Description：温湿度记录仪

型号/规格 Model/Type：184 H1

制造厂 Manufacturer：TESTO

出厂编号 Serial No.：44202670　　管理号 Asset No.：-----

校准日期 Date of Calibration：2017年04月22日 Y M D

样品接收日期 Date of Receipt：2017年04月20日 Y M D

批准人：Approved Signatory

审　核：Inspected by

校　准：Calibrated by

证书专用章（Stamp）

地址：广东省广州市黄埔大道西平云路163号

Address: No.163 Pingyun Rd, West of HuangPu Ave.Guangzhou.Guangdong.China

计量校准机构备案号（The record number）：[2012]粤量校5003号

联系电话（Tel.）：020-38699960,66830999,400-602-0999

传真（Fax）：020-38698685　　邮政编码（Postcode）：510656

网站（Website）：http:// www.grgtest.com　　电子邮件（E-mail）：grgtest@grgtest.com

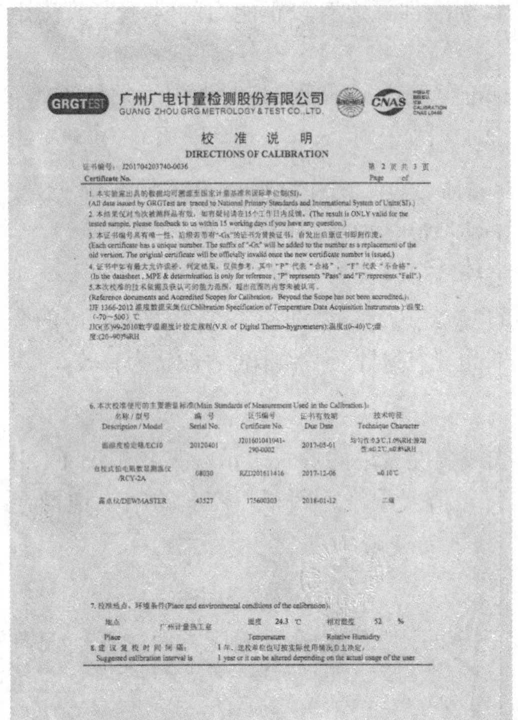

GRGTEST 广州广电计量检测股份有限公司
GUANG ZHOU GRG METROLOGY & TEST CO.,LTD.

校 准 说 明

DIRECTIONS OF CALIBRATION

证书编号：J201704203740-0036 第 2 页 共 3 页
Certificate No. Page of

(All data issued by GRGTest are traced to National Primary Standards and International System of Units(SI).)

(The result is ONLY valid for the tested sample, please feedback to us within 15 working days if you have any question.)

(Each certificate has a unique number. The suffix of "-Gx" will be added to the number as a replacement of the old version. The original certificate will be officially invalid once the new certificate number is issued.)

(In the datasheet, MPE & determination is only for reference, "P" represents "Pass" and "F" represents "Fail".)

(Reference documents and Accredited Scopes for Calibration, Beyond the Scope has not been accredited.):

JJF 1366-2012 (Calibration Specification of Temperature Data Acquisition Instruments): (-70~500) ℃

(V.R. of Digital Thermo-hygrometers)

6. (Main Standards of Measurement Used in the Calibration):

Description / Model	Serial No.	Certificate No.	Due Date	Technique Character
/EC10	20120401	J201601041041-290-0002	2017-05-01	
/RCY-2A	08030	RZD201611416	2017-12-06	±0.10℃
/DEWMASTER	43527	175600303	2018-01-12	

7. (Place and environmental conditions of the calibration):

Place　　Temperature 24.3 ℃　　Relative Humidity 52 %

Suggested calibration interval is　1 year or it can be altered depending on the actual usage of the user

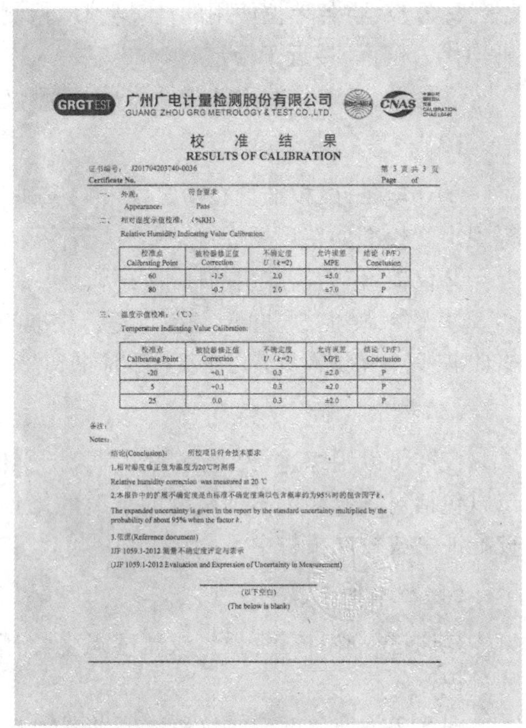

GRGTEST 广州广电计量检测股份有限公司
GUANG ZHOU GRG METROLOGY & TEST CO.,LTD.

校 准 结 果

RESULTS OF CALIBRATION

证书编号：J201704203740-0036 第 3 页 共 3 页
Certificate No. Page of

一、Appearance: Pass

二、(%RH) Relative Humidity Indicating Value Calibration:

Calibrating Point	Correction	U (k=2)	MPE	Conclusion (P/F)
60	-1.5	2.0	±5.0	P
80	-0.7	2.0	±7.0	P

三、(℃) Temperature Indicating Value Calibration:

Calibrating Point	Correction	U (k=2)	MPE	Conclusion (P/F)
-20	+0.1	0.3	±2.0	P
5	+0.1	0.3	±2.0	P
25	0.0	0.3	±2.0	P

Notes:

(Conclusion):

1. Relative humidity correction was measured at 20 ℃

2. The expanded uncertainty is given in the report by the standard uncertainty multiplied by the probability of about 95% when the factor k.

3. (Reference document)

JJF 1059.1-2012

(JJF 1059.1-2012 Evaluation and Expression of Uncertainty in Measurement)

(The below is blank)

图 5.2　温湿度记录仪校准证书图例

2）检定

检定是查明和确认计量器具是否符合法定要求的程序，除与校准一样的比较过程外，检定还要依据国家、地区、部门制定的《计量检定规程》得出合格（等级）的结论，是自上而下的量值传递过程，是定性手段（包含定量过程）。检定带有强制性，属于法制计量范畴。按照国家计量法的规定，对属于国家强制检定的计量器具应当依法强制检定。药品经营企业需要强制检定的计量器具包括称量器具、液态温度计等。强制检定的计量器具必须由法定机构检定，一般是指由县级以上人民政府计量行政部门所属或者授权的计量检定机构。《中华人民共和国计量法》第九条规定：用于贸易结算、安全防护、医疗卫生、环境监测方面的列入强制检定目录的工作计量器具，实行强制检定。参照《中华人民共和国强制检定计量器具目录》，药品批发企业干湿球温湿度计、水银式温湿度计、各类台秤、磅秤等衡器属于强制检定范围，应由具备合法资质的计量检测机构承担检测任务，上述衡器应定期检定、加贴检定标志、建立检定档案。按《中华人民共和国计量法》要求，目前药品经营企业所使用的温湿度自动记录仪未列入强制检定的计量器具目录，但由于新版 GSP 第五十三条已明确规定“对计量器具、温湿度监测设备等定期进行校准或者检定”。因此药品经营企业必须遵从此标准，但目前全国范围内也有部分省市药品监管部门认为用“比对”代替“校准或检定”也认可。

3）校准与检定的区别

校准和检定是两个不同的概念，但两者之间有着密切的联系。校准一般是用比被校计量器具精度高的计量器具（称为标准器具）与被校计量器具进行比较，以确定被校计量器具的示值误差，有时也包括部分计量性能，但往往进行校准的计量器具只需确定示值误差，如果校准是检定工作中示值误差的检定内容,那么校准可说是检定工作中的一部分,但校准不能视为检定,况且校准对条件的要求也不如检定那么严格,校准工作可在生产现场进行,而检定则须在检定室内进行。有人把校准理解为将计量器具调整到规定误差范围的过程,这是不够确切的。虽然校准过程中可以调整,但调整不等于校准。

①校准不具有法制性,是企业自愿溯源行为;检定则具有法制性,属计量管理范畴的执法行为。

②校准主要确定测量仪器的示值误差;检定则是对其计量特性及技术要求的全面评定。

③校准的依据是校准规范、校准方法,通常应作统一规定,有时也可自行制订;检定的依据则是检定规程。

④校准通常不判断测量仪器合格与否,必要时可确定其某一性能是否符合预期要求;检定则必须作出合格与否的结论。

⑤校准结果通常是出具校准证书或校准报告;检定结果则是合格的发检定证书,不合格的发不合格通知书。

4)**比对**

比对是在规定条件下,对相同准确度等级的同种计量基准、标准或工作用计量器具之间的量值进行的一种比较,是企业对非强制检定或校准计量器具、称量工具等实施量值一致性考核的补充。

出于经济考虑,也由于常温、阴凉药品在温湿度的轻度超标且超时较短对药品质量影响不大的原因,全国部分省市药品监管部门对非冷链药品储运的温湿度细微超标要求相对宽松,作为比对方式代替校准和检定也会在一定程度上得到认可。但企业在自己作比对的同时,一定要选择好经过检定过且符合要求的标准记录仪,最好用2个标准记录仪作比对模板,由于比对是在企业库房现场,因此比对的环境温湿度条件也应当选择多个季节多个温湿度测点,以最大限度地达到检定和校准的测试效果。

比对的常用方法是企业选取1~2只温湿度自动记录仪送计量部门检定,将检定过的温湿度自动记录仪作为标准工具与其他的温湿度自动记录仪在不同季节、不同温湿度条件下就地进行温湿度比较并记录,要求1年内至少在夏季和冬季作2次以上比较,每次比较的时间不少于30分钟,每次记录的比对数据不少于3对。

比对报告应当包含计量比对数据、比对分析、比对结论及必要的图表(示例如图5.3、图5.4及表5.1、表5.2所示)。

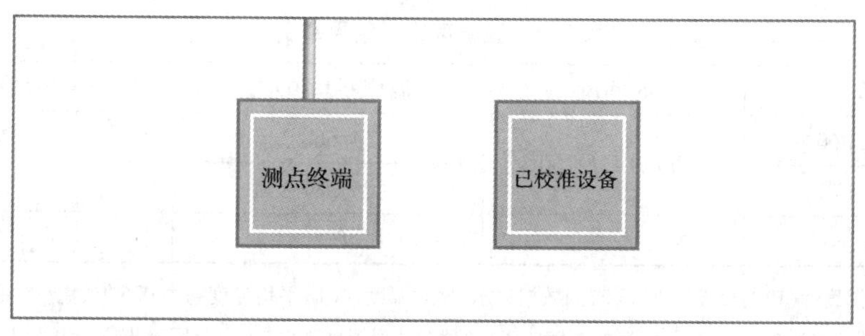

图5.3 温湿度记录仪比对图例

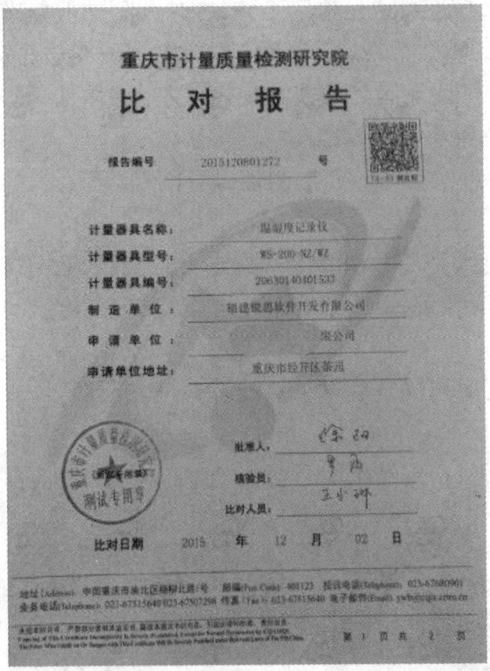
重庆市计量质量检测研究院

比 对 报 告

报告编号 2015120801272 号

计量器具名称： 温湿度记录仪

计量器具编号： 20630140401533

申请单位地址： 重庆市经开区茶园

批准人：

核验员：

比对人员：

比对日期 2015 年 12 月 02 日

第 1 页 共 2 页

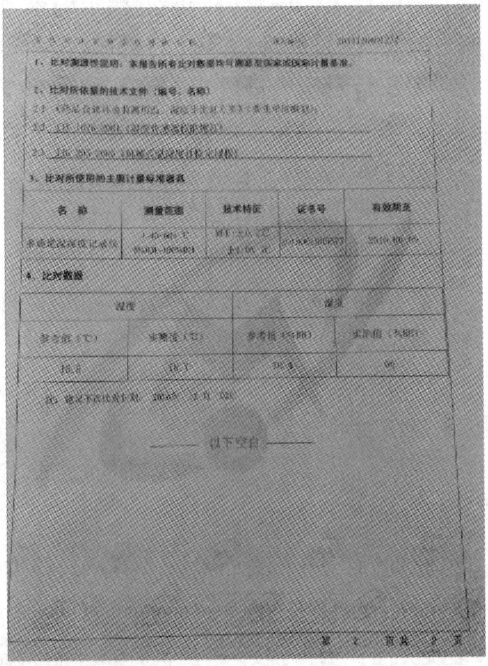
1、比对溯源性说明：本报告所有比对数据均可溯源至国家或国际计量基准。

2、比对所依据的技术文件（编号、名称）

3、比对所使用的主要计量标准器具

4、比对数据

以下空白

图 5.4 温湿度记录仪比对报告图例

表 5.1 温湿度记录仪比对记录表示例

项 目	编号	测量范围	分度值	示值读数						平均温度	平均湿度	示值误差		环境温度	环境湿度
				1		2		3							
				温度	湿度	温度	湿度	温度	湿度			温	湿		
标准温湿度计	0														
比对温湿度计	1														
比对温湿度计	2														
比对温湿度计	3														
比对温湿度计	4														

比对时间 00:00—00:30　　比对记录人：　　复核人：　　批准人

年　月　日

表 5.2 温湿度比对结果举例

设 备	时间段	温度平均值/℃	湿度平均值/% RH
标准温度计(0)	11:29—12:00	24.668 7	54.728 12
比对温度计(1)		25.287 5	55.778 75
值差	/	0.6	1.0

结论：分析比对温度计(1)与标准温度计(0)的数据显示，比对温度计(1)平均温度超高 0.6 ℃，温度误差超出±0.5 ℃范围；湿度偏差为 1.0% RH，湿度误差在±5% RH 之间。比对温度计(1)不适合用于药品仓库的温度监测。

注意：结论中对于平均温湿度误差不大，但某个测点分时测定的温湿度误差较大时也应有分析。

5.1.4　药品经营企业购进温湿度记录仪的要求

①药品经营企业所购进的每个温湿度记录仪必须由正规厂家生产，产品质量稳定，每个产品均有正式且符合药监部门要求的检验合格证书。

②药品经营企业新购进的每个温湿度记录仪必须有生产企业对各温湿度测点的测试报告，报告中应显示选取测点的温湿度范围应大于记录仪所使用的环境温湿度范围，各测点的最大允许误差应当符合“[附录 3]第四条”的要求。

③药品经营企业所使用的每个温湿度记录仪均应建立设施设备档案，档案信息应当包含产品检验合格证、说明书、购进票据、安装位置、设备自编号、设备测试时的温湿度记录范围，如果进行过校准或检定的温湿度记录仪还应放入校准或检定证书。

5.1.5　药品经营企业温湿度记录仪校准或检定的要求

①按新版 GSP 要求，药品批发企业所使用的每个温湿度记录仪必须定期通过校准、检定（或比对），定期时间原则上是 1 年。

②目前药品批发企业对温湿度记录仪的校准或检定的通用原则是：新购进 1 年内的温湿度记录仪无须校准或检定（免检），以设备生产厂家出具的温湿度测试报告为准，使用时间达到 1 年的必须校准、检定或比对。

③企业在对温湿度记录仪进行校准、检定或比对时，可以留置半数设备工作，另一半用干湿球温湿度计、水银式温湿度计代替，但应作好手工记录；也可以让验证公司提供替代品进行短时间监控。总之，不能让此时的库房温湿度数据记录部分或全部缺失。

④对于监测冷藏冷冻药品的温湿度记录仪，由于使用的温度范围比较狭窄，且冷藏冷冻药品对温湿度超标的耐受性较差。建议企业最好使用检定或校准的方式来保证记录仪的精准性。

⑤企业自行对温湿度记录仪作比对时，应建立量值传递标准件的技术状况，制订计量比对方案、计量比对操作规程等质量体系文件。

5.1.6　校准或检定的注意事项

①企业应当制订计量工作制度、年度计量工作计划和方案以及建立计量档案等。

②企业对所使用的计量器具、温湿度监测设备在购买和定期校准或检定时，应根据设备所放置常温、阴凉、冷藏、冷冻等不同环境温度条件确立温湿度记录仪的不同测试点或校验点，测试点或校验点所代表的监测范围应能覆盖仓库或设施设备的实际使用范围，不能过宽、不能过窄，也不能偏。如，测试点或校验点代表 0 ~ 10 ℃ 监测范围的温湿度记录仪可适用于 2 ~ 8 ℃ 冷库，不能适用于温度要求 0 ℃ 以下的冷冻室，也不能适用于温度要求大于 10 ℃ 的阴凉或常温库。同样代表 0 ~ 10 ℃ 监测范围的温湿度记录仪所显示的 5 个测试点或校验点为 6、7、8、9、10 ℃ 时，偏向温值高端一方，也不适用于 2 ~ 8 ℃ 冷库（如图 5.5 所示）。

③企业对校准或检定过的计量器具、温湿度监测设备应贴标识，校检合格的设备应贴合格标签，标签内容包括编号、品名和有效期；企业认为校检不合格的贴不合格标签。合格与不合格的计量设备应分开存放，不合格的计量设备不应出现在使用现场，以防止误用。

测 试 结 果

经与二等标准水银温度表比较，测试结果如下：

单位：℃

标准温度	显示温度	误 差
0.0	0.1	-0.1
10.0	10.1	-0.1
20.0	20.1	-0.1
-10.0	-10.1	0.1

经与DSP-2数字式标准通风干湿表比较，测试结果如下：

单位：%RH

标准湿度	显示湿度	误 差
30	29.0	1.0
40	38.8	1.2
60	58.7	1.3
80	78.5	1.5

测 试 结 果

经与二等标准水银温度表比较，测试结果如下：

单位℃

标准温度	指示温度	差 值
10℃	9.9	0.1
20℃	20.0	0.0
30℃	30.1	-0.1
40℃	39.9	0.1

经与DSP-2数字式标准通风干湿表比较，测试结果如下：

单位%RH

标准湿度	指示湿度	差 值
30	28.7	1.3
40	38.4	1.6
60	58.9	1.1
80	78.7	1.3

图5.5　常温库测点终端测试报告不符合与符合要求对比图例

④企业应对计量器具、温湿度监测设备的误差、不确定度和修正值对测量结果的影响予以考虑，并采取相应的纠偏措施。

⑤企业从事计量器具、温湿度监测设备校准和比对的计量员应当经过培训和考核，有上岗资质证书；企业对计量器具、温湿度监测设备进行校准和比对时应由2名以上计量员操作，1名测试、1名复核。

⑥企业计量器具、温湿度监测设备的管理文件和记录应有相关人员签字，并归档。

5.2 验证管理

验证是证明任何规程、工艺、设备、物料、活动或系统能够达到预期目标的活动。其目的是确保设备的使用能按照预定的条件和参数固定重现，确保其生产或维护的产品质量始终符合预定目标。验证具有4个要求，即数据收集要求真实、汇总分析要求合理、结论依据要求可靠、目标过程要求重现。

药品一旦生产出来其物理、化学、生物等既有属性就已确定，但要保证这种属性不发生变化，药品在储运过程中保持其注册和稳定性考察所规定的温湿度储存条件最为关键，而这一关键只有通过固化设施设备的操作参数、固定使用岗位的操作规程才能得以实现。目前最能有效达到“固化设施设备的操作参数、固定使用岗位的操作规程”的方式就是验证。药品经营企业中各种设备验证的主要目的和方向基本上都是围绕药品在流通过程中全程温湿度掌控来进行的。

为保证药品储运的温湿度条件符合药品注册所规定（药品的包装盒和说明书有明确标示）的要求，首先必须使用与药品注册温湿度一致的储存仓库和运输车辆，要保证这些储存仓库和运输车辆的温湿度条件符合要求，所使用的储运工具和方式必须得到确认和验证；其次药品经营企业常用各类温湿度记录仪作为主要工具来显示和记录药品存储在仓库或运输过程的温湿度数据，要保证这些温湿度数据的真实可靠，所使用的记录工具和方式必须得到确认和验证；再实时实地记录的温湿度数据通过有线或无线传输方式转移到具有接收装置的管理主机上，由于管理主机储存能力不足、不方便读取和设置等原因，企业常在一台计算机上安装处理和管理此温湿度数据的软件，并通过此软件将管理主机与电脑系统联系起来，以实现人机对话，便于温湿度数据的时时查询、按日备份、超标报警和参数设置等，要保证这些温湿度数据传输信号不发生变化，所使用的转移工具和方式必须得到确认和验证。最后各类温湿度记录仪或管理主机在记录到药品储运过程的温湿度数据异常时，会及时就地声光报警、手机短信报警、计算机显示屏色彩闪烁报警等，要保证这些报警能有效实现，所使用的报警工具和方式必须得到确认和验证。

5.2.1 药品经营企业对冷库、储运温湿度监测系统以及冷藏运输等设施设备实施验证的依据

1)[**正文　第六节**]**内容**

第五十三条　企业应当按照国家有关规定，对计量器具、温湿度监测设备等定期进行校准或者检定。

企业应当对冷库、储运温湿度监测系统以及冷藏运输等设施设备进行使用前验证、定期验证及停用时间超过规定时限的验证。

第五十四条　企业应当根据相关验证管理制度，形成验证控制文件，包括验证方案、报告、评价、偏差处理和预防措施等。

第五十五条　验证应当按照预先确定和批准的方案实施，验证报告应当经过审核和批准，验证文件应当存档。

第五十六条　企业应当根据验证确定的参数及条件，正确、合理使用相关设施设备。

2)[**附录五　验证管理**]**全部内容**

主要内容包括：质量管理部门负责验证工作、制订年度验证计划、制订验证方案、确定验证项目、制订验证标准操作规程、形成验证报告、提出偏差处理和预防措施、制订设施设备标准操作规程等。

3)[**附录3　温湿度自动监测**]**部分内容**

主要内容包括：仓库、冷藏车、冷藏箱、保温箱温度高低位点的寻找，测点终端布点位置的确认；温湿度数据在各测点终端、管理主机、计算机系统中自动采集、传输、储存、查询、报警、处理等性能的确认。

5.2.2 需要验证的设施设备

按照新版GSP的要求，药品经营企业必须对冷库、冷藏车、冷藏箱、保温箱以及温湿度自动监测系统等设施设备进行验证，以确认相关设施、设备及监测系统能够符合预定的设计标准和规范要求，并能保证其安全、有效地正常运行和使用，确保冷藏、冷冻药品在储存、运输过程中的质量安全。图5.6为验证设施设备示例。

(a) 药品空库照片

(b) 药品实物库照片

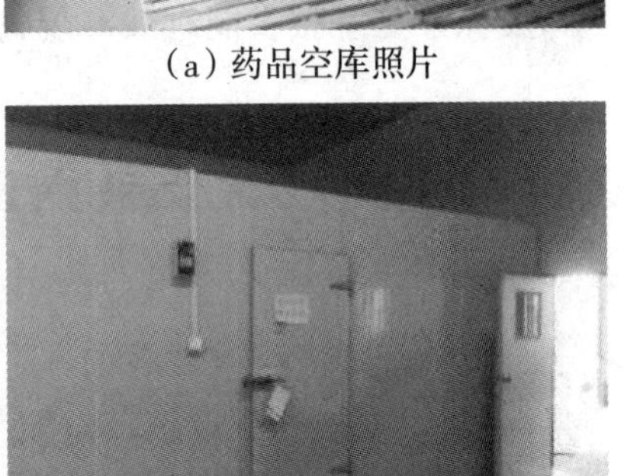
(c) 冷库外部照片

(d) 冷库满载照片

(e) 冷库空载照片

(f) 冷藏车外部照片

(g) 冷藏车满载照片

(h) 冷藏车空载照片

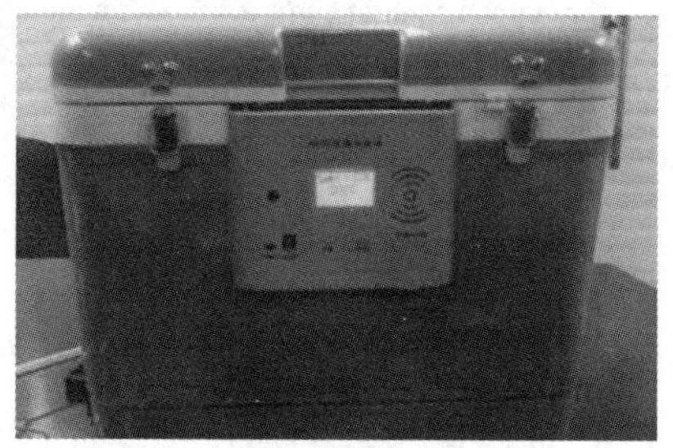

(i) 保温箱外部照片

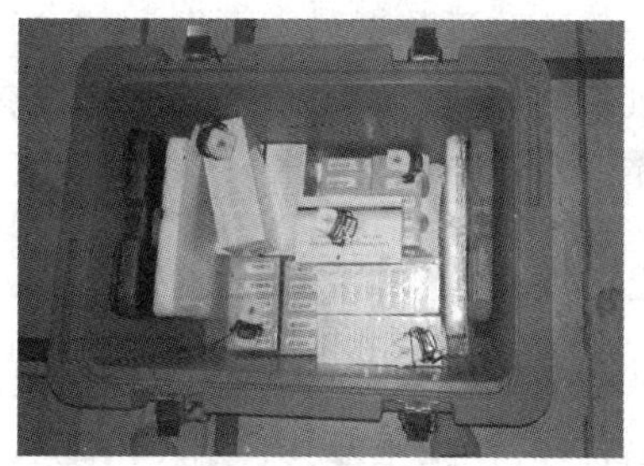

(j) 保温箱药品实物照片

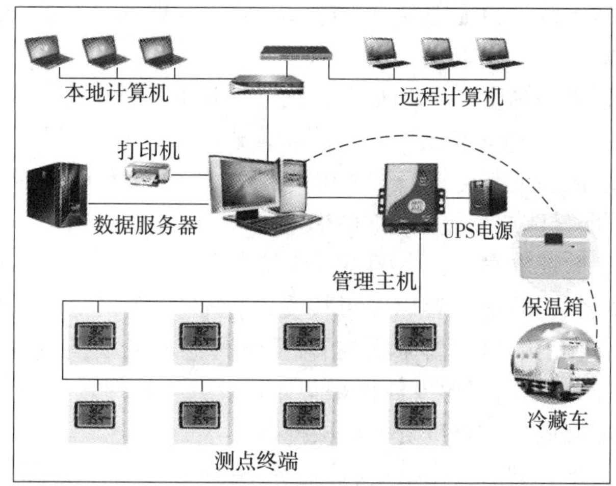

(k) 温湿度监控系统照片

图 5.6 验证设施设备的示例照片

5.2.3 验证管理的部门

验证的实施可以由本公司质量管理部门牵头,质管部、仓储部、运输部、信息部的质管、验收、养护、库管、驾驶、信息等人员具体实施完成验证;也可以由本公司质量管理部门牵头,三方验证公司具体实施、本公司质管部、仓储部、运输部、信息部的验收、养护、库管、驾驶、信息等人员协助参与实施完成验证。无论谁具体实施验证,本公司质量管理部、仓储部、运输部、信息部相关人员必须了解验证方案,提出验证计划、验证要求、验证目的,熟悉验证报告,制订验证后设备使用的管理制度和操作规程。验证报告必须由质量负责人审核签字方能生效。

5.2.4 验证的项目

①验证内容应包括冷库、冷藏车的空载验证、满载验证;开门升温时限验证、关门降温时限验证;冷藏车冬季、夏季极端温度条件下的验证;冷库改建或扩建后启用的重新验证;保温箱最远距离的运输验证;冷库停电、断电情况下的保温时限验证;冷藏药品包装箱从冷藏车辆移至冷库内时限的验证以及冷藏药品装箱完备后移至冷藏车辆时限的验证;保温箱保温时限的验证;各种异常情况下手机短信、监视屏红色显示、设备就地或管理主机上声光报警的验证;温湿度监测系统采集、就地显示、传输、记录、储存、显示屏监视温湿度数据的验证;所有设备停用一段时间后启用的重新验证等。

②为保证验证数据科学可靠,企业必须按照附录5《验证管理》第八条的要求实施连续验证。凡是不能获得稳定连续的合格数据,验证方案应重新调整,进行再验证。对验证过程中发生偏差的数据应分析和评估,验证应有结论。

5.2.5 验证的文件

企业应当在验证实施过程中,建立并形成验证控制文件,文件内容包括验证制度、方案、标准、报告、评价、偏差处理和预防措施、设施设备(或岗位)使用标准操作规程等,验证控制性文件应当归入药品质量管理档案,并按规定保存。

①企业应成立验证小组。验证小组成员应包括质量管理部门人员、设施设备使用人员、计算机系统管理人员等。

②企业应制定验证管理制度。企业制定合理的验证制度,形成验证控制性文件以指导验证的实际操作,保证验证的流程符合企业实际情况和规范要求,保证验证的结果真实可靠。对不符合实际要求的验证制度按当事人申请、质量管理门部审核、质量负责人批准的原则作出实时修改,并注明修改或变更的时间和理由。

③企业应制定年度验证方案。方案的设计应符合实际业务,方案应确立验证类型、验证时间,验证的设施设备名称、验证内容以及可接受的标准、偏差的分析和处理等。方案还应对用于验证的设施设备作出明确的要求,包括温湿度传感器的校准或检定情况、使用范围,温湿度传感器的布点挂载工具,温湿度数据采集储存及分析处理软件的确认情况、拍摄实景照片的预设情况等。方案应由质量负责人审核批准。

a.冷库、冻库、冷藏车、保温箱、冷藏箱、常温库、阴凉库安装测点终端的位置确认布点测试方案必须按照附录5中第七条的要求执行,测试时间必须按照附录5中第八条的要求执行。测试布点位置要均匀,测试时间数据采集要连续,并在测试方案中制作布点示意图。测试方案应充分预想到测试过程中可能会发生的突发情况。如设备突然故障应准备备用设备;电压突然发生变化应要求验证人员测试电压,待其稳定后才能操作;封闭区域突然打开门窗、验证人员操作不熟练或可能误操作等应在验证前加强培训,并预留备用的验证人员接替验证工作;以及其他可能发生的紧急情况。

b.温湿度自动监测系统的确认方案必须按照附录5中第六条(四)款的要求执行。各测点终端具有实时显示温湿度数据的功能,各测点终端能自动储存或传输到管理主机储存温湿度数据的功能,管理主机能将收集到的各测点终端的温湿度数据转移传输到计算机相关管理系统的功能,计算机温湿度数据管理系统具有储存汇总温湿度数据、将数据转换成图表形式、将超标温湿度数据分离储存便于随时查阅和调取的功能。

c.冷库、冻库、冷藏车、保温箱、冷藏箱的设备验证方案必须按照附录5中第六条(一)(二)(三)款的要求执行。冷库、冻库在新建或改造后、冷藏车在刚购进或改造后要进行空载和满载2种形式的验证,定期验证只做满载验证;保温箱重点要验证运输的最长时限。

④企业应写出验证报告。企业按照验证方案和标准中所规定的验证流程完成验证操作,收集验证数据,汇总分析全部验证数据,写出真实可靠具有指导意义的验证报告,并由质量负责人审批确认。冷库、冻库、冷藏车、保温箱、冷藏箱、常温库、阴凉库测点终端的安装位置应依据此验证报告(具体内容详见5.2.6验证报告的运用)。

⑤企业应制订设施设备(或岗位)使用标准操作规程(SOP)。企业根据验证结果制订出

冷库、冻库、冷藏车、保温箱、冷藏箱装载药品、放置蓄冷剂、放置温湿度记录仪的方式和时限要求等的SOP。

⑥验证偏差应报告和处理

a.非重大偏差提出纠偏措施、修正方法。非重大偏差举例:冷库、冷藏车建造或购买时会自带一套与制冷机组配套的温湿度显示记录设备,该设备的测试、校准或检定未知,而验证后安装的温湿度记录仪一般由验证公司提供,要求是经过厂家测试,或1年后经校准、检定或比对过的设备,精准度相对可靠。按新版GSP要求,冷库、冷藏车制冷系统的启动和关闭应依赖后者,但企业往往会采用前者,验证公司协助验证时大部分也用的前者,前后二者的温湿度显示又往往存在一定差距,有时达2℃,导致冷库、冷藏车内应控制温度在2~8℃成为虚设,在企业人员不知情的情况下对药品质量带来了较大风险。这个偏差需要在验证时找出来,写入验证报告中,并按冷库、冷藏车内的实际温度要求调试好制冷系统的启动和关闭。

b.重大偏差进行系统分析,找出原因加以改进,必要时重新验证。重大偏差举例:部分企业新建造的冷库或新购买的冷藏车,由于制冷机组为新安装,也或许是由于外界温度不高,制冷功率即使不是很充足,验证时冷库、冷藏车也能勉强在2~8℃之间启动和关闭制冷系统,但该冷库、冷藏车在使用一段时间后发现不能按照预先设置的限度实现制冷系统的启动和关闭,这种重大偏差必须更换相应设施设备进行重新验证。

5.2.6 验证的种类

按新版GSP要求,药品经营企业需要对冷链相关的设施设备、操作系统、使用方法及操作规程进行验证。

1)药品经营企业设施设备验证按使用方式主要分为3类

(1)使用前验证

使用前验证包括设计确认、安装确认、运行确认、性能确认、设施设备及操作系统操作规程验证5部分。

(2)定期验证

需要验证的设施设备至少每年要验证1次,以保证设施设备的运行参数未发生漂移,或设施设备的运行参数已发生漂移但可依据漂移的偏差值重新设定参数和修改设施设备操作规程。

(3)停用时间超过时限的验证

验证合格的设施设备,停用超过一定时期后,因环境、材料、配套设备性能等发生了变化需要再验证(具体时限由企业文件规定,但应有依据),或因设备维修后部分参数发生了变化也需要再验证。其目的也是保障设施设备的运行参数处于可控范围内。

2)药品经营企业设施设备验证按用途主要分为3类

(1)冷库、冻库的确认和验证

①冷库、冻库体积的设计和安装确认;

②冷库、冻库制冷机组的设计和安装确认;

③冷库、冻库在空载情况下能按照设定的温湿度制冷和除湿的运行和性能确认；

④冷库、冻库在空载情况下能按照设定的温湿度上下限自动启动制冷和除湿机组的运行和性能确认；

⑤冷库、冻库在满载情况下能按照设定的温湿度制冷和除湿的运行和性能确认；

⑥冷库、冻库在满载情况下能按照设定的温湿度上下限自动启动制冷和除湿机组的运行和性能确认；

⑦冷库、冻库在开门、关门多长时间下能达到设定的温湿度条件的操作验证；

⑧冷库、冻库在断电条件下能维持预定的温湿度条件的验证；

⑨冷库、冻库限放药品的位置确认。

(2)冷藏车、冷藏箱、保温箱的确认和验证

冷藏车、冷藏箱、保温箱的设计和安装确认不需药品企业来实施，因为购进的产品已为成品，药品企业主要要做的是冷藏车、冷藏箱、保温箱的运行和性能确认，装载方法的验证。

①冷藏车在空载情况下能按照设定的温湿度制冷和除湿的运行和性能确认；

②冷藏车在满载情况下能按照设定的温湿度制冷和除湿的运行和性能确认；

③冷藏车在极热条件下能按照设定的温湿度制冷和除湿的运行和性能确认；

④冷藏车在极冷条件下能按照设定的温湿度制冷和除湿的运行和性能确认；

⑤冷藏车、冷藏箱、保温箱装载时限、装载方法及操作规程的验证；

⑥冷藏车、冷藏箱、保温箱在开门、关门多长时间下能达到设定的温湿度条件的操作验证；

⑦冷藏车、冷藏箱在断电条件下能维持预定的温湿度条件的验证；

⑧保温箱最大装载量运输最长时限的验证。

(3)安装测点终端的布点验证

①温湿度监测系统测点终端安装数量确认

a. 每一独立的药品库房或仓间至少安装 2 个测点终端，并均匀分布。

b. 平面仓库面积在 300 m^2 以下的，至少安装 2 个测点终端；300 m^2 以上的，每增加 300 m^2 至少增加 1 个测点终端，不足 300 m^2 的按 300 m^2 计算。平面仓库测点终端安装的位置，不得低于药品货架或药品堆码垛高度的 2/3。

c. 高架仓库或全自动立体仓库的货架层高在 4.5 m ~ 8 m 之间的，每 300 m^2 面积至少安装 4 个测点终端，每增加 300 m^2 至少增加 2 个测点终端，并均匀分布在货架上、下位置；货架层高在 8 m 以上的，每 300 m^2 面积至少安装 6 个测点终端，每增加 300 m^2 至少增加 3 个测点终端，并均匀分布在货架的上、中、下位置；不足 300 m^2 的按 300 m^2 计算。高架仓库或全自动立体仓库上层测点终端安装的位置，不得低于最上层货架存放药品的最高位置。

d. 储存冷藏、冷冻药品仓库测点终端的安装数量，须符合本条上述的各项要求，其安装数量按每 100 m^2 面积计算。

e. 每台独立的冷藏、冷冻药品运输车辆或车厢，安装的测点终端数量不得少于 2 个。车厢容积超过 20 m^3 的，每增加 20 m^3 至少增加 1 个测点终端，不足 20 m^3 的按 20 m^3 计算。

f. 每台冷藏箱或保温箱应当至少配置 1 个测点终端。

②布点数量的确认

a. 企业应当对储存及运输设施设备的测点终端布点方案进行测试和确认，保证药品仓

库、运输设备中安装的测点终端数量及位置，能够准确反映环境温湿度的实际状况。

b. 每个库房中均匀性布点数量不得少于9个，仓间各角及中心位置均需布置测点，每2个测点的水平间距不得大于5 m，垂直间距不得超过2 m。

c. 库房每个作业出入口及风机出风口至少布置5个测点，库房中每组货架或建筑结构的风向死角位置至少布置3个测点。

d. 每个冷藏车箱体内测点数量不得少于9个，每增加20 m^3 增加9个测点，不足20 m^3 的按20 m^3 计算。

e. 每个冷藏箱或保温箱的测点数量不得少于5个。

③采集时间的要求

a. 库房数据有效持续采集时间不得少于48小时。

b. 在冷藏车数据有效持续采集时间不得少于5小时。

c. 冷藏箱按照最长的配送时间连续采集数据。

d. 验证数据采集的间隔时间不得大于5分钟。

④布点验证结果的运用

a. 根据各测试布点中采集的温度值制出时间温度、时间湿度坐标图，找出能代表冷库、冻库、冷藏车、保温箱、冷藏箱、常温库、阴凉库内药品储存区域的平均温度高点、平均温度低点，一段时间内的温度高点、温度低点，确定测点终端的具体安装位置。

b. 此处要强调的是测试过程中瞬间温度的升降不作为测点终端具体安装位置的确定点，但必须分析出是什么原因导致的瞬间温度升降，验证设备性能不稳定、供电瞬间发生变化、人员操作不当、封闭区域突然打开门窗等原因均可造成，验证人员应分析原因，并说明这种瞬间变化对整个验证结果不会产生大的后果，不影响测点终端安装位置的确认。

(4) 温湿度监测系统的确认和验证

温湿度监测系统的确认和验证主要以附录3的内容为基础：

①温湿度监测系统的构成确认。系统由测点终端、管理主机、不间断电源、计算机系统及相关软件组成。

②温湿度监测系统的功能确认

a. 各测点终端应符合计量法要求的测量范围和准确度；各测点终端能对周边环境温湿度进行数据的实时采集、传送和报警；

b. 管理主机能够对各测点终端监测的数据进行收集、处理、记录和一定量储存，并在发生异常情况时报警；

c. 计算机系统通过相关软件对管理主机或测点终端的数据进行读取、查阅、监视、备份、储存，还可在药品监管部门及系统开发商的监督下进行参数设置和修改；系统具有对记录数据不可更改、删除的功能，不能反向导入数据的功能；系统应当满足相关部门实施在线远程监管的条件。

d. 不间断电源能确保系统独立地不间断运行，不会因供电中断、计算机关闭或故障等因素，影响系统正常运行或造成数据丢失。

③温湿度监测系统的运行确认

a. 系统应当自动对药品储存运输过程中的温湿度环境进行不间断监测和记录，内容包括温度值、湿度值、日期、时间、测点位置、库区或运输工具类别等；

b. 系统应当至少每隔 1 分钟更新一次测点温湿度数据，在药品储存过程中至少每隔 30 分钟自动记录一次实时温湿度数据，在运输过程中至少每隔 5 分钟自动记录一次实时温度数据。当监测的温湿度值超出规定范围时，系统应当至少每隔 2 分钟记录一次实时温湿度数据。

c. 当监测的温湿度值达到设定的临界值或者超出规定范围，系统应当能够实现就地和在指定地点进行声光报警，同时采用短信通讯的方式，向至少 3 名指定人员发出报警信息。当发生供电中断的情况时，系统应当采用短信通讯的方式，向至少 3 名指定人员发出报警信息。温度报警系统的有效性必须得到充分确认。图 5.7—图 5.11 为温湿度确认和验证的各项截图。

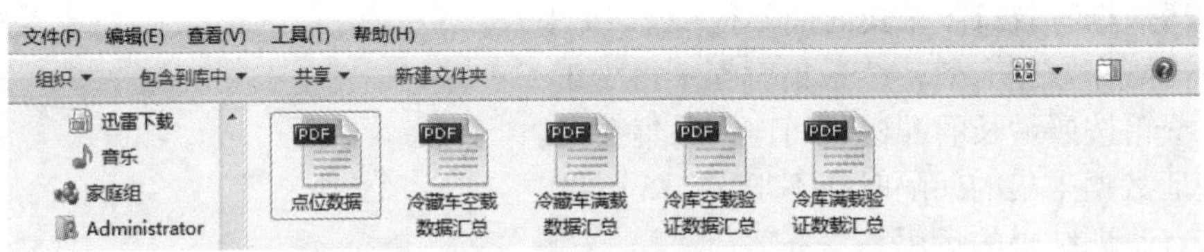

图 5.7 验证时温湿度数据采集目录截图

时 间	T1	T2	T3	T4	T5	T6	T7	T8	T9	T10	T11
2015-09-21 10:01:07	19.0	19.1	20.1	19.3	18.8	19.1	19.4	18.7	19.9	19.2	18.8
2015-09-21 10:03:07	19.0	19.1	20.1	19.3	18.6	19.1	19.4	18.5	19.9	19.2	18.8
2015-09-21 10:05:07	19.0	19.1	20.1	19.3	18.7	19.0	19.4	18.6	19.9	19.1	18.8
2015-09-21 10:07:07	18.9	19.1	20.1	19.2	18.7	19.1	19.4	18.6	19.9	19.1	18.8
2015-09-21 10:09:07	19.0	19.1	20.1	19.2	18.7	19.1	19.4	18.6	19.9	19.1	18.8
2015-09-21 10:11:07	19.0	19.1	20.1	19.2	18.7	19.1	19.4	18.6	19.9	19.1	18.8
2015-09-21 10:13:07	19.0	19.0	20.1	19.2	18.6	19.0	19.4	18.5	19.9	19.1	18.8
2015-09-21 10:15:07	18.9	19.0	20.1	19.2	18.6	19.0	19.4	18.5	19.9	19.1	18.8
2015-09-21 10:17:07	18.9	19.0	20.1	19.2	18.6	19.0	19.4	18.5	19.9	19.1	18.8
2015-09-21 10:19:07	18.9	19.0	20.1	19.2	18.6	19.0	19.4	18.5	19.9	19.0	18.7
2015-09-21 10:21:07	18.9	19.0	20.1	19.2	18.6	19.0	19.4	18.5	19.9	19.0	18.7
2015-09-21 10:23:07	18.9	19.0	20.1	19.2	18.6	19.0	19.4	18.5	19.9	19.0	18.6
2015-09-21 10:25:07	18.9	19.0	20.1	19.2	18.6	19.0	19.4	18.5	19.9	19.0	18.6
2015-09-21 10:27:07	18.9	19.0	20.1	19.2	18.6	19.0	19.4	18.5	19.9	19.0	18.6
2015-09-21 10:29:07	18.9	19.0	20.0	19.2	18.6	19.0	19.4	18.5	19.9	19.0	18.6
2015-09-21 10:31:07	18.9	19.0	20.0	19.2	18.6	19.0	19.4	18.5	19.9	19.0	18.6
2015-09-21 10:33:07	18.9	19.0	20.0	19.2	18.6	19.0	19.4	18.5	19.9	18.9	18.6
2015-09-21 10:35:07	18.9	18.9	20.0	19.2	18.6	18.9	19.4	18.5	19.9	19.0	18.6
2015-09-21 10:37:07	18.8	18.9	20.0	19.1	18.6	18.9	19.4	18.5	19.9	19.0	18.6
2015-09-21 10:39:07	18.8	18.9	20.0	19.1	18.6	18.9	19.4	18.5	19.9	19.0	18.6
2015-09-21 10:41:07	18.8	18.9	20.0	19.1	18.6	18.9	19.4	18.5	19.9	19.0	18.6
2015-09-21 10:43:07	18.8	18.9	20.0	19.1	18.6	18.9	19.4	18.5	19.9	19.0	18.6
2015-09-21 10:45:07	18.8	18.9	20.0	19.1	18.6	18.9	19.4	18.5	19.9	19.0	18.6
2015-09-21 10:47:07	18.8	18.9	20.0	19.1	18.5	18.9	19.4	18.4	19.9	18.9	18.6
2015-09-21 10:49:07	18.8	18.9	20.0	19.1	18.6	18.9	19.4	18.5	19.9	19.0	18.6
2015-09-21 10:51:07	18.8	18.9	20.0	19.1	18.6	18.9	19.4	18.5	19.9	19.0	18.6
2015-09-21 10:53:07	18.8	18.9	20.0	19.1	18.6	18.9	19.4	18.5	19.9	18.9	18.6
2015-09-21 10:55:07	18.8	18.9	20.0	19.1	18.6	18.9	19.4	18.5	19.9	18.9	18.6
2015-09-21 10:57:07	18.8	18.9	20.0	19.1	18.6	18.9	19.4	18.5	19.8	18.9	18.5
2015-09-21 10:59:07	18.8	18.9	19.9	19.1	18.6	18.9	19.4	18.5	19.8	18.9	18.5
2015-09-21 11:01:07	18.8	18.9	19.9	19.0	18.6	18.9	19.4	18.5	19.8	19.0	18.5

图 5.8 验证时温度原始数据采集截图

自动化监控系统.Net2013 V2.9.4053 Web网络版　[测点视图]

系统　参数设置　数据查询　工具　视图　帮助

基本设置　报警设置　历史记录　历史曲线　实时曲线　平面图　测点属性　用户登陆　退出系统

二类精神药品库(1,温)	二类精神药品库(1,湿)	二类精神药品库(2,温)	二类精神药品库(2,湿)	蛋肽库(3,温)	蛋肽库(3,湿)	蛋肽库(4,温)
19.3 ℃	59.7 %	18.7 ℃	62.1 %	18.3 ℃	65.6 %	18.0 ℃
SP1:20 SP2:10	SP1:75 SP2:35	SP1:20 SP2:10	SP1:75 SP2:35	SP1:20 SP2:10	SP1:75 SP2:35	SP1:20 SP2:10
蛋肽库(4,湿)	阴凉库(5,温)	阴凉库(5,湿)	阴凉库(6,温)	阴凉库(6,湿)	中药库(7,温)	中药库(7,湿)
65.4 %	18.5 ℃	62.7 %	17.7 ℃	70.0 %	23.5 ℃	68.1 %
SP1:75 SP2:35	SP1:20 SP2:10	SP1:75 SP2:35	SP1:20 SP2:10	SP1:75 SP2:35	SP1:30 SP2:10	SP1:75 SP2:35
中药库(8,温)	中药库(8,湿)	常温库(9,温)	常温库(9,湿)	常温库(10,温)	常温库(10,湿)	常温库(11,温)
23.3 ℃	70.1 %	22.5 ℃	65.5 %	22.2 ℃	69.9 %	21.5 ℃
SP1:30 SP2:10	SP1:75 SP2:35	SP1:29.5 SP2:10	SP1:75 SP2:35	SP1:29.5 SP2:10	SP1:75 SP2:35	SP1:29.5 SP2:10
常温库(11,湿)	常温库(12,温)	常温库(12,湿)	冷链库(13,温)	冷链库(13,湿)	冷链库(14,温)	冷链库(14,湿)
74.7 %	22.8 ℃	67.9 %	5.6 ℃	72.2 %	6.0 ℃	71.9 %
SP1:75	SP1:30	SP1:75	SP1:8	SP1:75	SP1:8	SP1:75

图5.9　验证确认温湿度数据能实时显示截图

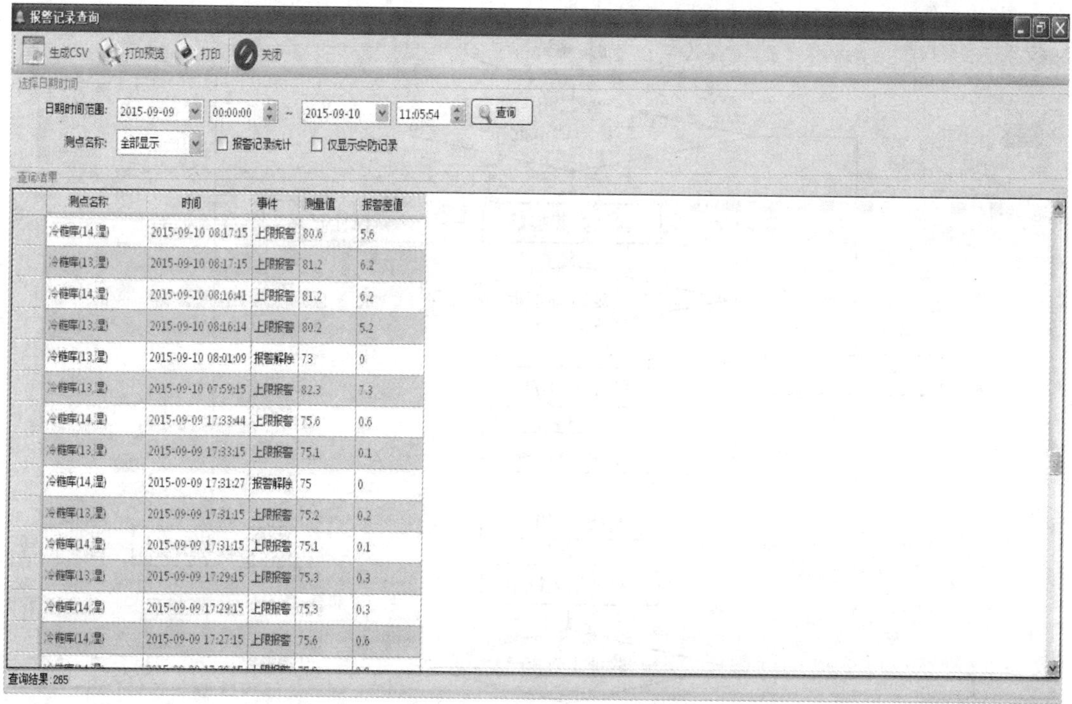

报警记录查询

生成CSV　打印预览　打印　关闭

选择日期时间

日期时间范围：2015-09-09　00:00:00 ~ 2015-09-10　11:05:54　查询

测点名称：全部显示　□报警记录统计　□仅显示安防记录

查询结果

测点名称	时间	事件	测量值	报警差值
冷链库(14,湿)	2015-09-10 08:17:15	上限报警	80.6	5.6
冷链库(13,湿)	2015-09-10 08:17:15	上限报警	81.2	6.2
冷链库(14,湿)	2015-09-10 08:16:41	上限报警	81.2	6.2
冷链库(13,湿)	2015-09-10 08:16:14	上限报警	80.2	5.2
冷链库(13,湿)	2015-09-10 08:01:09	报警解除	73	0
冷链库(13,湿)	2015-09-10 07:59:15	上限报警	82.3	7.3
冷链库(14,湿)	2015-09-09 17:33:44	上限报警	75.6	0.6
冷链库(13,湿)	2015-09-09 17:33:15	上限报警	75.1	0.1
冷链库(14,湿)	2015-09-09 17:31:27	报警解除	75	0
冷链库(13,湿)	2015-09-09 17:31:15	上限报警	75.2	0.2
冷链库(14,湿)	2015-09-09 17:31:15	上限报警	75.1	0.1
冷链库(13,湿)	2015-09-09 17:29:15	上限报警	75.3	0.3
冷链库(14,湿)	2015-09-09 17:29:15	上限报警	75.3	0.3
冷链库(14,湿)	2015-09-09 17:27:15	上限报警	75.6	0.6

查询结果：265

图5.10　验证时温湿度数据超标报警确认截图1

报警查询

开始: 2015-09-19 00:00:00 结束: 2015-12-07 23:59:59 查询

序号	报警时间	报警内容
205	2015-10-21 11:09:06	2015-10-21 11:9 阴凉库1 湿度超限:79.7 %RH(↓36.0, ↑74.0) --超限提示已达次数限制!
206	2015-10-21 11:10:20	好消息，阴凉库1 数据已恢复正常，超限提示解除!
207	2015-10-21 14:42:00	2015-10-21 14:42 阴凉库1 湿度超限:75.2 %RH(↓36.0, ↑74.0)
208	2015-10-21 14:43:24	好消息，阴凉库1 数据已恢复正常，超限提示解除!
209	2015-10-21 15:04:04	2015-10-21 15:4 阴凉库1 湿度超限:74.5 %RH(↓36.0, ↑74.0)
210	2015-10-21 15:04:38	好消息，阴凉库1 数据已恢复正常，超限提示解除!
211	2015-10-22 10:31:16	2015-10-22 10:31 阴凉库1 温度超限:19.1 ℃(↓1.0, ↑19.0)
212	2015-10-22 10:32:20	好消息，阴凉库1 数据已恢复正常，超限提示解除!
213	2015-10-22 10:45:20	2015-10-22 10:45 阴凉库1 湿度超限:77.0 %RH(↓36.0, ↑74.0)
214	2015-10-22 10:46:34	好消息，阴凉库1 数据已恢复正常，超限提示解除!
215	2015-10-22 12:16:38	2015-10-16 12:16 常温库3-2 掉线，请紧急处理！！！
216	2015-10-22 12:16:42	2015-10-16 12:16 常温库3-3 掉线，请紧急处理！！！
217	2015-10-22 12:16:46	2015-10-16 12:16 阴凉库1 掉线，请紧急处理！！！
218	2015-10-22 12:16:50	2015-10-16 12:16 阴凉库2 掉线，请紧急处理！！！
219	2015-10-22 16:31:10	2015-10-22 16:31 阴凉库2 温度超限:19.1 ℃(↓1.0, ↑19.0)
220	2015-10-22 16:32:54	好消息，阴凉库2 数据已恢复正常，超限提示解除!
221	2015-10-23 12:11:04	2015-10-23 12:11 阴凉库1 湿度超限:74.2 %RH(↓36.0, ↑74.0)
222	2015-10-23 12:12:58	好消息，阴凉库1 数据已恢复正常，超限提示解除!
223	2015-10-23 14:50:08	2015-10-23 14:50 阴凉库1 湿度超限:74.4 %RH(↓36.0, ↑74.0)
224	2015-10-23 14:52:12	好消息，阴凉库1 数据已恢复正常，超限提示解除!
225	2015-10-23 15:21:02	2015-10-23 15:21 阴凉库1 湿度超限:77.3 %RH(↓36.0, ↑74.0)
226	2015-10-23 15:23:06	2015-10-23 15:23 阴凉库1 湿度超限:75.4 %RH(↓36.0, ↑74.0) --超限提示已达次数限制!
227	2015-10-23 15:24:00	好消息，阴凉库1 数据已恢复正常，超限提示解除!
228	2015-10-23 15:51:10	2015-10-23 15:51 阴凉库1 温度超限:19.1 ℃(↓1.0, ↑19.0)
229	2015-10-23 15:52:04	2015-10-23 15:52 阴凉库1 温度超限:19.1 ℃(↓1.0, ↑19.0) --超限提示已达次数限制!
230	2015-10-23 15:53:08	好消息，阴凉库1 数据已恢复正常，超限提示解除!
231	2015-10-24 10:54:08	2015-10-24 10:54 阴凉库1 湿度超限:74.2 %RH(↓36.0, ↑74.0)
232	2015-10-24 10:55:52	好消息，阴凉库1 数据已恢复正常，超限提示解除!
233	2015-10-24 11:09:02	2015-10-24 11:9 阴凉库1 湿度超限:74.5 %RH(↓36.0, ↑74.0)

图 5.11　验证时温湿度数据超标报警确认截图 2

5.2.7　验证的流程

验证流程如图 5.12 所示。

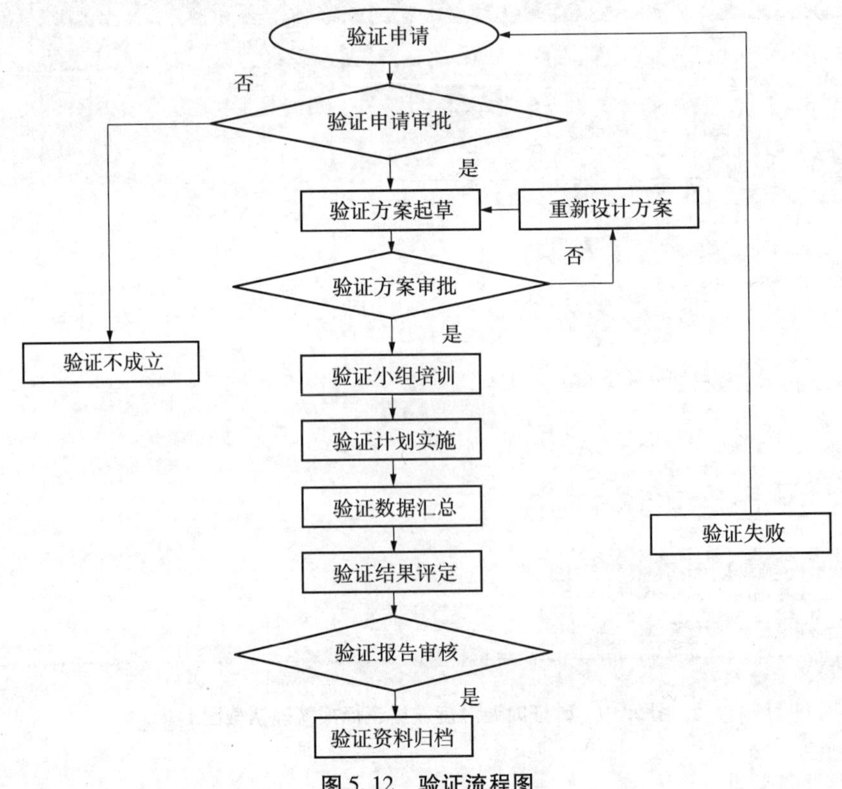

图 5.12　验证流程图

5.2.8　验证报告的运用

①无论是企业独立完成还是协助三方公司完成的验证，企业均应参与验证报告的撰写，并确认报告中温湿度传感器布点的均一性和数量是否符合要求，核对采集的数据是否真实可靠，时间温度、时间湿度曲线图谱与原始数据是否一致，质量负责人仔细阅读报告，并在符合预定要求的报告上批准签名。

②企业应根据验证报告正确设置各类应用参数，常温库、阴凉库、冷库、冻库和冷藏车验证后应获得库房温度分布图，温度分布图所确认的冷热点应与日常温度监控点的记录温度一致，该温度分布图应用于指导药品的存放，并在常温库、阴凉库、冷库、冻库和冷藏车的药品堆放或限制区域用色带标示出来，同时绘出相应的示意图挂置在醒目位置。

③企业应根据验证报告确定保温箱在环境极高温度条件下的运输时限，相应地制订出保温箱装载药品运输的最长距离。

④企业应根据验证报告制定冷库、冻库和冷藏车等冷链设备的标准操作规程（SOP）和管理制度。验证后企业质量管理部门应协同冷库、冻库和冷藏车等冷链设备使用人员按照验证结果绘出冷链药品包装、装箱示意图，制订出冷链药品包装、装箱、装车 SOP，并对实际工作人员进行培训，要求其实际操作必须和 SOP 描述的一致。

a. 制订冷库、冻库标准操作规程（SOP）和管理制度时应特别考虑导致温湿度急剧变化从而影响冷链药品质量的一些重要因素：一次性出入库人员的数量、人员出入库的开门时间、一定时间内开门的次数、库内堆放药品的数量、预冷包装放置的数量、限制区域的设置、收货时冷藏药品包装箱从冷藏车辆移冷库冻库的时限、出库时冷藏药品装箱完备后从冷库冻库的移至冷藏车辆的时限等。

b. 制订冷藏车标准操作规程（SOP）和管理制度时应特别考虑影响冷藏车内温度不稳定的主要因素为：外界温度、制冷功率、预冷时限、装车时限、装载数量、开门时限、一定时间内的开门次数等。

c. 制订保温箱标准操作规程（SOP）和管理制度时应特别考虑影响保温箱储存冷链药品最长时限的关键因素为：外界温度，保温箱的材质、密封度，箱中药品、冰排、冰袋放置的数量和方式，保温箱在运输过程中开启的次数、移动式温湿度记录仪放置的位点等。

5.2.9　验证报告示例

文件编号：

参与验证人员：	
验证报告审核人	
验证报告批准人	

重庆 ABC 医药有限公司

冷库满载

验证报告

（定期验证）

验证报告编号：CQ-ABC-2015-10-20-01

目 录

<table>
<tr><td colspan="3">重庆 ABC 医药有限公司</td></tr>
<tr><td>文件编号</td><td>CQ-ABC-BGVR-008</td><td rowspan="2">冷库满载
验证报告</td></tr>
<tr><td>版本号</td><td>1501</td></tr>
</table>

一、报告审批

<table>
<tr><td colspan="3">报告签审</td></tr>
<tr><td colspan="3">参与验证人员</td></tr>
<tr><td colspan="3"></td></tr>
<tr><td colspan="3">报告分析人</td></tr>
<tr><td>负责人</td><td>签　字</td><td>日　期</td></tr>
<tr><td>验证部</td><td></td><td></td></tr>
<tr><td colspan="3">审　批</td></tr>
<tr><td>负责人</td><td>签　字</td><td>日　期</td></tr>
<tr><td>质量负责人</td><td></td><td></td></tr>
</table>

修订历史

版本号	描　述	生效日期
1501	2015 第一版本	2015 年 3 月

二、验证对象

冷库

冷库容积:L * W * H = ______ m * ______ m * ______ m = ______ m^3

温控设备设置区间		
备用冷风机组	□有	□无
缓冲区或隔热装置	□有	□无
货　架	□有	□无
是否为库中库	□是	□否

使用年限:______年______月　开始投入使用;

□新建未使用

监测系统的构成:＿2 个温湿度监控测点　1 个压缩机启停阀＿＿＿

验证类型:□空载验证　□停用或改造后验证　☑定期验证(满载)

三、验证项目

1. 温度分布特性的测试与分析，确定适宜药品存放的安全位置及区域。

①温度分布的均匀性分析；

②温度波动性分析；

③确认超过规定温度限度的位置及区域，确定适宜药品存放的安全位置及区域，并标注；

④冷库门密封性的测试分析；

⑤出风口附近温度分布的测试和分析。

2. 温控设备运行参数及使用状况测试。

①对温控系统的温度调控区间给出建议；

②对制冷机组启停周期的统计和评价；

③对温控设施的制冷效率给出评价。

3. 监测系统配置的测点终端参数及安装位置确认。

①对其安装位置进行确认；

②对温控器连接的温度传感器精度进行校准；

③依据测试结论，给出温度监控系统测点终端安装位置的建议，并用图标示。

4. 冷库预冷时间的测试和确认，依据温度变化趋势和实际测试结果，确定制冷机组开启后多长时间后温度达到指定区间，可以进行药品存储。

5. 开门作业对库房温度分布及药品储存的影响。

①确定最长的开门作业时间；

②确认冷库开门作业后温度恢复时间；

③对不能满足开门作业的时间要求情况给出整改措施。

6. 确定设备故障或外部供电中断的状况下，库房保温性能及变化趋势分析。

①对冷库的保温性能进行评价；

②对断电或故障状态的修复或恢复能力进行确认；

③给出断电或故障状态的风险防范措施。

7. 对本地区的高温或低温等极端外部环境条件，分别进行保温效果评估。

8. 在新建库房初次使用前或改造后重新使用前，进行空载及满载验证。

9. 年度定期验证时，进行满载验证。

四、判断标准

《药品经营质量管理规范》中涉及的验证范围。

验证项目	考量指标	性　能
稳定温度范围	2～8 ℃	优
温度均匀性(均值差)	1	优
温度稳定性(偏差)	1.5	优

续表

验证项目	考量指标	性 能
风机启停周期	1 h	优
降温速率	≥0.25	优
超标点位	≤1/5 个	优
温控器精度差	±0.5 ℃以内	优
可开门时间	≥10 min	优
停机保温时间	≥60 min	优

验证结论超出考量指标的项目给出合理的预防措施和偏差处理办法，确保冷库各项性能可控并达到标准。

五、冷库制冷系统操作控制功能检查

压缩机型号		
功 率		
风 量		
电 压		
是否能正常运行	☑是	□否
是否能制冷	☑是	□否
是否能按设置区间启停	☑是	□否
备用冷风机组	□有	☑无
库房备用电源	☑有	□无
使用说明书	☑有	□无

六、设计确认

经确认，设计符合规范，可以布点验证。

七、布点确认

1. 布点规则

每个库房中均匀性布点数量不得少于 9 个，仓间各角及中心位置均需布置测点，每两个测点的水平间距不得大于 5 m，垂直间距不得超过 2 m。库房每个作业出入口及风机出风口至少布置 5 个测点，库房中每组货架或建筑结构的风向死角位置至少布置 3 个测点。布完点交由质量管理部审核确认后现场布点方可实施。

2. 验证点位分布图

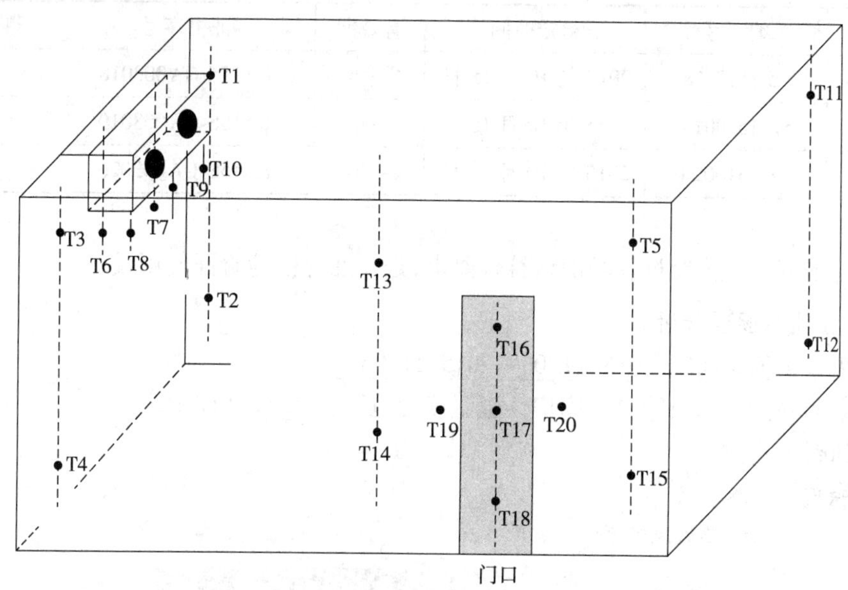

3. 用于验证的设备

重庆ABC医药有限公司验证专用温湿度记录仪RC-4HA一览表

仪表型号	编　号	检定时间	有效期	证书序号	测量位置
RC-4HA	SZ 1510001	2015年10月15日	一年	RA15S-GA003001	T1
RC-4HA	SZ 1510002	2015年10月15日	一年	RA15S-GA003002	T2
RC-4HA	SZ 1510003	2015年10月15日	一年	RA15S-GA003003	T3
RC-4HA	SZ 1510004	2015年10月15日	一年	RA15S-GA003004	T4
RC-4HA	SZ 1510005	2015年10月15日	一年	RA15S-GA003005	T5
RC-4HA	SZ 1510006	2015年10月15日	一年	RA15S-GA003006	T6
RC-4HA	SZ 1510007	2015年10月15日	一年	RA15S-GA003007	T7
RC-4HA	SZ 1510008	2015年10月15日	一年	RA15S-GA003008	T8
RC-4HA	SZ 1510009	2015年10月15日	一年	RA15S-GA003009	T9
RC-4HA	SZ 1510010	2015年10月15日	一年	RA15S-GA003010	T10
RC-4HA	SZ 1510011	2015年10月15日	一年	RA15S-GA003011	T11
RC-4HA	SZ 1510012	2015年10月15日	一年	RA15S-GA003012	T12
RC-4HA	SZ 1510013	2015年10月15日	一年	RA15S-GA003013	T13
RC-4HA	SZ 1510014	2015年10月15日	一年	RA15S-GA003014	T14
RC-4HA	SZ 1510015	2015年10月15日	一年	RA15S-GA003015	T15
RC-4HA	SZ 1510016	2015年10月15日	一年	RA15S-GA003016	T16
RC-4HA	SZ 1510017	2015年10月15日	一年	RA15S-GA003017	T17

续表

仪表型号	编　号	检定时间	有效期	证书序号	测量位置
RC-4HA	SZ 1510018	2015 年 10 月 15 日	一年	RA15S-GA003018	T18
RC-4HA	SZ 1510019	2015 年 10 月 15 日	一年	RA15S-GA003019	T19
RC-4HA	SZ 1510020	2015 年 10 月 15 日	一年	RA15S-GA003020	T20

以上温湿度记录仪经过现场确认符合要求，是校准合格的验证使用设备。

八、验证项目逐项分析

验证采集数据时间：<u>2015/11/03—2015/11/05</u>

环境说明：☑库中库；□单独库房　温湿度度范围：<u>8 ℃/70% RH</u>

操作执行人：______

验证照片

冷库风机照片

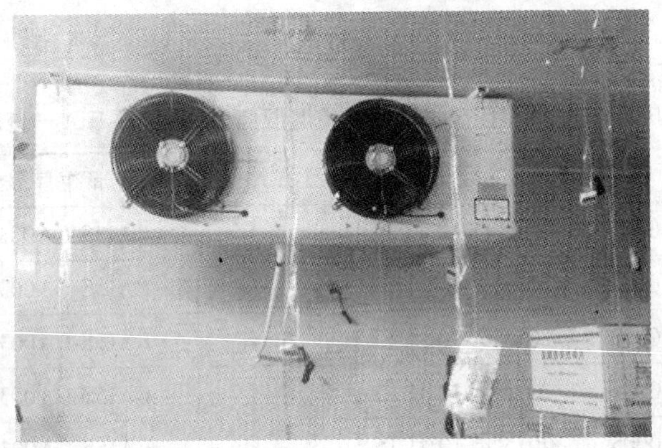

冷库满载照片

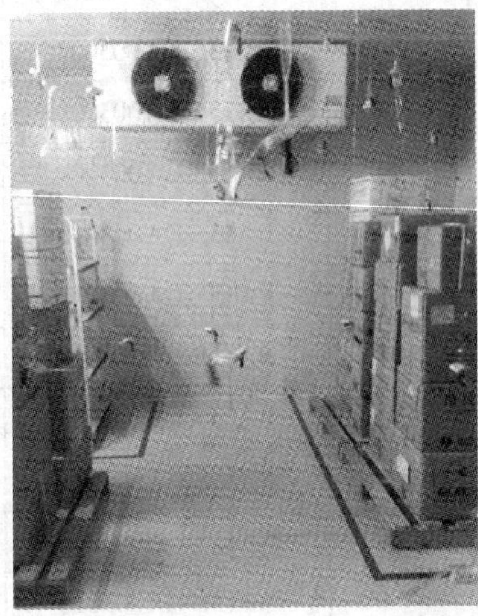

冷库门照片

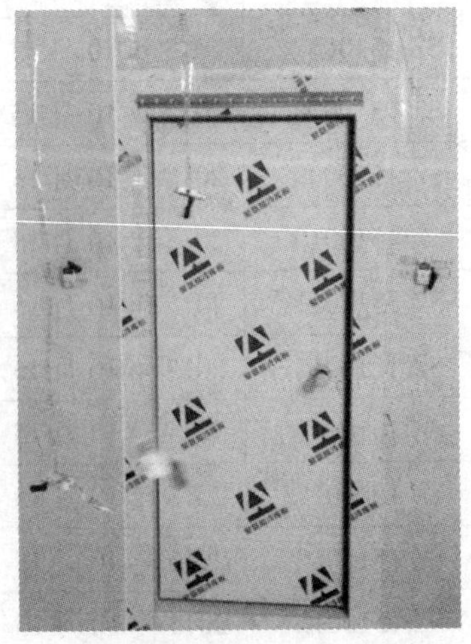

曲线分布图示例

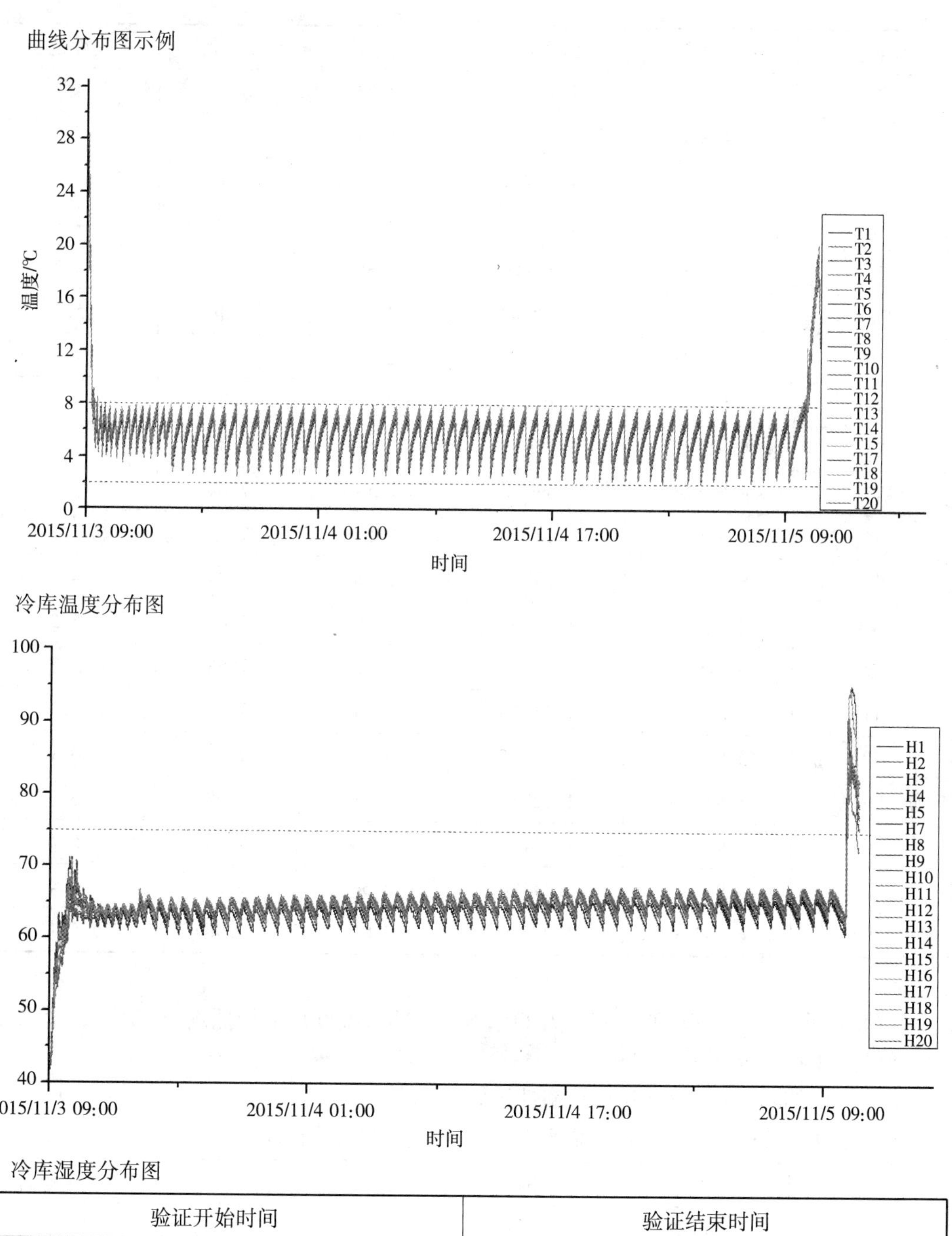

冷库温度分布图

冷库湿度分布图

验证开始时间	验证结束时间
2015/11/03 09:00	2 015/9/05 11 : 12

结论:从上图可知,除开门断电验证温湿度有超标点位外,其余时间段温度基本稳定在 2 ~ 8 ℃,湿度稳定在 35 ~ 75% RH 规范值内,符合规定。

1. 温度分布特性的测试与分析,确定适宜药品存放的安全位置及区域;

(1)温度分布的均匀性分析——各测点按温度均值排序

验证点	平均值	标准偏差	最小值	最大值	变化范围
T2	5.057 53	1.279 86	2.24	6.94	4.7
T13	5.075 33	1.228 42	1.98	7.18	5.2
T5	5.094 59	1.153 57	2.14	6.94	4.8
T10	5.197 53	1.279 86	2.38	7.08	4.7
T16	5.197 53	1.279 86	2.38	7.08	4.7
T17	5.275 33	1.228 42	2.18	7.38	5.2
T15	5.465 45	1.123 58	2.68	7.18	4.5
T9	5.546 28	1.107 12	2.94	7.24	4.3
T4	5.625 45	1.123 58	2.84	7.34	4.5
T7	5.626 83	1.399 75	2.14	7.64	5.5
T6	5.635 33	1.228 42	2.54	7.74	5.2
T12	5.686 28	1.107 12	3.08	7.38	4.3
T14	5.696 63	1.380 77	2.40	7.60	5.2
T20	5.776 63	1.380 77	2.48	7.68	5.2
T1	5.836 63	1.380 77	2.54	7.74	5.2
T8	5.858 30	1.247 92	2.64	7.74	5.1
T19	5.875 33	1.228 42	2.78	7.98	5.2
T11	5.904 04	1.344 68	2.48	7.88	5.4
T3	5.964 04	1.344 68	2.54	7.94	5.4
T18	6.098 30	1.247 92	2.88	7.98	5.1

结果分析：冷库温度均值最高点为T18，为6.09 ℃；温度均值最低点为T2，为5.05 ℃，温度均值差1.04 ℃，接近于1 ℃。

结论：可判断冷库的整体温度均衡性较好。

(2)温度波动性分析　各测点温度数据统计——按偏差排序

验证点	平均值	标准偏差	最小值	最大值	变化范围
T9	5.546 28	1.107 12	2.94	7.24	4.3
T12	5.686 28	1.107 12	3.08	7.38	4.3
T15	5.465 45	1.123 58	2.68	7.18	4.5
T4	5.625 45	1.123 58	2.84	7.34	4.5
T5	5.094 59	1.153 57	2.14	6.94	4.8
T13	5.075 33	1.228 42	1.98	7.18	5.2

续表

验证点	平均值	标准偏差	最小值	最大值	变化范围
T17	5. 275 33	1. 228 42	2. 18	7. 38	5. 2
T6	5. 635 33	1. 228 42	2. 54	7. 74	5. 2
T19	5. 875 33	1. 228 42	2. 78	7. 98	5. 2
T8	5. 858 30	1. 247 92	2. 64	7. 74	5. 1
T18	6. 098 30	1. 247 92	2. 88	7. 98	5. 1
T2	5. 057 53	1. 279 86	2. 24	6. 94	4. 7
T10	5. 197 53	1. 279 86	2. 38	7. 08	4. 7
T16	5. 197 53	1. 279 86	2. 38	7. 08	4. 7
T11	5. 904 04	1. 344 68	2. 48	7. 88	5. 4
T3	5. 964 04	1. 344 68	2. 54	7. 94	5. 4
T14	5. 696 63	1. 380 77	2. 40	7. 60	5. 2
T20	5. 776 63	1. 380 77	2. 48	7. 68	5. 2
T1	5. 836 63	1. 380 77	2. 54	7. 74	5. 2
T7	5. 626 83	1. 399 75	2. 14	7. 64	5. 5

结果分析:冷库温度的波动度最大点为T7,波动最小点为T9,全部点位温度偏差在1.5内。

结论:说明温度稳定性较好。

(3)确认超过规定的温度限度的位置及区域确定适宜药品存放的安全位置及区域,并文字说明;各测点数据统计——均衡性点位超标分析

验证点	平均值	标准偏差	最小值	最大值	变化范围
T13	5. 075 33	1. 228 42	1. 98	7. 18	5. 2
T5	5. 094 59	1. 153 57	2. 14	6. 94	4. 8
T7	5. 626 83	1. 399 75	2. 14	7. 64	5. 5
T17	5. 275 33	1. 228 42	2. 18	7. 38	5. 2
T2	5. 057 53	1. 279 86	2. 24	6. 94	4. 7
T10	5. 197 53	1. 279 86	2. 38	7. 08	4. 7
T16	5. 197 53	1. 279 86	2. 38	7. 08	4. 7
T14	5. 696 63	1. 380 77	2. 40	7. 60	5. 2
T20	5. 776 63	1. 380 77	2. 48	7. 68	5. 2
T11	5. 904 04	1. 344 68	2. 48	7. 88	5. 4

续表

验证点	平均值	标准偏差	最小值	最大值	变化范围
T6	5.635 33	1.228 42	2.54	7.74	5.2
T1	5.836 63	1.380 77	2.54	7.74	5.2
T3	5.964 04	1.344 68	2.54	7.94	5.4
T8	5.858 30	1.247 92	2.64	7.74	5.1
T15	5.465 45	1.123 58	2.68	7.18	4.5
T19	5.875 33	1.228 42	2.78	7.98	5.2
T4	5.625 45	1.123 58	2.84	7.34	4.5
T18	6.098 30	1.247 92	2.88	7.98	5.1
T9	5.546 28	1.107 12	2.94	7.24	4.3
T12	5.686 28	1.107 12	3.08	7.38	4.3

结论：从上表可知，除断电验证温度有超标点位，其余所有点位中 T13 温度下限有超标，为 1.9 ℃，超标值都比较小，其他温度均可稳定在 2 ~ 8 ℃规范值内。

超标原因：所有超标点位在出风口风向延长线上而导致超标，但都处于风机上沿以上位墙壁角落，不影响药品存储。

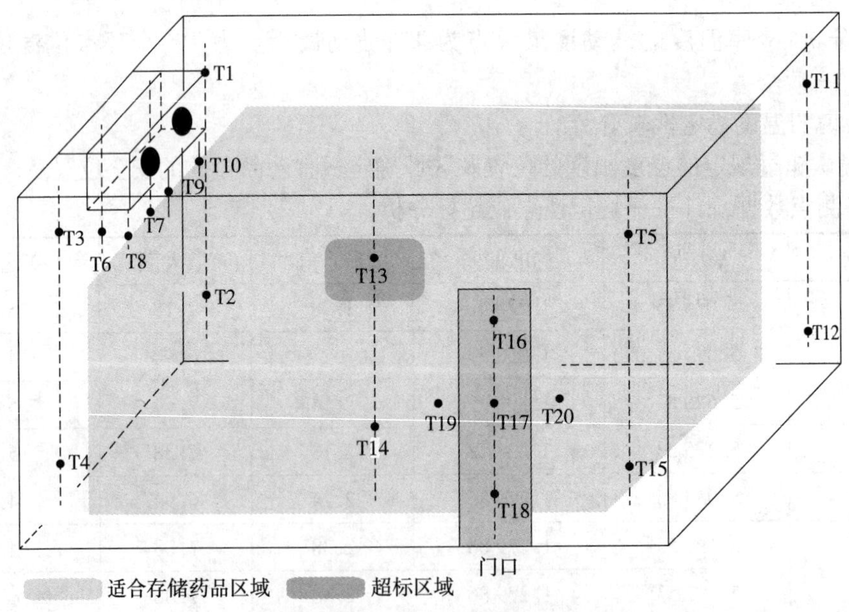

注：

①对影响温度均匀性的货物摆放进行调整，防止货物越界放置，防止货物随意摆放破坏温度均匀性；

②存储区域距墙壁不小于 30 cm，距出风口水平和垂直距离均不得小于 1 m（此条目中的两个距离均为建议，可根据库的大小，风机的功率及风机位置自行进行合理调整）；

③风机区域，以出风口为圆心，以1 m为半径的圆弧空间内不得放置药品，其余空间在遵循①②的前提下均可放置药品；

④有多个托盘或货架密集排列的，货物的堆码高度应遵循“多人照相原则”，即随着与出风口距离的增加，堆码高度逐渐增加；货架或托盘松散放置时，可以等高放置；

⑤经常出入库的品种（或拆零）应放置在距离出入库操作区域（门）较近的适合存储区域；待验区，出入库区应在门附近；

⑥门的中心点为圆心，以于50 cm为半径的圆弧内不得放置药品，方便出入库作业。

（4）冷库门口密封性的测试分析

冷库门口附近点位为T16、T17、T18、T19和T20，5个点；

温度分布的均匀与性波动性分析——各测点平均值与偏差；

验证点	平均值	标准偏差	最小值	最大值	变化范围
T16	5.197 53	1.279 86	2.38	7.08	4.7
T17	5.275 33	1.228 42	2.18	7.38	5.2
T20	5.776 63	1.380 77	2.48	7.68	5.2
T19	5.875 33	1.228 42	2.78	7.98	5.2
T18	6.098 30	1.247 92	2.88	7.98	5.1

结果分析：冷库门口温度均值最高点为T18，为6.09 ℃；温度最低点为T16，为5.19 ℃，均值差为0.9，小于1.0 ℃，偏差最大值在1.5以内。

综上分析结论：该冷库门口附近温度的均衡性和稳定性都是很好的，温度均在正常值范围，说明冷库门口密封性优异。

（5）冷风机附近温度分布的测试和分析

冷库风机附近点位为T6、T7、T8、T9和T10，5个点；

温度分布的均匀性分析——各测点按温度均值排序；

验证点	平均值	标准偏差	最小值	最大值	变化范围
T10	5.197 53	1.279 86	2.38	7.08	4.7
T9	5.546 28	1.107 12	2.94	7.24	4.3
T7	5.626 83	1.399 75	2.14	7.64	5.5
T6	5.635 33	1.228 42	2.54	7.74	5.2
T8	5.858 30	1.247 92	2.64	7.74	5.1

结果分析：冷库风机附近温度均值最高点为T8，为5.85 ℃；温度最低点为T10，为5.19 ℃，均值差为0.66，小于1.0 ℃，偏差最大值在1.0以内。

综上分析结论：该冷库风机口附近温度的均衡性和稳定性都是很好的，温度均在正常值范围，说明冷库风机附近与整体温度接近。

2. 温控设备运行参数及使用状况测试

(1)对温控系统的温度调控区间给出建议

温控区间的设置:验证期间除断电外,除部分点位一过性超标外,但超标值都较小,其余全部点位温度均稳定在2~8 ℃内,温度正常,避开超标点位存储药品。

(2)对制冷机组启停周期的统计和评价——兼顾合规和节能;

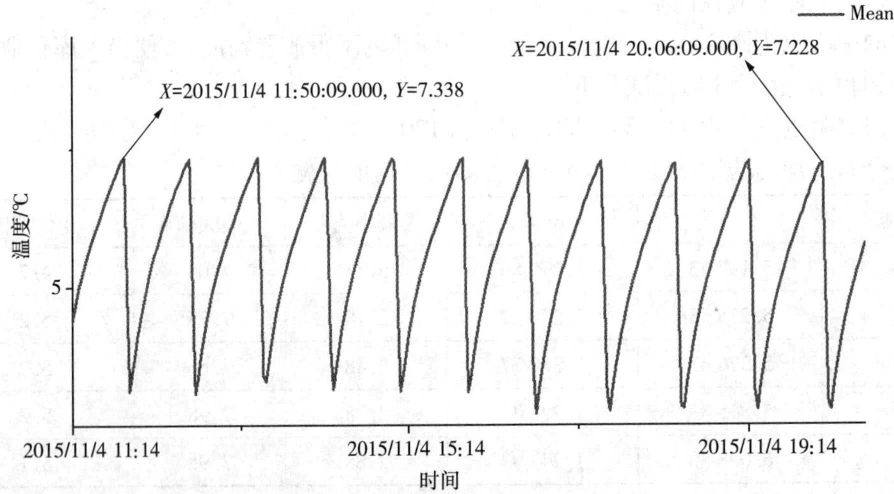

结果分析:从上图可见从11:50~20:06历时496 min,冷库制冷机组启动10次,平均49 min启动一次,低于60 min的平均水平。说明较窄的控温区间比较节能,并且与冷库的保温性能也是相关的。

(3)对温控设施的制冷效率给出评价

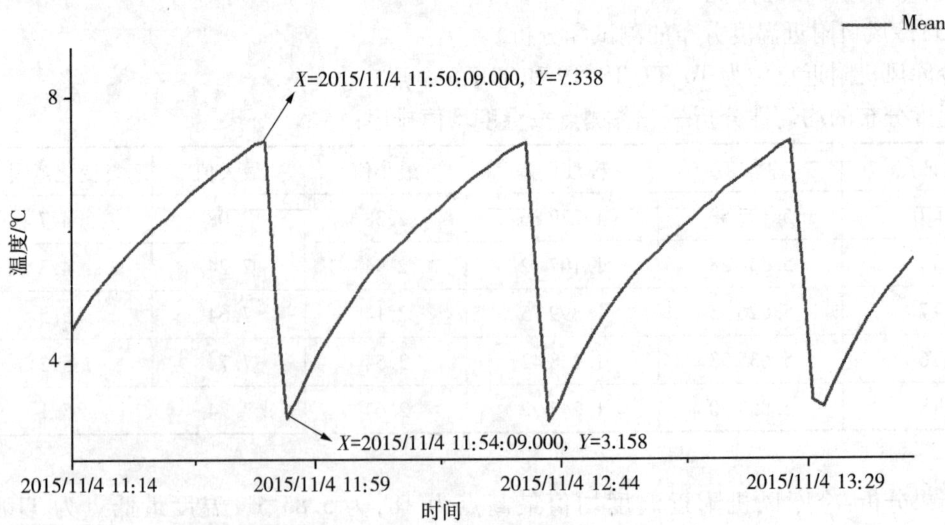

结果分析:冷库机组的制冷时间为4 min,降温幅度为4.18 ℃,平均制冷状态降温速率为1.04 ℃/min(时间从11:50~11:54历时4 min,温度由7.33 ℃下降到3.15 ℃,降温7.33-3.15=4.18 ℃,降温速率为4.18/4=1.04 ℃/min)。

结论:说明该冷库制冷机组制冷性能较好。

3. 监测系统配置的测点终端参数及安装位置确认

(1)对其安装位置进行确认

其中T7为温控器传感器连接的温度传感器附近位置的验证点。

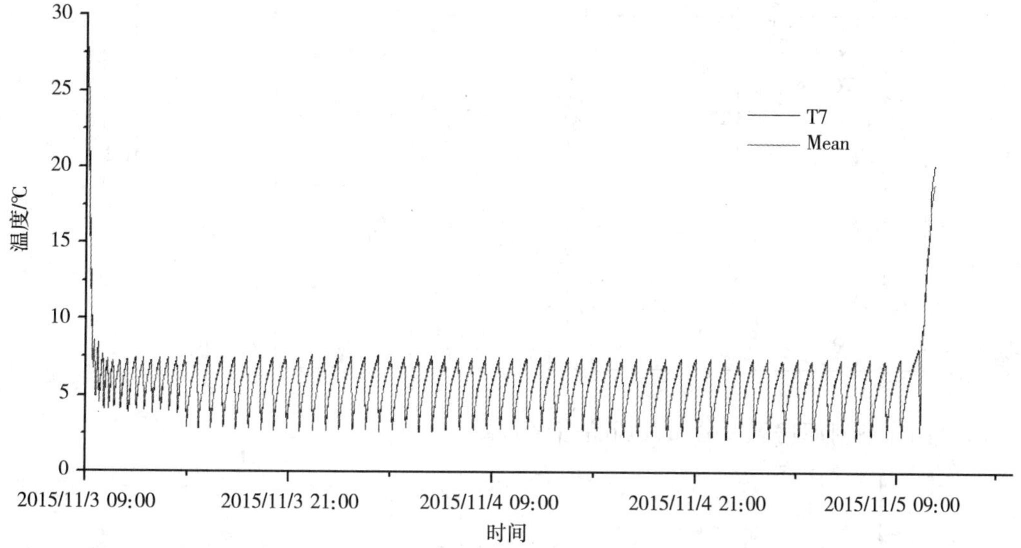

结果分析:温控器的温度传感器安装的位置验证点数据和冷库平均温度曲线重合,说明该位置能真实反应冷库的温度情况,是安装在了温度的代表性点。

结论:安装的位置是有效的。

(2)对温控器连接的温度传感器精度进行确认

机组温控器连接的温度传感器的精度测试记录表

设　备	时间段	温度平均值/℃
机组温控器显示温度/℃	2015/11/3 09:00 | 2015/11/5 11:12	5.905 93
验证点温度/℃		5.854 27
值差	/	0.1

结果分析:上述记录说明机组温控器连接的温度传感器与验证用具的误差在0.5 ℃之内,机组温控器连接的温度传感器的精度满足要求。

结论:机组温控器连接的温度传感器的精度符合规定。

(3)依据测试结论,给出温度监控系统测点终端安装位置的建议,并用图标示

经数据分析,布点除风机附近和门口附近特殊点位,温度最高点为T3温度最低点为T13,所以测点终端安装位置为这2个点,具体安装位置如下图所示:

4. 冷库预冷时间的测试和确认,依据温度变化趋势和实际测试结果,确定制冷机组开启后多长时间后温度达到指定区间,可以进行药品存储

结果分析:该库为正在使用冷库,正常供电下冷库正常使用,温度合格,无需预冷即可存放药品。

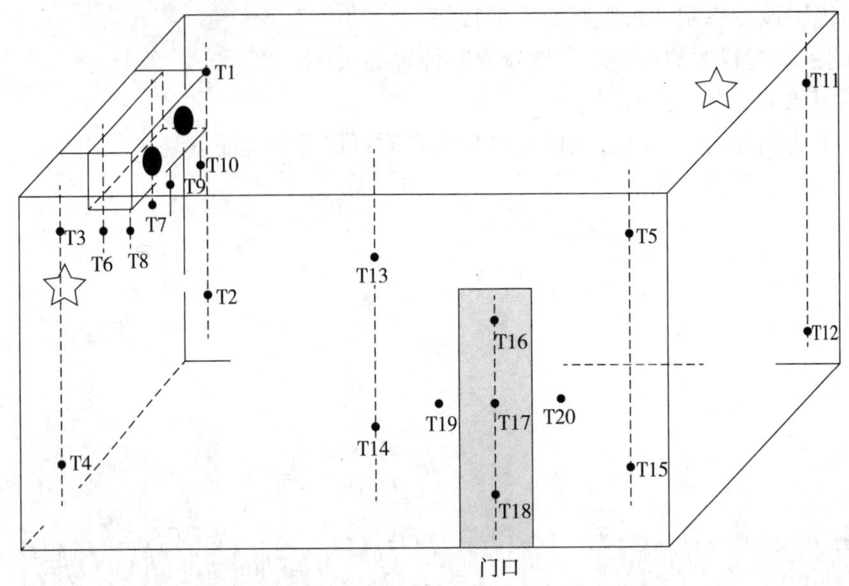

5. 开门作业对库房温度分布及药品储存的影响

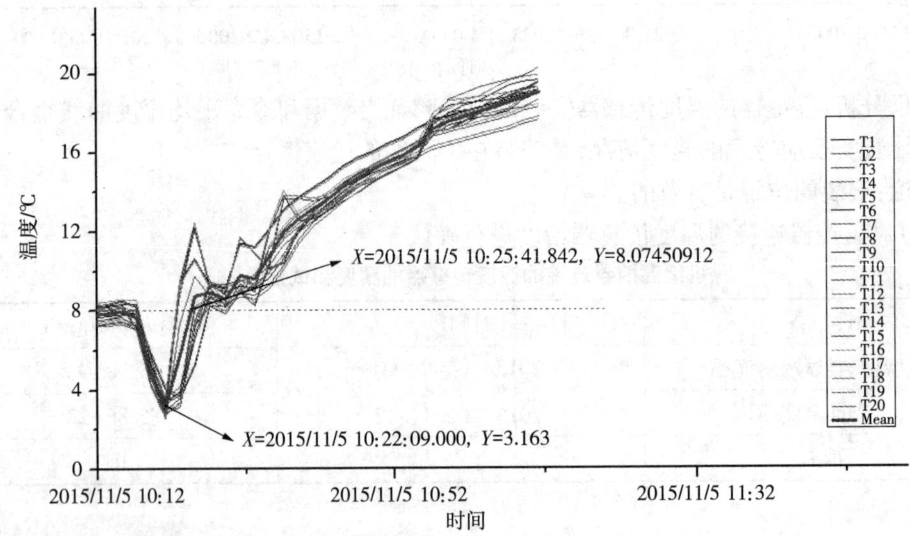

结果分析：开门造成了温度的升高，在开门的 3 min 内，温度升高 4.9 ℃，升温速率为 1.6 ℃/min。

(1)确定最长的开门作业时间

①在温度为 3.16 ℃开门作业，升温到 8 ℃用时 3 min，到 8 ℃，最长开门作业时间控制在 3 分内完成(验证当前温度下，从 3.16 ℃升高到 8 ℃，时间为 3 分钟左右)。

②在温度高点(7 ℃)开门作业，升温到 8 ℃用时 1 min 内，最短开门作业时间控制在 1 min 内完成。

结论：综上分析，冷库开门时长可控制在 3 min 之内。建议在温度低点开门，可增加开门时长。

(2)确认冷库开门作业后温度恢复时间

结果分析:根据降温速率为1.04 ℃/min来看,冷库关门后温度从8 ℃降到温度低点(3 ℃左右)用时4.8 min,说明开门作业后温度恢复时间可在4.8 min内完成(开门作业温度超标较小情况下)。

开门作业数据统计:

项　目	时间/温度	能否满足要求	
开门验证时间	10:22~10:25	/	
开门时库内温度/℃	3.16	/	
最长/最短开门时间/min	3/1	☑能	□否
开门作业恢复时间/min	4.8	☑能	□否
整改措施	无		

(3)对不能满足开门作业的时间要求情况给出整改措施

综上分析结论:该冷库在开门验证中各项性能在可控范围内,可开门作业时间能足日常出入库的开门作业。

6.确定设备故障或外部供电中断的状况下,库房保温性能及变化趋势分析

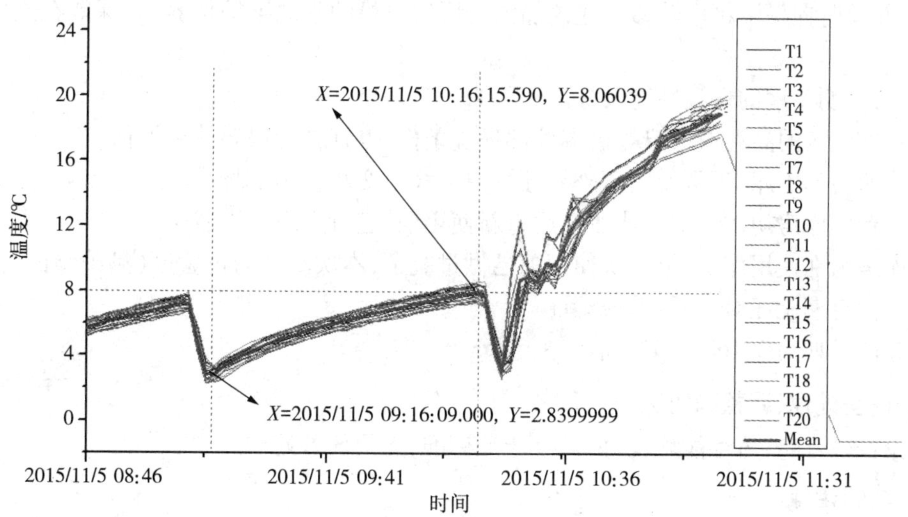

结果分析:断电造成了温度的升高,在断电的60 min内,温度升高5.2 ℃,升温速率为0.08 ℃/min(时间从09:16~10:16历时60 min,温度由2.83 ℃升高到8 ℃,升温8-2.8=5.2 ℃,升温速率5.2/60=0.08 ℃/min)。

(1)冷库的保温性能的评价

①在温度为2.8 ℃(验证当前温度)断电,升温到8 ℃,最长保温时长不会少于1 h(2.8 ℃升高到8 ℃)。

②在温度高点(7 ℃)断电,升温到8 ℃,最短保温时长为20 min(7 ℃升高到8 ℃)。

综上分析,冷库断电保温时长控制在31 min之内。

(2)断电或故障状态的修复或恢复能力进行确认

该公司确认能在 20 min 内对故障做出响应,其备用电源能在 20 min 内启动。

断电作业数据统计:

项　目	时间/温度	能否满足要求	
断电验证时间	09:16—10:16	/	
断电时库内温度/℃	2.8	/	
最长/最短断电时间/min	60—20	☑能	□否
断电或故障恢复时间/min	20 min 以内	☑能	□否
断电风险防范	/	☑能	□否
整改措施	无		

(3)断电或故障状态的风险防范措施

上述确认考虑了温度高点停电及温度低点停电的极端情况,针对此极端情况,首先加强对冷库的日常维护和检查,减少不可控故障的发生。对库房管理员进行维修培训,确保一般故障短时间内排除;

其次针对重点品种配备相应数量的冰排和保温箱,当发生无库可用的极端情况时在库内拆零,并及时向保温箱中转移。建议加强备用发电机的常规维护保养,确保能在规定时间内启动。

结论:说明冷库的保温性能较好。

7. 对本地区的高温或低温等极端外部环境条件,分别进行保温效果评估

该冷库为库中库,正常使用下外界环境温度稳定变化较小,保温性能稳定。

8. 在新建库房初次使用前或改造后重新使用前,进行空载及满载验证

该库房为在使用库房,第一次使用前已做过验证,本次验证为再验证(满载验证)。

9. 年度定期验证时,进行满载验证

再验证日期为 2016 年 11 月前。

九、偏差处理、调整和纠正

结论:该冷库整体性能均良好,符合验证标准,无须偏差处理。

十、预防措施

序　号	预防措施名称	内　容
1	开门验证	冷库开门时长可控制在 3 min 以内。建议在温度低点(3 ℃)开门,开门后等温度恢复至低点在作业
2	冷库温度恢复	温度开门后由 8 ℃降至 3 ℃用时 4.8 min,说明开门作业后温度恢复时间可在 4.8 min 内完成(验证当前温度下);每次变化根据开门长短计算
3	断电验证	综上分析,冷库断电保温时长可控制在 60 min 以内。建议冷链应急处理时间最长不得超 60 min(验证当前温度下)

十一、验证结论

本次冷库验证一共布点20个，验证从2015年11月3日09:00开始至2015年11月5日11:12结束，整个验证过程为50小时，冷库各项性能如下，各项验证参数及操作考考操作规程。

该冷库的整体温度均衡性较好、温度稳定性较好、保温性能较好、制冷机组制冷性能较好，验证结论冷库各项验证结果符合GSP规定。

十二、冷库操作规程的制定依据

根据验证结论及相关规范制定以下操作规程，企业应该严格按照此规程进行管理和操作该检测系统，避免不规范的操作影响系统使用导致功能缺陷，企业在原有的规范操作下在出具报告后结合以下结论操作：

1. 库区温湿度要求

1.1 冷库自带温控器探头设置:3～7 ℃。

1.2 冷库测点终端设置:温度2～8 ℃、相对湿度35%～75%。

2. 时间控制

2.1 冷库预冷时间:在用冷库，无须预冷；

2.2 开门出库时间:3 min；

2.3 开门出入库间隔:4.8 min；

2.4 断电或故障处理时间:60 min。

3. 温湿度超标后处理

养护员实时监控温湿度监控软件温度和湿度的动态变化，做好相关记录工作，发生异常及时汇报。

3.1 温度过高:如探头温度超标，则相关人员需要将空调温度适量向下调节到报警解除为止。

3.2 温度过低:如探头温度超标，则相关人员需要将空调温度适量向上调节到报警解除为止。

3.3 湿度过高:如探头湿度超标，则相关人员需要打开排风扇通风的方式降低湿度，或开启空调除湿功能调节到报警解除为止。

3.4 湿度过低:如探头湿度超标，则相关人员需要开启空调增湿功能调节到报警解除为止。

案例讨论

【案例1】 某企业验证报告中有冷库于2015-03-24 15:40～16:10的断电保温统计图谱，但未见验证时该时段所采集的原始数据；该企业冷藏车于2015-03-28 12:00～12:10开门验证的原始数据有3个测点的温度出现了超过15 ℃的现象，但统计图谱显示全部测点的温度均在10 ℃以下，出现了两者不一致的情形。检查人员认为该企业有“验证不完整或数据造假的嫌疑”。

请阅读上述材料，分析检查员是从哪些条款的哪些方面认为该企业在冷藏设施设备验证时得出有“验证不完整或数据造假的嫌疑”这一结论的?

【案例2】 某企业采用了30 L、60 L、90 L不同型号且来自不同生产厂家的塑料泡沫箱和30 L、45 L、60 L同一厂家生产的不同型号保温箱同时运输冷藏药品,但只对45 L保温箱实施了验证,未对其他塑料泡沫箱和保温箱实施验证。

请阅读上述材料,试分析该企业违反了新版GSP中的哪些条款?并建立企业应采取何种验证方式来保证上述工具装载冷藏药品时,其温湿度符合要求的可靠性。

【案例3】 某企业阴凉库609 m^2,仓库层高3.5 m,呈T型,温湿度验证布点9个,安装测点终端4个;常温库887 m^2,仓库层高5.5 m,呈L型,温湿度验证布点9个,安装测点终端4个;第二类精神药品库25 m^2,仓库层高3.5 m,安装测点终端2个。温湿度自动监测系统能显示和记录所有库房的温湿度数据,但企业所提供的验证报告中未见第二类精神药品专库温湿度测点终端布点的确认方案和相关测试数据。检查人员检查后,做出了下面的缺陷结论:企业阴凉库和常温库测点终端安装位置的布点确认不符合新版GSP附录5《验证管理》的相关要求,企业第二类精神药品库测点终端的安装位置未做布点确认,以上各库测点终端日常所监测到的温湿度不能代表库内的实际温湿度,建议企业重新测试确认。

请阅读上述材料,试分析以上的缺陷项违反了新版GSP附录5中的哪些条款?并制定出重新测试确认的合理方案。

思考题

1. 验证的偏差处理是指什么?
2. 验证文件包括哪些?
3. 常温库与阴凉库的温湿度监测系统需要验证吗?
4. 冷藏车验证的目的是什么?
5. 验证用的温度传感器是否可以自行校准?
6. 保温箱中所使用的移动式温湿度记录仪一定要校准或检定?
7. 验证用的温度传感器、库房内安装的不同测量范围的测点终端对温度的最大允许误差一样吗?
8. 如何用验证结果设置冷库、冷藏车的各项使用参数?
9. 如何用验证结果制定保温箱装载冷藏药品的操作规程?

技能实训项目

1. 参观药品批发企业的温湿度记录仪、红外测温仪、测温枪、电子天平,查阅其名称、型号、生产日期、产品合格证、说明书，重点阅读其校准、检定、比对报告书，按照比对的要求，自己找 1 支水银温度计假设为标准件，设计出包含全部参数的比对表，2 人 1 组对 3 ~ 5 个测点终端或移动式温湿度记录仪进行比对，1 人记录、1 人复核，制作出 1 份温湿度记录仪比对报告。

2. 参观药品批发企业的保温箱装载冷链药品的操作过程，对照企业保温箱操作规程，思考装箱人员为什么要这样放置药品、冰排（或冰袋）、移动式温湿度记录仪；并查阅保温箱的验证报告，思考保温箱的验证结论是如何指导其制订操作规程的。装箱完毕后，到企业的温湿度自动监测系统中观察箱内的温湿度记录仪是否在正确传输温湿度数据。设计出你作为 1 名冷链药品的保温箱装载人员，正确装载药品及相关物品，正确传输数据、倒出数据的合理流程图。

第6章　药品采购管理

药品采购是指取得合法资格的药品经营企业从药品生产企业、药品经营企业获取相应的药品，以保证药品经营活动的正常开展。药品经营企业应规范采购行为，保证从合法的企业采购合法的、质量可靠的药品。采购在企业中占据着非常重要的地位，购进产品的价值一般要占到最终产品销售价值的40%～60%，这意味着，在产品采购方面的点滴成本节约对利润产生的影响要远大于企业其他成本领域内的节约给利润带来的影响。因此，完善的采购管理显得至关重要。一般来说，采购管理应遵循以下原则：建立完善的供应商评审体系，对具体的供应商、评审程序、评审方法等作出明确的规定；建立采购流程、价格审核流程、验收流程、付款结算流程；完善采购人员培训制度，保证采购流程有效实施；完善价格评审相关程序，杜绝暗箱操作；规范样品确认制度，分散采购部的权力，不定期地监督、规范采购行为；建立相应奖励制度等。药品采购管理是确保企业经营行为合法性，保证药品经营质量的关键环节，不容忽视。

6.1　药品采购的原则

药品经营企业应坚持"以质量为前提，择优采购，以销定购"的原则，合理编制采购计划，严格管控药品质量安全，规范采购行为，保证合法经营。在保证药品质量安全，采购途径合法的前提下，采购决策还应该以正确的商业导向为基础，反映跨职能的方法，并且以改善公司的采购底线成本为目的。一般情况下，采购时要注意以下几点：①环节精简原则：尽量压缩进货环节，加快采购速度。②路线最短原则：在商品价格相近的情况下，就近采购。③省时原则：尽量减少中转手续，节约时间。④经济节约原则：从各方面节省采购成本。

因此，要制定一个采购和供应战略，就必须对企业的全盘经营方针有一个彻底的理解。采购决策不能孤立地制定，不能仅以采购业绩最优为目标，制订采购决策时应该综合考虑这些决策对于其他主要活动的影响，平衡所有总成本。

6.2　GSP对药品采购的要求

根据新版GSP第六十一条规定，企业的采购活动应该符合以下要求：

①确定供货单位的合法资质；

②确定所购入药品的合法性；

③核实供货单位销售人员的合法资格；

④与供货单位签订质量保证协议。

采购中涉及的首营企业、首营品种，采购部门应当填写相关申请表格，经过质量管理部门和企业质量负责人的审核批准。必要时组织实地考察，对供货单位质量管理体系进行评价。

知识链接

①该版GSP明确提出了质量保证协议的概念，另外单独列出了首营企业及首营品种的采购，明确提出申请-审核-批准的过程，并对其进行职责划分。

②必要时是指通过信息收集和资料审核，还不能完全对该企业的合法性、质量信誉、质量保证能力进行确认的时候，就要对其进行实地考察。需要组织实地考察的情形：a. 发生过药品质量问题的企业；b. 国家药监局质量公告上有被公告的企业；c. 有信誉不良记录的企业；d. 被列入"黑名单"的企业；e. 有其他不良行为的情形。

③实地考察是对企业质量体系的一个评价。考察内容包括考察供货企业的质量管理体系是否健全，发生质量问题的原因，是否采取纠正措施，纠正措施是否真实有效等。对质量管理体系不符合要求，无法保证药品质量的，应当坚决杜绝发生药品采购行为。

6.2.1　供货企业合法性的审核

经过相关部门批准，并取得合法资质的供应商称为合法的供应企业。供货企业合法性的审核主要是指对其相关资质的审核。资质包括《药品生产许可证》《药品生产质量管理规范认证证书》《药品经营许可证》《药品经营质量管理规范认证证书》《工商营业执照》《组织机构代码证》《税务登记证》等；经营麻醉药品和精神药品、易制毒化学品、医疗用毒性药品、罂粟壳、放射性药品、蛋白同化制剂、肽类激素等特殊管理和专项管理药品的，应有相应地区相关部门的批准文件。采购前，应要求供货单位提供盖有对方公章的以上资质材料，按照其不同的管辖属性，到相应的网站查询，或者电话联系原批准单位进行核实。所有资质均应在有效期内。

6.2.2　采购药品合法性的审核

对于采购的药品，应对其合法性进行审核。我国药品实行批准文号管理，未经批准的药品,不得上市(没有实施批准文号管理的中药材、中药饮片除外);除此之外,药品货源渠道必须合法,即必须从合法的药品生产企业或者合法的药品经营企业购进药品;药品质量标准必须依据法定的国家药品标准或者地方标准制定;采购进口药品必须向进口药品经销企业索取进口药品注册证和口岸药检所的进口药品检验报告书复印件,并加盖企业公章,以留存备查。

首次采购的药品应当经过质量管理部门审核,发生业务后质量管理部门应保持对购进药品合法审核的延续性,在所有购进期间,该药品的批准文件均应是合法的。

6.2.3 供货单位销售人员的合法性的审核

为保证供货单位销售人员身份真实可靠,质量管理部应对供货单位销售人员的资质进行审核,防止假冒身份、挂靠经营、超委托权限从事违法销售活动。根据新版 GSP 第六十四条规定,企业应当核实、留存供货单位销售人员以下资料:

①加盖供货单位公章原印章的销售人员身份证复印件;

②加盖供货单位公章原印章和法定代表人印章或者签名的授权书,授权书应当载明被授权人姓名、身份证号。以及授权销售的品种、地域、期限;

③供货单位及供货品种相关资料。

发生业务后,质量管理部应当保持对供货单位销售人员合法资质审核的延续性,在所有与该业务员发生业务期间,业务员资质均应是合法的。值得注意的是,法人委托授权书有效期不得超过 1 年。

6.2.4 质量保证协议的审核

采购药品应该对供货单位提出明确质量要求,签订质量保证协议。协议中规定的质量要求应得到双方充分理解和认可,并应当符合协议约定的内容。根据新版 GSP 第六十五条规定,企业与供货单位签订的质量保证协议至少包括以下内容:

①明确双方质量责任;

②供货单位应当提供符合规定的资料且对其真实性、有效性负责;

③供货单位应当按照国家规定开具发票;

④药品质量符合标准等有关要求;

⑤药品包装、标签、说明书符合有关规定;

⑥药品运输的质量保证及责任;

⑦质量保证协议的有效期限。

旧版 GSP 中提到了重视药品的质量,进货合同中应明确质量条款,但没有明确提出质量保证协议,新版 GSP 中明确统一为应与供货单位签订质量保证协议,不再有工商间和商商间之区分,并且列出了质量保证协议中应有的内容。质量保证协议的签订对供货单位起到很好的约束作用,且对双方权责的界定有了明确的依据。

6.3　药品采购计划管理

采购计划是指企业管理人员在了解市场供求情况，在认识企业生产经营活动过程中和已掌握物料消耗规律的基础上，对计划期内物料采购管理活动所做的预见性的安排和部署，包括采购物料、采购数量、需求日期、采购价格等内容。药品采购计划是决定本单位在集中招标采购项目规定的采购周期内实际用药范围、采购数量的重要文件。企业的经营始自购入商品、物料后，经加工制成或经组合配制成为主推商品，再通过销售获取利润。其中如何获取足够数量的商品，即是采购计划的重点所在。因此，采购计划是为维持正常的产销活动，在某一特定的期间内，应在何时购入何种物料以及订购数量多少的估计作业。采购计划应达到下列目的：预估商品、物料采购需用的数量与时间，防止供应中断，影响产销活动；避免采购商品、物料储存过多，积压资金，占用堆积的空间；确立商品及物料合理耗用标准，以便控制采购商品和物料的成本；配合公司经营、采购计划与资金的高度，使采购部门事先准备，选择有利时机购入商品和物料。制定合理的采购计划可以为企业组织提供可靠依据，减少不良库存，加快药品流通，降低成本，是提高总利润的必要手段。

6.3.1　采购计划的分类

①按计划期的长短，可以把采购计划分为年度物料采购计划、季度物料采购计划、月度物料采购计划等；

②按物料的使用方向，可以把采购计划分为生产产品用物料采购计划、维修用物料采购计划、基本建设用物料采购计划、技术改造措施用物料采购计划、科研用物料采购计划、企业管理用物料采购计划；

③按自然属性，可以把采购计划分为金属物料采购计划、机电产品物料采购计划、非金属物料采购计划等。

6.3.2　药品采购计划的编制

采购计划编制是确定项目的哪些需求可以通过采用组织外部的产品或服务得到最好的满足。它包括决定是否要采购、如何采购、采购什么、采购多少以及何时去采购等。采购管理的工具和技术包括进行自制—外购决策分析和向专家咨询。自制—外购决策分析，即是决定在组织内部制作某些产品或进行某种服务，还是从组织外部购买这些产品或服务。它包括估算提供产品和服务的内部成本，同时还包括与采购成本估算的比较。其作为采购计划编制的一个环节，应该咨询内部专家的意见；而公司外部的专家，包括一些潜在的供应商，也能提供一些专家判断。不管是内部还是外部的，专家判断都是制订采购决策的一项宝贵财富。对于大多数项目来说，在采购计划编制过程中，考虑周到并具有创造性是很重要的。即使被视为竞争者的许多公司，在一些项目上进行合作常常也是很有意义的。

1)采购计划编制的内容

采购计划编制所需的内容包括项目范围说明书、产品说明书、市场条件以及约束条件和假设。项目范围说明书是项目文档中最重要的文件之一,它进一步并且正式明确了项目所应该产生的成果和项目可交付的特征,并在此基础上进一步明确和规定了项目利益相关者之间希望达成共识的项目范围,为未来项目的决策提供一个管理基线。详细的项目范围说明书应包含产品的范围描述、验收标准、可交付成果、项目的除外责任、制约因素、假设条件等。产品说明书通常由标题、正文和落款3个部分构成,正文是产品说明书的主题和核心部分,其以文本的方式对某种产品进行相对详细的表述。市场条件是决定采购计划的重要依据,如市场竞争状况,消费者的消费能力与需求等。

2)采购计划编制的流程

项目采购计划的编制过程就是根据项目所需资源说明书、产品说明书、企业内采购力量、市场状况、资金充裕度等有关项目采购计划所需的信息,结合项目组织自身条件和项目各项计划的要求,对整个项目实施过程中的资源供应情况做出具体的安排,并最后按照有关规定的标准或规范,编写出项目采购计划文件的管理工作过程。一个项目组织在编制采购计划中需要开展下列工作和活动:采购的决策分析、采购方式和合同类型选择,项目采购计划文件的编制和标准化等。在编制采购清单和采购计划之前,必须做好充分的准备工作。采购准备的重要内容之一是进行广泛的市场调查和市场分析,从而熟悉市场,掌握有关项目所需要的产品和服务的市场信息。对货物采购而言,就是要掌握有关采购内容的最新国内、国际价格和供求行情,弄清楚是通过从一家承包商采购所有或大部分所需要的产品和服务,还是向多家承包商采购大部分需用的产品和服务,或是采购小部分需用的产品和服务,还是不采购产品和服务(常用于研究和科技开发项目)之间做出决策。表6.1显示了采购计划编制流程的主要内容。

表6.1　采购计划编制流程的主要内容

输入/依据	工具与方法	输出/结果
项目过程资产 资源需求计划 项目范围说明 风险识别清单 事业环境因素 其他管理计划	自制—外购权衡 短期租赁或长期租赁权衡 合同类型权衡 专家评估判断 招标标准文件	自制或外购决策 采购管理计划 采购需求计划 采购作业计划 采购标准化文件 采购要求说明 计划变更申请 招标评估标准

(1)采购计划编制的输入/依据

①组织过程资产。其主要包括项目的各项管理计划的输出结果。

a.资源需求计划。采购是针对需求而言的,因此需要根据成本计划中的资源需求计划明确资源采购的种类和数量。

b.项目范围说明。项目范围说明书包括了项目可交付成果的功能和特性要求,应达到的质量标准和技术规范。不同质量的产品,对选用材料的质量等级和工作人员的素质要求会有很大不同。即使同一种产品,军用和民用的质量及成本要求也不同,军用品往往因为质量刚性而不计成本,而民用品则要考虑性价比,对此需要选用不同等级的零配件来生产。

c. 其他管理计划。采购管理计划除了要求与项目的质量及成本计划紧密相关之外,还需要与其他的计划衔接。例如需要与工期计划衔接,以便保证及时供应;需要与沟通计划衔接,以便建立与供应商的沟通渠道。

d. 风险识别清单。采购计划还需要与风险计划衔接,以便制订供应链意外断裂时的应对预案。

②事业环境因素。其主要包括各项外部约束条件、市场行情信息和计划假设前提因素。

a. 外部约束条件。采购管理计划不但要受到项目质量、成本、时间这3条边界的约束,而且还受到国家法规、社会信誉环境、金融环境、法制环境、技术检验手段、交通运输条件、产品供求关系、国际贸易摩擦、价格及汇率水平和波动趋势等诸多因素的约束。这些都将成为制订供应管理计划不可或缺的参考依据。

b. 市场行情信息。货源和品种的选择,需要建立在对市场信息充分了解的基础上。所需资源从何处可以获得、用什么方式获得、性价比如何、哪个供货商的服务更好、供货周期能否满足要求,都需要通过信息分析作出判断。

c. 计划假设前提。所有的计划都是建立在某些假设前提之上的,例如采购的成本估算就是基于市场平均价格及货币汇率不变的假设前提下测算的,采购供应的时间计划也是基于当前的运输效率的假设前提下制订的。假设条件的准确度直接关系到计划的精确性,如果假设前提估计不准确,整个计划就是建立在沙滩上的建筑。

(2)采购管理计划的输出结果

①自制或外购决策。这是关于采购管理,也是项目管理最根本的决策。当然,项目除了自制或外购决策外,还有短期租赁或长期租赁决策、国内购买或国外购买决策等。

②采购管理计划。包括对外的采购需求计划和对内的采购作业计划。

③采购需求计划。即获得资源的总体策略和指标体系。除自己制造的产品之外,哪些资源外购、外包、外租,选择产品和选择供应商的标准,如何确定最佳的订货批量及供应周期,如何争取有利的价格和交易条件等。

④采购作业计划。即制订实现上述采购需求计划的流程,作为采购供应人员的行动指南。因此,采购作业计划一定要制订得具体明确,它包括执行采购的具体时间、步骤、责任人、执行办法、对具体采购产品的要求及注意事项等。

⑤采购标准化文件。为了使采购作业规范统一,减少因采购人员的个人因素而产生的差错,便于统一管理,应当尽量将采购过程中所使用的文件制成标准化的文本。常用的标准格式的文件有标准的采购合同、标准的劳务合同、标准的招标文件等。文档的标准化体现了前述的框架式思维模式,它可以提高采购工作的效率,减少重复劳动,缩短组织的学习过程。

⑥采购要求说明。其是采购方向供应商或分包商发放的正式文件,是今后与供应商和分包商进行谈判的基础,也是为他们以后的投标提供的决策依据。一般情况下,每项独立的采购工作都应有各自的采购要求说明文件,但这些说明文件并不是硬性规定,它应当具有适当的灵活性,当市场行情发生变化时可以及时调整,还可以通过和卖方的谈判沟通适当

修改。

⑦计划变更申请。采购计划的编制有可能引起其他计划的变更，需要提交变更申请以便通过集成变更控制，对所有变更进行综合评估和处理。

⑧招标评估标准。是买方用来对供应商所提供的建议书进行评价、打分（客观或主观）、排序等的标准，往往是采购文件的组成部分。

采购管理计划的信息分析处理和文件编制，会涉及大量技术问题，采购部门主管应会同项目组织内部有关部门主管共同进行。有很多项目组织为此专门聘请外部专业人员，如造价师、设计院、专业咨询机构来协助制订采购计划。

3）影响采购计划编制的因素

（1）年度销售计划

除非市场出现供不应求的状况，否则企业年度的经营计划多以销售计划为起点；而销售计划的拟订，又受到销售预测的影响。影响销售预测的因素，包括两个方面：外界的不可控制因素，如国内外经济发展状况（GNP、失业率、物价、利率等）、人口增长、政治体制、文化及社会环境、技术发展、竞争者状况等；内部可控制因素，如财务状况、技术水准、厂房设备、原料零件供应情况、人力资源及企业声誉等。

（2）年度生产计划

一般而言，生产计划根源于销售计划。若销售计划过于乐观，将使产量变成存货，造成企业的财务负担；反之，过度保守的销售计划，将使产量不足以供应顾客所需，丧失了创造利润的机会。因此，生产计划常因销售人员对市场的需求量估算失当，造成生产计划朝令夕改，也使得采购计划必须经常调整修正，物料供需长久处于失衡状况。

（3）物料清单

特别在高科技行业，产品工程变更层出不穷，致使物料清单难以作出及时的反应与修订。以致根据产量所计算出来的物料需求数量，与实际的使用量或规格不尽相符，造成采购数量过与不及，物料规格过时或不易购得。因此，采购计划的准确性，有赖维持最新、最正确的物料清单。

（4）库存管理卡

由于应购数量必须扣除库存数量，因此，库存管理卡的记载是否正确，将是影响采购计划准确性的因素之一。这包括料账是否一致，以及物料存量是否全为良品。若账上数量与仓库架台上的数量不符，或存量中并非全数皆为规格正确的物料，将使仓储的数量低于实际上的可取用数量，故采购计划中的应购数量将会偏低。

（5）物料标准成本的设定

在编制采购预算时，对将来拟购物料的价格预测不易，故多以标准成本替代。若此标准成本的设定，缺乏过去的采购资料为依据，亦无相关人员严密精确地计算其原料、人工及制造费用等组合或生产的总成本，则其正确性值得怀疑。因此，标准成本与实际购入价格的差额，即是采购预算准确性的评估指标。

(6)生产效率

生产效率的高低,将使预计的物料需求量与实际的耗用量产生误差。产品的生产效率降低,会导致物料的单位耗用量提高,而使采购计划中的数量不够生产所需。过低的产出率,亦会导致经常进行修改作业,从而使得零组件的损耗超出正常需用量。所以,当生产效率有降低趋势时,采购计划必须将此额外的耗用率计算进去,才不会发生物料的短缺现象。

(7)价格预期

在编制采购预算时,常对物料价格涨跌幅度、市场景气与否乃至汇率变动等加以预测,甚至列为调整预算的因素。不过,因为个人主观的判定与实际情况常有差距,亦可能会造成采购预算的偏差。

由于影响采购计划编制的因素很多,故采购计划与预算编制之后,必须与产销部门保持经常的联系,并针对现实的状况做必要的调整与修订,才能达成维持正常产销活动的目标,并协助财务部门妥善规划采购资金的来源。

4)采购计划编制的成果

(1)采购管理计划

采购管理计划应说明如何管理其他采购过程(从询价计划编制到合同收尾)。根据项目需要,采购管理计划可以是正式的或非正式的、非常详细的或概括的。它是总体项目计划的分项。

(2)工作说明书

工作说明书是对采购所要求完成的工作的描述,足够详细地说明了采购项目,以使潜在的供应商确定其是否具备提供该项目的能力,能否提供所需的产品和服务,以及确定一个适当的价格。工作说明书应当清楚、简洁而且尽量完整,它应描述所要求的全部服务,包含绩效报告、项目运作支持等,措辞应当精确,比如使用"必须"还是使用"可以"有明显区别。同时,工作说明书的详细程度随采购项目的性质、买方的需求,或预期合同形式的不同而不同,一些应用领域对工作说明书的形式有不同的认同,且对工作说明书有具体的内容和格式要求。例如,在一些政府管辖的领域内,工作说明书一词专指经过清晰的、详细说明的产品或服务类的采购项目,而目标说明书指那些需要作为一个问题加以解决的采购项目。在采购过程进行中,可以对工作说明书进行修订和精炼。

6.3.3　药品采购的渠道和方式

采购渠道是指将商品从厂家转移到自家销售环节所经过的路线。商品所经过层次越多,渠道越长;反之,渠道越短。正确选择和确定商品采购渠道,是商品营销计划工作的一项重要内容,做好这项工作,有利于加强购销衔接,销需联系,扩大商品销路,增加竞争力,提高经济效益。药品采购渠道应能充分发挥销需之间的纽带作用,有利于沟通经营的各个环节,促进整体能力的提高和管理水平的强化。

1)采购渠道分类

①商业系统批发企业:比如烟、酒等商品,要向烟草专卖系统和糖酒专卖系统采购。由

于零售企业采购的商品较多,有时要向多个不同系统组织进货。

②生产企业:直接与生产企业联系进货,可以减少中间环节,降低流通费用,同时又可以扩大货源,增加商品的可选择性。

③批发交易市场:这里集中了大量商品,优点是选择性强,品种齐全;缺点是质量难以保证。

④商品配送中心:这是近些年才在我国兴起的一种商品配送体制,即配送中心从供货商手中接受各种大批量的商品,再根据各订货商家的要求,将中心的商品进行分装、分类、配货、运送。因此配送中心实际上也是一个进行物流活动的场所。零售企业可以直接向商品配送中心进货;但若是大规模连锁零售店,建立自己的配送中心更加经济合算。

2)采购渠道选择策略

渠道选择受多种因素影响,主要有商品因素、市场因素、供货方因素和企业自身因素等,企业要根据具体情况采取不同的进货渠道策略。因此选择进货渠道是一个较为复杂的决策过程。选择进货渠道策略主要有以下几种:

(1)直接渠道策略

直接渠道策略就是要找到商品的原生产厂家,直接从厂家进货。这一渠道策略的优点是:可以降低进货价格,防止假冒伪劣商品进入自己的企业。但采用直接渠道策略要考虑到原生产厂家距离的远近,若因距离过远造成商品运输成本过大则要调整策略。

(2)固定渠道策略

固定渠道策略就是要选择资信好、生产能力强、商品质量高的供货商,与他们建立长期的合作关系,固定进货渠道。这一策略通常适用于日常生活用品、需求量稳定的商品和厂家生产质量稳定的商品。其优点是:可以通过良好的合作关系规范采购活动,适时保障市场供应,并可通过长期的合作关系使买卖双方受益。

(3)区域渠道策略

区域渠道策略就是有针对性地选择货源市场。在目前市场商品极大丰富的情况下,很多商品因其特殊的生产环境和经营条件,形成了一些独具特色的商品货源产地或货源市场,采用区域渠道策略就是根据自身的经营需要,选择有特色的商品货源产地或货源市场作为进货渠道。这一策略的优点是:商品采购选择余地大,便于专门化经营。

(4)名优渠道策略

名优渠道策略就是选择名优商品厂家或供货商作为进货渠道。选择这一策略必须和企业的整体经营战略、目标市场定位相一致。这一策略的优点是:可以通过名优商品树立企业良好形象,提高企业经营档次,增加消费者对企业的信任度。但该策略通常只适用于大型商业企业。

(5)动态渠道策略

动态渠道策略就是不断根据市场变化选择新的、有发展潜力的进货渠道。采用这一渠道策略难度较大,它不仅需要充分的、及时准确的市场信息,还要有敢于开拓市场的胆量和魄力。其优点是:能灵活地适应市场变化,不断推出新商品,但不利于建立和谐的工商关系,一般只适用于市场变化较快的商品。

3）采购方式

采购方式是各类主体（包括政府、企业、事业单位、个人、组织、团体等）在采购中运用的方法和形式的总称。经常采用的采购方式主要有招标采购和非招标采购。

①招标采购：是由需方提出招标条件和合同条件，有许多供应商同时投标报价。通过招标，需方能够获得价格更合理，条件更为优惠的物资供应。招标又分为公开招标和邀请招标2种方式。

②非招标采购：是指以公开招标和邀请招标之外的方式取得货物、工程、服务所采用的采购方式。非招标方式又分为询价、比价、议价等方式。

6.3.4　药品采购人员的管理

采购人员主要负责根据价格、质量、服务、可获得性、可靠性以及供应者信誉等来研究和评价供应者，以尽可能低的价格和合适的量来购买最高质量的商品，征求出价建议并且审查货物和服务。采购人员是采购计划的制订者，是采购活动的执行者，是采购过程的重要参与者，因此，加强对采购人员的管理十分有必要。

1）开展采购人员培训

根据新版GSP第二十五条、第二十六条、第二十七条规定，企业应当对各岗位人员进行与岗位职责和工作内容相关的岗前培训和继续培训；培训内容应当包括相关法律法规、药品专业知识及技能、质量管理制度、职责及岗位操作规程等；企业应当按照培训管理制度制定年度培训计划并开展培训，使相关人员能正确理解并履行职责，培训工作应当做好记录并建立档案。

药品管理相关法律法规包括药品管理法规和公共法律法规。药品管理法律法规一般包括：《药品管理法》《药品管理法实施条例》《药品经营质量管理规范》《药品流通监督管理办法》《药品经营许可证管理办法》等。公共法律法规一般包括：《中华人民共和国行政许可法》《中华人民共和国行政处罚法》《中华人民共和国国家赔偿法》《中华人民共和国行政诉讼法》《中华人民共和国行政复议法》《中华人民共和国行政强制法》《中华人民共和国产品质量法》《中华人民共和国消费者权益法》《中华人民共和国刑法》等国家有关法律法规。

药品专业知识及技能包括药学专业知识和药品专业知识。药学专业知识是指药学基本理论、基本知识以及药品质量控制、评价及合理用药的基本技能，包括药学、化学、生物学、医学、微生物学、免疫学等方面的知识和技能。药品专业知识包括常用药物的性质、药理作用、药效学和药物安全性评价的基本方法和技术以及药品咨询服务的能力。

与旧版GSP相比，新版GSP中有关培训的要求内容扩展较大，强调了培训的规范化，应有培训管理制度，并制订年度培训计划。培训分为岗前培训和继续培训，培训内容明确具体。另外，取消了旧版GSP实施细则中提到的每年应接受药品监督管理部门培训的要求，企业可根据实际情况组织各项继续培训。落实对采购人员的培训有利于其对相关法律法规的理解和掌握，确保在实际采购过程中合法合规操作。

2）规定采购人员岗位职责

“无规矩不成方圆”，岗位分工不同，其职责不同，明确采购人员的工作职责有利于规范采购人员行为。除此之外,新版 GSP 规定,企业应当设立与其经营活动和质量管理相适应的组织机构或者岗位,明确规定其职责和权限及相互关系。因此,制定采购人员岗位职责是对采购人员管理必不可少的环节。其主要职责如下:

①及时了解各时期、不同季节的市场动态,积极、及时开拓适销对路的商品,以满足市场需求;

②在质量优先的前提下,努力降低采购价格,增强企业的竞争力;

③做好重点品种的引入,积极配合销售部门的市场开拓工作;

④做好库存监控,及时补充货源,不断提高商品的供给率;

⑤严格执行采购付款规定,确保企业的利益不受损害;

⑥及时做好近期、滞销、积压商品的退换,配合相关部门做好商品报损工作;

⑦密切追踪退出商品的结算情况,及时收回退换商品或者退货款项;

⑧配合质量管理部做好商品质量问题追踪,收集供应商、供货人员的相关资料;

⑨认真做好供应商管理。

3)建立奖惩制度

为充分调动工作积极性,避免采购环节不适宜、不和谐行为出现,可制订相应的奖惩制度来管理采购人员。通过企业制订的质量方针,对具体岗位和人员明确职责与目标,落实奖惩机制,完善绩效考核制度。对完成既定目标、工作成绩突出的员工或团队,给予积极的奖励;对消极怠工、公款吃喝、乱拿回扣的行为采取严厉的惩罚措施,发现一例处理一例,让员工意识到问题的严重性,及时改正,决不再犯。

6.3.5 药品采购的基本程序

采购程序是指从提出和接受材料请购单起至到货验收与核付货款止的一系列采购业务活动。采购程序一般包括收集信息、询价、比价、议价、评估、索样、决定、请购、协调与沟通、催交、进货验收、整理付款等流程。

①询价/比价:询价就是从可能的卖方那里获得谁有资格完成工作的信息,该过程的专业术语叫供方资格确认。获取信息的渠道有招标公告、行业刊物、互联网等媒体、供应商目录、约定专家拟定可能的供应商名单等。通过询价获得供应商的投标建议书。

②选择供应商:根据"质量第一、择优选购"的原则,选择最合适的供应商。

③制订采购计划:由销售预测,加上人为的判断,即可拟定销售计划或目标。销售计划是表明各种产品在不同时间的预期销售数量;而采购计划即依据销售数量,再加上预期的期末存货减去期初存货来拟定。

④签订采购合同,下达采购订单。

⑤督促供应商及时进行产品送货,协助财务处理后续付款事宜。

与一般商品相比较,药品因其特殊性,需质量管理部的积极参与,严格把控质量关。药品采购基本程序如图 6.1 所示。国产药品和进口药品采购程序分别如图 6.2 和图 6.3 所示。

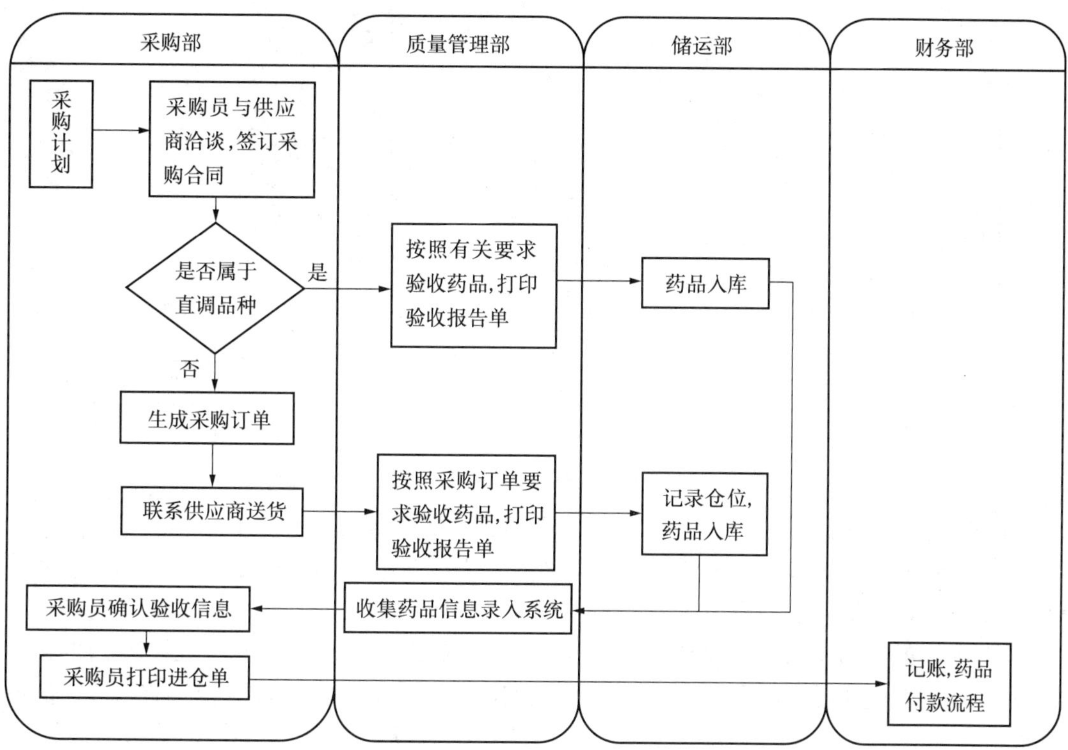

图6.1 药品采购基本程序

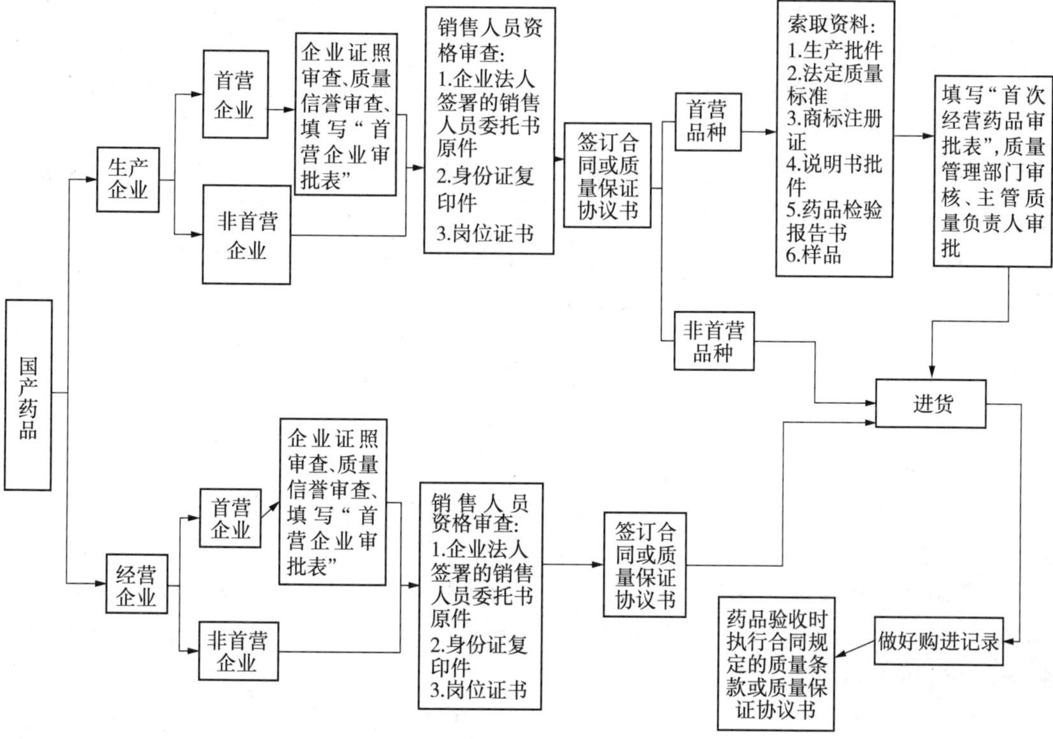

图6.2 国产药品采购程序

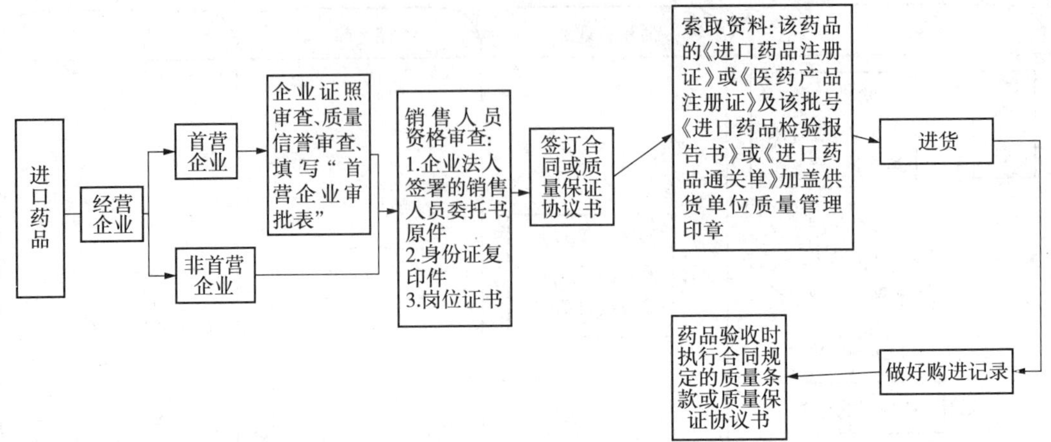

图 6.3　进口药品采购程序

此外，除普通药品外，对直调药品和特殊管理药品的采购有特殊要求。

①直调药品采购要求：根据新版 GSP 第六十九条规定，发生灾情、疫情、突发事件或者临床紧急救治等特殊情况，以及其他符合国家有关规定的情形，企业可采用直调方式购销药品，将已采购的药品不入本企业仓库，直接从供货单位发送到购货单位，并建立专门的采购记录，保证有效的质量跟踪和追溯。该条明确指出允许药品直调的特殊情况，非特殊情况的日常经营中，一律不得采用直调的方式经营药品。企业应当制订《直调用品管理制度》《直调药品操作规程》，明确职责，并按要求对直调药品的采购环节进行管理。在计算机系统中应该对直调药品建立单独的采购记录，实现对直调药品的有效追踪。

②特殊管理药品采购要求：根据新版 GSP 第七十条规定：采购特殊管理的药品，应当严格按照国家有关规定进行。特殊管理药品包括麻醉药品、精神药品、医疗用毒性药品、放射性药品以及药品类易制毒化学品、蛋白同化制剂、肽类激素、终止妊娠药品、部分含特殊药品复方制剂、治疗性功能障碍药等。这些特殊管理的药品，其采购应严格按照国家相关规定进行。企业应建立特殊药品采购程序，并设计合适的药品采购记录。采购特殊管理的药品时应注意：a. 供货方和企业自身的经营范围中要有特殊药品经营项目；b. 禁止现金交易；c. 采购特殊管理的药品时，要求对方在运输、邮寄时应按照国家相关规定，并应在购销合同、质量保证协议中明确。

知识链接

①采购不等于购买，其常存在四大误区：a. 采购就是杀价，越低越好，所以应重于谈判、技巧；b. 采购就是收礼和应酬，不吃白不吃，不拿白不拿；c. 采购管理就是要经常更换采购人员，以防腐败；d. 采购控制就是急催交货，拖延付款，玩经济魔方。

②采购是以合理的价格从最合适的供应商处获得所需的物品及服务的有关活动，也称“供应管理”，其具有 5 大功能：最合适的品质、最合适的时间、最合适的供应商、最合适的数量和最合适的价格。

6.4　药品供应商的选择

供应商是指直接向客户提供商品及相应服务的企业及其分支机构、个体工商户，包括制造商、经销商和其他中介商，或称为"厂商"，即供应商品的个人或法人。供应商可以是农民、生产基地、制造商、代理商、批发商(限一级)、进口商等。选择最佳供应商可以增加对整个供应链业务活动的共同责任感和利益的分享；增加对未来需求的可预见性和可控能力，长期的合同关系使供应计划更加稳定；高质量的产品可以增强竞争力，实现互利共赢。

6.4.1　药品供应商的选择与评价

1)药品供应商的选择

狭义的选择供应商是指企业在研究所有的建议书和报价之后，选出一个或几个供应商的过程。广义的选择供应商则包括企业从确定需求到最终确定供应商以及评价供应商的不断循环的过程。根据企业调查研究，影响供应商选择的主要因素可以归纳为4类:企业业绩、业务结构与生产能力、质量系统和企业环境。

企业在选择供应商时，主观的成分较多，有时往往根据供应商的印象而确定供应商的选择，供应商选择中还存在一些个人成分。目前企业的选择标准不全面，多集中在供应商的产品质量、价格、柔性、交货准时性、提前期和批量等方面，没有形成一个全面的供应商综合评价指标体系，不能对供应商做出全面、具体、客观的评价。广义的选择供应商过程包括以下步骤:

(1)分析市场竞争环境

这个步骤的目的在于找到针对哪些产品市场开发供应链合作关系才有效，必须知道现在的产品需求是什么，产品的类型和特征是什么，以确认用户的需求，从而确认供应商评价选择的必要性。同时分析现有供应商的现状，分析、总结企业的存在的问题。

(2)建立供应商选择目标

企业必须确定供应商评价程序如何实施、信息流程如何、谁负责，而且必须建立实质性、实际的目标。其中降低成本是主要目标之一，供应商评价、选择不仅仅就是一个简单的评价、选择过程，它本身也是企业自身和企业与企业之间的一次业务流程重构过程，实施得好，就可带来一系列的利益。

(3)建立供应商评价标准

供应商综合评价的指标体系是企业对供应商进行综合评价的依据和标准，是反映企业本身和环境所构成的复杂系统不同属性的指标，按隶属关系、层次结构有序组成的集合。根据系统全面性、简明科学性、稳定可比性、灵活可操作性的原则，建立集成化供应链管理环境下供应商的综合评价指标体系。不同行业、企业、产品需求、不同环境下的供应商评价应是不一样的。但应涉及供应商的业绩、设备管理、人力资源开发、质量控制、成本控制、技术开发、用户满意度、交货协议等方面。

(4)建立评价小组

企业必须建立一个小组以控制和实施供应商评价。评价小组必须同时得到制造商企业和供应商企业最高领导层的支持。

(5)供应商参与

一旦企业决定实施供应商评价,评价小组必须与初步选定的供应商取得联系,以确认他们是否愿意与企业建立合作关系,是否有获得更高业绩水平的愿望。企业应尽可能早地让供应商参与到评价的设计过程中来。然而因为企业的力量和资源是有限的,企业只能与少数的、关键的供应商保持紧密的合作,所以参与的供应商不宜太多。

(6)评价供应商

评价供应商的一个主要工作是调查、收集有关供应商的生产运作等全方面信息。在收集供应商信息的基础上,可以利用一定的工具和技术方法进行供应商的评价。在评价的过程后,有一个决策点,根据一定的技术方法选择供应商,如果选择成功,则可开始实施合作关系,如果没有合适供应商可选,则返回步骤(2)重新开始评价选择。

(7)实施合作关系

在实施合作关系的过程中,市场需求将不断变化,可以根据实际情况的需要及时修改供应商评价标准,或重新开始供应商评价选择。在重新选择供应商的时候,应给予旧供应商以足够的时间适应变化。

2)药品供应商的评价

(1)评价内容

供应商的评价是对现有供应商的表现进行考评,它是在完成供应市场调研分析、对潜在的供应商已做初步筛选的基础上,对可能发展的供应商进行审核的行为。由于供应商自身条件的差别(各有优劣),必须有客观的评分的项目作为选拔合格供应商的依据。因此,供应商评价应该制订详细的评价内容,通常包括下列各项。

①供应商的经营状况。主要包括供应商经营的历史、负责人的资历、注册资本金额、员工人数、完工记录及绩效、主要的客户、财务状况等。

②供应商的生产能力。主要包括供应商的生产设备是否先进,生产能力是否已充分利用,厂房的空间距离,以及生产作业的人力是否充足等。

③技术能力。主要包括供应商的技术是自行开发还是从外引进,有无与国际知名技术开发机构的合作,现有产品或试制品的技术评估,产品的开发周期,技术人员的数量及受教育程度,等等。

④管理制度。主要包括生产流程是否顺畅合理,产出效率如何,物料控制是否电脑化,生产计划是否经常改变,采购作业是否对成本计算提供良好的基础等。

⑤质量管理。主要包括质量管理方针、政策,质量管理制度的执行及落实情况,有无质量管理制度手册,有无质量保证的作业方案,有无年度质量检验的目标,有无政治机构的评

鉴等级，是否通过ISO 9000认证等。

(2)评价的方法

评价方法主要分为主观判断法和客观判断法。所谓主观判断法是指依据个人的印象和经验对供应商进行的判断，这种评判缺乏科学标准，评判的依据十分笼统、模糊；客观判断法是指依据事先制订的标准或准则对供应商进行量化的考核和审定，包括调查法、现场打分评比法、供应商绩效考评、供应商综合评价、总体成本法等方法。

①调查法。调查法是指事先准备一些标准格式的调查表格发给不同的供应商填写，收回后进行比较的方法，这种方法常用于招标、寻价及供应情况的初步了解等情况。

②现场打分评比法。现场打分评比法是预先准备一些问题并格式化，然后组织不同部门的专业人员到供应商的现场进行检查确认的方法。

③供应商绩效考评。供应商绩效考评是指对已经供货的现有供应商的供货、质量、价格等进行跟踪、考核和评比。

④供应商综合评价。供应商综合评价是针对供应商公司层次而组织的包括质量、工程、企划、采购等专业人员参与的全面评价，通常将问卷调查和现场评价结合起来。

⑤总体成本法。总体成本法是一种为了降低供应商的总体成本而达到一个新的水平，从而降低采购价格为目的一种方法。它需要供应商的通力合作，由采购商组织强有力的综合专家团队对供应商的财务及成本进行全面、细致的分析，找出可以降低成本的方法，并要求供应商付诸实施与改进，改进后的受益则由双方共享。

6.4.2 药品采购合同的管理

采购合同是企业与供应商经过双方谈判协商一致同意而签订的“供需关系”的法律性文件，合同双方都应遵守和履行，并且是双方联系的共同语言基础。签订合同的双方都有各自的经济目的，采购合同是经济合同，双方受《中华人民共和国合同法》保护，并承担相应责任。

1)采购合同的主要内容

公司采购合同的条款构成了采购合同的内容，为避免不必要的纠纷，应当力求具体明确，便于执行。合同应具备以下主要条款：

(1)商品的品种、规格和数量

商品的品种应具体，避免使用综合品名；商品的规格应具体规定颜色、式样、尺码和牌号等；商品的数量多少应按国家统一的计量单位标出。必要时，可附上商品品种、规格、数量明细表。

(2)商品的质量和包装

合同中应规定商品所应符合的质量标准，注明是国家或部颁标准；无国家和部颁标准的应由双方协商凭样订(交)货；对于副、次品应规定出一定的比例，并注明其标准；对实行保换、保修、保退办法的商品，应写明具体条款；对商品包装的办法，使用的包装材料，包装式样、规格、体积、重量、标志及包装物的处理等，均应有详细规定。

(3)商品的价格和结算方式

合同中对商品的价格要作具体的规定，规定作价的办法和变价处理等，以及规定对副品、次品的扣价办法，规定结算方式和结算程序。

(4)交货期限、地点和发送方式

交(提)货期限(日期)要按照有关规定，并考虑双方的实际情况、商品特点和交通运输条件等确定。同时，应明确商品的发送方式是送货、代运，还是自提。

(5)商品验收办法

合同中要具体规定在数量上验收和在质量上验收商品的办法、期限和地点。

(6)违约责任

签约一方不履行合同，必将影响另一方经济活动的进行，因此违约方应负物质责任，赔偿对方遭受的损失。在签订合同时，应明确规定，供应者有以下 3 种情况时应付违约金或赔偿金：

①不按合同规定的商品数量、品种、规格供应商品；

②不按合同中规定的商品质量标准交货；

③逾期发送商品。

购买者有逾期结算货款或提货，临时更改到货地点等，应付违约金或赔偿金。

(7)合同的变更和解除条件

合同中应规定，在什么情况下可变更或解除合同，什么情况下不可变更或解除合同，通过什么手续来变更或解除合同等。

此外，采购合同应视实际情况，可增加若干具体的补充规定，使签订的合同更切实际，行之有效。

2)采购合同的分类

合同类型是应当考虑的重要项目，不同类型的合同在不同的情况下使用。总的来说有 3 种类型的合同，固定价合同或固定总价合同、成本补偿合同和单价合同。

①固定价合同或固定总价合同，涉及详细定义的产品或服务的固定总价格，这种情况下买方承担的风险很小。

②成本补偿合同，指向卖方支付直接和间接成本。直接成本就是项目直接发生的成本，可以通过很经济的方法直接摊销。间接成本是不能通过很经济的方法直接分摊到项目上的业务成本。例如，项目人员的工资和特定项目所需购买的硬件和软件成本是直接成本，而给办公室提供的电力、食堂等是间接成本。间接成本通常用直接成本的百分比计算。成本补偿合同通常包含诸如利润百分比与奖励费(对满足或超过既定的项目目标的奖励)之类的费用。这类合同常用于涉及新技术产品或服务采购的项目。买方在成本补偿合同中承担了比固定总价合同更大的风险。成本补偿合同有 3 种类型，按照买方承担风险的大小，从最低到最高依次排列为：成本加奖励费、成本加固定费、成本加成本百分比。

a. 成本加奖励费(CPIF)合同。买方向卖方支付容许的完成任务的成本以及事先决定的费用和激励奖金。如果最终成本小于预期成本，按照事先谈判好的分配公式，买方和卖方都从节省的成本中受益。

b. 成本加固定费合同(CPFF)。买方向卖方支付容许的完成任务的成本，加上按估算成本一定百分比计算的固定费用。事实上,这种费用通常不会改变,除非合同的范围发生变更。

c. 成本加成本百分比合同(CPPC)。买方给卖方支付容许的完成任务的成本,加上事先约定的总成本的一定百分比。从买方的角度看,这是最不理想的一种合同,因为卖方没有降低成本的动机。实际上,这会促使卖方增加成本,因为这样做可以使利润按照成本的百分比增加。这种合同所有的风险都由买方来承担。

③单价合同,要求买方向卖方按单位服务的预定金额支付的合同。合同总价就是完成该项工作所需工作量的函数。这种类型的合同有时称为时间和物料合同。任何一种类型的合同都应当包括一些考虑了项目独有问题的具体条款。

3)采购合同的管理

采购合同的管理应当做好以下几方面的工作:

①加强对公司采购合同签订的管理。一是要对签订合同的准备工作加强管理,在签订合同之前,应当认真研究市场需要和货源情况,掌握企业的经营情况、库存情况和合同对方单位的情况,依据企业的购销任务收集各方面的信息,为签订合同、确定合同条款提供信息依据。另一方面是要对签订合同过程加强管理,在签订合同时,要按照有关的合同法规规定的要求,严格审查,使签订的合同合理合法。

②建立合同管理机构和管理制度,以保证合同的履行企业应当设置专门机构或专职人员;建立合同登记、汇报检查制度,以统一保管合同、统一监督和检查合同的执行情况,及时发现问题,采取措施,处理违约,提出索赔,解决纠纷,保证合同的履行。同时,可以加强与合同对方的联系,密切双方的协作,以利于合同的实现。

③处理好合同纠纷。当企业的经济合同发生纠纷时,双方当事人可协商解决。协商不成时,企业可以向国家工商行政管理部门申请调解或仲裁,也可以直接向法院起诉。

④信守合同,树立企业良好形象。合同的履行情况好坏,不仅关系到企业经营活动的顺利进行,而且也关系到企业的声誉和形象。因此,加强合同管理,有利于树立良好的企业形象。

6.5 首营企业与首营品种的管理

6.5.1 首营企业的审核

首营企业是指采购药品时,与本企业首次发生供需关系的药品生产或经营企业。根据新版 GSP 第六十二条规定,对首营企业的审核,应当查验加盖其公章原印章的以下资料,确认真实、有效:

①《药品生产许可证》或者《药品经营许可证》复印件;

②营业执照复印件及其上一年企业年度报告公示情况;

③《药品生产质量管理规范》认证证书或者《药品经营质量管理规范》认证证书复印件；

④相关印章、随货通行单(票)样式；

⑤开户户名、开户银行及账号；

⑥《税务登记证》和《组织机构代码证》复印件。

《药品生产许可证》《药品生产质量管理规范认证证书》《药品经营许可证》和《药品经营质量管理规范认证证书》可以到国家食品药品监督管理总局网站以及各省食品药品监督管理局网站进行查询核实。许可证单位名称、法定代表人、地址等与网站公布的内容一致，经营方式、经营范围是否符合要求，是否有变更情况。

供货单位的《营业执照》由所在地工商管理部门核发，对其真实性查询可以登录该企业所在的工商行政管理局网站进行企业信息查询，核查企业是否存在，是否在有效期内。

印章式样包括企业公章、财务专用章、发票专用章、质量管理专用章、合同专用章、法人印章或者签字等，上述印章应为原尺寸、原规格的原印章或彩色扫描件。随货通行单(票)必须为加盖企业公章原件，不得使用复印件加盖公章形式。

《组织机构代码证》到全国组织机构代码管理中心——诚信体系实名制查询网站查询。供货单位的基本账户及所有业务往来的账户信息都应该备案，凡是未备案的账户或者与备案不符发账户，均不得付款；业务账户不得是个人账户；变更账户未经审核，不得发生业务关系，不得事后补办变更手续。

6.5.2 首营品种的审核

首营品种是指本企业首次采购的药品。从批发企业、生产企业首次采购的药品都列为首营药品。根据新版 GSP 第六十三条规定，采购首营品种应当审核药品合法性，索取加盖供货单位公章原印章的药品生产或者进口批准证明文件复印件并予以审核，审核无误的方可采购。以上资料应当归入药品质量档案。

采购部门索取加盖供货企业公章原印章的以上资料，确认真实有效后，填写首营品种审批表，将资料和首营品种审批表交质量管理部门审核，符合要求的，方可录入计算机基础数据库。质量管理部门应保持对购进药品审核的延续性，在所有购进期间，该药品的证明文件均应是合法的。

需要索取并审核的材料：①《药品注册批件》或者《再注册批件》；②《药品补充申请批件》；③药品注册批件的附件；④《进口药品注册证》《医药产品注册证》或者《进口药品批件》；⑤进口麻醉药品、精神药品除取得《进口药品注册证》(或者《医药产品注册证》)，或者《进口药品批件》外，还应取得《进口准许证》；⑥进口中药材应索取《进口准许证》。《药品注册批件》有效期为5年，超过有效期的，应提供《再注册批件》。当药品有效期和规格变更时，需要提供《药品补充申请批件》。

6.6 药品采购的质量评审

6.6.1 发票管理

按照《中华人民共和国发票管理办法》，发票是指一切单位和个人在购销商品、提供或接受服务以及从事其他经营活动中，所开具和收取的业务凭证，是会计核算的原始依据，也是审计机关、税务机关执法检查的重要依据，是国家监督经济活动，维护经济秩序，保护国家财产安全的重要手段。

1)发票的分类

发票可分为普通发票和增值税专用发票。普通发票主要由营业税纳税人和增值税小规模纳税人使用，增值税一般纳税人在不能开具专用发票的情况下也可使普通发票。普通发票由行业发票和专用发票组成。前者适用于某个行业和经营业务，如商业零售统一发票、商业批发统一发票、工业企业产品销售统一发票等；后者仅适用于某一经营项目，如广告费用结算发票、商品房销售发票等。普通发票的基本联次为3联：第一联为存根联，开票方留存备查用；第二联为发票联，收执方作为付款或收款原始凭证；第三联为记账联，开票方作为记账原始凭证。个人发票一般泛指普通发票。增值税专用发票是我国实施新税制的产物，是国家税务部门根据增值税征收管理需要而设定的，专用于纳税人销售或者提供增值税应税项目的一种发票。专用发票既具有普通发票所具有的内涵。同时还具有比普通发票更特殊的作用。它不仅是记载商品销售额和增值税税额的财务收支凭证。而且是兼记销货方纳税义务和购货方进项税额的合法证明，是购货方据以抵扣税款的法定凭证，对增值税的计算起着关键性作用。

2)发票管理的主要内容

1949年后，发票一直由税务部门管理，但没有制定全国统一的管理办法。1986年8月财政部颁发《全国发票管理暂行办法》，除涉外单位外，自同年10月1日起施行。其主要内容包括：

①凡销售商品、产品，提供劳务服务及从事其他业务活动的单位和个人，在取得收入时，均应向付款方如实开具发票，并加盖印章。向消费者个人零售小额商品可不开具发票，如果消费者索要发票，则不得拒开。所有单位和个体工商业户，在购买商品、产品和接受劳务服务付出款项时，均应向收款方索取发票。

②需用发票的单位和个人应向税务机关购买。购买时须按规定提出购票申请，提供税务登记证明或其他有关证件，税务机关审核后，办理购票手续。

③发票一律由税务机关统一设计式样，指定印刷厂印制，并套印县(市)以上税务机关发票监制章。用票单位如因业务特殊需要，经税务机关批准可自行设计发票式样，到指定印刷

厂按规定印制,并套印县(市)以上税务机关发票监制章。任何单位和个人未经税务机关批准,均不得印制、出售发票,也不得涂改、撕毁、转让(包括转让性代开)、伪造、销毁和拆本使用发票。严禁伪造发票。

④发票只限于用票单位和个人使用,不得转让和借用;也不得带到本省、自治区、直辖市以外填开。税务机关有权对使用单位和个人的发票进行查验。

⑤税务机关、印制发票单位以及一切使用发票的单位和个体工商业户,都须建立必要的发票印、领、用、存管理制度,严格审批审核手续。

⑥税务机关对于各种违反发票管理制度的行为,除没收其非法所得,责令其限期纠正外,可区别情况,分别给以批评教育、罚款、吊销税务登记证、收缴发票和其他税务管理证件等处理;造成骗税、偷税、抗税的,还应按《中华人民共和国税收征收管理法》(1992)中有关规定处理。

根据新版 GSP 第六十六条、第六十七条规定:

采购药品时,企业应当向供货单位索取发票。发票应当列明药品的通用名称、规格、单位、数量、单价、金额等;不能全部列明的,应当附《销售货物或者提供应税劳务清单》,并加盖供货单位发票专用章原印章、注明税票号码。

发票上的购、销单位名称及金额、品名应当与付款流向及金额、品名一致,并与财务账目内容相对应。发票按有关规定保存。

索取发票是为了强化药品生产、流通过程的管理,防止挂靠经营、走票和经销假劣药品违法活动,保障药品质量安全。

按照国家食品药品监督管理局《关于规范药品购销活动中票据管理有关问题的通知》要求,"生产、批发企业销售药品,必须开具《增值税专用发票》或者《增值税普通发票》(以下统称税票),税票上应列明销售药品的名称、规格、单位、数量、金额等,如果不能全部列明所购进药品上述详细内容,应附《销售货物或者提供应税劳务清单》,并加盖企业财务专用章或发票专用章和注明税票号码。所销售的药品还应附销售出库单,包括通用名称、剂型、规格、批号、有效期、生产厂商、购货单位、出库数量、销售日期、出库日期和销售金额等内容,税票(包括清单,下同)与销售出库单的相关内容应对应,金额应相符"。对税票不符合国家有关规定及本通知要求,或者票、货内容不相符的,不得验收入库。开具发票的单位和个人应当按照税务机关的规定存放和保管发票,不得擅自损毁,已经开具的发票存根联和发票登记簿应当保存5年,保存期满,报经税务机关查验后销毁。

3)发票真伪的鉴别

收到发票之后,应对发票的真伪进行鉴别。鉴别方法如下:

①发票上面要有发票监制章,其形状为椭圆形,长轴 3 cm,短轴 2 cm,边宽 0.1 cm,内环加刻一细线;

②上环刻有"全国统一发票监制章"字样,下环刻有"国家税务局监制"或"地方税务局监制"字样,中间刻有所在地省(市、区)、市(县)全称或简称,字体为楷体;

③发票专用章套印的位置,必须在发票联的票头正中央,印色为大红色,其他联次不得套印;

④发票监制章在紫外线灯照射下，呈橘红色荧光反映。用一般的验钞机就可以查验；

⑤发票用纸是国家统一供应的用纸，这种用纸的水印图形能看出外框63 mm×29 mm 的菱形图案，中框为税徽轮廓，内有税务二字的拼音字头SW组成的字体，图案间隔分布均匀；

⑥在发票背面或者下面还印有电话号码和网址，打电话即可知道发票的基本情况，包括购买发票的单位名称、购买日期、组数、购票单位的税务登记情况；

⑦发票上必须加盖财务专用章或者发票专用章；

⑧当有异议时，可以到各省国家税务网站查询。查询时输入发票的发票代码以及发票号，即可查出发票的真伪。

知识链接

"走票"是自然人没有在《药品经营许可证》和营业执照的情况下，从非法渠道购入药品，通过从合法的药品经营单位购发票的办法，使药品经营合法化的过程。走票行为严重扰乱了市场秩序，其验收、储存和运输的条件均无法保证药品的质量，所以要严格管理，防止此类现象的发生。走票行为的直接表现就是票据上的购、销单位名称与金额与付款流向和金额不符。

6.6.2　采购记录管理

根据新版GSP第六十八条规定，采购药品应当建立采购记录。采购记录应当有药品的通用名称、剂型、规格、生产厂商、供货单位、数量、价格、购货日期等内容，采购中药材、中药饮片的还应当标明产地。

"药品的购进记录"是《中华人民共和国药品管理法》强制要求的记录，《中华人民共和国药品管理法》第十八条规定，药品经营企业购销药品，必须有真实完整的购销记录。企业对所有采购药品必须建立完整的记录，以便企业自身和药品监督管理部门对企业采购的药品进行追踪溯源，采购记录是采购部门工作的一个真实记录。

①采购记录应由负责采购的业务部门进行记录，采购记录应当包括药品的通用名称、剂型、规格、生产厂商、供货单位、数量、价格、购货日期等内容，采购中药材、中药饮片的还应当标明产地。

②采购记录在企业的计算机系统中，应当根据采购计划自动生成，由计算机系统进行管理和记录，计算机系统应有权限限定。采购记录生成后任何人不得随意修改，如确实需要修改，应按有关规定执行。

③修改采购记录时，应有规定的办法和相应的权限，应保存修改前后的原始数据，并注明修改原因，以保存数据的真实性和可追溯性。

④采购记录应按日备份，至少保存5年。

6.6.3　进货情况质量评审

根据新版GSP第七十一条规定，企业应当定期对药品采购的整体情况进行综合质量评审，建立药品质量评审和供货单位质量档案，并进行动态跟踪管理。企业对药品采购情况进行定期的综合质量评审，建立药品质量评审档案和供货单位质量档案，有利于保证供货渠道的优质高效。

1）建立药品采购的质量评审机制

（1）定期评审

企业应当定期对采购药品全过程质量情况进行综合评审，回顾性地对所采购的药品在经济效益和风险方面进行评估，为采购决策提供依据。定期评审一般1年进行1次。

（2）动态评审

对供货单位信誉、购进药品的质量、投诉的处理、售后服务等方面进行质量评审，及时发现采购环节存在的质量问题。动态评审一般3个月进行1次。

2）评审的组织

企业应当成立由质量管理部、采购部、销售部、储运部等共同组成的评审小组，应该制订相应的管理制度，落实责任，制订评审计划，确定评审标准，按规定开展评审工作。

3）评审的内容

质量评审应全面、详细，能有效地对供货单位的信誉和所提供药品的质量做出正确评价，如质量信誉可以根据供货单位的以下条件进行评价：生产、经营规模的规模、质量体系是否健全、药品质量的稳定性、药品的价格、符合药品特性的运输能力、药品包装的抗损坏能力、到货验收合格率、药品发生不良反应的情况、用户投诉情况、执行质量保证协议情况、药监部门监督公告情况等。

4）评审的结果

质量评审应有评审记录、评审报告、对下一年度确定供货单位的建议、采购工作的改进办法等。应当建立供货单位退出机制，根据评审结果，停止从质量不可靠和质量信誉不良的企业采购药品，保证采购药品质量的安全可靠。

案例讨论

【案例】 王××，男，49岁，大学本科文化，系某药品经营企业采购部经理。他在负责采购管理工作期间，利用其药品采购审批权限，为相关公司医药代表谋取利益，于2009年10月至2010年间，先后多次收受药品回扣共计人民币11 000元、美元1 600元。2011年1月2日王××因涉嫌受贿罪被所在区人民检察院立案侦查，同日被依法刑事拘留，2011年1月17日被依法逮捕。2011年4月5日，人民检察院指控王××犯受贿罪，并向人民法院提起公诉，法院经审理后以受贿罪判处王××有期徒刑一年六个月，缓刑一年六个月。

请阅读以上材料，试分析上述案件特点及作案原因，并谈谈由此对自己的警示，试从客观原因及自我建设方面谈谈如何采取相应措施防止此类事件的发生。

思考题

1. 对供应商资质及信誉存在疑问时,可以进行实地考察,请问如何有效地开展考察?
2. 供应商优劣与否具体可以体现在哪些方面?
3. 采购计划编制的要点有哪些?
4. 药品采购人员的资质及一名优秀的药品采购人员需要具备哪些素质与能力?
5. 影响质量评审的因素有哪些?请简要谈谈进行质量评审的意义。

技能实训项目

参观药品经营企业,了解其采购部工作流程及各部门间工作衔接、配合,根据采购人员的讲解,体验采购工作具体操作,作好相关学习记录。参观完毕后,2 人一组,以小组为单位,各自选定某一药品,编制采购计划,并进行阐述,交流心得。

第7章　药品的收货与验收管理

与药品的采购息息相关的是药品的收货与验收环节。新版GSP中第七十三条规定：药品到货时，收货人员应当核实运输方式是否符合要求，并对照随货同行单（票）和采购记录核对药品，做到票、账、货相符。从该规定可看出，药品的收货与验收是流通管理过程中重要的环节，是药品通过采购后进入经营的第一道程序。它的质量和效率直接影响到药品流动的通畅性，同时也是患者能否安全用药的重要保障。由于药品的品种繁多、剂型不一、性质复杂，影响药品质量的因素也比较多，特别有些药品经过长途运输，保证其质量就成为一项艰巨复杂的任务，而一旦药品的收货验收环节存在问题，就极其容易引发严重后果，诸如药品市场的紊乱，假药和劣药的误用。严重的甚至会给人们的身体健康造成极大影响。因此提高药品验收工作水平是保证药品质量、做好药品质量管理工作的一个重要环节。

7.1　药品收货与验收的概念

收货是指药品经营企业对到货药品，通过票据的查验，对货源和实物进行检查和核对，并将符合要求的药品按照其特性放入相应待验区的过程。包括票据之间核对，票据与实物核对，运输方式和运输条件的检查及放入待验区等。

验收是指验收人员依据国家药典标准，相关法律法规和有关规定，以及企业验收标准对采购药品的质量状况进行检查的过程。包括查验检验报告、抽样、查验药品质量状况、记录等。

实际上，收货是指对货源和到货药品实物的查验过程，药品经营企业在接收供货企业提供的药品时，应当根据法定标准、质量保证协议（或者质量协议）和合同规定的质量条款，逐一确认接收药品是否符合规定，并留有记录。验收则是对货药品实物质量状况检查的过程，是防止错误接收假药、劣药进入药品仓库，杜绝未经批准供货企业的药品、不合格药品进入流通领域的有效保证。

7.2 药品收货与验收的基本要求

收货与验收管理可以核实供货渠道的合法性和到货药品的正确性。能够有效杜绝假药或者来自非法渠道的供货，是药品流通过程中极为重要的环节。近年来，国家加大了对药品流通过程的监管力度，更加详细地制订了药品收货和验收的标准。新版 GSP 第七十二条对到货药品逐批收货以及验收作了基本要求，同时对收货以及随货同行单的内容也有具体的要求，强调了运输方式须符合要求。

根据新版 GSP 的规定，药品经营企业在收货时，应通过核对供货单位的合法票据及随货同行单，对照采购信息核实供货渠道的合法性；应对照实物核对到货药品的正确性。每次药品到货时，相应收货管理人员应确认供货单位的运输管理及产品相关信息是否符合规定。同时，采购信息、供货单位随货同行票据、到货待验药品，核对一致后，才允许交付验收人员验收，如核对不一致，需通知采购部门处理。

在验收部门进行验收时，企业应按照法定标准和合同规定的质量条款对购进、销后退回药口进行逐批验收。除对药品的包装、标签、说明书标明内容进行验收外，还需检查其他有关药品质量、药品合法性的证明文件。

7.2.1 收货与验收的原则

1）收货的原则

新版 GSP 第七十二至七十五条规定，企业应当按照规定程序和要求对到货药品逐批进行收货，防止不合格药品入库。在药品到货时，收货人应核实运输方式是否符合规定，并核对相关票据及包装情况。在冷藏冷冻药品到货时，如不符合相应温度，应当拒收。仓库应设置待验区，符合要求的药品应放入相应待验区域，通知验收。具体方法如下：

（1）运输工具检查

检查运输工具是否密闭，如发现运输工具内有雨淋、腐蚀、污染等可能影响到药品质量的现象，及时通知采购部门并报质量管理部门处理。

（2）运输时限检查

根据运输单据所载明的启运日期，检查是否符合协议约定的在途时限，对不符合约定时限的，报质量管理部门处理。

（3）运输状况检查

供方委托运输企业采购部门要提前将供货单位委托运输的承运单位、承运方式、启运时间等信息通知收货人员；收货人员在药品到货后，要逐一核对上述内容，内容不一致的，通知采购部门并报质量管理部门处理。

冷链药品运输冷藏、冷冻药品到货时，查验冷藏车、车载冷藏箱或保温箱的温度状况，核查并留存运输过程和到货时的温度记录；记录由送货人、司机及接货单位人员共同签字，一式两份；对未采用规定的冷藏设备运输或温度不符合要求的，应当拒收，同时对药品进行控制管理，做好记录并报质量管理部门处理。表7.1为药品拒收报告单。

表7.1　药品拒收报告单

通用名称		商品名称		供货单位	
剂　型		规　格		数　量	
生产企业		批　号		有效期至	
拒收原因	验收员：　年　月　日				
业务部意见	负责人：　年　月　日				
质量管理部门意见	负责人：　年　月　日				

(4)运输票据检查

药品到货时，收货人员应当查验随货同行单(票)以及相关的药品采购记录。对以下情况拒收：

①无随货同行单(票)或无采购记录的应当拒收；

②随货同行单(票)记载的供货单位、生产厂商、药品的通用名称、剂型、规格、批号、数量、收货单位、收货地址、发货日期等内容，与采购记录以及本企业实际情况不符的，应当拒收，并通知采购部门处理。

(5)票据、药品核对

①随货同行单(票)与药品实物核对

随货同行单(票)中记载的药品信息(通用名称、剂型、规格、批号、数量、生产厂商等内容)与药品实物不符的，应当拒收，并通知采购部门进行处理。

②随货同行单(票)或到货药品与采购记录核对

随货同行单(票)内容中，除数量以外的其他内容与采购记录、药品实物不符的，由采购部门负责与供货单位核实，经供货单位确认并提供正确的随货同行单(票)后，方可收货。

随货同行单(票)与采购记录、药品实物数量不符的，由采购部门负责与供货单位核实，经供货单位确认后，应当由采购部门确定并调整采购数量后，方可收货。

供货单位对随货同行单(票)与采购记录、药品实物不符的内容，不予确认的，应当拒收，存在异常情况的，报质量管理部门处理。

(6)药品包装检查

收货人员应当拆除药品的运输防护包装，检查药品外包装是否完好，对出现破损、污染、标识不清等情况的药品，应当拒收。

（7）退货药品的收货

收货人员要依据销售部门确认的退货凭证或通知对销后退回药品进行核对，确认为本企业销售的药品后，方可收货并放置于符合药品今朝存条件的专用待验场所。

对销后退回的冷藏、冷冻药品，根据退货方提供的温度控制说明文件和售出期间温度控制的相关数据，确认符合规定条件的，方可收货；对于不能提供文件、数据，或温度控制不符合规定的，经予拒收，作好记录并报质量管理部门处理。

（8）通知验收

收货人员将核对无标识的药品放置于符合待验药品储存温度要求的待验区域内（冷藏、冷冻药品应当在冷库内待验），并在随货同行单（票）上签字后，移交验收人员。

课堂讨论

新版GSP增加了收货环节的管理，当药品到货时收货人员应当做哪些工作？

请归纳总结收货环节包含的步骤。

2）**验收的原则**

验收人员根据随货同行单（票）（验收通知单），严格按照规定验收标准验收。GSP第七十六至八十四条对药品的验收作了详细规定。其中包括对药品的查验应按照同批号检验报告书，每次到货的药品要进行逐批抽，对特殊管理药品的设置验收专区，作好验收记录，对电子监管药品有及时扫码及相关入库等要求，同时还要求企业针对验收合格药品建立库存记录，对符合第六十九条规定进行药品直调的，可委托购货单位进行药品验收。

验收完成后，验收人员需在入库通知单上注明验收结论并签章；通知仓库保管人员办理入库交接手续。仓库保管人员对药品进行核实后，同验收员办理入库手续；根据验收结论，确定药品的储存位置，放置状态标志，建立库存记录。验收人员根据药品验收实际情况，做好质量验收记录。验收入库通知单见表7.2。

表7.2　验收入库通知单

序　号	通用名称	商品名称	剂　型	规　格	批　号	有效期至	数　量	生产企业	供货单位	到货日期	验收日期	备　注

7.2.2　收货与验收的程序

新版GSP第七十二至七十七条规定，企业应当按照规定的程序和要求对到货药品逐批进行收货、验收,防止不合格药品入库;药品到货时,收货人员应当核实运输方式是否符合要求,并对照随货同行单(票)和采购记录核对药品,做到票、账、货相符;收货人员对符合收货要求的药品,应当按品种特性要求放于相应待验区域,或者设置状态标志,通知验收。冷藏、冷冻药品应当在冷库内待验;验收药品应当按照药品批号查验同批号的检验报告书。供货单位为批发企业的,检验报告书应当加盖其质量管理专用章原印章。检验报告书的传递和保存可以采用电子数据形式,但应当保证其合法性和有效性;企业应当按照验收规定,对每次到货药品进行逐批抽样验收,抽取的样品应当具有代表性。

根据以上要求,药品经营单位结合自身的具体情况可制订符合本单位的收货与验收标准,负责此项工作的相关人员也应严格按照制订标准执行。

在药品经营企业中,收货与验收程序并不是孤立的,而是常常会涉及采购、供应商、收货部3个部门以及采购员、供应商、验收员和上架员4方工作人员。因此,结合相关法律法规要求及大部分企业实际经营情况,收货与验收流程具体操作流程可如图7.1—图7.5所示。

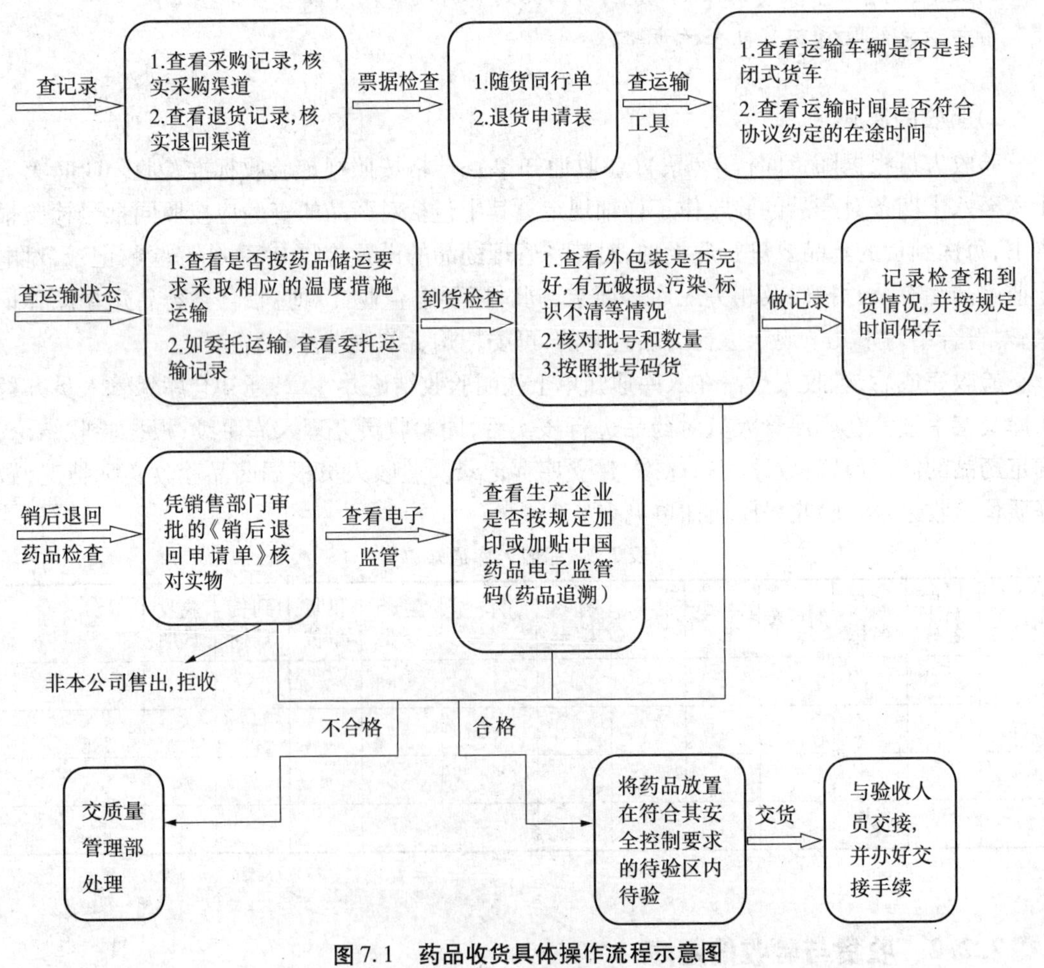

图7.1　药品收货具体操作流程示意图

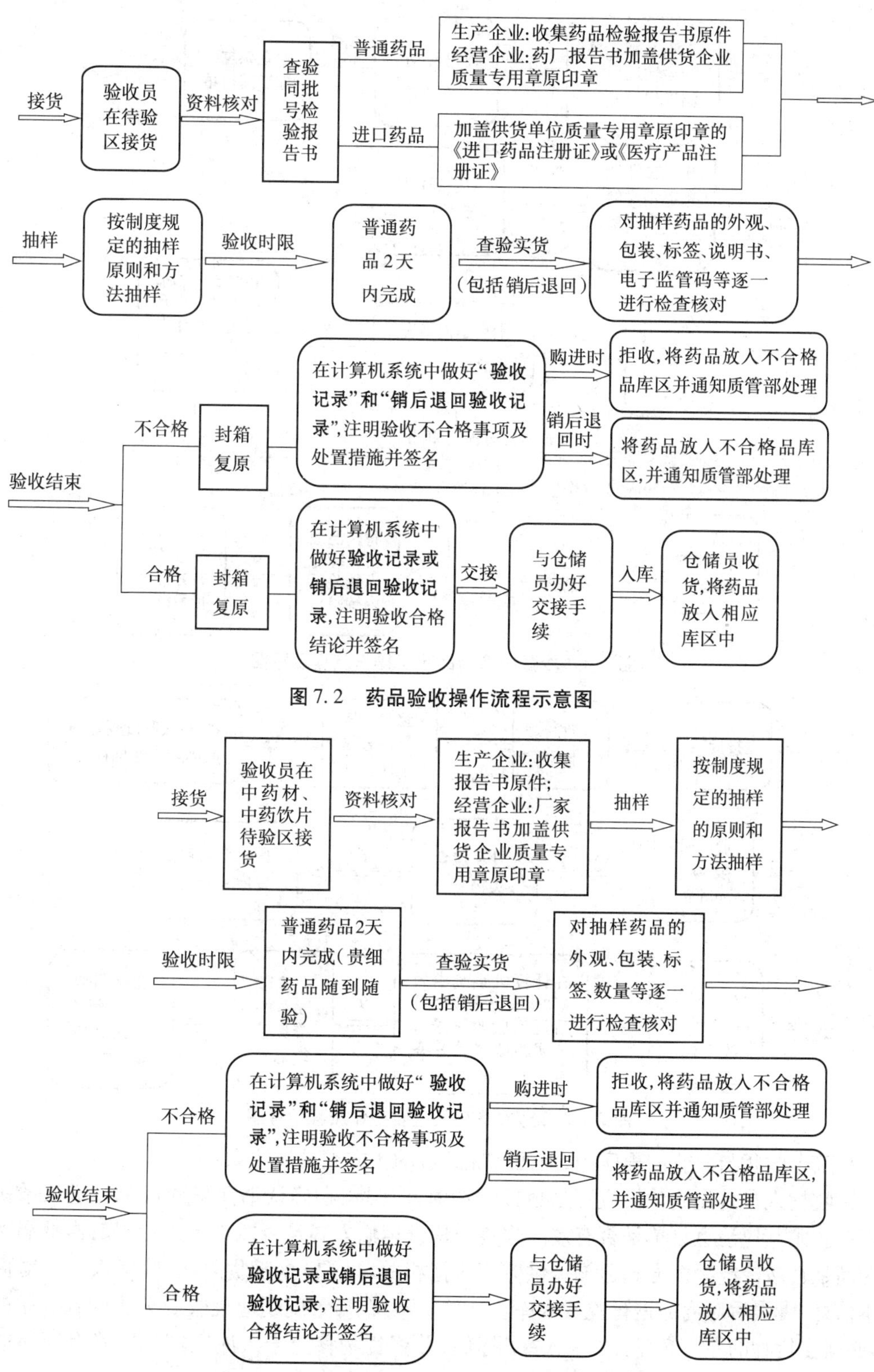

图7.2 药品验收操作流程示意图

图7.3 中药材和中药饮片验收操作流程示意图

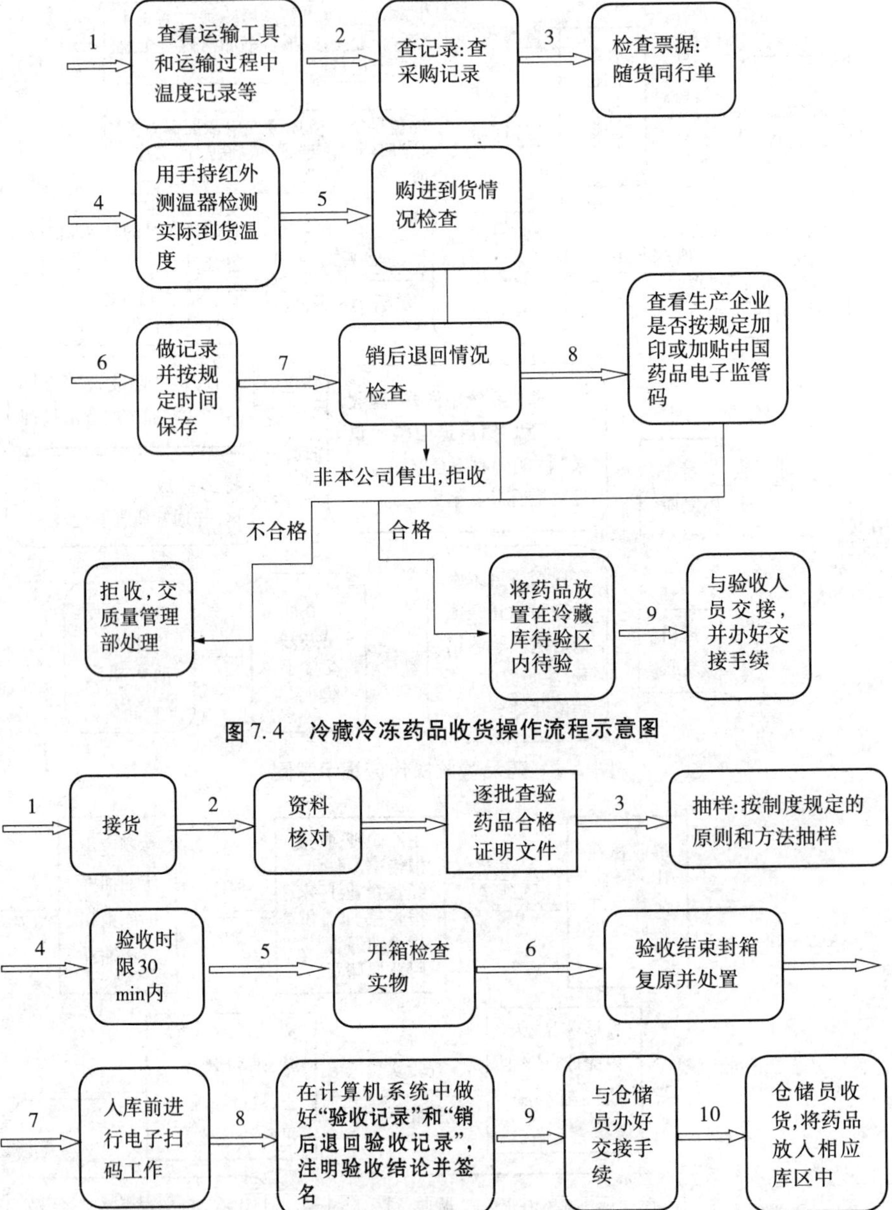

图 7.4　冷藏冷冻药品收货操作流程示意图

图 7.5　冷藏冷冻药品验收操作流程示意图

在整个收货与验收的程序中,前面所提到过的 4 方人员应注意:

①收货人员首先确认供应商是否按预约时间送货,在确认书面采购订单后进入系统查看订单。尤其应注意订单是否有效。收货时检查运输方式是否按规定进行,如:需低温保存的药品是否按冷链物流方式运输。供应商应把相关单(票)据随货附送,收货人员核对商品基本信息,无误后对商品进行验货入库。如单货不符、质量问题应拒收。无法验收入库的商品,必须在货物的左上角粘贴“未入库”标签,并将货物移至未入库区域。以确保药品的合法性。

②验收员按照药品经营质量管理规范相关法规进行实物验收，主要针对药品的质量进行检查。按照《药品经营质量管理规范》要求的内容做好验收记录和库存记录。不合格的药品还应当注明不合格事项及处置措施。

③验收录入员根据验收记录单在系统内生成并打印《验收入库单》，系统自动产生入库单号。验收药品应根据法规进行详细记录，以备检查。

④验收录入员将随货同行的质量检验报告扫描入系统后，以PDF格式保存上传。质量检验报告与验收入库单匹配后妥善保管。

⑤上架员核对实物信息、数量。

⑥上架员核对整货托盘中的实物信息与数量。

⑦货物验收入库后，上架员按转储单上指定的仓位号上架。

案例讨论

某药品零售药店，购进一批安神补脑液，通过收货与验收后，进行了上架处理。几天后营业员销售此药时发现该药品包装上的批号与销售清单并不相符，药店店长责令相关工作人员检查该药品并进行处理。

讨论：

1. 指出哪些相关工作人员应负主要责任？
2. 相关工作人员违背了GSP中哪些法规？

7.2.3　验收的方法

新版GSP第七十二条提到，企业应当按照验收规定，对每次到货药品进行逐批抽样验收，抽取的样品应当具有代表性。因此，在整个验收过程中，药品企业应以抽样为原则，根据自身经营状况，制订相应的验收抽样方法，降低验收的失误率。根据规定，提出以下几点建议：

1）抽样的原则

验收抽取的样品应具有代表性，即必须保证抽取的样品能准确反映被验收药品总体的质量状况。企业应按自身经营的情况，依据科学、高效、可行性高的原则，制订科学的抽样方法，保证其抽样验收工作有序开展。

2）抽样数量

（1）抽取件数

整件数量在2件及以下的应当全部抽样检查；

整件数量在2～50件的至少抽样检查3件；

整件数量在50件以上的每增加50件，至少增加抽样检查1件，不足50件的按50件计。

（2）抽取最小包装数

每件整包装中抽取至少3个最小包装样品验收；

发现封口不牢、标签污损、有明显质量差异或外观异常时，应加倍抽取。

(3)散件药品的抽样

到货散件药品需逐箱检查,对同一批号的药品,至少抽取一个最小包装进行检查。

3)抽样步骤与方法

(1)抽样步骤

按验收批次的药品实物总件数计算应抽取件数;

按计算抽取件数抽取样品。

(2)抽样方法

整件药品样品:按堆垛情况,分别从每垛的前上、侧中、后下位置随机抽取;

最小包装样品抽取:从每件上、中、下不同位置进行随机抽取;

如果生产企业有特殊质量管理需求或者打开最小包装可能对药品质量有影响的,可不打开最小包装;

外包装以及封签完整的原料药、实施批签发管理的生物制品,可不开箱检查;

开启最小包装时,应在验收专用场所(验收养护室)内进行。开启后包装不能复原的,不能再作正常药品销售;抽样验收完毕后,应装抽取样本的药品包装复原、封箱及标记。

(3)特殊管理的药品

应在专区双人验收并验收到最小包装。图7.6是常用的药品标识与警示语。

图7.6 常用药品标识与警示语

知识链接

特殊管理药品范畴

药品管理法规定:国家对麻醉药品、精神药品、医疗用毒性药品、放射性药品实行特殊管理,管理办法由国务院制定。麻醉药品、精神药品、医疗用毒性药品、放射性药品是法律规定的特殊管理药品。

4)验收结果判定

当药品验收完成后,相关验收人员应根据流程要求,给出明确的药品是否符合规定的判定,判定结果有以下几种可能:

(1)合格

凡判定验收合格的药,可直接完成后续合格认定手续。

(2)不合格

凡判定为不合格或判定有疑问时,应报质量管理机构确定。

(3)可直接判定为不合格药品的情况

①未经药品监督管理部门批准的药品,无批准文号(除另有规定的药品);

②整件包装中无出厂检验合格证的药品;

③标签、说明书的内容不符合药品监督管理部门批准范围,不符合规定、没有规定标志的药品;

④购自非法药品市场或生产企业不合法的药品。如,生产单位无《药品生产许可证》《药品 GMP 证书》,或经营单位无《药品经营许可证》的;

⑤性状外观与合格品有明显差异的药品;

⑥内外包装有明显破损、封口不严的药品;

⑦对于需要特殊运输控制的药品,供货单位不能提供监控数据证明运输控制符合规定的药品。

表7.3为药品质量验收、养护及外观质量检查的项目内容汇总。

表7.3　药品质量验收、养护、外观质量检查项目内容汇总表

剂型	类　型	外观质量检查项目
片剂	压制片(素片)(含脏器、蛋白质制剂)	性状(色泽)、明显暗斑(中草药除外)、麻面、黑点、色点、碎片、松片、霉变、飞边、结晶析出、吸潮溶化、虫蛀、异嗅、其他
	包衣片(糖衣片、薄膜衣片、肠溶衣片)	性状(色泽)、花片、黑点、斑点、粘连、裂片、爆裂、掉皮、脱壳、霉变、瘪片(异形片、凹凸不平)、片芯变色变软、其他
胶囊剂	硬胶囊剂	性状(色泽)、褪色、变色、破裂、漏粉、霉变、异嗅、查内容物无结块、其他
	软胶囊剂	性状、胶丸大小均匀、光亮、粘连(振摇即散不算)、破裂、漏油、异嗅、畸形丸、霉变、其他
滴丸剂		性状、胶丸大小均匀、光亮、粘连、粘瓶(振摇即散不算)、破裂、漏油、异嗅、畸形丸、霉变、其他
注射剂	注射用粉针	性状(色泽)、澄清度、粘瓶、吸潮、结块、溶化、色点、色块、黑点、白块、纤维、玻璃屑、封口漏气、铝盖松动、其他
	冻干型粉针	性状(色泽)、粘瓶、溶化、萎缩、铝盖松动、其他
	水针剂	性状(色泽)、长霉、白点、白块、纤维、玻璃屑、色点、结晶析出、瓶盖松动、裂纹、其他
滴眼剂	溶液型滴眼剂	性状(色泽)、浑浊、沉淀、结晶析出、长霉、裂瓶、漏药、白点、白块、纤维、色点、色块、其他
	混悬型滴眼剂	性状(色泽)、长霉、色点、色块、结块、漏药、胶塞、瓶盖松动、颗粒细度、滴管长度、其他

续表

剂型	类　型	外观质量检查项目
散剂	散剂	性状(色泽、混合均匀)、溶解、结块、溶化、异物、破漏、霉变、虫蛀、其他
	含结晶水药物的散剂	性状(色泽、混合均匀)、风化、潮解、异物、异臭、破漏、霉变、其他
颗粒剂(冲剂)		性状(色泽)、结块、潮解、颗粒均匀、异物、异臭、霉变、软化、破漏、虫蛀、其他
酊水剂	酊剂	性状(色泽)、澄清度、结晶析出、异物、浑浊、沉淀、渗漏、其他
	口服溶液剂	性状(色泽)、澄清度、结晶析出、沉淀、异物、异臭、酸败、渗漏、霉变、其他
	口服混悬剂	性状(色泽)、酸败、结块、异物、异臭、颗粒细微下沉缓慢、渗漏、霉变、其他
	口服乳剂	性状(色泽)、异物、异臭、分层、渗漏、霉变、其他
糖浆剂		性状、澄清度、浑浊、沉淀、结晶析出、异物、异臭、酸败、产氧、渗漏、霉变、其他
流浸膏剂		参照酊剂
软膏剂	油脂性基质	性状、异物、异臭、酸败、霉变、漏药、其他
	乳剂型基质	性状、异物、异臭、酸败、分层、霉变、漏药、其他
眼膏剂		与软膏剂检查一致外,涂于皮肤上无刺激性,无金属异物
气雾剂		性状、异物、漏气、破漏、喷嘴(掀压费力、喷不出或连续喷)
栓剂		性状、霉变、酸败、干裂、软化、变形、走油出汗、其他
膜剂		完整光洁、色泽均匀、厚度一致、受潮、霉变、气泡、压痕均匀易撕开、其他
丸剂	蜜丸、水蜜丸浓缩丸	性状、圆整均匀、大小蜜丸应细腻滋润、软硬适中、异物、皱皮、其他
	水丸、糊丸	性状、大小均匀、光圆平整、粗糙纹、异物、其他
橡胶膏剂		性状、药物涂布均匀、透油(透背)、老化、失粘、其他

7.2.4　验收的记录

药品的验收记录是医药类企业质量检查验收的核心资料。它需要根据验收的实际情况,将验收药品的质量状况真实、完整、准确及有效地记录下来,再作出明确的验收结论。根据新版 GSP 第八十条内容:

①验收记录应包括:药品通用名、剂型、规格、批号、批准文号、生产日期、生产厂家、药品有效期、供货商、到货数量、到货日期、验收合格数量、验收结果、验收人员的姓名和验收日期等内容。

②中药材验收记录应当包括:品名、产地、供货单位、到货数量、验收合格数量等内容。中药饮片验收记录应当包括品名、规格、批号、产地、生产日期、生产厂商、供货单位、到货数量、验收合格数量等内容,实施批准文号管理的中药饮片还应当记录批准文号。

③销后退回药品应建立专门的验收记录,包括:退货单位、退货日期、通用名称、规格、批准文号、批号、生产厂商(或产地)、有效期、数量、验收日期、退货原因、验收结果和验收人员

等内容。

④验收不合格的还应注明不合格事项及处置措施。

⑤企业对验收记录的保存应不少于5年。

药品质量验收记录、中药材验收记录和销后退回药品验收记录见表7.4—表7.6。

表7.4 药品质量验收记录

序号	验收日期	通用名	商品名	剂型	规格	到货数量	到货日期	供体单位	批准文号	注册商标	产品批号	生产日期	有效期	生产企业	验收合格数量	验收结果	处置措施	验收人	备注

表7.5 中药材验收记录

到货日期	验收日期	供货单位	通用名	规格	基本单位	到货数量	验收合格数量	产地	批准文号	验收结果	第一验收人	第二验收人

表7.6 销后退回药品验收记录

序号	验收日期	通用名称	商品名称	剂型	规格	批准文号	批号	有效期至	生产企业	退回单位	退回原因	退回数量	质量状况	验收结论	验收人	备注

7.3 验收的主要内容

药品验收是药品经营过程中的关键环节,《药品管理法》规定,药品经营企业采购药品,必须建立并执行检查验收制度,验明药品合格证明和其他标识,不符合规定要求的,不得采购。根据此规定,药品检查验收的具体内容包括:药品质量检查项目、包装质量检查、包装标签和说明书检查、产品合格证、进口药品、销后退回药品、中药材和中药饮片等。

7.3.1 药品质量检查项目

对购进药品及销后退回药品进行质量检查验收时,除了包装、标签、说明书及有关证明文件外,对质量有怀疑或性质不稳定的药品应进行外观质量抽查,检查时,以《中华人民共和国药典》附录规定的制剂性状为基本依据,同时注意制剂变质的有关性状。对内在质量有怀疑时,应送县级以上药品检验机构检验确定。

对药品的外观质量进行检查验收时,应根据验收养护室所配备的设施设备条件及企业实际管理的需要,确定质量检查项目,一般应对澄明度、装量差异、片重差异等项目进行检查。

1)包装质量检查

①外包装检查内容:包装箱是否牢固、干燥;封签、封条有无破损;包装箱有无渗液、污损及破损。外包装上应清晰注明药品名称、规格、产品批号、生产日期、有效期、储藏、包装、批准文号及运输注意事项或其他标记、如特殊管理药品、外用药品、非处方药标识等,有关特定储运标志的包装印刷应清晰标明,危险药品必须符合危险药品包装标志要求。

②内包装检查内容:容器应用合理、清洁、干燥、无破损;封口严密;包装印字应清晰,瓶签粘贴牢固。

2)包装标签和说明书检查

药品包装必须按照规定印有或者粘有标签,不得夹带其他任何介绍或者宣传产品、企业的文字、音像及其他资料。

a. 药品的标签是指药品包装上印有或者贴有的内容,分为内标签和外标签。药品内标签指直接接触药品的包装的标签,外标签指内标签以外的其他包装的标签。

b. 药品生产企业生产供上市销售的最小包装必须附有说明书。

c. 药品的标签应当以说明书为依据,其内容不得超出说明书的范围,不得印有暗示疗效、误导使用和不适当宣传产品的文字和标识。

d. 药品说明书和标签中的文字应当清晰易辨,标识应当清楚醒目,不得有印字脱落或者粘贴不牢等现象,不得以粘贴、剪切、涂改等方式进行修改或者补充。

非处方药包装上有椭圆形的OTC标识,甲类是红底白字,乙类是绿底白字;外用药品的包装上有红底白字“外”字的四方形专用标识,无警示语。

非处方药包装和说明书必须使用非处方药专有标识,药品说明书和大包装可以单色印刷,但需在专有标识下方标示“甲类”或“乙类”字样。非处方药专有标识必须标示在药品标签、说明书和每个销售基本单元包装的右上角。

麻醉药品、精神药品、医疗用毒性药品、放射性药品的标签,必须印有规定的标志。

蛋白同化制剂和肽类激素及含兴奋剂类成分的药品应标明“运动员慎用”警示语。

e. 药品生产企业可以在药品说明书或者标签上加注警示语。

f. 药品说明书核准日期和修改日期应当在说明书中醒目标示。

g. 药品的内标签应当包含药品通用名称、适应症或者功能主治、规格、用法用量、生产日期、产品批号、有效期、生产企业等内容。

对注射剂瓶、滴眼剂瓶等因标签尺寸限制无法全部标明上述内容的，至少应当标注药品通用名称、规格、产品批号、有效期等内容；中药蜜丸蜡壳至少注明药品通用名称。

h. 药品外标签应当注明药品通用名称、成分、性状、适应症或者功能主治、规格、用法用量、不良反应、禁忌、注意事项、储藏、生产日期、产品批号、有效期、批准文号、生产企业等内容。适应症或者功能主治、用法用量、不良反应、禁忌、注意事项不能全部注明的，应当标明主要内容并注明"详见说明书"字样。

i. 原料药的标签应当注明药品名称、储藏、生产日期、产品批号、有效期、执行标准、批准文号、生产企业，同时还需注明包装数量以及运输注意事项等必要内容。

j. 化学药品与生物制品说明书应当列有以下内容：药品名称（通用名称、商品名称、英文名称、汉语拼音）、成分[活性成分的化学名称、分子式、分子量、化学结构式（复方制剂可列出其组分名称）]、性状、适应症、规格、用法用量、不良反应、禁忌、注意事项、孕妇及哺乳期妇女用药、儿童用药、老年用药、药物相互作用、药物过量、临床试验、药理毒理、药代动力学、储藏、包装、有效期、执行标准、批准文号、生产企业（企业名称、生产地址、邮政编码、电话和传真）。

k. 中药说明书应当列有以下内容：药品名称（通用名称、汉语拼音）、成分、性状、功能主治、规格、用法用量、不良反应、禁忌、注意事项、药物相互作用、储藏、包装、有效期、执行标准、批准文号、说明书修订日期、生产企业（企业名称、生产地址、邮政编码、电话和传真）。

l. 实施电子监管的药品，应按规定加印或者加贴中国药品电子监管码，监管码的印刷应符合规定要求，监管码信息与药品包装信息应相符合。

3）**产品合格证**

药品的每个整件包装中，应有产品合格证。合格证是产品装箱清验后检验合格的证明。一般应包括品名、规格（含量及包装）、批号、生产日期、化验单号、包装日期、质检员和操作人工号或签名，并加盖质量管理部门的红色印章。

4）**合格证明文件**

每批购进药品应附有合格证明文件，验收药品应当按照药品批号逐批查验药品合格证明文件。

①供货单位为生产企业的，合格证明文件为生产企业药品检验报告书原件；

②供货单位为批发企业的，合格证明文件为生产企业药品检验报告书复印件并加盖供货单位质量管理专用章原印章。

③实施批签发管理的生物制品，合格证明文件为加盖供货单位质量管理专用章原印章的《生物制品批签发合格证》复印件。

④检验报告书的传递和保存可以采用电子数据形式，但应当保证其合法性和有效性。

7.3.2　进口药品的验收

进口药品的包装、标签应当以中文注明品名、主要成分以及注册证号，并有中文说明书。

验收进口药品应当有加盖供货单位质量管理专用章原印章的相关证明文件:

①《进口药品注册证》或《医药产品注册证》;

②进口麻醉药品和精神药品应当有《进口准许证》;

③进口药材应当有《进口药材批件》;

④《进口药品检验报告书》或注明"已抽样"字样的《进口药品通关单》;

⑤进口国家规定的实行批签发管理的生物制品,必须有批签发证明文件和《进口药品检验报告书》。

值得注意的是,验收进口药品时,应对照实物收取上述证明文件,检查品名、规格、批号、生产厂商等内容的一致性。

7.3.3 特殊药品和专门管理药品的验收

特殊管理药品,一般单独分区存放、建立独立的台账登记、记录相关的验收信息。

①特殊管理药品的验收一般使用双人验收方式,并由专职人员进行,两人必须同时在场,并在相关记录上签字;

②特殊管理药品还须具备清晰的验收依据,并以此来规定相应的法定质量标准和合同规定的质量条款;

③验收特殊管理药品的方法以及范围应当有明确规定;

④特殊管理药品的验收场所和时限应有特别规定。

7.3.4 中药材和中药饮片的验收

①应有包装,并附质量合格的标志。包装或容器应当与药品性质相适应。

②中药材每件包装上应标明品名、规格、产地、发货日期、供货单位、收购日期等。

③中药饮片每件包装上应标明品名、生产企业、生产日期等。其标签必须注明品名、规格、产地、生产企业、产品批号、生产日期。

④实施批准文号管理的中药材和中药饮片,在包装上应标明批准文号。

知识链接

道地药材:传统中药材中具有特定的品种、特定的产区或特定的生产技术和加工方法所生产的中药材。道地药材应被中医临床证明其质量优于种内其他产地的药材。作为特定环境的产物,道地药材与特定环境密不可分,其生长环境在其形成中具有重要意义。

⑤验收时应注意的7项内容:

饮片名称要规范,有国家标准的按通用名称,有省标准的用省标名称,同时标明原药材的用药部位,如根、茎、叶、花、果实、动物、矿物等,对实行批准文号管理的饮片,必须标注批准文号。

原产地的生产企业标志要全,在标签上要标明中药饮片的原产地、生产企业、企业地址及联系电话、属于总经销的可同时注明经营公司,对通过GSP认证的单位、有GMP车间以及分装的中药饮片,可同时标注分装企业。

对特殊的中药饮片，在标签某规定部位，均要有一条与底边平行的、不褪色的、有文字标志的标识，表示需要特殊管理。

规格的表示，要明确标明是饮片还是药材；净重通常以千克(kg)表示，特殊药品以克(g)表示。

标明适用范围和防治对象、成人一般用药量和使用方法、不良反应、注意事项等。

根据中药饮片的类别和所含的有效成分，在标签上标明该药品的生产日期、批号、有效期以及保管条件。

对直接收购的地产中药材，应当将实物与储存在中药样品室(柜)中的样品进行对照，起到质量检查的作用。

判为不合格的几种情况：

a. 包装袋为光素半透明或黑色的塑料袋，不署任何标识或只在袋口标示是某某饮片，袋内无合格证，属于"三无"产品。

b. 包装袋只标示饮片经营企业名称，袋内有合格证，标明该品名称和质量，但没有原产地、生产企业、产品批号、生产日期、实施批准文号管理的饮片没有注明批准文号。

c. 需要特殊管理饮片，如毒、麻、贵、细饮片，没有任何标识，对需要特殊煎制的饮片没有使用说明、适用症和注意事项，缺乏科学的提示性。

d. 名称随意更改，经营企业随意简化，或难字用同音异字替代，一种饮片有多种叫法，不标明药材的原产地。

7.3.5　冷藏、冷冻药品的验收

①冷藏药品从收货区转移到符合温度要求的待验区的时间，冷藏药品应在10 min内，冷冻药品应在5 min内。

②验收应在冷藏环境下进行，验收合格的药品，应迅速将其转到该药品说明书中所规定的储藏环境中。

③对退回的药品，接收人应视同收货，严格按冷藏冷冻药品收货要求进行操作，并做好记录，必要时送检验部门检验。

④冷藏药品的收发货及验收记录应至少保留5年。

知识链接

冷链药品说明：冷藏药品是指对药品贮藏、运输过程中有冷藏、冷冻等温度要求的药品，如疫苗类产品。其中冷藏是指温度符合2～8 ℃的储藏及运输条件，冷冻指温度符合-2 ℃及以下的储藏及运输条件。冷链则是指冷藏药品等温度敏感性药品，从生产企业成品库到使用前的整个储存、流通过程都必须处于规定的温度环境下，以保证药品质量的特殊供应链管理系统。

7.3.6　销后退回药品的验收

①对销后退回的药品，无论何种退货原因，均应按规定的程序逐批验收，并开箱抽样检

查;整件包装完好的应当加倍抽样检查,无完好外包装的每件应当抽样检查至最小包装,必要时送药品检验机构检验。鉴于销后退回药品物流过程的特殊情况,为有效地发现非正常原因引起的意外质量问题,对销后退回药品的质量验收,应在具体操作中有针对性地进行检查验收。

②零售企业的采购、收货和验收管理

从新版 GSP 对零售企业相关管理作出的规定我们可以得出以下结论:

a. 零售企业的采购、收货和验收活动管理,基本上可以参照批发企业的管理模式。

b. 零售企业在谈判采购合同时,应与供货商明确产品的品种、规格并建立目录。

c. 对于特殊管理药品,要求批发企业在具备资质符合要求的情况下,还需确认供货企业的经营资质符合规定。

d. 相应的采购、收货、验收记录同样需要保存 5 年以上,特殊管理药品记录与凭证需单独制订制度管理。

e. 验收合格药品才能入库上架,实施电子监管药品也同样需要扫码上传,如扫描失败,不得入库上架,并报质量管理人员处理。

另外,从固定的药品批发企业进货的,在接收药品时可简化验收程序。验收人员应按送货凭证对照实物,进行品名、规格、批号、有效期、生产厂商以及数量的核对,并在凭证上签字。送货凭证应保存至超过药品有效期 1 年,但不得少于 3 年。

连锁门店在接收药品配送时可简化验收程序。验收人员应按送货凭证对照实物,进行品名、规格、批号、有效期、生产厂商(或产地)以及数量的核对,并在凭证上签字。送货凭证应保存不少于 5 年。

7.4 药品的入库管理

药品的入库是在收货和验收环节完成后,为进一步确保购进药品的质量,把好药品入库质量验收关所设立的环节,根据新版 GSP、《药品管理法》以及《药品流通监督管理办法》等法律、法规的规定,应当注意以下几点:

①药品采购回来后首先办理入库手续,由采购人员向库房管理员逐件交接。库房管理员要根据采购计划单的项目认真清点要入库的药品数量,并检查好药品的规格、通用名、剂型、批号、有效期、生产厂商、购货单位、购货数量、购销价格、质量,做到数量、规格、品种准确无误,质量完好,并在接收单上签字(或在入库登记簿上共同签字确认)。

②库房管理员需按所购药品名称、供应商、数量、质量、规格、品种等做好入库登记。

③库房管理员要对所有库存物品进行登记建账,并定期核查账务情况,质量部应当定期盘库。

④药品入库,要按照不同的种类、规格、功能和要求分类、分别储存。

⑤药品数量准确、价格不串,做到账、卡、物、金相符。

⑥精密、易碎及贵重药品要轻拿轻放，严禁挤压、碰撞、倒置，要做到妥善保存。

7.4.1 药品的入库程序

①药库必须根据新版 GSP 建立健全的入库验收程序，用以防止伪劣药品进入药库，切实保证药品质量。做到质量完好、数量准确。

②药库必须设立专(兼)职验收员，并进行相应的专业培训，由具有一定业务能力和工作能力的人来担任。

③入库药品必须依据入库通知单对药品的品名、规格、数量等逐一进行验收。并对其质量、包装进行检查。具体要求如下：

a. 仔细点收大件，要求入库通知单与到货相符。

b. 对入库通知单所列项目逐一核对品名、规格、数量、效期、生产厂名、批号、批准文号、注册商标、合格证等。

c. 检查药品外观，看质量是否符合规定，有无药品破碎、短缺等问题。发现质量不合格或可疑的，应迅速查询拒收，单独存放，做好标记，并立即上报质量负责人处理。

d. 进口药品除按一般规定验收外，应加盖供货单位红色印章的《进口药品注册证》和《进口药品检验报告书》复印件，进口药品有中文标签。

e. 特殊药品必须双人逐一验收。

f. 凡验收合格入库药品，必须详细填写入库记录，验收员要签字盖章。药品入库记录必须完整、准确、字迹工整，保存 5 年备查。

g. 因工作不认真或玩忽职守导致不合格药品入库者一经查实，给予行政和经济处罚，情节严重者移交司法机关追究刑事责任。

7.4.2 验收不合格药品的处理方法

不合格药品的管理是药品经营过程中质量控制的关键环节，企业应对质量不合格药品进行控制性管理，即企业在各项质量活动及环节中，发现质量问题及不合格药品，各环节及岗位应按照规定的程序要求对有疑问药品采取有效的控制措施，并及时上报企业质量管理部门，其他任何部门、岗位都不得对质量有疑问及不合格药品进行擅自处理。质量管理部门要对上报问题进行调查、分析、裁决，并提出妥善的处理意见。

1)不合格药品的管理

不合格药品应集中存放在不合格药品库(区)，由仓储部门设置专人管理并挂明显标志，建立不合格药品管理台账，对不合格药品进行严格控制，防止出现质量事故。质量管理部门应查明质量不合格的原因，分清质量责任，及时处理并制订预防措施，有效地防止企业其他环节出现类似问题，消除质量隐患。

质量管理部门负责对不合格药品的处理情况进行定期汇总和分析，统计并分析不合格药品的原因，找出质量管理工作中存在的缺陷，改进和完善质量管理控制过程，有效地杜绝类似问题的再次发生。同时应全面分析、评审购进药品的质量状况，调整、优化药品购进渠道及品种结构，为药品采购提供可靠的决策依据。

2)不合格药品的处理程序

不合格药品的确认、报告、报损、销毁应有完善的手续或记录。

①质量管理部门负责填写“不合格药品报损审批表”,报企业质量负责人及企业负责人审批后,通知业务、仓储、财务办理销账、下账手续。

②药品销毁应按照规定的程序履行手续并做好记录,一般应由质量管理部门组织仓储、运输等部门对报损药品实施销毁,质量管理部门负责对一般药品的销毁进行监督。销毁特殊管理的药品时,应上报药品监督管理部门批准后,在药品监督管理部门的监督下销毁。

③销毁记录应包括销毁药品清单、时间、地点、方法等内容,销毁人、监督人等相关责任人员应签字。销毁一般采用焚毁、深埋、物理性状破坏等方法。

案例讨论分析

因验货程序的烦琐复杂,某门店每到总部配送商品时就格外紧张。小张刚升任该门店店长,找到相关店员了解情况。据该店员反映,门店验收一家供应商的货需 2 h,通常验收完所有供应商的货品后,一整天时间就没了,这样的情况既影响顾客的正常购买,又耽误员工的正常销售,门店员工对此意见很大。小张进一步了解后发现,该门店的验货程序如下:

第一步,通常与货品同时到达会有两张单据,一张是总部采购部门发给门店的电脑单;另一张是供应商出具的配送单。首先,店员要拿着配送单与实货进行对照,看批号、有效期是否一致,厂家是否对得上,国药准字号是否正确,数量是否相符,如果是比较难销的产品需备案。

第二步,让一部分店员将货品上架,另一个店员(数据员)将信息录入电脑,录入完成后,再把电脑单与配送单进行对验。该步骤的麻烦之处在于:电脑单与配送单会有多处不一致,尤其是价格。比如某款,电脑单显示为 9.5 元,而配送单显示为 10 元。此时店员就需逐个向采购部门致电核实,确定正确价格,而由于门店对这部分信息无权更改,核实后则必须通过采购部利用权限远程修改数据,非常麻烦。由于这类情况出现较多,因此整个流程就特别费时费力。

第三步,在完成上述工作后,为防止丢失、漏下账或下错账,店员需要将电脑数据与实货数据再对照一次,也就是说对所有货品再做一次盘点。

小张在了解该情况后,即时做出了调整,优化了流程,使门店收货验收所用时间大大缩短。

请大家分组讨论,如果你是小张,你会怎么解决这个问题?

技能实训项目示例

1. 实训目的

1)熟悉验收员的岗位职责;

2)掌握购进药品验收的内容和操作规程,学会判断药品的质量;

3)培养严谨、认真负责的工作态度和良好的职业素养。

2. 实训内容

1)设计药品验收记录表;

2)验收购进产品。

3. 实训步骤

1)验收员凭收货员签字的“随货同行单(票)”对购进药品的质量进行逐批验收;

2)按照批号逐批查验药品合格证明文件,对于相关证明文件不全或内容与到货药品不符的,不得入库,并交质量管理员处理;

3)查验同批次检验报告书;

4)在待验区对到货药品抽取样品,对样品包装、标签、说明书、外观质量等逐一进行检查、核对;

5)检查运输储存包装的封条有无损坏,包装上的内容是否清晰、全面,整件包装中应有产品合格证;

6)检查最小包装封口是否严密、牢固,有无破损、污染或渗液,包装及标签印字是否清晰,标签粘贴是否牢固;

7)检查每一最小包装标签、说明书是否符合规定;

8)验收抽取的整件药品,应做出抽样标记,验收完毕复原封箱,贴“验”字标记;

9)做好验收记录,包括药品的通用名称、剂型、规格、批准文号、批号、生产日期、有效期、生产厂商、供货单位、到货数量、到货日期、验收合格数量、验收结果等内容,签署验收员姓名及验收日期;

10)验收中出现疑似质量问题的交质量管理员(教师扮演)处理。验收不合格的药品应当注明不合格事项和处理措施,由质量管理员处理;

11)验收时注意有效期和距生产日期的时间,根据合同规定(自行设定),距生产日期不超过×个月,发现超出规定时限的,验收员提出拒收意见。

4. 实训组织

1)课前布置学生设计验收记录;

2)班级学生分成几个小组,每组 4 ~6 人,每个学生分别扮演验收员;

3)由教师扮演收货员,将药品放置待检区,将课前填好的“随货同行单”(验收通知单)发到各个小组,书面通知验收员验收;

4)每组同学根据收到的验收通知单,到待检区抽样、验收,将验收内容填写在自己设计的“药品验收记录”上;

5)由组长检查本组验收记录,归纳本组学生在实训中的体会和遇到的问题,在班级进行发言讨论;

6)教师抽查验收记录,进行答疑和总结。

5. 实训报告

设计、填写药品验收记录(本实训可以在模拟药房进行,利用计算机软件进行信息传递和数据录入)。

思考题

1. 简述对药品包装标签和说明书验收时应注意什么问题。
2. 如果到货7件药品,其中3件是一个批号,4件是另外一个批号,如何抽样?
3. 简述对进口药品进行验收的要求。
4. 简述中药材和中药饮片的包装满足什么条件时可以判定为合格。
5. 简述不合格药品的处理程序。

技能实训项目

1. 参观当地某大型药品经营企业,为该企业制订可行的药品验收岗位标准操作规程(SOP)。

2. 根据GSP要求,设计一份中药材验收记录。

第8章　药品的储存与养护

药品经营企业根据药品的特性和储存条件对药品进行分区、分类存储管理，并采用计算机管理系统对储存药品的有效期、进出库以及定期盘点等进行管理，确保库存药品质量和药品账货相符，以避免药品危害和差错。

8.1　药品的储存管理

药品储存保管的具体操作规程如图8.1所示，药品储存库房管理计算机操作示意图如图8.2所示。

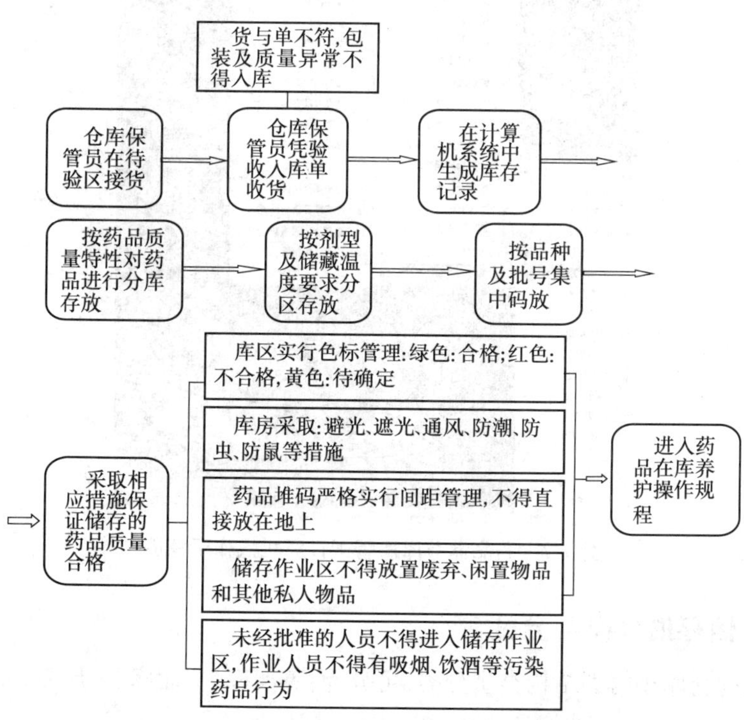

图8.1　药品储存保管具体操作规程示意图

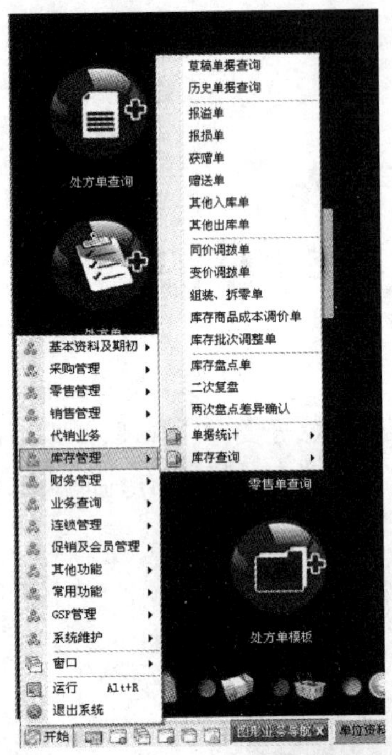

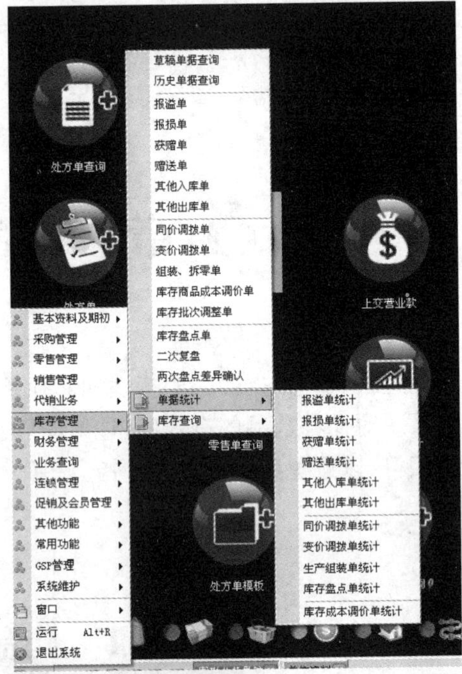

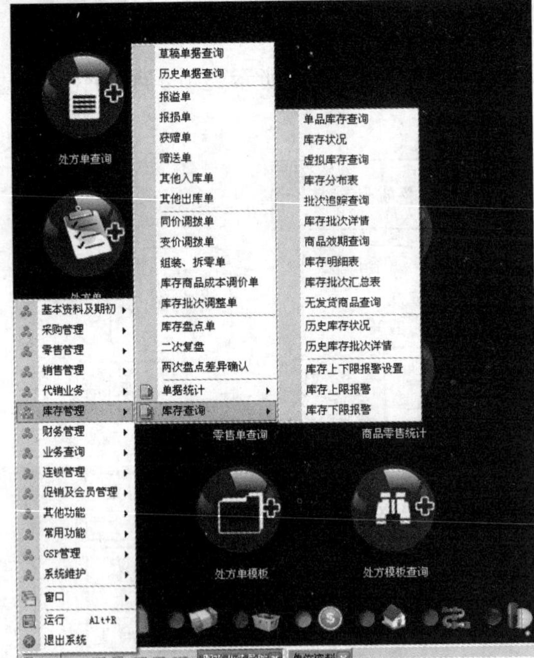

图 8.2　药品储存库房管理计算机操作示意图

8.1.1　储存的分类与分区

储存药品的仓库按内部结构类型分类，可分为：高架库、平面库、多层库，如图 8.3 所示。

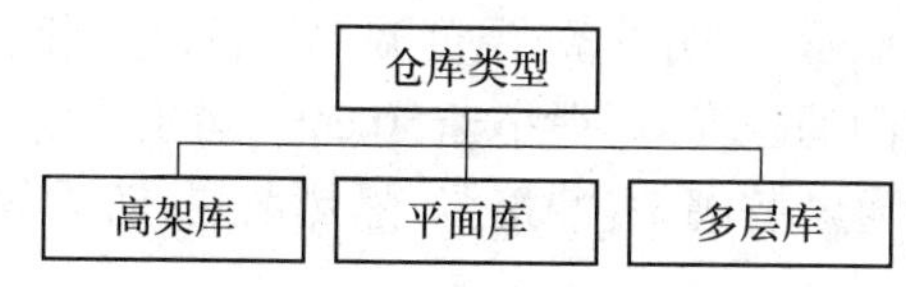

图8.3 储存药品的仓库类型

温度根据《中国药典》2015年版凡例对药品储存的规定，"阴凉处"系指温度不超过20 ℃；"阴暗处"系指避光且温度不超过20 ℃；"冷处"系指2～10 ℃，"常温"系指0～30 ℃；所以按照温度管理要求可分为：常温库(0～30 ℃)、阴凉库(≤20 ℃)、冷库(2～10 ℃)；除另有规定外，储存条件下没有规定储存温度的一般指常温。储存药品库房内的相对湿度为35%～75%。库房内的温湿度检测系统、冷库均应事先通过验证，并按照验证确认的条件合理使用。

除仓库要分类外，在相应的仓库内，不同的药品还应按其管理要求、用途、性状等进行分区储存。如药品区与非药品区；外用药品区与其他药品区；中药材、中药饮片区与其他药品区等。需要特殊保管条件的药品应单独分出，以便存放于各自专设的库房区，如需冷藏、防冻、控湿及危险品、特殊药品、贵重药品等。

按药品剂型分类，每一类药品要存放至其相应的储存区域内，如粉、片、胶囊、针、酊、水剂等。

按药品质量状态分区，仓库可分为：合格区、不合格区、待确定区。

按功能分区，仓库又可分为：验收区、发货区、退货区、储存区。

8.1.2 储存的色标管理

为了有效控制药品储存质量，应对药品按其质量状态分区管理，为杜绝库存药品的存放差错，必须对在库药品实行色标管理。其统一标准是：待验药品库(区)、退货药品库(区)、质量有疑问的药品库(区)为黄色；合格药品库(区)、零货称取库(区)、待发药品库(区)为绿色；破损、过期、确认不合格药品库(区)为红色。三色标牌以底色为准，文字可以白色或黑色表示，防止出现色标混乱。全机械化自动作业的立体库或者区域、储存场所可不设置三色标识，可在计算机系统中进行设定。

8.1.3 搬运、堆垛与货架的储存

1)搬运

药品在搬运时应严格按照外箱标识进行操作。如摆放方向、防雨防晒、易碎轻放、限制堆码层数、作业时的防护要求及其他危险警示、限制条件等。怕压药品应控制堆放高度，防止造成包装箱挤压变形。

2)堆垛

药品应按品种、批号相对集中堆放，并分开堆码，不同品种或同品种不同批号的药品不得混堆。药品堆垛的距离要求简称为"新三距"，即堆距、固定设施距、底距。

堆距是指货垛与货垛之间的距离，不得小于5 cm。留出堆距是为便于通风和检查商品以及分批管理和监控，也为了防止混垛、错发、错运等情况的发生。固定设施距是指堆垛的

侧面与库房内墙、仓库屋顶平面、照明设备、温度调控设备(包括暖气片、空调送风口、排换气扇等)及管道等设备设施之间的距离,不得小于30 cm。留出固定设施距,能起到防止墙壁的潮气影响药品的作用,达到通风散潮、查漏接漏、隔热散热、防火等作用,也便于检查及清点药品、进行消防工作。

底距是指药品堆垛与地面间距不得小于10 cm,这便要求药品必须用托盘及货架进行离地存放。目的是便于通风,避免药品受潮及虫害。目前常用的托盘材质有木质、塑料及金属3种,其中传统的木质托盘虽然经济性较好,但由于不易清洁,容易受潮及易遭受虫蚁灾害等先天缺陷,已逐步被塑料和金属托盘取代。

仓间主通道的宽度应不小于200 cm,辅助通道宽度应不少于100 cm;药品堆码高度不应阻挡温度调控设备出风风道,以免影响温度调控效果;冬季药品与散热器或者采用地热取暖的间距应当通过测试后确定;冷库内药品堆垛的制冷机出风口100 cm范围内,以及高于冷风机出风口的位置,不得堆码药品。

堆垛时还应注意:①保证人身、药品和设备的安全。②堆垛要保持药品进出库和检查盘点等作业方便。③充分发挥仓库使用效能。

图8.4为储存药品堆垛集中注意示意图。

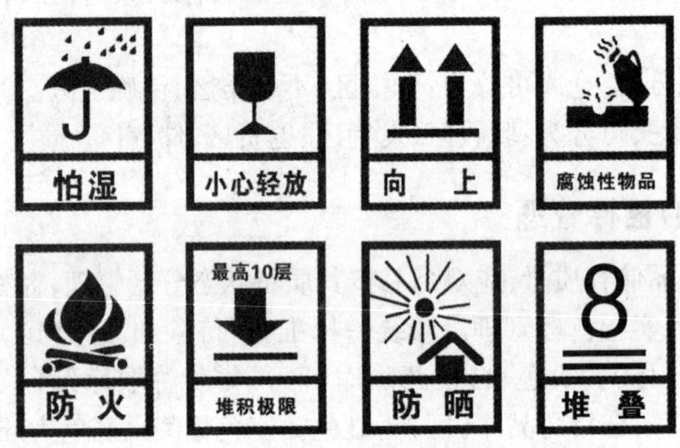

图8.4　储存药品堆垛集中注意示意图

3)货架

(1)货架的要求

①货架应背靠背地成双行排列,并与主通道垂直;单行货架可以靠防火墙放置,同时还要考虑药品的发放情况,如周转快的药品架应放在发运区附近,周转慢的可放在库内较远的区域。

②货架标志应放在各行货架面向通道的两端,以便标明各行货架编号及存放物资的种类。

③货架内物品应按货位编号的位置存放,并留一定数量的空位,以便在储存新品种时使用。

(2)货架的布置方式

货架布置的方式常见的有横列式、纵列式、纵横式(混合式)和倾斜式等,如图8.5所示。

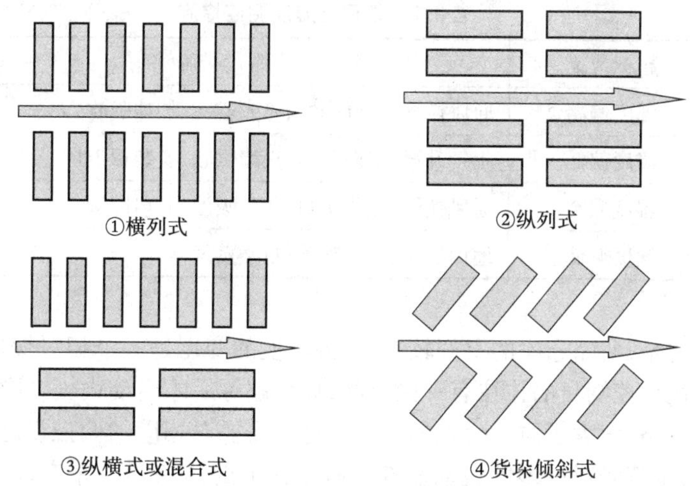

图8.5　储存药品的货架布置方式

①横列式布局就是将货架或货垛的长边与主作业通道形成垂直关系的布置方式。横列式布置货架,作业通道数目较少,主通道长且宽,副通道短,整齐美观,有利于货物的取存、检查,有利于机械化作业,便于主通道业务的正常展开,如果用于库房布局,还有利于通风和采光。其主要缺点是通道占用面积多,仓库面积的利用率会受到影响。

②纵列式布局就是将货垛或货架的长边与主作业通道形成平行关系的布置方式。这种布局的优点主要是可以根据库存物品在库时间的不同和进出频繁程度,安排货位在库时间短、进出频繁的物品放置在主通道两侧,而在库时间长、进库不频繁的物品放置在里侧。其主要优点是仓库平面利用率高,缺点是存取货物不方便,通风采光不利。

③纵横式(混合式)布局是指在同一保管场所内,横列式布局和纵列式布局兼而有之,可以综合利用两种布局的优点。

④倾斜式布局是指货垛或货架与仓库侧墙或主通道成60°、45°或30°夹角。货垛倾斜式布局是横列式布局的变形,是为了便于叉车作业、缩小叉车的回转角度、提高作业效率而采用的布局方式。

8.1.4　储存的环境管理

1)温湿度条件

药品的储存环境主要指药品存放仓库的温湿度条件。所有药品均应按其包装标示的温度要求储存,包装上没有标示具体温度的,按照《中华人民共和国药典》规定的储藏要求进行储存。各类药品储存库应保持恒温,相对湿度保持在35~75 ℃。因此,为了保证药品质量,保障人体用药安全、有效,对药品储存仓库温湿度的调控和监控尤为重要。

由于各地气候条件迥异,因此在仓库的设计和建造中首先应该考虑当地的气候环境,进行针对性的处理。譬如,在高纬度的东北等地的仓库,应考虑加装暖气设施和做墙体保温;而在南部沿海各地,应考虑排湿除湿及台风影响;在气候相对干燥的西北地区,则要考虑加装加湿设备。常用温湿度调控措施见表8.1。

表 8.1　常用温湿度调控措施

超标情况	常用措施
温度偏高	通风换气、空调降温、遮光避光、加冰强吹
温度偏低	暖气升温、空调升温、火墙供暖、安装保温层
湿度偏高	通风换气、强化密封、化学吸湿、开启除湿
湿度偏低	地面洒水、空气喷雾、自然蒸发

值得注意的是，药品仓库的空间较大，而温湿度的变化是一个相对缓慢的过程。从启用相应设施直至达到控制目的往往有一段时间，如果超标后才启动设施，往往就会造成一段时间的温湿度不合格，增大了质量变化的风险。这就需要对相应的调控设施进行验证，找到相应的反应时间，也就是对温湿度自动监控。有条件的药品储存仓库应该安装温湿度自动检测设施。

2）虫鼠的控制

此外，昆虫和老鼠会对药品质量安全带来巨大的质量风险，所以药品储存环境的防虫防鼠措施也尤为重要。无论是药品批发企业的仓库还是零售药店都应结合自身建筑物的特点，制订切实有效的防虫防鼠措施并作好记录。这是药品养护中一项重要的日常任务。

因为虫鼠的种类繁多，习性各不相同，无法采取单一的防虫防鼠措施来达到控制目的。故企业应结合自身特点建立包括数种方法的虫鼠控制系统，通过定置绘图、编号标识、定期检查评估效果和趋势分析等方式综合控制虫鼠对药品储存产生的风险。

①常用的防虫防鼠方案可分为生物学方法、生存条件控制、物理方法、生态学控制方法、行为控制方法及化学方法。其中化学方法是最有效也是最有争议的方法，应尽量避免使用。目前常用的防虫设施有：风幕、灭虫灯、粘虫胶等。防鼠设施有灭鼠板、超声波驱鼠器、捕鼠笼、外门密封条、挡鼠板等，在药品仓库内不应采用药物防鼠。

②应建立防虫防鼠的管理程序，对虫鼠控制进行规划、实施、检查及记录。

③在虫鼠滋生严重的季节，除对仓库内部加强检查外，对仓库周边环境同样要进行控制，以降低风险。

④在日常的巡查中如发现仓库地面、墙面或门窗出现裂缝，应及时修补，避免形成虫害藏匿之处和出入通道。

8.1.5　拆零药品的管理

拆零药品是指拆除外包装或大包装拆零为小包装的零货药品。通常发生在药品零售企业。拆零储存的药品仍要保证药品的安全有效性。

①药品拆零工作应由具有药学专业知识的人员完成，且必须经过岗前培训。

②应配备必备的拆零工具，如药匙、药杯、拆零药袋、医用手套等，并保持拆零工具清洁。拆零的药品要单独放于拆零专柜，并须按用途、剂型及药品的存放要求分类存放，不得与其他药品混合放置。拆零的工作台及工具应保持清洁、卫生，防止交叉污染。

③拆零销售的药品要定期进行外观质量检查，保证药品质量符合规定，做到先进先销的

原则。不符合规定的应立即撤出柜台，按不合格药品处理。

④分装拆零药品的包装必须清洁卫生，包装上必须注明药品名称、规格、数量、用法、用量、有效期、批号等内容，核对无误后，方可交给患者。拆零销售时或应提供所销售药品的说明书原件或者复印件。

⑤药品的拆零销售，应做好拆零销售记录。记录内容包括零售起始日期，药品的通用名称、规格、批号、生产厂商、有效期、销售数量、销售日期、分拆及复核人员等。

8.1.6　中药材、中药饮片的储存

1）中药材、中药饮片储存

中药材、中药饮片实行分类储存。中药材、中药饮片经验收合格入库后，应根据药品不同的性质特点分类存放于不同的库房（库区）。

（1）中药材分类储存

中药材一般按其来源分为植物类、动物类、矿物类、其他类。植物类又按药用部位分为根及根茎类、果实和种子类、花类、叶类、全草类、皮类、藤木树脂类等。应根据每一类中药材的性质特点分类存放。

①易生虫类中药材：这类中药材富含淀粉、脂肪、糖类，应与不易生虫的中药材分开存放。如白芷、白术、山药、花粉等集中存放，便于杀虫养护。

②易霉变、泛油的中药材，如天冬、麦冬、牛膝、党参、黄精、玉竹等集中存放，便于控制库房温湿度，创造阴凉、通风、干燥的有利条件，达到保管与养护目的。

③易变色、气味散失的中药材，如麻黄、月季花、款冬花、丁香等集中存放，仓库温度不宜过高，应阴凉、避光或密封储存。

④麻醉药品（罂粟壳）、医疗用毒性药品应单独分库存放。

（2）中药饮片的储存

应根据中药饮片的自然属性和储存特性，按中药饮片的类型及不同的变异性质，分类存放于阴凉库（其分类存放的方法同中药材）。

2）在库中药材、中药饮片的质量检查

（1）中药材检查

库存药品的质量检查是药品保管养护的重要环节，通过检查，及时了解各类中药材、中药饮片的质量变化情况，有利于采取有效防护措施。药品质量检查应根据药品的性质特点，结合季节、气候变化情况和储存条件进行质量检查。

①定期检查：定期对库存药品进行全面检查，了解库存药品的结构，掌握重点养护品种的质量、数量。

夏防季节（5—10 月）一般品种以月为循环周期，易虫蛀、霉变等重点养护品种，以周为循环周期进行检查。全年以半年为一次对库存药品进行两次全面质量检查。

②不定期检查：对库存药品不定期进行检查，发现问题，及时解决。对怕重压的中药材要勤翻堆倒垛。

(2)中药饮片检查

中药饮片是中药材炮制加工而成,具有与中药材相同的基本性质,但经过炮制加工后,性质发生了一定的变化,在储存中更易发生质量变质,因此应经常对库存中药饮片进行外观质量检查。主要检查中药饮片的含水量、虫蛀、霉变、泛油等情况,以便及时采取防治措施。

8.1.7 特殊管理药品的储存

根据《药品管理法》第三十五条规定,国家对麻醉药品、精神药品、医疗用毒性药品、放射性药品,实行特殊管理。因此,麻醉药品、精神药品、医疗用毒性药品、放射性药品是法律规定的特殊管理药品,简称"麻、毒、精、放"。这4类药品均具有两重性,即合理使用这类药品便能作为医疗必需品解除患者病痛,但使用不当或滥用则会影响到公众身心健康和生命安全。因此,必须对其生产、供应和使用等实施特殊管理。

随着社会的发展和法律法规的完善和提高,特殊管理类药品范围在不断扩大。目前明确要求进行特殊管理药品还包括:药品类易制毒化学品、蛋白同化制种、肽类激素、终止妊娠药品、部分含特殊药品复方制剂。

药品批发企业应对麻醉药品、第一类精神药品、医疗用毒性药品、放射性药品实行专库或专柜存放、双人双锁管理、专账记录,做到账物相符。麻醉药品和第一类精神药品的专用仓库必须位于库区建筑群之内,不靠外墙;仓库采用无窗建筑形式,整体为钢筋混凝土结构,具有抗撞击能力,入口采用钢制保险库门,实行双人双锁管理。库内应安装相应的防火设施,需要安装监控设施和报警装置,报警装置应当与公安机关报警系统联网。麻醉药品和第一类精神药品可同库储存,医疗用毒性药品、放射性药品分别设置专库或专柜存放,放射性药品应采取有效的防辐射措施。第二类精神药品宜存放于相对独立的储存区域,且应加强账、货管理。

8.1.8 药品的有效期管理

药品在规定的时间内和一定储存条件下能够保持其质量和有效性。但在超出一定时限后,即使在规定的储存条件下,其效价(或含量)也会逐渐下降,以致增加毒性,无法使用。为保证药品质量,保证用药安全,药品必须严格遵守其特定的储存条件,并在规定的期限内使用,以确保药品的有效性和安全性。因此,加强对药品有效期的管理,是保证用药安全、有效的重要条件,更是降低药品损耗、提升业绩的重要举措。

药品有效期系指该药品被批准的使用期限。药品标签中的有效期应当按照年、月、日的顺序标注,年份用4位数字表示,月、日用2位数表示。其具体标注格式为"有效期至××××年××月"或者"有效期至××××年××月××日";也可以用数字和其他符号表示为"有效期至××××.××."或者"有效期至××××/××/××"等。有效期若标注到日,应当为起算日期对应年月日的前一天,若标注到月,应当为起算月份对应年月的前两月。

对药品的质量管理应严格实行按批号管理的制度,实现药品质量按批号进行有效控制、追溯的目的。在实际操作过程中,应保证各类文件、记录所使用的药品批号的完整性和准确性,不得对组成药品批号的字母或数字擅自进行增加或删减。

企业在经营活动和质量控制的过程中，应结合自身的经营规模、经营模式、所经营品种的特性，明确药品近效期的具体时限，大中型批发企业的药品近效期时限应不少于1年，小型批发企业的药品近效期时限应不少于6个月。药品保管员应及时、准确地掌握库存近效期药品的状况，按月填写近效期药品催销表，报业务销售部门、质量管理部门及仓储部门，对近效期药品实施重点质量控制并及时催销，以避免药品过期失效。

药品经营企业应制定药品效期管理制度，每季度定时检查和考核制度执行情况，并在年终通过企业内部评审确保制度的有效实施，合理控制进、存、销过程管理，防止药品过期失效，确保药品质量。可采取以下措施。

1）计划采购，严格验收

一般距药品有效期截止日期不足6个月的药品为近效期药品。相关业务部门在制订药品购货计划和签订合同时，应将药品距有效期的时间要求作为药品质量要求的内容之一。验收人员在验收药品时要检查药品包装和所附说明书上的有效期，验收记录中要包含有效期的内容，有效期不足6个月的药品不得验收入库。

2）合理储存，近期先销

实行药品效期储存管理，药品应按批号进行储存，根据药品的有效期相对集中存放，按效期远近依次堆码，在货位上设近效期标志或标牌，库房内设"效期药品一览表"，将每批药品失效期按先后分别标明，使之一目了然。每一货位要设货位卡，注明效期与数量，记录发药、进药情况应与"效期药品一览表"相一致，在一个小牌上注明数量和失效期，挂在该药品堆架下。每次购进新药时，再按效期先后做适当调整，发药时取排在最先的该批药品。这样，从货架上可以反映销存情况，库房保管人员可以通过"效期药品一览表"掌握到货、发货的效期情况。药品在库储存期间应认真检查，检查的时间和方法根据药品的性质及其变化规律，结合季节气候、储存环境和储存时间长短等采取定期检查、随机检查等。药品进仓后3个月开始抽检质量，以后每季循环检查，近效期药品每月循环检查。

3）细致养护，及时促销

药品经营企业需要在计算机管理系统中设置近效期报警系统。根据入库时输入的信息，由计算机进行各品种的跟踪和预警。保管员根据系统的警报提示，填写"近效期药品催销表"（表8.2），报业务销售部门、质量管理部门及仓储部门，对近效期药品实行重点质量控制。有效期2年以上的药品失效期前12个月，有效期2年以下1年以上的药品失效期前9个月，有效期1年的药品失效期前6个月以及连续2个月没有销售过的药品，应每月填报促销单分别上报，以便企业能全面了解经营药品的质量状况，为制订管理决策提供可靠的第一手材料。同时，销售部门可采取降价等措施积极促销，确保药品不过期、不变质。

4）出库检查，仔细核对

药品出库时，应遵循"四先出"原则，即"先产先出""先进先出""易变先出""近期先出"。如果"近期先出"及"先进先出"出现矛盾，应优先遵循"近期先出"的原则。同时应认真核对有效期，已超过有效期的药品不得出库、不得销售。相关部门应按"近效期药品催销表"所列内容及时组织销售或退换货，以避免药品过期造成经济损失。

总之，只要从进、存、销等各环节把好近效期药品管理关，业务部门就能及时采取各种措施积极催销，既能保证药品质量，又能降低企业经济损失，真正实现向管理要效益。

表 8.2　近效期药品催销表

序号	药品名称	通用名称	剂型	规格	生产企业	批号	数量	进价	金额	供货企业	有效期至	生产日期	货位号	备注

8.1.9　销后退回药品的管理

药品经营企业对销售退回药品应重点检查控制，按照售后退回管理的有关制度和操作程序进行管理。销后退回的药品首先由销售员负责审核办理售后退货申请相关手续；其次收货员、验收员、仓储（保管）员负责退回药品的收货、质量验收和入库管理工作；销售部经理负责对销后退回药品的审批和本规程的督导执行；质量管理部负责对退回药品的质量把关和本规程的监督执行。药品退货流程示意图如图 8.6 所示。

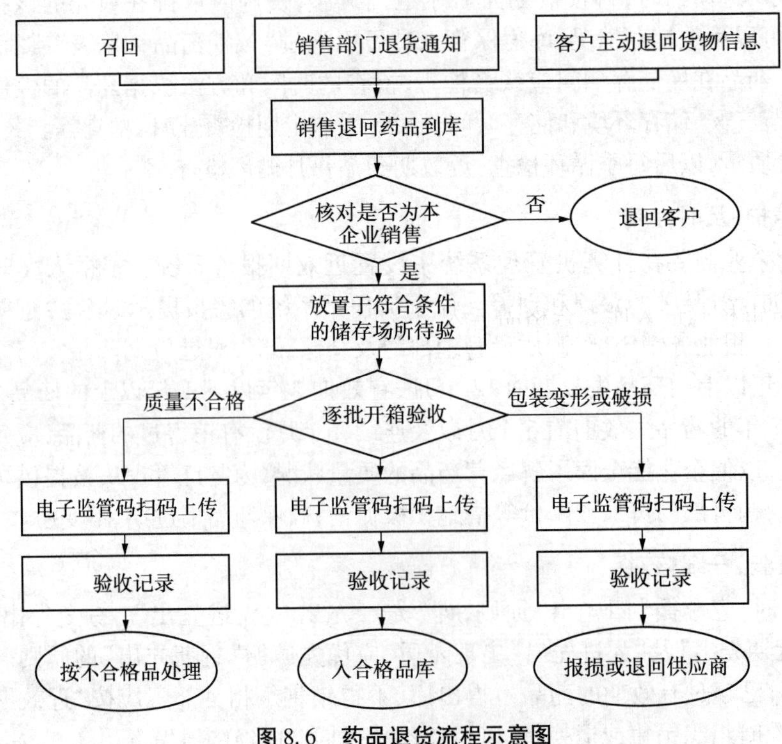

图 8.6　药品退货流程示意图

①必须坚持药品一经售出，除药品质量原因外，不得退换的原则。但因业务关系等特殊原因，购货单位提出退货，首先由销售员负责情况审核，然后填写《销后退回药品确认审批通知单》（一式二份），经销售部经理审批签字同意后方可将货退回。

②销售员将购货单位退回药品及审批后的《销后退回药品确认审批通知单》转交仓储部门，仓储部门收货员依据销售部审批确认的退货凭证和退回药品，与计算机系统中《药品销售记录》和《药品出库复核记录》信息进行核对，确认为本公司销售的药品后，方可收货和办理交接手续，并将药品放置于相应储存条件的专用待验区。

③验收员核对系统中的相关记录后，严格按照药品验收操作规程对销后退回药品逐批逐一进行检查验收和签字，并在系统中做好《销售退回药品验收记录》，按规定保存5年。

④验收员验收和签字后的《销后退回药品确认审批通知单》交仓储（保管）员核对签字后留存一联，并作好《销售退回药品台账》（表8.3），另一联由销售员转开票员完善相关冲退入库手续。

表8.3 售后退回药品台账表

序号	退货日期	退货单位	通用名称	商品名称	剂型	规格	批号	数量	单价	金额合计	退货原因	处理结果	备注

⑤开票员依据《销后退回药品确认审批通知单》，在系统中开出《药品销售票》冲退票一式四联（仓库、客户、开票、财会），经销售员签字然后转收款员复核、盖章和在系统中确认，并完备相关账务手续。《药品销售票》冲退票“客户联”由销售员转购货单位记账，“仓库联”由销售员转仓储部门完善入库手续。

⑥仓储部门验收员核对《药品销售票》冲退票后在系统中作出确认，再将票据和实货转储存（保管）员审核确认入库。合格品存入相应条件的合格品库（区）待销售，不合格品按相关规定完善手续后存入不合格品库（区）待处理。

⑦不合格品由验收员申请质管员复查，然后按规定上报质量管理部门执行《不合格品管理制度》。

8.2 药品的养护管理

药品养护就是按照确保产品质量特性，采取科学、合理、经济、有效的技术调控措施和手段，对所储存的药品质量进行定期检查、保养和维护，防止药品质量变异，从而有效控制药品质量。药品在库养护的操作规程如图 8.7 所示。

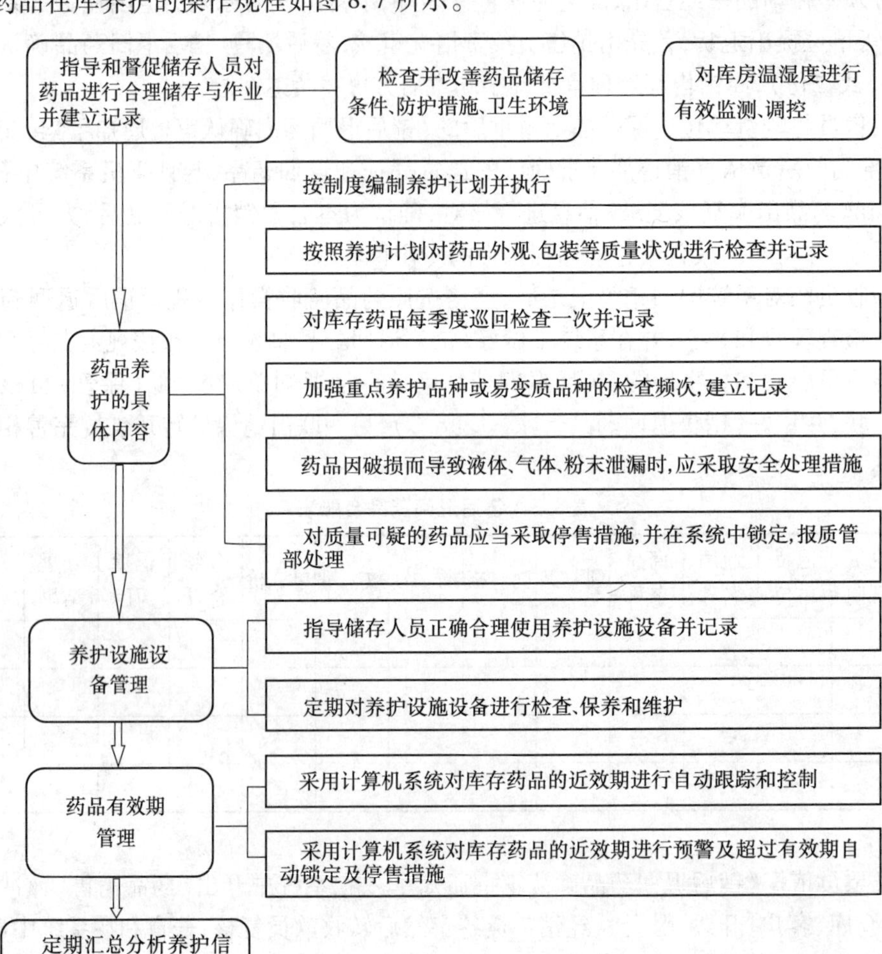

图 8.7　药品在库养护操作规程示意图

8.2.1　养护工作的主要内容

1)养护工作的含义

药品养护工作是指在质量管理人员的指导下,围绕保证药品储存质量为目标,制订药品养护工作计划,确定重点养护品种,检查控制在库药品的储存条件,定期检查药品质量,对发现的问题及时采取有效的处理措施。

2)养护工作的措施

(1)避光和遮光措施

有些药品对光敏感,如肾上腺素遇光变玫瑰红色,维生素 C 遇光变黄棕色,双氧水遇光分解为水和氧气等。因此,在保管过程中必须采取相应的避光措施。除药品的包装必须采用避光容器或其他遮光材料包装外,药品在库储存期间应尽量置于阴暗处,对门、窗、具等采取相应的措施进行遮光,特别是一些大包装药品,在分发之后,剩余部分药品应及时进行光密闭,防止漏光,造成药品氧化分解、变质失效。

(2)降温措施

温度过高,会使许多药品变质失效,特别是生物制品、抗生素、疫苗血清制品等对温度的要求更严。即使是普通药品在过高温度下储存,仍能影响药品的质量。因此,必须保持药品储存期间的适宜温度。对于普通药品,当库内温度高于库外时,可开启门窗通风降温。在夏季对于不易吸潮的药品可进行夜间通风。应注意通风要结合湿度一起考虑,因为药品往往怕热也怕潮,只要库外温度和相对湿度都低于库内,就可以通风降温。装配有排风扇等通风设备的仓库,可启用通风设备进行通风降温(危险药品库除外)。也可采用电扇对准冰块吹风,以加速对流,提高降温效果。但要注意及时排除冰融化后的水,因冰融后的水可使库内湿度增高,故易潮解的药品不适宜此方法。

(3)保温措施

在我国北方地区,冬季气温有时很低。这对一些怕冻药品的储存不利,必须采取保温措施,一般可采用暖气片取暖、火炉取暖、火墙取暖等方法,提高库内温度,保证药品安全过冬。特别需要注意的是,采用火炉取暖的库内不能存放有易燃易爆药品,生火炉期间应有专人看管,注意防火,加强消防措施,同时要防止库内因长时间燃烧而造成缺氧,导致人员煤气中毒事故。

(4)降湿措施

在我国气候潮湿的地区或阴雨季节,药品库房往往需要采取空气降湿的措施。为了更好地掌握库内湿度情况,可根据库内面积大小设置数量适当的湿度计,将仪器挂在空气流通的货架上,每天定时观测,并做好记录。记录应妥善保管,作为参考资料,以掌握湿度变化规律,并作为考察库存期间药品质量的依据之一。一般来说,库内相对湿度应控制在75%以下为宜,控制方法可采用通风降湿、密封防潮及人工吸潮降湿相结合。

(5)升湿措施

在空气十分干燥的地区,必须采取升湿措施。具体方法有:向库内地面洒水或以喷雾设备喷水;库内设置盛水容器,储水自然蒸发等。

(6)防鼠措施

库内物品堆集,鼠害常易侵入,造成损失。特别是一些袋装原料如葡萄糖等一旦发生鼠害则严重污染药品。因此,必须防鼠灭害,一般可采用下列措施:认真观察,堵塞一切可能的鼠害通道;库内无人时,应随时关好库门、库窗(通风时例外),特别是夜间加强库内灭鼠,可采用电猫、鼠夹、鼠笼等工具;加强库外鼠害防治,仓库四周应保持整洁,不要随便乱堆乱放杂物,同时要定期在仓库四周投放灭鼠药,以消灭害源。

(7)防火措施

药品的包装尤其是外包装,大多数是可燃性材料,所以防火是一项常规性工作。在库内四周墙上适当的地方要挂有消防用具和灭火器,并建立严格的防火岗位责任制。对有关人员进行防火安全教育，进行防火器材使用的培训，使这些人员能非常熟练地使用防火器材。库内外应有防火标记或警示牌，消防栓应定期检查，危险药品库应严格按危险药品有关管理方法进行管理。

8.2.2 养护计划的制订与实施

1）养护计划的制订

药品养护计划要根据药品的储存特性要求，科学、合理地制订，通过控制调节药品的储存条件，对药品储存质量进行定期检查，达到有效防止药品质量变异、确保储存药品质量的目的。

通过制订养护计划，可以指导我们在一定时期内如何开展养护工作、要达到怎样的目标，使日常养护工作有的放矢。制订养护计划可以参照企业上年度养护工作中存在的问题和薄弱环节，结合企业年度质量评审的内容，考虑本年度业务经营工作发展的要求和企业仓储条件的实际。计划的内容要具体，目标要明确，能够量化的指标要尽可能地量化，定性指标应当表述清楚。养护计划要突出重点。在品种上突出主营品种、量大品种、药品监督管理部门近期重点监测的品种和质量易变化的药品；在工作措施上重点抓改进和完善；工作方法重点放在如何确保药品质量等。养护计划在时间安排上要合理，可以分月（季）安排具体的养护工作内容。

2）养护计划的实施

（1）药品储存的合理性

药品养护员在日常管理过程中，应对在库药品的分类储存、货垛码放、垛位间距、色标管理等工作内容进行巡查，及时纠正发现的问题，确保药品按规定的要求合理储存。

（2）仓储条件监测与控制

药品仓储条件的监测与控制内容主要包括库内温湿度条件、药品储存设备的适宜性、药品避光和防鼠等措施的有效性和安全消防设施的运行状态。为保证各类库房的温湿度符合规定要求，仓库保管人员要在养护员的指导下有效地对库房温湿度条件进行动态监测和管理，发现库房温湿度超出规定范围或接近临界值时，应及时采取通风、降温、除湿、保温等措施进行有效调控。

为此，企业应当在储存药品的仓库中配备温湿度监测系统。系统可对药品储存过程的温湿度状况和冷藏、冷冻药品运输过程的温度状况进行实时自动监测和记录，有效防范储运过程中可能发生的影响药品质量安全的风险，确保药品质量安全。

（3）库存药品质量的循环检查

药品在库储存期间，由于受到外界环境因素的影响，随时都有可能出现各种质量变化现象。因此，除需采取适当的保管、养护措施外，还必须经常和定期地进行在库检查。通过检查，及时了解药品的质量变化，以便采取相应的防护措施，并验证所采取的养护措施的成效，掌握药品质量变化的规律。

①检查的时间和方法。药品在库检查的时间和方法，应根据药品的性质及其变化规律，

结合季节气候、储存环境和储存时间长短等因素掌握,见表8.4。

表8.4　库存药品质量检查的时间和方法

检查方法	具体内容
"三三四制"循环养护检查或月检$\frac{1}{3}$	每个季度3个月,第一个月检查30%,第二个月检查30%,第三个月检查40%或者每个月检查$\frac{1}{3}$,使库存药品每个季度能被全面检查一次
定期检查	根据药品性质及管理需要,对不同类别的药品应设定不同的检查期限。一般上、下半年对库存药品逐堆逐垛各进行一次全面检查,对受热易变质、吸潮易引湿、近效期药品、麻醉药品、精神药品、医疗用毒性药品、放射性药品等特殊管理的药品,要重点进行检查,一般每月至少检查一次
随机检查	当气候条件出现异常变化,遇高温、严寒,雨季或发现药品有质量变化迹象时,应由质量管理部组织有关人员进行局部或全面检查;为避免漏查,应严格规定检查顺序。主要检查内容包括包装情况、外观性状,应按规定的程序和要求进行有效的管理

②检查的内容与要求。在库药品都是经过验收合格的药品,养护的药品质量检查主要是针对药品在库保管过程中药品的质量是否发生变化来进行质量检查工作的,一般应根据药品的剂型打开药品包装进行检查,见表8.5。

表8.5　库存药品质量检查的内容

药品剂型	主要检查内容(主要质量问题)
水针剂	色泽、澄明度等
包衣片剂	溶化、粘连、霉变、爆裂等
硬胶囊剂	斑点、粘连、霉变等
固颗粒剂	疏漏、潮解等
软膏剂	破漏、分层等
糖浆剂	浑浊、沉淀、破漏等

企业应根据本企业经营药品的情况,结合生产厂家的药品质量情况,参照有关质量标准,规定养护工作中对各种剂型的质量检查的内容和方法。对于不能打开包装的药品,一般只能根据药品的最小销售包装来判断药品的质量情况。针对不同的药品,可以采取观察药品外包装是否变色、比较同品种的质量、轻轻摇动药品看是否有破碎等方法。在这种情况下需要养护人员有比较丰富的实践经验。在检查中,要加强对易变质药品,储存时间较长、包装容易损坏、近效期不足1年的药品或其他应检查的药品的查看。

药品在库检查,要坚持经常检查与定期检查、员工检查与专职检查、重点检查与全面检查相结合的原则,检查时要对每个品种规格做好库存商品养护检查记录,做到边检查、边整改,发现同题应及时处理。检查完后,要对检查情况进行综合整理,写出质量小结,作为分析质量变化的依据和资料。同时,结合检查工作,不断总结经验,提高在库药品的保管养护工作水平。

8.2.3 重点品种的养护

药品的储存质量受储存环境和药品性状的制约和影响,在实际工作中,应根据经营药品的品种结构、药品储存条件的要求、自然环境的变化、监督管理的要求,在确保日常养护工作有效开展的基础上,将部分药品确定为重点养护品种,采取有针对性的养护方法。

1)重点养护药品的意义

重点养护药品应根据药品的性能和包装的质量、药品质量是否曾经出现问题或药品质量易发生变化的品种而确定。定期进行药品的养护检查记录,及时了解重点养护药品的质量变化,并采取相应的防治措施;熟悉药品性能,研究影响药品质量的各种因素,掌握药品质量变化的规律,提高药品保管养护的科学水平,及时采取各种有效措施,防患于未然。

2)重点养护药品的养护范围

重点养护品种范围一般包括药品经营企业的主营品种、首营品种、质量性状不稳定的品种、有特殊储存要求的品种、储存时间较长的品种、近期内发生过质量问题的品种及药监部门重点监控的品种。

3)重点养护药品的时间范围

确定的重点养护药品品种每月定期进行一次养护。养护期限从确定品种之日起一年。

4)重点养护药品处理程序

重点养护药品每次养护检查时,应及时作好重点养护记录,在养护检查过程中,发现药品质量出现变化,要尽快向公司质量管理部上报。在尽短的时间内,对药品进行质量复查,确定结果,做好记录,为掌握药品质量提供科学依据。

8.2.4 中药材及中药饮片的养护

中药材及中药饮片作为药品中的一个特殊分类,由于其形态、成分、性能的多样性及复杂性,在储存过程中发生质量变化的风险较高,因此中药材及中药饮片储存养护的方法、标准及技术要求也较高,采用的手段也较为多样。从事中药材、中药饮片养护工作的人员,应当具有中药学专业中专以上学历或者具有中药学初级以上专业技术职称。此规定旨在促进此类养护工作的顺利开展和实施,达到保障中药材及中药饮片质量的目的。图 8.8 为中药材和中药饮片存库示意图。

1)影响中药变质的自然因素

①空气:主要因素有水分(受潮、返潮)、氧气(氧化、分解)、灰尘(污染)、微生物(生虫、霉变)。在保管中需根据季节和药品性质的不同情况采取相应的措施加以控制。

②温度:在 16~35 ℃时一般害虫容易生长繁殖;在 25~28 ℃时最适合霉菌的生长;在 35 ℃以上时,挥发性的药物成分会加速挥发,花、叶之类容易香气走失与变色,含油脂的药物

易出现走油，树脂类药品易出现软化与融化而发生粘连现象。

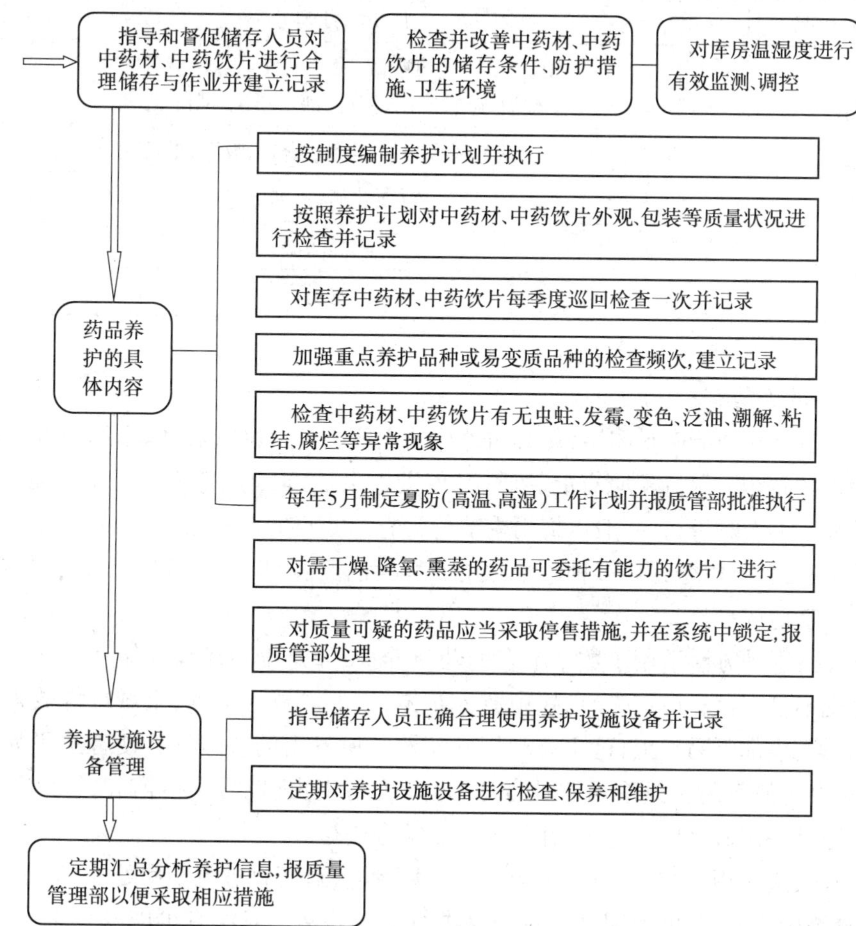

图 8.8　中药材和中药饮片在库养护示意图

③湿度：湿度与温度是与药品质量密切相关的两方面。一般在 30 ℃以下，相对湿度控制在 70% ~75%。

④日光：对于中药有干燥、防霉和杀虫杀菌作用。但其中的紫外线会加速药物成分的氧化、还原、分解以及促使药物挥发、变色失性等。

⑤时间：一般储存 5 年以上，但有些中药的药物活性成分会随着存放时间的增加而减弱或全无。

2）中药材及中药饮片的主要质量变异现象及养护

中药及中药饮片常见的质量变异情况及对策见表 8.6。

表 8.6　中药及中药饮片常见的质量变异情况及相应对策

质量变异情况	预防与处理方法
虫蛀	预防方法：密封、冷藏、对抗 救治方法：药物熏蒸、高温杀虫

续表

质量变异情况	预防与处理方法
泛油、霉变	预防方法:通风吸潮、密封、晾晒烘烤、硫黄熏蒸 救治方法:撞刷、淘洗、沸水喷洗、醋洗、油擦
变色	遮光避光、通风防潮、密封、吸潮、烘烤
散失变味	密封、晾晒、药剂熏蒸
融化	降温除湿
潮解、风化	密封

几个常用的方法有:

①密封法:药材经严密封闭后,使其与外界的光线、有害气体以及害虫细菌等隔绝,少受各种自然因素的影响,保持其原有的品质,避免发生虫蛀、霉变等损失。密封时必须在气温较低、相对湿度不大时进行,一般以梅雨季节前为宜。密封的形式很多,一般有按件密封、货架密封、按垛密封、整库密封等多种。密封用的材料也很多,有容器、毛毡、木版、芒席、锯末、干沙等,可以就地取材。

②对抗法:这种方法适用于数量不多的药材养护,如丹皮与泽泻同储在一起,泽泻就不易生虫,丹皮不易变色。白花蛇、乌蛇中放入花椒,三七内放入樟脑,土城虫内放入大蒜头,当归内放酒等,也都不易生虫,这主要利用同储药材所发出的特殊气味使害虫不易生存,从而起到防止虫害的作用。但采用这种方法,最好在易生虫、发霉季节前先把泽泻、乌蛇、三七、土元等进行一次蒸烤以杀害虫,并与密封法结合进行。

③干燥法:应采用摊晾法、石灰干燥法、密封干燥法对药材进行干燥处理,降低其水分。

④臭氧杀菌法:每季度使用臭氧对药材进行臭氧杀菌。对将有可能发生微生物污染的药材、中药饮片在专用的密封条件下,开启臭氧发生器 4 h,进行杀菌处理。

⑤硫黄熏蒸法:硫黄燃烧后能产生有毒的二氧化硫气体,能毒死害虫,但由于二氧化硫会灼伤正在生长的植物,并对种子的发芽有不良影响,因此种子类药材均不宜用硫黄熏蒸处理。又由于二氧化硫遇水生成硫酸,有漂白的作用,易使药材变色,同时用硫黄熏过的药材有时味道会变酸,并有硫酸气味,因此对易变色、变味和质地脆嫩的药材不宜用此方法。

3)特殊保管中药材及中药饮片的养护

某些中药材及中药饮片具有强烈的毒性,有些则易燃,如在储存中不加以注意,就会造成中毒或火灾等严重事故。另外,贵细药材经济价值高,保管不当则极易损耗,某些鲜活及盐腌药材易腐烂。对这些中药材及中药饮片均应进行特殊保管。这些中药材及中药饮片的养护注意事项见表 8.7。

表 8.7　中药材及中药饮片养护注意事项

分　类	举　例	养护要点及注意事项
剧毒药材	乌头、信石、马钱子、水银	专人、专库储存,每件包装必须有明显的标示

续表

分类	举例	养护要点及注意事项
易燃药材	火硝、硫黄、海金沙、松香	数量较大则应储存在危险品专库,数量小的药材应注意和其他药材保持距离单独存放,并注意通风降温
细贵药材	人参、鹿茸、麝香、犀角、猴枣、熊胆、燕窝、西红花、珍珠等	应放在安全可靠的库房内储存,操作时注意防止残损,应密闭保存
鲜药材	鲜石斛、鲜地黄、鲜何首乌等	拣选,假植,埋藏

8.2.5 药品养护的档案与信息

为给药品养护工作提供系统、全面的管理依据,不断提高药品养护的技术水平,药品经营企业应针对所有药品建立养护档案,收集、分析、传递养护过程中的信息资料,从而保证药品养护质量信息系统有效运行。药品养护流程如图8.9所示,养护过程中发现有问题药品的处理操作流程如图8.10所示。

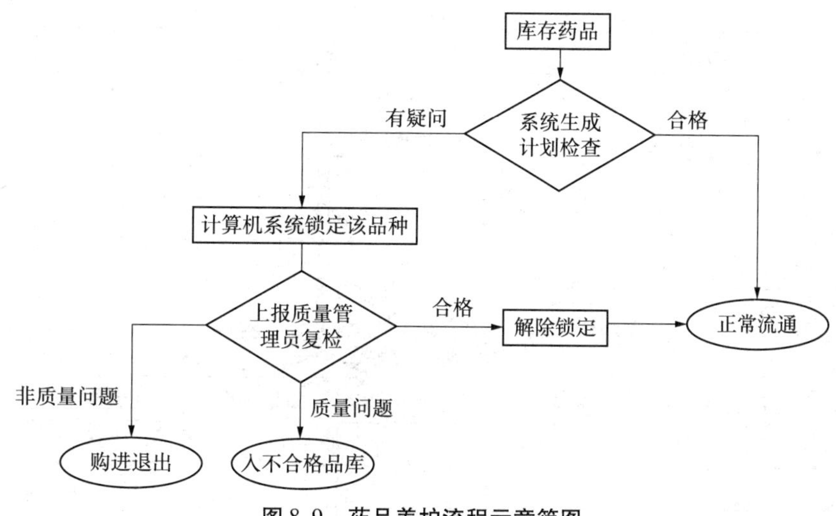

图8.9 药品养护流程示意简图

1)药品养护档案

养护档案,是指企业记录药品养护信息的档案资料,其内容包括药品的基本质量信息、药品储存的基本要求、观察周期内对药品储存质量的追踪记录(如温湿度监测和调控记录)、检查中有问题药品的记录和有关问题的处理情况,以及对养护工作情况的定期汇总和分析(如总结养护经验、改进养护方法)等。企业应结合仓储管理的实际,本着“以保证药品质量为前提,以服务业务经营需要为目标”的原则,对所有品种建立药品养护档案,见表8.8。

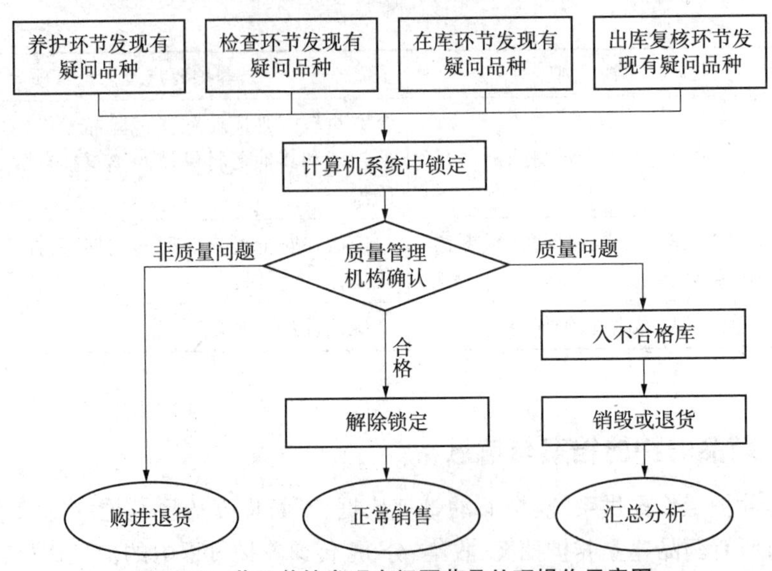

图 8.10　药品养护发现有问题药品处理操作示意图

表 8.8　药品养护档案表

编号：

药品名称		规　格	
英文名		有效期(年)	
用　途		建档目的	
建档日期		建档人(养护人)	
质量标准		检验项目	
性　状		包装情况	
储藏要求			

质量问题摘要						
日　期	产品批号	批准文号	生产企业	质量问题	处理措施	备　注

2)药品养护信息

药品养护人员应定期汇总、分析和上报养护检查药品的质量信息。以便质量管理部门和业务部门及时、全面地掌握储存药品质量信息，合理调节库存药品的数量，保证经营药品符合质量要求。其报告内容应汇总该经营周期内品种的结构、数量、批次等项目，统计并分析储存养护过程中发现的质量问题的相关指标，如质量问题产生的原因、比率，进而提出养护工作改进的措施及目标。

××医药有限责任公司文件

文件名称	药品盘点操作规程				
文件编号	××××-SOP-00×-201×			版本号	201×-0×
起草者		起草日期	年　月　日	起草部门	
审核者		审核日期	年　月　日	受控状态	受控
批准者		批准日期	年　月　日	生效日期	年　月　日
分发部门	□质管部　□采购部　□销售部　□仓储部　□运输部　□人力资源信息部　□财务部				

药品盘点操作规程

1. 适用范围

本标准适用于本公司仓库药品的盘点操作管理。

2. 职责

2.1 储存(保管)员:负责认真准确盘存并将盘点结果上报主管及相关部门。

2.2 仓储运输部长:负责本规程的执行和督促管理。

2.3 质量管理部:负责指导和监督本规程的执行。

3. 内容

3.1 盘点前的准备

3.1.1 检查计量器具是否完好,是否校验合格。

3.1.2 检查资料、记录是否齐全和符合规定。

3.2 药品盘点周期

半年盘点一次,以及其他特殊情况需要盘点时。

3.3 盘点内容

3.3.1 查药品是否在储存有效期内,有无发霉、吸潮、虫蛀、鼠咬等现象,包装有无破损、渗漏;

3.3.2 查状态标志是否齐全,所标注内容是否和实物一致,合格或不合格;

3.3.3 查数量,对定量包装的药品要查库存件数和记录件数(计算机系统)是否一致,拆零的药品要计数,并查其与记录数量(计算机系统)是否一致;

3.3.4 查药品是否遵循了按批号发货的原则。

3.4 盘点方法

3.4.1 储存(保管)员按计算机系统中打印的盘存表明细对库存现场药品进行逐一清点核对,并如实核查数量、质量状况;

3.4.2 将现场盘存核实结果与系统记录的药品库存记录相互核对;

3.4.3 将核对不符部分,再次清点库存,找出不相符原因,得到合理结果。如无合理原因,应报仓储部门负责人及质量管理部门进行处理。

3.5 盘点后的处理

3.5.1 如实准确地填写盘点报表,并再次与系统核对;

3.5.2 对质量、数量不符合的要及时查找原因,并及时上报仓储部门负责人作出处理;

3.5.3 对状态标志不符的要及时查清原因,及时更换;

3.5.4 对有生虫、吸潮、发霉和包装破损及其他异常情况的要及时报告质管员在系统中作出停售锁定,并按规定程序报告相关部门和人员及时处理;

3.5.5 对近效期或超过有效期的药品,要及时填报“近效期药品催销表”或报告质管员在系统中作出停售锁定,并申请处理。

3.6 根据盘点情况如实填写盘点报表报副总和相关部门对差错进行处理。

3.7 及时整理相关资料,并按规定保存。

思考题

1. 特殊管理药品的储存要求有哪些?
2. 药品分类储存的原则有哪些?

技能实训项目

请你撰写一份重点养护品种的计划并列表分析重点养护的品种剂型及常见的养护方法。

第9章　药品的销售与售后管理

药品销售是药品流通的终端，是药品营销人员根据消费者的要求向其提供质量合格的药品和药学服务的过程，也是药品经营企业实现经济效益和社会价值的集中体现。企业在药品销售过程中应树立以消费者为中心、诚信经营的理念，严格遵守国家法律、法规等有关规定，切实履行药品经营活动的管理制度和服务规程，确保公众用药安全、有效。药品售后管理是药品经营质量管理体系中较为重要的环节，是企业对售出药品进行质量信息收集和处理的过程，其目的是防范销后药品质量问题对顾客和社会造成的损害和影响。为此，药品经营企业应树立预防为主的经营理念，建立药品质量信息收集途径，关注来自消费者、供货企业、政府部门和社会各方面的药品信息，及时处理药品质量投诉和质量问题，防范和降低药品风险和财产损失。

9.1　药品销售管理

9.1.1　GSP 对销售管理的要求

药品销售的基本原则就是药品经营企业或药品经营人员在药品销售过程中应当遵循的法律、法规以及贯彻始终的行为准则和指导思想。根据《药品管理法实施条例》第八十三条的规定，药品经营企业分为药品批发企业和药品零售企业两类。药品批发企业是指将购进的药品销售给药品生产企业、药品经营企业、医疗机构的药品经营企业。药品零售企业是指将购进的药品直接销售给消费者的药品经营企业。药品零售是药品进入患者手中的最终端环节，营业员只有切实遵循柜台药品销售的基本原则，才能卓有成效地销售药品，保证患者正确购买药品。GSP 对药品批发及零售企业的药品销售做了严格的规范，具体如下：

1）GSP 对药品批发的要求

第八十九条　企业应当将药品销售给合法的购货单位，并对购货单位的证明文件、采购人员及提货人员的身份证明进行核实，保证药品销售流向真实、合法。

第九十条　企业应当严格审核购货单位的生产范围、经营范围或者诊疗范围，并按照相应的范围销售药品。

第九十一条　企业销售药品,应当如实开具发票,做到票、账、货、款一致。

第九十二条　企业应当做好药品销售记录。销售记录应当包括药品的通用名称、规格、剂型、批号、有效期、生产厂商、购货单位、销售数量、单价、金额、销售日期等内容。按照本规范第六十九条规定进行药品直调的,应当建立专门的销售记录。

中药材销售记录应当包括品名、规格、产地、购货单位、销售数量、单价、金额、销售日期等内容;中药饮片销售记录应当包括品名、规格、批号、产地、生产厂商、购货单位、销售数量、单价、金额、销售日期等内容。

第九十三条　销售特殊管理的药品以及国家有专门管理要求的药品,应当严格按照国家有关规定执行。

2)GSP 对药品零售的要求

第一百六十五条　企业应当在营业场所的显著位置悬挂《药品经营许可证》、营业执照、执业药师注册证等。

第一百六十六条　营业人员应当佩戴有照片、姓名、岗位等内容的工作牌,是执业药师和药学技术人员的,工作牌还应当标明执业资格或者药学专业技术职称。在岗执业的执业药师应当挂牌明示。

第一百六十七条　销售药品应当符合以下要求:

①处方经执业药师审核后方可调配;对处方所列药品不得擅自更改或者代用,对有配伍禁忌或者超剂量的处方,应当拒绝调配,但经处方医师更正或者重新签字确认的,可以调配;调配处方后经过核对方可销售;

②处方审核、调配、核对人员应当在处方上签字或者盖章,并按照有关规定保存处方或者其复印件;

③销售近效期药品应当向顾客告知有效期;

④销售中药饮片做到计量准确,并告知煎服方法及注意事项;提供中药饮片代煎服务,应当符合国家有关规定。

第一百六十八条　企业销售药品应当开具销售凭证,内容包括药品名称、生产厂商、数量、价格、批号、规格等,并做好销售记录。

第一百六十九条　药品拆零销售应当符合以下要求:

①负责拆零销售的人员经过专门培训;

②拆零的工作台及工具保持清洁、卫生,防止交叉污染;

③做好拆零销售记录,内容包括拆零起始日期、药品的通用名称、规格、批号、生产厂商、有效期、销售数量、销售日期、分拆及复核人员等;

④拆零销售应当使用洁净、卫生的包装,包装上注明药品名称、规格、数量、用法、用量、批号、有效期以及药店名称等内容;

⑤提供药品说明书原件或者复印件;

⑥拆零销售期间,保留原包装和说明书。

第一百七十条　销售特殊管理的药品和国家有专门管理要求的药品,应当严格执行国家有关规定。

第一百七十一条　药品广告宣传应当严格执行国家有关广告管理的规定。

第一百七十二条 非本企业在职人员不得在营业场所内从事药品销售相关活动。

知识链接(提示)

①严格遵守国家有关法律、法规,依法规范经营。

②严格按照《药品经营许可证》、营业执照核准的经营方式和经营范围开展药品经营活动。

③不得将药品销售给未取得《药品经营(生产)许可证》《医疗机构执业许可证》及营业执照的单位和个人。

④不得将药品销售给直接的使用者和患者。

⑤不得参与非法药品市场或其他违法的药品推销或推介活动。

⑥不得冒用其他企业名义销售药品。

⑦正确介绍药品,不得虚假夸大,误导用户。

⑧不有意隐瞒存在的毒副作用或不良反应等相关警示用语。

⑨药品生产企业只能销售本企业生产的药品,不得销售本企业受委托生产的或者他人生产的药品。

9.1.2 购货单位及相关人员的合法性审核

按上述GSP的要求,药品经营企业应当将药品销售给合法的购货单位,严格审核购货单位的生产范围、经营范围或者诊疗范围,并按照相应的范围销售药品,对购货单位的证明文件、采购人员及提货人员的身份证明进行核实,保证药品销售流向真实、合法。对销售对象的审核程序规定如下:

①建立购货方销售档案:各种资质材料和企业信誉评审内容。

②职责分工:销售部负责收集并确认客户资料与合法证明,质量部负责指导、监督并审核。

③审核内容

a.购货单位为药品生产企业的,应当查验加盖其公章原印章的《药品生产许可证》复印件、营业执照及其年检证明复印件、《药品生产质量管理规范》认证证书复印件、开户许可证复印件或开票资料、《税务登记证》和《组织机构代码证》复印件等资料,确认其真实、有效。

b.购货单位为药品经营企业的,应当查验加盖其公章原印章的《药品经营许可证》复印件、营业执照及其年检证明复印件、《药品生产质量管理规范》认证证书复印件、开户许可证复印件或开票资料、《税务登记证》和《组织机构代码证》复印件等资料,确认其真实、有效。

c.购货单位为医疗机构的,应当查验加盖其公章原印章的《医疗机构执业许可证》复印件,确认其真实、有效。

d.对于特殊药品,销售人员开单前要先确认客户有无经营或使用特殊管理药品许可,公司无客户经营或使用特殊管理药品许可证不得开单销售。

e. 对购货单位采购人员的资质进行审核，确保采购人员的合法身份。审核采购人员的合法资质，应当查验以下资料，确认真实、有效：加盖购货单位公章原印章的销售人员身份证复印件；加盖购货单位公章原印章的法定代表人印章或签名的授权书，授权书应当载明被授权人姓名、身份证号码，以及授权采购的品种、地域、期限。

④相关记录：销售部门应详细填写"首营客户登记表"，将购货单位资料信息录入计算机系统，设定销售范围和时限。当购货单位的资质过期或购货计划超出其经营范围时，系统自动锁定。

9.1.3 销售凭证的管理

为了规范企业药品经营行为，强化药品生产、流通过程的监督管理，严厉打击"挂靠经营"等违法行为和经销假劣药品违法活动，保障药品质量安全，保护消费者和药品经营企业的合法权益，维护公众健康和用药安全。GSP 要求药品经营企业切实履行销售药品开具销售凭证的义务，同时对所销售药品的信息留存备份。《药品管理法》第十八条明确规定，药品经营企业购销药品，必须有真实完整的购销记录。购销记录必须注明药品的通用名称、剂型、规格、批号、有效期、生产厂商、购(销)货单位、购(销)货数量、购销价格、购(销)货日期及国务院食品药品监督管理部门规定的其他内容。

①药品生产、批发企业销售药品，必须开具《增值税专用发票》或者《增值税普通发票》(以下统称税票)，税票上应列明销售药品的名称、规格、单位、数量、金额等，如果不能全部列明所购进药品的上述详细内容，应附《销售货物或者提供应税劳务清单》，并加盖企业财务专用章或发票专用章和注明税票号码。所销售药品还应附销售出库单，包括通用名称、剂型、规格、批号、有效期、生产厂商、购货单位、出库数量、销售日期、出库日期和销售金额等内容，税票(包括清单，下同)与销售出库单的相关内容应对应，金额应相符。

药品批发企业购进药品，应主动向供货方索要税票。到货验收时，应依据税票所列内容，对照供货方销售出库单进行验收，并建立购进药品验收记录，做到票、账、货相符。对税票不符合国家有关规定及本通知要求，或者票、货之间内容不相符的，不得验收入库。

药品零售企业购进药品必须验明税票、供货方销售出库单与实际购进药品的品种、数量，核对一致后方可作为合格药品入库或上架销售。

税票的购、销方名称及金额应与付款流向及金额相一致，并与各自相关财务账目内容相对应。

②企业应当做好药品销售记录(见表 9.1)，内容齐全、规范。销售记录应当包括药品的通用名称、规格、剂型、批号、有效期、生产厂商、购货单位、销售数量、单价、金额、销售日期等内容。按照规定进行药品直调的，应当建立专门的销售记录。中药材销售记录应当包括品名、规格、产地、购货单位、销售数量、单价、金额、销售日期等内容；中药饮片销售记录应当包括品名、规格、批号、产地、生产厂商、购货单位、销售数量、单价、金额、销售日期等内容。记录应字迹清晰，内容正确完整，不得任意涂改。

③企业对药品购销中发生的购销税票及票据，应按有关规定保存，建立明确的流转程序与交接手续，妥善保管销售凭证，防止流散和丢失。特殊管理的药品的记录及凭证按相关规定保存。

表9.1 药品销售记录

编号： 业务员：

销售日期	通用名称	商品名称	剂型	规格	批号	有效期	销售数量	生产企业	购货单位	单价	金额合计	备注

9.1.4 销售合同的管理

药品购销合同是药品经营过程中明确供销双方权利和义务的重要形式之一，可以促使双方在经营活动中牢固树立质量意识，依法规范经营。合同管理是药品经营企业管理的一项重要内容，对于企业经济活动的开展和经济利益的取得有着重要作用。

1）购销合同的形式

①标准书面合同；

②质量保证协议；

③文书、传真、电话记录、电报、电信、口头约定等。

对于建立长期购销关系的企业，购销双方应签订明确质量责任的质量保证协议，必须明确有效期，一般应按年度重新签订。

合同须经购销双方法定代表人或法定代表人委托的人员签字并盖公章（或合同专用章）后方可生效。函件、电报、电传要货，待另一方承诺后，视为合同生效，电话要货嗣后追补正式合同。

2）书面合同的项目与内容

①合同项目：购销双方企业名称、地址及邮编、电话、传真、邮件地址、银行账号与税号、签约代表、签约时间、合同正文。

②合同正文内容：药品名称、规格、批准文号、供货价、包装单位、数量及总金额；交货时间、方式、地点；结算方式与付款期限；质量标准与质量条款及质量责任分配；违约处理方式。

3）质量条款

工商间购销合同中应明确：①药品质量符合质量标准和有关质量要求；②药品附产品合格证；③药品包装符合有关规定和货物运输要求。

商商间购销合同中应明确：①药品质量符合质量标准和有关质量要求；②药品附产品合格证；③购入进口药品，供应方应提供符合规定的证书和文件；④药品包装符合有关规定和货物运输要求。

4)合同签订后,双方必须严格执行

不符合质量标准的商品,不得签订合同或成交。购销双方发生经济纠纷时,应及时协商解决。协商不成,当事人可按国家规定向有关部门申请调解或仲裁。也可以向法院提起诉讼。

5)销货方在合同有效期内,要按期交货

半年合同分季或按要求时间开票。在合同有效期后 20 天(危险品 50 天,笨重商品 50 天,怕热、怕冻商品延续到解除期后 20 天内)交运,视为按期执行合同。超过上述期限交运商品,要经双方协商同意。由于商品包装的原因,单一品种规格签订合同分点时,尽量以箱(件)为单位,减少拆箱(件)。开票时如按箱(件)计算超出或少于合同总数量 10%(玻璃仪器 20%,贵重商品应按合同规定数),双方应视为执行合同,不得拒收商品和拒付货款。

6)合同签订后,不得单方面变更内容或解除,确因特殊情况必须变更,按下列各项办理

①购货方需要变更合同时,必须在合同签订后 1 个月内提出;销货方在接到购货方的变更合同通知时(以收到日邮戳为准),需在 10 日内给予答复,否则视为同意。如货未交运,经双方协商同意,可办理变更合同手续;货已交运,不能追回时,要照常发运结算,并及时通知购货方。

②因生产等原因,销货方不能履行合同时,最迟要在交货时间前 1 个月内,向购货方提出变更合同的通知,在未办妥变更合同手续之前,原合同仍有效。

③合同注明的专项订货不得注销合同。

9.1.5 拆零药品的销售

1)药品拆零简介

拆零药品一般是指医院、诊所、药店将完整包装单元(瓶、盒)的药品拆分后予以销售、使用的药品。药品拆零可以减少药品的浪费,使得药品的使用更加合理。但在实际应用中,由于拆零药品没有完整的包装和药品说明书,因而不能反映药品的品名、规格、批号、有效期、用法、用量、注意事项、不良反应等内容。拆零药品在医疗机构应用较普遍,但由于包装条件改变,药品质量容易受到影响。如果不重视拆零药品管理,容易给患者安全用药埋下隐患。

药品拆零通常是将最小销售单元拆开以便于销售,那么,首先需要理解什么是药品最小销售单元。药品的包装通常有大包装或称外包装、中包装、小包装。直接接触药品的叫最小包装,如瓶、复合膜袋、安瓿、铝塑泡罩板等。药品的最小包装单元一般是瓶、盒、袋等。药品的最小销售单元,是指最小包装中含有完整的药品标签和说明书的药品。拆零销售以药片、胶囊和注射剂最为多见。例如阿苯达唑片(史克肠虫清),其规格为 0.2 g×10 片,治疗蛔虫及蛲虫病时成人常用量为一次 2 片顿服,服用一次就行,因而可采用拆零销售。注射剂多数以 5 ~ 10 支为计量单位采用瓦楞纸盒包装,如果以盒为单位销售,没有破坏其最小包装单位,则不属拆零。如果取其中几支销售,则属于拆零销售的范畴,在医院和诊所较为常用。

2）药品拆零的管理

①负责拆零销售的人员经过专门培训。药品拆零销售应该由专人负责，要求从业人员具备一定的文化水平，加强职业道德教育和专业培训，提高其对保障药品质量重要性的认识。

②需设立专门的拆零柜台或货柜，并配备必要的拆零工具，如药匙、药刀、瓷盘、拆零药袋等，并保持拆零工具清洁卫生。操作人员不得用手直接接触药品，出售拆零药品时必须使用专用药匙。工具使用完后，应保持清洁，放置于干净包装袋或盒中，以避免受污染。

③销售拆零药品时，要坚持“一问、二看、三核对”，即一问清楚顾客所购的药品，二看清楚药品的名称、规格、数量是否同顾客所需的药品相符，三核对即对发出的药品要细心核对，防止差错；确认药品、包装袋的内容无差错后，将药品发给顾客，详细说明用法、用量、注意事项。

在药品拆零销售时，应使用清洁、卫生、统一规范的包装，包装上写明药品名称、批号、规格、数量、用法、用量、有效期以及药店名称等内容，并向顾客提供药品说明书原件或者复印件。拆零销售期间，保留原包装和说明书。药品拆零销售应做到销售完一个批号，记录后，再拆零另一个批号的药品，不得将不同药品混装、混拆。

关于拆零药袋上有效期的填写，拆零药品为完全裸露的药片时，有效期按处方量计算时间或不超过7天；拆零药品为保留有最小包装的药品，按包装、标签、说明书上标注的有效期填写。

④拆零药品应做好拆零销售记录（见表9.2），记录内容包括以下项目：拆零起止日期、药品的通用名称、规格、批号、有效期、销售数量、销售日期、生产企业、分拆及复核人员等。

表9.2　拆零销售记录表

编号：

类别：处方药　OTC

<table>
<tr><td colspan="2">药品通用名</td><td colspan="2"></td><td>商品名</td><td></td><td>规　格</td><td colspan="2"></td><td>批　号</td><td></td></tr>
<tr><td colspan="2">生产企业</td><td colspan="5"></td><td>单　位</td><td></td><td>有效期</td><td></td></tr>
<tr><td colspan="2">日　期</td><td colspan="2">数　量</td><td rowspan="2">质量状况</td><td rowspan="2">病人信息</td><td rowspan="2">病情主述</td><td rowspan="2">剩余数量</td><td rowspan="2">分拆人</td><td rowspan="2">复核人</td><td rowspan="2">备　注</td></tr>
<tr><td>拆零日期</td><td>销售日期</td><td>拆零数量</td><td>销售数量</td></tr>
<tr><td></td><td></td><td></td><td></td><td></td><td></td><td></td><td></td><td></td><td></td><td></td></tr>
<tr><td></td><td></td><td></td><td></td><td></td><td></td><td></td><td></td><td></td><td></td><td></td></tr>
<tr><td></td><td></td><td></td><td></td><td></td><td></td><td></td><td></td><td></td><td></td><td></td></tr>
<tr><td></td><td></td><td></td><td></td><td></td><td></td><td></td><td></td><td></td><td></td><td></td></tr>
<tr><td></td><td></td><td></td><td></td><td></td><td></td><td></td><td></td><td></td><td></td><td></td></tr>
</table>

⑤拆零药品要按重点养护的品种来管理，如有变质等不符合药品质量要求的情况按不合格药品处理程序进行处理。拆零前，对拆零药品须检查外观质量，凡发现质量可疑或外观性状不合格的药品不可拆零。拆零药品，尤其是糖衣片和软、硬胶囊，由于除去了外包装，容

易受空气中的水分、氧气、光线等因素的影响，使药品质量难以保证，因此要对拆零药品进行定期检查，并作好记录。拆零药品过期或外观质量不符合规定，应立即撤柜，按不合格品处理。营业员如怀疑拆零的药品有质量问题，应立即停止销售，并通知质量管理人员。质量管理人员确认为质量不合格的，按不合格药品处理。

9.1.6 特殊管理药品的销售

《药品管理法》第三十五条规定，国家对麻醉药品、精神药品、医疗用毒性药品、放射性药品实行特殊管理。药品经营企业必须建立特殊药品销售管理制度，对销售人员、销售管理、销售操作细则等方面进行规范。

1)麻醉药品和精神药品经营管理

(1)经营管理制度

国家对麻醉药品和精神药品实行定点经营制度。未经批准的任何单位和个人不得从事麻醉药品和精神药品经营活动。

(2)经营企业分类

全国性批发企业、区域性批发企业布局、专门从事第二类精神药品批发企业、零售第二类精神药品的药品零售连锁企业。

(3)购销

①全国性批发企业购进和销售麻醉药品和第一类精神药品。

购进渠道：定点生产企业；

销售渠道：责任区内的批发企业、责任区外的区域性批发企业、经省局批准的医疗机构。

②区域性批发企业购进和销售麻醉药品和第一类精神药品。

购进渠道：a. 全国性批发企业；b. 经省局批准的定点生产企业。从定点生产企业购进时，向省局申报的资料包括与定点生产企业签订的意向合同、从定点生产企业购进麻醉药品和第一类精神药品的品种和理由及运输方式、运输安全管理措施。c. 区域性批发企业：因医疗急需、运输困难等特殊情况，区域性批发企业之间可以调剂麻醉药品和第一类精神药品；仅限具体事件所涉及的品种和数量；企业应当在调剂后 2 日内将调剂情况分别报所在地设区的市级药品监督管理机构和省、自治区、直辖市食品药品监督管理部门备案。

销售渠道：a. 本省责任区内的医疗机构；b. 本省责任区外的医疗机构；c. 跨省就近的医疗机构：特殊地理位置供需双方省局同意。

③第二类精神药品批发企业购进渠道：第二类精神药品定点生产企业、全国性批发企业、区域性批发企业、其他专门从事第二类精神药品批发业务的企业。

④第二类精神药品批发企业销售渠道：定点生产企业、普通药品生产企业(复方制剂)、全国性批发企业、区域性批发企业、其他专门从事第二类精神药品批发业务的企业、医疗机构、科研、教学单位、从事第二类精神药品零售的药品零售连锁企业。

⑤药品零售连锁企业购销二类精神药品必须做到三统一，即统一进货、统一配送、统一管理。

a. 总部的购进:第二类精神药品定点生产企业、全国性批发企业、区域性批发企业、专门从事第二类精神药品批发业务的企业。

b. 总部的配送:只能向门店配送,不得向其他单位销售。

c. 门店的购进:只能由总部配送,不得自行购进、不得委托配送。

d. 门店的销售:其所属门店《药品经营许可证》经营范围有第二类精神药品项目的,可以零售第二类精神药品。

⑥分级销售管理。

a. 产品分级。例如,某公司根据经营产品的风险级别将产品分为A、B两级。A级产品目录为二类精神药品:盐酸曲马多缓释片、地西泮片等;终止妊娠药品:乳酸依沙吖啶注射液、缩宫素注射液、米索前列醇片、米非司酮片;含特殊复方制剂药品:复方甘草品。B级产品目录为含特殊药品复方制剂,如氨酚伪麻美芬片Ⅱ、酚麻美敏片等。

b. 销售权限分级。销售片区经理、组长、销售员等不同级别人员具备不同销售权限。

c. 销售数量分级(见表9.3)。

表9.3 某企业特殊药品销售数量分级

序号	人员	产品	单次销售数量
1	销售经理(可授权组长)	二类精神药品、复方甘草片	50盒以上(包括50盒)
		乳酸依沙丫啶注射液	20盒以上(包括20盒)
		缩宫素注射液、米索前列醇片、米非司酮片	100盒以上(包括100盒)
		B级产品	100盒以上(包括100盒)
2	销售组长	二类精神药品、复方甘草片	50盒以下
		乳酸依沙丫啶注射液	30盒以下
		缩宫素注射液、米索前列醇片、米非司酮片	100盒以下
		B级产品	100盒以下
3	销售员	B级产品	30盒以下
4	客户月度销售数量	二类精神药品、复方甘草片	100盒以下(包括100盒)
		乳酸依沙丫啶注射液	30盒以下(包括30盒)
		缩宫素注射液、米索前列醇片、米非司酮片	200盒以下(包括200盒)
		B级产品	100盒以上(包括100盒)
5	VIP客户	有相应产品许可资质的医药批发企业或二级以上医院	数量可根据以往实际采购数量,但须上报部门经理批准

(4)管理要求

①麻醉药品和一类精神药品不得零售。

②禁止使用现金进行交易。

③不得向未成年人销售第二类精神药品。在难以确定购药者是否为未成年人的情况下,可查验购药者身份证明。

(5)建立购买方销售档案

全国性批发企业向区域性批发企业销售麻醉药品和第一类精神药品时,应当建立购买方销售档案,内容包括:①省、自治区、直辖市食品药品监督管理部门批准其为区域性批发企业的文件;②加盖单位公章的《药品经营许可证》《企业法人营业执照》《药品经营质量管理规范认证证书》复印件;③企业法定代表人、主管麻醉药品和第一类精神药品负责人、采购人员及其联系方式;④采购人员身份证明及法人委托书。

销售麻醉药品、第一类和第二类精神药品时,应当核实企业或单位资质文件、采购人员身份证明,无误后方可销售。零售第二类精神药品时,应当凭执业医师开具的处方,并经执业药师或其他依法经过资格认定的药学技术人员复核。处方保存 2 年备查。

(6)管理人员和直接业务人员的要求

管理人员和直接业务人员应当相对稳定,并每年接受不少于 10 学时的麻醉药品和精神药品管理业务培训。

2)医疗用毒性药品经营管理

(1)医疗用毒性药品的进货管理

①医疗用毒性药品的购进必须经质量管理部对供货企业(生产企业或经营企业)的资格及质量保证能力及品种合法性进行审核。

②对于生产企业,首次供货时必须提供药品生产企业许可证、营业执照、所供品种的生产审批件或批准文号证明文件、产品质量标准、使用说明书复印件。加工炮制毒性药材的生产企业,还应提供国家允许生产毒性药材的证明文件。以上所有资料均需加盖生产企业原印章。

③对于经营企业首次供货时必须提供药品经营企业许可证、营业执照、合法经营毒性药品的证明文件、质量保证协议等资料的复印件并加盖供货企业原印章。采供部门在收集齐全上述有关资料后,填报《首营企业审批表》及《首营品种审批表》并经质量管理部门审核同意后,方可上报有关领导审批进货。

(2)医疗用毒性药品的验收管理

①验收的场所。毒性药品不同于普通药品,为避免差错事故的发生,毒性药品到达仓库后应进入毒性药品专库,由 2 名质量验收员在毒性药品库内进行验收与复核。

②医疗用毒性药品的验收实行双人验收制,验收员要仔细核对品名、剂型、规格、数量、批准文号、生产厂商、生产批号、有效期、药品使用说明书、包装、标签等内容,符合规定的方可签收。

③验收完毕,验收员应与保管员办理现场交接手续。验收员验收医疗用毒性药品时应按规定作验收记录并按规定保存。对于不符合规定的,除包装损坏可以办理拒收外,其他不符合规定者不得退回。

(3)医疗用毒性药品的仓储管理

①医疗用毒性药品在库保管养护严格实行“三专制”和“五双制”。即专库储存、专人管理、专账收付;双人、双锁、双门、双人进、双人出。严格出入库手续,加强复核,随时和定期盘点,做到数字准确,账物相符。

②加强温湿度管理,经常进行质量检查,发现问题及时报告和处理。对变质、过有效期的药品应清点登记,填表报批后,由质量管理部及企业负责人审核,报请上级主管部门按规定监督销毁。

③要严把出库复核关,双人复核,必要时清点到最小包装,并认真作好登记。要随时检查定期盘存,保持账货、货卡完全相符,发现问题应立即寻找原因,及时报告。

(4)医疗用毒性药品的销售管理

①医疗用毒性药品只能销售给各级医药管理部门指定的药品经营单位、医疗机构和国营药店,不得将毒性药品销售给个体药店、诊所及个人。

②经营企业购买医疗用毒性药品时,购货方必须提供下列证明材料:药品经营企业许可证、营业执照、经营毒性药品的合法资格证明、加盖购货单位原印章的购货计划原件。医疗机构购买医疗用毒性药品时,必须提供医疗机构执业许可证及加盖购货单位原印章的购货计划原件。

③销售部应按要求建立真实完整的销售记录备查,并保存至药品有效期后1年但不得少于3年。

④医疗用毒性药品的包装容器上必须有毒药标志。在运输过程中采取专人押运,并在交货地点与对方办理现场交接手续等措施,防止差错事故的发生。

⑤医疗单位供应和调配毒性药品,凭医生签名的正式处方;国营药店供应和调配毒性药品,凭盖有医生所在的医疗单位公章的正式处方。每次处方剂量不得超过2日极量。调配处方时,必须认真负责,计量准确,按医嘱注明要求,并由配方人员及具有药师以上技术职称的复核人员签名盖章后方可发出。对处方未注明“生用”的毒性中药,应当付炮制品。如发现处方有疑问时,须经原处方医生重新审定后再行调配,处方一次有效,取药后处方保存2年备查。

⑥科研和教学单位所需的毒性药品,必须持本单位的证明信,经单位所在地县以上卫生行政部门批准后,供应部门方能发售。群众自配民间单、秘、验方需用毒性中药时,购买时要持有本单位或者城市街道办事处、乡(镇)人民政府的证明信,供应部门方可发售。每次购用量不得超过2日极量。

(5)毒性药品的退货管理

毒性药品的退货分进货退货及销售退货,无论是进货退货或销售退货,只有外包装破损和近效期可办理退货手续,其他情形均不得退货。进货退货及销售退货均必须经过质量管理部进行审验后方可退出或入库。

(6)不合格品的管理

不合格品应存放于不合格专柜内,建立不合格品台账,经企业领导审核后报上级药品监督主管部门监督销毁,并建立毒性药品销毁档案。

3)放射性药品经营管理

放射性药品经营企业必须向能源部报送年度经营计划,并抄报卫生部,在征得能源部的同意后,方可按有关规定办理筹建手续。开办放射性药品经营企业必须具备《药品管理法》规定的条件,符合国家放射卫生防护的基本标准,并履行环境影响报告的审批手续,经能源部审查同意、卫生部审核批准后,由所在省、自治区、直辖市卫生行政部门颁发《放射性药品经营企业许可证》。无许可证的经营企业,一律不准销售放射性药品。《放射性药品经营企业许可证》的有效期为5年,期满前6个月,放射性药品经营企业应当分别向原发证的卫生行政部门重新提出申请,按审批程序批准后,换发新证。

放射性药品经营企业必须配备与经营放射性药品相适应的专业技术人员,具有安全、防护等设施,并建立严格的质量管理制度以及质量检验机构。

放射性药品的供销业务由能源部统一管理。放射性药品的经营单位凭省、自治区、直辖市卫生行政部门颁发的《放射性药品经营企业许可证》,医疗单位凭省、自治区、直辖市的公安、环保和卫生行政部门联合颁发的《放射性药品使用许可证》,申请办理订货。

知识链接(提示)

①麻醉药品:是指连续使用后容易产生身体依赖性,能成瘾癖的药品。麻醉药物大致可分为阿片类:包括天然来源的阿片以及从中提取的有效成分;可卡因类:可卡因,古柯碱等;大麻类:包括各种大麻的制剂;另外还有一些合成制剂。这类药品具有明显的两重性,一方面有很强的镇痛等作用,是医疗上必不可少的药品,同时不规范地连续使用又易产生依赖性。若流入非法渠道则成为毒品,会造成严重社会危害。

②精神药品:是指直接作用于中枢神经系统,使之兴奋或抑制,连续使用可以产生依赖性的药品,包括兴奋剂、致幻剂、镇静催眠剂等。依据精神药品对人体产生依赖性和危害人体健康的程度分为第一类和第二类。

执业医师和药师应接受麻醉药品和精神药品合理使用知识的培训。经过培训和考核合格后,执业医师具有麻醉药品处方权;药师具有麻醉药品、精神药品调剂资格。

③毒性药品:是指毒性剧烈、治疗剂量与中毒剂量相近,使用不当会致人中毒或死亡的药品。毒性药品的包装容器上必须印有毒药标志。在运输毒性药品的过程中,应当采取有效措施,防止发生事故。毒性药品的收购、经营,由各级医药管理部门指定的药品经营单位负责;配方用药由国营药店、医疗单位负责。其他任何单位或者个人均不得从事毒性药品的收购、经营和配方业务。

放射性药品:是指用于临床诊断或者治疗的放射性核素制剂或者其标记化合物,包括裂变制品、推照制品、加速器制品、放射性同位素发生器及其配套药盒、放射免疫分析药盒等。

图9.1为药品销售操作流程示意图,图9.2为冷藏冷冻药品销售操作流程示意图,图9.3为药品销售计算机示意图。

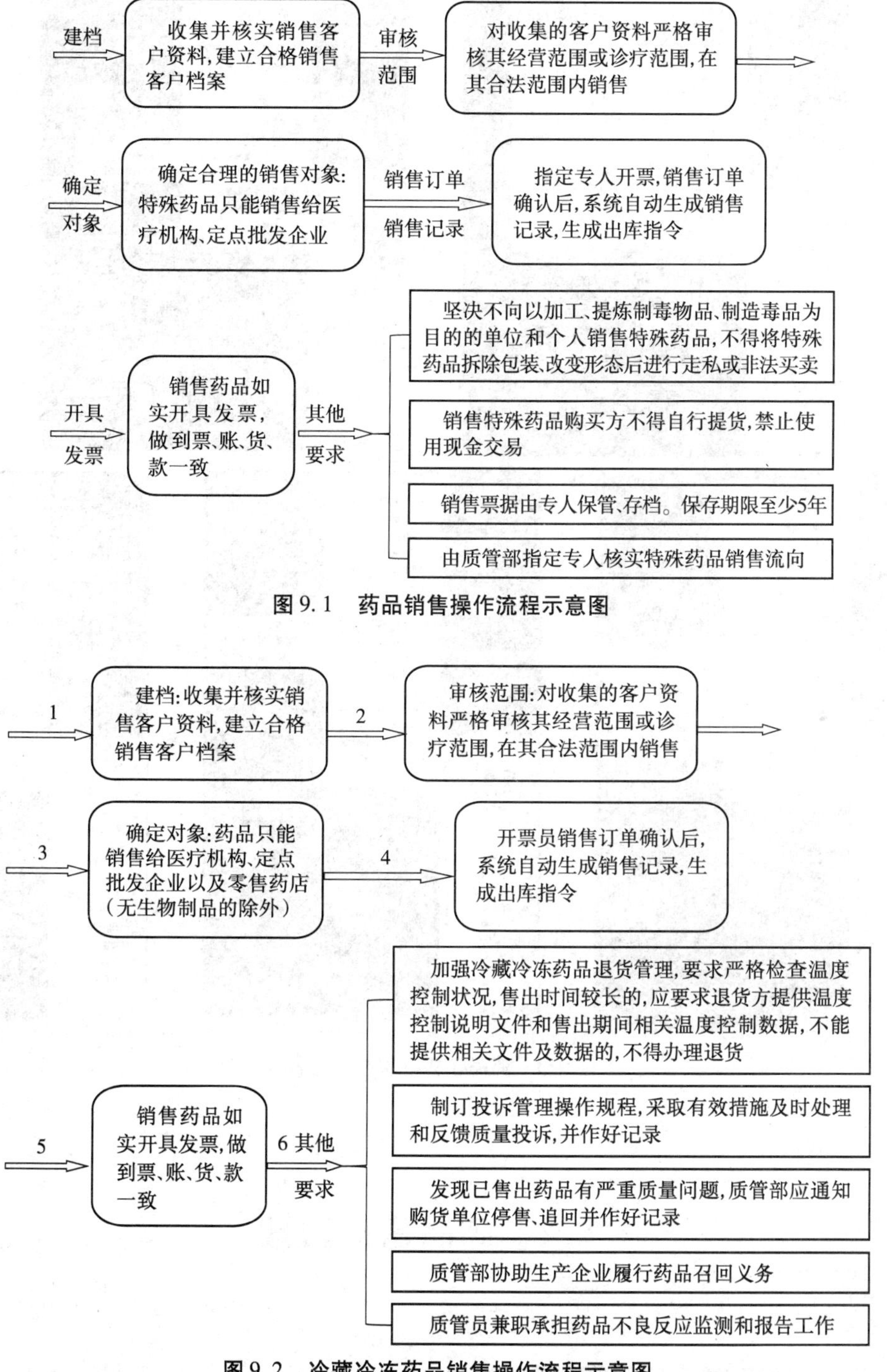

图9.1　药品销售操作流程示意图

图9.2　冷藏冷冻药品销售操作流程示意图

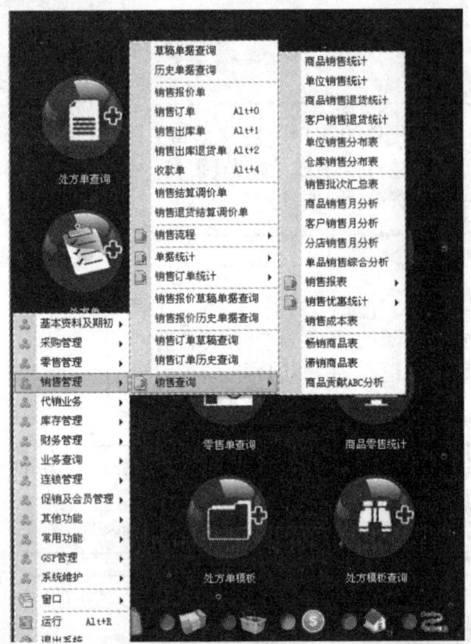

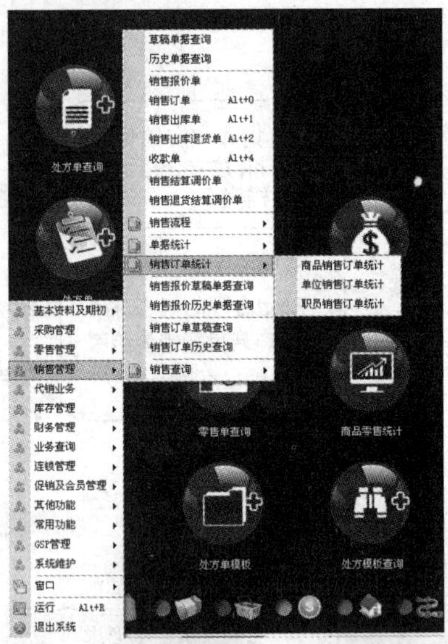

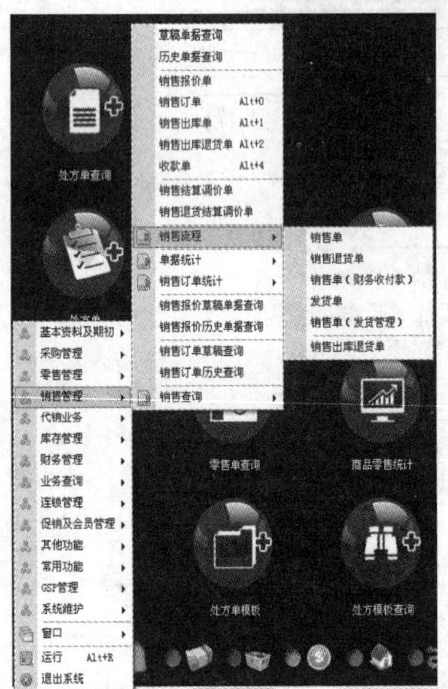

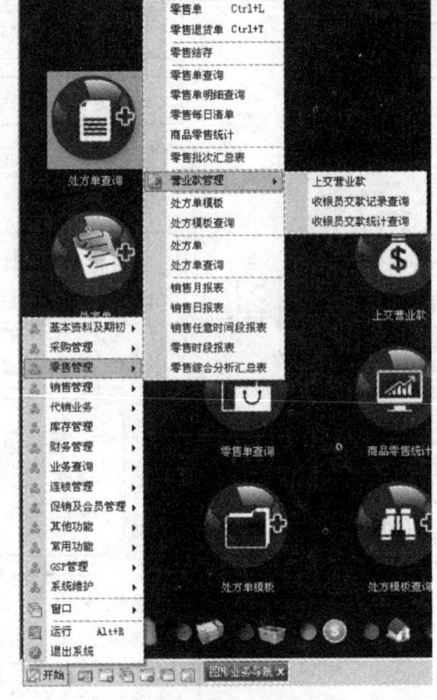

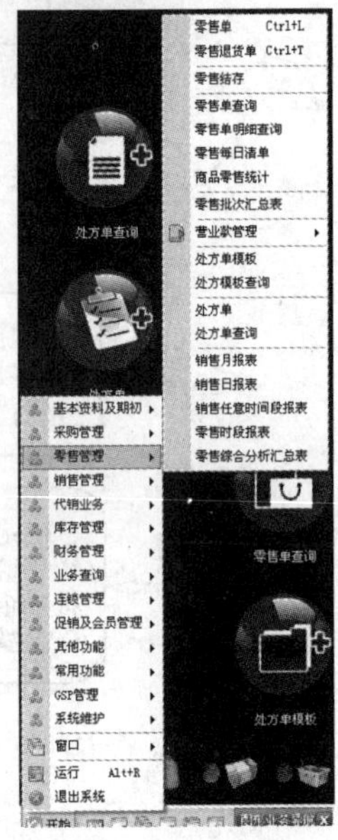

图 9.3　药品销售计算机示意图

9.2　药品售后管理

9.2.1　GSP 对售后管理的要求

药品经营企业应建立访问用户或定期联系制度，通过多种形式，对药品质量开展调查研究，广泛收集并重视用户对药品质量的评价意见，搞好用户意见的反馈和处理，定期汇总分析，向有关部门通报情况。

企业对在查询、投诉、抽查和销售过程中发现的质量问题要查明原因，分清责任，采取有效的处理措施，并作好处理记录。对已售出的药品如发现质量问题，应及时向食品药品监督管理部门报告，并及时、完整地追回所销售药品，作好售出药品的追回记录。GSP 对药品批发及零售企业的售后管理做了严格的规范，具体如下：

第一百一十三条　企业应当加强对退货的管理，保证退货环节药品的质量和安全，防止混入假冒药品。

第一百一十四条　企业应当按照质量管理制度的要求，制订投诉管理操作规程，内容包括投诉渠道及方式、档案记录、调查与评估、处理措施、反馈和事后跟踪等。

第一百一十五条　企业应当配备专职或者兼职人员负责售后投诉管理，对投诉的质量问题查明原因，采取有效措施及时处理和反馈，并作好记录，必要时应当通知供货单位及药品生产企业。

第一百一十六条　企业应当及时将投诉及处理结果等信息记入档案，以便查询和跟踪。

第一百一十七条　企业发现已售出药品有严重质量问题，应当立即通知购货单位停售、追回并作好记录，同时向食品药品监督管理部门报告。

第一百一十八条　企业应当协助药品生产企业履行召回义务，按照召回计划的要求及时传达、反馈药品召回信息，控制和收回存在安全隐患的药品，并建立药品召回记录。

第一百一十九条　企业质量管理部门应当配备专职或者兼职人员，按照国家有关规定承担药品不良反应监测和报告工作。

第一百七十三条　除药品质量原因外，药品一经售出，不得退换。

第一百七十四条　企业应当在营业场所公布食品药品监督管理部门的监督电话，设置顾客意见簿，及时处理顾客对药品质量的投诉。

第一百七十五条　企业应当按照国家有关药品不良反应报告制度的规定，收集、报告药品不良反应信息。

第一百七十六条　企业发现已售出药品有严重质量问题，应当及时采取措施追回药品并作好记录，同时向食品药品监督管理部门报告。

第一百七十七条　企业应当协助药品生产企业履行召回义务，控制和收回存在安全隐患的药品，并建立药品召回记录。

图 9.4 为售后服务操作流程示意图。

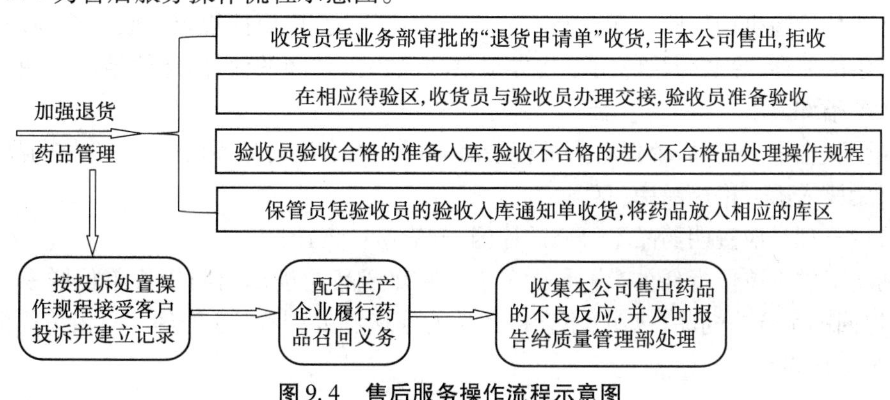

图 9.4　售后服务操作流程示意图

9.2.2 药品销后退回管理

药品作为特殊的商品,除自身质量原因外,一经售出不得退换,但企业发现已售出药品存在严重质量问题时,应当及时采取措施追回药品并作好记录,确保记录真实、完整、准确、有效和可追溯,同时向食品药品监督管理部门报告。药品严重质量问题是指威胁用药者健康和生命安全或性质恶劣、影响极坏。发现问题药品:①及时采取措施追回药品;②立即停止销售该药品;③如果药品严重质量问题源于药品生产企业或者供货商,应告知其有关信息,防止问题药品继续在市场扩散;④及时向食品药品监督管理部门报告并按其要求对问题药品实施控制;⑤做好并保存问题药品有关进、销、存、追溯、控制的记录,配合药品生产企业和药品监督管理部门进行有关追溯和控制工作;⑥查明造成药品严重质量问题的原因,分清责任,杜绝问题的再发生。

1)药品销后退回操作流程

按 GSP 的要求,药品经营企业必须制订相应药品销后退回管理制度,以加强对退回药品的管理。销后退回药品是指已正常销售出库并在进入市场流通或使用环节后,因质量或非质量原因被退回本公司的药品。对销后退回药品应当逐批验收,有专人管理、专账记录。药品销后退回操作流程如图 9.5 所示。

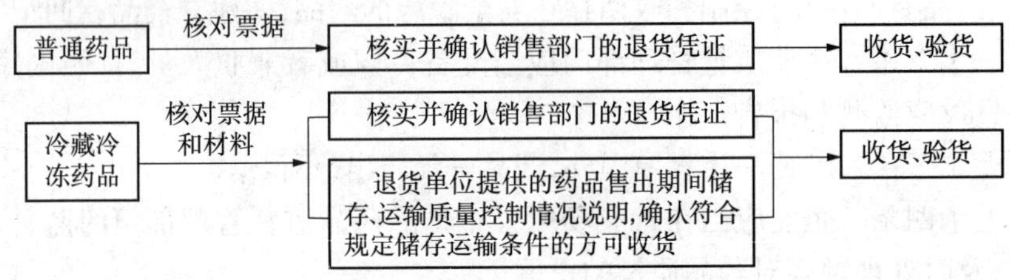

图 9.5 药品销后退回操作流程图

①药品销售人员收到用户退货请求,核实退货原因,对符合退货条件的药品,填写《药品退货通知单》,报业务部主管审核批准。

②药品保管员凭《药品退货通知单》与实物核对无误后收货,存放于退货药品库(区),由专人保管并作好退货记录。

③药品验收员按照购进验收的规定,将退回药品从退货区转移至待验区,进行质量检查验收;如对退回药品的质量状况无法确认,需报质量管理员处理。必要时,质量管理员应抽样送法定药品检验机构检验。无论是否属质量原因退货,均应按规定验收。待验期间按规定的储存条件储存,冷藏药品应由退货方提供药品售出期间的储存、运输情况说明,确认是否符合冷藏条件要求。

④经验收合格的药品,由保管人员记录后方可存入合格药品库(区);不合格药品由保管人员记录后放入不合格药品库(区)。

⑤质量管理员应查明药品不合格的原因,分清质量责任:

a. 凡属于供货单位责任的,由质量管理员通知药品购进部门与供货单位联系、办理索赔;b. 对退回的不合格药品,按照《不合格药品的确认和处理程序》处理。c. 相关凭证、记录齐全,妥善保存 3 年。

2)退回药品验收项目

《药品经营质量管理规范实施细则》第三十一条规定,对销后退回的药品,验收人员按进货验收的规定验收,必要时应抽样送检验部门检验。鉴于销后退回药品物流过程的特殊情况,为有效地发现非正常原因引起的意外质量问题,对销后退回药品的质量验收,应在具体操作中有针对性地进行检查验收,加大抽样量以及必要的外观检查等,均应按规定的程序逐批验收。验收的内容包括数量、外观质量和包装质量的检查。

①数量验收。核对实物与销后退回凭证的一致性。

②外观质量验收。根据药品说明书和药品标准对不同剂型的外观质量要求的必要项目和内容进行检查。此外,应根据验收养护室所配备的设施设备条件及企业实际管理的需要,确定质量检查项目,一般应对澄明度、装量差异、片重差异等项目进行检查。

③包装验收。内包装应根据相应品种的质量标准规定进行检查(如避光、密闭、密封、熔封等),要求清洁、无毒、干燥、封口应严密、无渗漏、无破损。外包装应检查有无渗液、污损及破损等。

④药品验收记录(见表 9.4)。验收记录记载供货单位、数量、到货日期、品名、剂型、规格、批准文号、批号、生产厂商、有效期、质量状况、验收结论和验收人员等项内容。验收记录按《规范》第三十五条要求保存。

表 9.4　销后退回药品验收记录

编号:

序号	验收日期	通用名称	商品名称	剂型	规格	批准文号	批号	有效期至	生产企业	退回单位	退回原因	退回数量	质量状况	验收结论	验收人	备　注

9.2.3　药品质量投诉管理

GSP 中第一百一十四条规定,药品批发和零售连锁企业应当按照质量管理制度的要求,制订投诉管理操作规程,内容包括投诉渠道及方式、档案记录、调查与评估、处理措施、反馈和事后跟踪等。第一百七十四条规定,药品零售企业和零售连锁门店应当在营业场所公布食品药品监督管理部门的监督电话,设置顾客意见簿,及时处理顾客对药品质量的投诉。

按照上述管理要求,企业应制订质量投诉操作规程并严格执行。当公司接到客户投诉后,应分析药品质量投诉内容,查明原因,及时给出反馈意见,并提供有效的处理措施。通常药品质量投诉管理操作规程如下:

1)客户投诉的接收

公司收到客户投诉后,应及时、完整地填写《顾客意见及投诉受理卡》(见表 9.5)。客户投诉登记内容应包括药品名称、规格、批号、投诉人姓名、联系方式、投诉内容等。

表 9.5 顾客投诉受理卡

编号： 被投诉单位：

<table>
<tr><td>投诉者姓名</td><td></td><td>性　别</td><td></td><td>年　龄</td><td></td><td>联系电话</td><td></td></tr>
<tr><td colspan="2">工作单位或家庭住址</td><td colspan="6"></td></tr>
<tr><td colspan="8">投诉内容：</td></tr>
<tr><td colspan="8">受理人：　　　　受理日期：　　年　　月　　日</td></tr>
<tr><td rowspan="2">处理情况</td><td colspan="7">处理意见及措施：
签名：　　年　　月　　日</td></tr>
<tr><td colspan="4">质量管理部意见：
负责人签字：　　年　　月　　日</td><td colspan="3">主管领导：
负责人签字：　　年　　月　　日</td></tr>
<tr><td>处理结果</td><td colspan="7">执行人：　　年　　月　　日</td></tr>
<tr><td>备注</td><td colspan="7"></td></tr>
</table>

说明：1. 受理客户投诉的主管部门为质量管理部。

2. 投诉处理完后本表由质量管理部、人力资源部各执一份。

2）质量投诉情况的调查

质量管理部门先对投诉情况进行预审，确定投诉是否属实，投诉内容的性质是否严重，然后安排核实、调查。当核实结果确实不属于本公司的责任（无效投诉），则需向对方作耐心、科学的解释，以取得客户的谅解。当核实结果属于本公司的原因所造成（有效投诉），派员或去函向对方道歉，并感谢他们提供的意见且作出适当赔偿。

核实、调查的内容包括：①检查投诉药品的有关记录凭证，如有关购进记录、验收记录、销售记录等。②已出现不良反应的则派人走访客户，耐心听取客户意见，了解客户的有关要求。③情况特殊的可会同当地有关部门对投诉情况进行检查，以详细了解产品质量问题的有关细节，必要时会同客户对药品进行内在的质量检查。④调查工作结束后，由调查人员在“客户质量投诉调查处理记录”上详细填写调查情况。

3）客户投诉处理

根据调查情况，由质量管理部门提出处理意见，报主管领导审批后执行。一般质量问题由质量管理部负责解释、沟通与客户进行协商处理，若涉及退换货、退款，需要经主管领导批准。如有重大质量问题，为防止事态扩大，应当通知药品供货单位及生产企业。当遇到对方提出不合理要求且难以通过协商解决时，则可聘请法定的质量检验机构和食品药品监督管理部门进行仲裁。

所有调查结果、原因分析、纠正措施及其实施结果、处理意见，均记录在《药品质量投诉处理单》上，并将上述内容答复给客户。客户对答复内容进行确认，客户有不同意见或要求时，业务部与质量管理部应共同重新审核相关内容和措施，直至客户满意。对所有的投诉及其纠正措施实施记录进行整理归档，以便查询和跟踪。

9.2.4　药品召回管理

为了加强药品安全监管，保障公众用药安全，国家食品药品监督管理局根据《药品管理法》《药品管理法实施条例》《国务院关于加强食品等产品安全监督管理的特别规定》专门制订了《药品召回管理办法》。药品召回是指药品生产企业（包括进口药品的境外制药厂商）按照规定的程序收回已上市销售的存在安全隐患的药品。其中，安全隐患是指由于研发、生产等原因可能使药品具有的危及人体健康和生命安全的不合理危险。

药品生产企业是药品召回的主体，应当按照规定建立和完善药品召回制度，收集药品安全的相关信息，对可能具有安全隐患的药品进行调查、评估，召回存在安全隐患的药品。药品经营企业、使用单位应当协助药品生产企业履行召回义务，按照召回计划的要求及时传达、反馈药品召回信息，控制和收回存在安全隐患的药品，并建立药品召回记录。此外，药品经营企业、使用单位发现其经营、使用的药品存在安全隐患的，应当立即停止销售或者使用该药品，通知药品生产企业或者供货商，并向食品药品监督管理部门报告。

1）药品召回级别

根据药品安全隐患的严重程度，药品召回分为：一级召回，使用该药品可能引起严重健康危害的；二级召回，使用该药品可能引起暂时的或者可逆的健康危害的；三级召回，使用该药品一般不会引起健康危害，但由于其他原因需要收回的。药品生产企业应当根据召回分级与药品销售和使用情况，科学设计药品召回计划并组织实施。

药品生产企业应当对药品可能存在的安全隐患进行调查。食品药品监督管理部门对药品可能存在的安全隐患开展调查时，药品生产企业应当予以协助。药品经营企业、使用单位应当配合药品生产企业或者食品药品监督管理部门开展有关药品安全隐患的调查，提供有关资料。

药品安全隐患调查的内容应当根据实际情况确定，包括：①已发生药品不良事件的种类、范围及原因；②药品使用是否符合药品说明书、标签规定的适应症、用法用量的要求；③药品质量是否符合国家标准，药品生产过程是否符合GSP等规定，药品生产与批准的工艺是否一致；④药品储存、运输是否符合要求；⑤药品主要使用人群的构成及比例；⑥可能存在安全隐患的药品批次、数量及流通区域和范围；⑦其他可能影响药品安全的因素。

药品安全隐患评估的主要内容包括：①该药品引发危害的可能性，以及是否已经对人体健康造成了危害；②对主要使用人群的危害影响；③对特殊人群，尤其是高危人群的危害影响，如老年、儿童、孕妇、肝肾功能不全者、外科病人等；④危害的严重与紧急程度；⑤危害导致的后果。

2)主动召回

根据召回活动发起主体不同,药品召回分为主动召回和责令召回两类。主动召回是指药品生产企业通过信息的收集分析、调查评估,根据事件的严重程度,在没有官方强制的前提下主动对存在安全隐患的药品做出召回。进口药品的境外制药厂商在境外实施药品召回的,应当及时报告国家食品药品监督管理局;在境内进行召回的,由进口单位按照本办法的规定负责具体实施。

药品生产企业在作出药品召回决定后,应当制订召回计划并组织实施,一级召回在24小时内,二级召回在48小时内,三级召回在72小时内。通知有关药品经营企业、使用单位停止销售和使用,同时向所在地省、自治区、直辖市食品药品监督管理部门报告。药品生产企业在启动药品召回后,一级召回在1日内,二级召回在3日内,三级召回在7日内,应当将调查评估报告和召回计划提交给所在地省、自治区、直辖市食品药品监督管理部门备案。调查评估报告应当包括以下内容:召回药品的具体情况,包括名称、批次等基本信息;实施召回的原因;调查评估结果;召回分级。召回计划应当包括以下内容:药品生产销售情况及拟召回的数量;召回措施的具体内容,包括实施的组织、范围和时限等;召回信息的公布途径与范围;召回的预期效果;药品召回后的处理措施;联系人的姓名及联系方式。

药品生产企业对上报的召回计划进行变更的,应当及时报食品药品监督管理部门备案。企业在实施召回的过程中,一级召回每日,二级召回每3日,三级召回每7日,向所在地省、自治区、直辖市食品药品监督管理部门报告药品召回进展情况。企业对召回药品的处理应当有详细的记录(见表9.6),并向所在地省、自治区、直辖市食品药品监督管理部门报告。必须销毁的药品,应当在食品药品监督管理部门监督下销毁。企业在召回完成后,应当对召回效果进行评价,向所在地省、自治区、直辖市食品药品监督管理部门提交药品召回总结报告。

表9.6　药品召回记录表

名　称	规　格	生产厂家	生产批号	有效期	召回时间	召回数量	召回理由

3)责令召回

责令召回是指食品药品监督管理部门通过调查评估,认为存在潜在安全隐患,企业应当召回药品而未主动召回的,责令企业召回药品。必要时,食品药品监督管理部门可以要求药品生产企业、经营企业和使用单位立即停止销售和使用该药品。

食品药品监督管理部门作出责令召回决定,应当将责令召回通知书送达药品生产企业,通知书包括以下内容：召回药品的具体情况，包括名称、批次等基本信息；实施召回的原因；调查评估结果；召回要求，包括范围和时限等。企业在收到责令召回通知书后，应当按照规定通知药品经营企业和使用单位，制订、提交召回计划，并组织实施。同时，企业应当按照规定向食品药品监督管理部门报告药品召回的相关情况，进行召回药品的后续处理。

9.3　药品不良反应报告制度

《药品管理法》第七十条规定：国家实行药品不良反应报告制度。药品生产企业、药品经营企业和医疗机构必须经常考察本单位所生产、经营、使用的药品质量、疗效和反应。发现可能与用药有关的严重不良反应，必须及时向当地省、自治区、直辖市食品药品监督管理部门和卫生行政部门报告。具体办法由国务院食品药品监督管理部门会同国务院卫生行政部门制定。对已确认发生严重不良反应的药品，国务院或者省、自治区、直辖市食品药品监督管理部门可以采取停止生产、销售、使用的紧急控制措施，并应当在5日内组织鉴定，自鉴定结论作出之日起15日内依法作出行政处理决定。

实行药品不良反应监测与报告制度的目的是更科学、合理地用药，保障药品安全有效。通过该制度的实施，一方面可以及时发现重大药害事件，防止药害事件蔓延和扩大，保障公众健康和社会稳定；另一方面可以弥补药品上市前研究的不足，为上市后药品再评价提供服务，同时为遴选、整顿和淘汰药品提供依据，促进新药的研制开发，提高我国药品质量和药物治疗水平。

9.3.1　药品不良反应的定义与类别

根据《药品不良反应报告和监测管理办法》第六十三条中的用语含义，药品不良反应（Adverse Drug Reaction, ADR）是指合格药品在正常用法用量下出现的与用药目的无关的有害反应。由此可知，构成药品不良反应的4个前提是：①合格药品；②在正常用法用量下出现；③与用药目的无关的或意外的反应；④有害的反应。因此，由治疗失误、用药过量、药物滥用、患者缺乏用药依从性、过多或过少服用药物、用药错误等引起的反应均不属于药品不良反应。药品不良反应是药品的基本属性，任何药品都可能引起不良反应，只是反应的程度和发生率不同而已。引起药品不良反应的原因较为复杂，主要与药物因素、机体因素、给药方法等密切相关。

药物不良反应有多种分类方法，通常按其与药理作用有无关联分为A型（量变型异常）和B型（质变型异常）两大类。A型反应指因药物正常的药理作用过强而引起的反应，如普萘洛尔引起的心动过缓。该型反应通常具有剂量依赖性和可预测性，发生率较高但死亡率低，包括药物的副作用、毒性作用、继发反应、首剂效应、后遗效应、撤药综合征等。B型反应指与药物正常药理作用无关的、新的或异常的不良反应，如青霉素引起的过敏反应。该型反应通常不可预知，也不常见，发病率较低但死亡率相对较高，包括变态反应和特异质反应。

依据反应类型的不同可分为严重的、一般的和新的药品不良反应。严重药品不良反应，是指因使用药品引起以下损害情形之一的反应：①导致死亡；②危及生命；③致癌、致畸、致出生缺陷；④导致显著的或者永久的人体伤残或者器官功能的损伤；⑤导致住院或者住院时间延长；⑥导致其他重要医学事件，如不进行治疗可能出现上述所列情况的。一般不良反应是指除严重的不良反应以外的所有药品不良反应。新的药品不良反应，是指药品说明书中未载明的不良反应；说明书中已有描述，但不良反应发生的性质、程度、后果或者频率与说明书描述不一致或者更严重的，按照新的药品不良反应处理。

从国家食品药品监督管理总局发布的药品不良反应监测年度报告（2014 年）中可以看出，化学药注射剂的不良反应表现多为皮疹、瘙痒、恶心、呕吐、胸闷、过敏反应、头晕、心悸、寒战、发热等，化学药口服制剂的不良反应表现多为恶心、皮疹、呕吐、头晕、瘙痒、头痛、腹泻、腹痛、口干、咳嗽等；中药注射剂的不良反应表现多为皮疹、瘙痒、胸闷、恶心、心悸、寒战、过敏反应、头晕、呕吐、呼吸困难等，中成药口服制剂的不良反应表现多为恶心、腹泻、皮疹、呕吐、腹痛、瘙痒、头晕、胃不适、口干、头痛等。

报告的药品不良反应/事件中，累计系统排名前三位的为皮肤及其附件损害（占 27.8%）、胃肠系统损害（占 26.3%）和全身性损害（占 12.2%），前三位之和为 66.3%。化学药、中成药累计系统前三位排序与总体一致，但生物制品累计系统前三位与总体有所不同，依次是皮肤及其附件损害、全身性损害和呼吸系统损害。注射剂型累计系统前三位与总体报告一致，分别是皮肤及其附件损害（占 32.9%）、胃肠系统损害（占 18.9%）、全身性损害（占 14.6%）。口服制剂累计系统前三位为胃肠系统损害（占 41.6%）、皮肤及其附件损害（占 17%）、中枢及外周神经系统损害（12.2%）。

按报告涉及患者年龄统计，14 岁以下儿童患者的报告占 10.5%，与 2013 年基本一致，65 岁以上老年人的报告占 19.9%，较 2013 年上升了 2.1 个百分点。按怀疑药品类别统计，化学药占 81.2%、中药占 17.3%、生物制品占 1.5%。抗感染药报告数量仍居首位，占化学药的 46.2%，较 2013 年降低了 1.4 个百分点，报告比例已连续 5 年呈下降趋势。心血管系统用药占化学药的 10.2%，较 2013 年上升了 0.2 个百分点，且连续 5 年呈上升趋势。按药品剂型统计，2014 年药品不良反应/事件报告涉及的药品剂型分布中，注射剂占 60.9%、口服制剂占 35.2%、其他制剂占 3.9%。注射剂所占比例较 2013 年上升了 2.2 个百分点，口服制剂比例降低了 2.1 个百分点。按照药品给药途径统计，2014 年药品不良反应/事件报告涉及的药品给药途径分布中，静脉注射给药占 57.8%，其他注射给药占 3%，口服给药占 36.2%，其他给药途径占 3%。

9.3.2 药品不良反应监测报告的范围

根据《药品不良反应报告和监测管理办法》第六十三条中用语含义，药品不良反应报告和监测是指药品不良反应的发现、报告、评价和控制的过程。其中第十三条规定：药品生产、经营企业和医疗机构应当建立药品不良反应报告和监测管理制度。药品生产企业应当设立专门机构并配备专职人员，药品经营企业和医疗机构应当设立或者指定机构并配备专（兼）职人员，承担本单位的药品不良反应报告和监测工作。GSP 中第一百二十二条规定：企业质量管理部门应当配备专职或者兼职人员，按照国家有关规定承担药品不良反应监测和报告工作。第一百七十九条规定:企业应当按照国家有关药品不良反应报告制度的规定,收集、报告药品不良反应信息。

WHO 监测中心要求由医务人员和药品生产与供应人员报告药品不良反应,监测范围包括未知的、严重的、罕见的、异乎寻常的、不可预测的药品不良反应;已知的不良反应,其程度和频率有较大改变的,医生认为值得报告的;对新药则要求全面报告,不论该反应是否已经在说明书中注明。按照《药品不良反应报告和监测管理办法》的规定,我国药品不良反应报告范围包括:新药监测期内的国产药品应当报告该药品的所有不良反应;其他国产药品,报告新的和严重的不良反应。进口药品自首次获准进口之日起 5 年内,报告该进口药品的所有不良反应;满 5 年的,报告新的和严重的不良反应。

国家药品不良反应监测年度报告公布的数据显示,2014 年全国已有 24 万余个医疗机构、药品生产经营企业注册为药品不良反应监测网络用户,并通过该网络报送药品不良反应报告。按报告来源统计,医疗机构的报告占 82.2%,药品经营企业的报告占 16%,药品生产企业的报告占 1.4%,个人及其他来源的报告占 0.4%。与 2013 年相比,医疗机构报告增长明显,药品生产企业报告比例与既往持平,经营企业报告比例继续下降。按照报告人职业统计,医生报告占 53.8%;药师报告占 27.3%;护士报告占 14%,其他报告占 4.9%。与 2013 年的报告人职业构成情况基本相同。全国 94.4% 的县有药品不良反应报告,全国每百万人口平均报告数量达到 991 份,较 2013 年有一定增长,表明我国发现和收集药品不良反应信息的能力进一步增强。

2014 年全国药品不良反应监测网络收到《药品不良反应/事件报告表》132.8 万份,较 2013 年增长了 0.8%。其中新的和严重药品不良反应/事件报告 34.1 万份,占同期报告总数的 25.7%。1999—2014 年,全国药品不良反应监测网络累计收到《药品不良反应/事件报告表》近 790 万份。新的和严重药品不良反应/事件报告是药品不良反应监测的重点,新的和严重报告比例,尤其是严重报告比例是衡量总体报告质量和可利用性的重要指标之一。2014 年全国药品不良反应监测网络收到新的和严重药品不良反应/事件报告 341 300 余份,与 2013 年比增长了 17%;新的和严重报告数量占同期报告总数的 25.7%。

9.3.3　药品经营企业不良反应报告程序

1)实行逐级、定期报告制度

报告范围为药品引起的所有可疑不良反应,发现严重或罕见的 ADR 必须及时报告,必要时可以越级报告。

2)按季度和快速报告

药品生产、经营企业和医疗预防保健机构必须严格监测本单位生产、经营、使用药品的不良反应发生情况。可疑不良反应一经发现,需详细记录、调查,按要求填写并按规定报告。药品生产企业、经营企业、医疗预防保健机构,发现药品说明书中未载明的可疑严重不良反应病例,必须以快速(最迟不超过 72 小时)有效的方式报告省级药监局、卫生局和药品不良反应监测中心,并同时报告国家 ADR 监测中心。其中死亡病例必须在 12 小时内报告上述机构,并同时报告 SFDA 和卫生部。发现药品说明书中未载的可疑不良反应和已载明的所有药品不良反应病例,应按季度向所在省、自治区、直辖市 ADR 监测专业机构集中报告。

3)防疫药品、普查普治用药品、预防用生物制品的不良反应报告

药品生产、经营企业、医疗预防保健机构发现防疫药品、普查普治用药品、预防用生物制品出现的不良反应群体或个体病例,必须立即向所在地药品监督管理局、卫生厅(局)、ADR 监测专业机构报告,同时向 SFDA、卫生部、国家 ADR 监测专业机构报告。

药品不良反应/事件报告表见表 9.7。不良反应/事件病例报告流程如图 9.6、图 9.7、图 9.8 所示。

表 9.7　药品不良反应/事件报告表

首次报告□　　　　跟踪报告□　　　　编码:__________

报告类型:新的□　严重□　一般□　　　报告单位类别:医疗机构□　经营企业□　生产企业□　个人□　其他□ __________

患者姓名:	性别:男□ 女□	出生日期:　年　月　日或年龄:	民族:	体重/kg:	联系方式:

原患疾病:	医院名称: 病历号/门诊号:	既往药品不良反应/事件:有□____ 无□ 不详□ 家族药品不良反应/事件:有□____ 无□ 不详□

相关重要信息:吸烟史□　饮酒史□　妊娠期□　肝病史□　肾病史□　过敏史□________　其他□

药品	批准文号	商品名称	通用名称(含剂型)	生产厂家	生产批号	用法用量(次剂量、途径、日次数)	用药起止时间	用药原因
怀疑药品								
并用药品								

不良反应/事件名称:	不良反应/事件发生时间:　　年　　月　　日

不良反应/事件过程描述(包括症状、体征、临床检验等)及处理情况(可附页):

不良反应/事件的结果:痊愈□　好转□　未好转□　不详□　有后遗症□　表现:
死亡□　直接死因:__________　死亡时间:　　年　　月　　日

停药或减量后,反应/事件是否消失或减轻? 是□　否□　不明□　未停药或未减量□
再次使用可疑药品后是否再次出现同样反应/事件? 是□　否□　不明□　未再使用□

对原患疾病的影响:不明显□　病程延长□　病情加重□　导致后遗症□　导致死亡□

关联性评价	报告人评价:肯定□ 很可能□ 可能□ 可能无关□ 待评价□ 无法评价□ 签名: 报告单位评价:肯定□ 很可能□ 可能□ 可能无关□ 待评价□ 无法评价□ 签名:

续表

<table>
<tr><td rowspan="2">报告人信息</td><td colspan="2">联系电话：</td><td colspan="2">职业：医生□　药师□　护士□　其他□</td></tr>
<tr><td colspan="2">电子邮箱：</td><td colspan="2">签名：</td></tr>
<tr><td>报告单位信息</td><td>单位名称：</td><td>联系人：</td><td>电话：</td><td>报告日期：　　年　月　日</td></tr>
<tr><td>生产企业请填写信息来源</td><td colspan="4">医疗机构□　经营企业□　个人□　文献报道□　上市后研究□　其他□</td></tr>
<tr><td>备　注</td><td colspan="4"></td></tr>
</table>

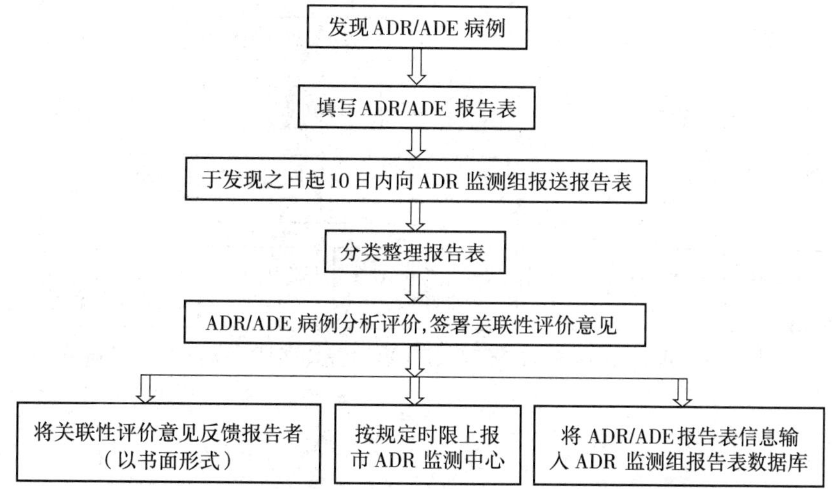

图9.6　一般的不良反应/事件（ADR/ADE）病例报告流程

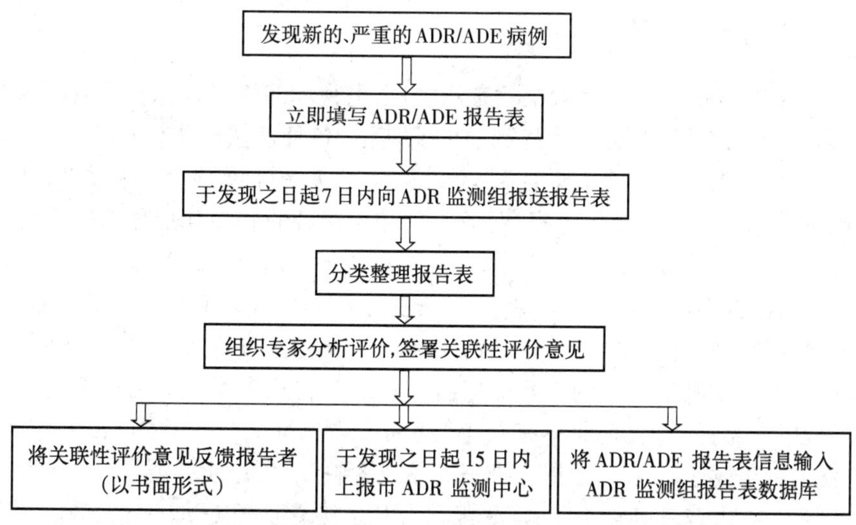

图9.7　新的、严重的不良反应/事件（ADR/ADE）病例报告流程

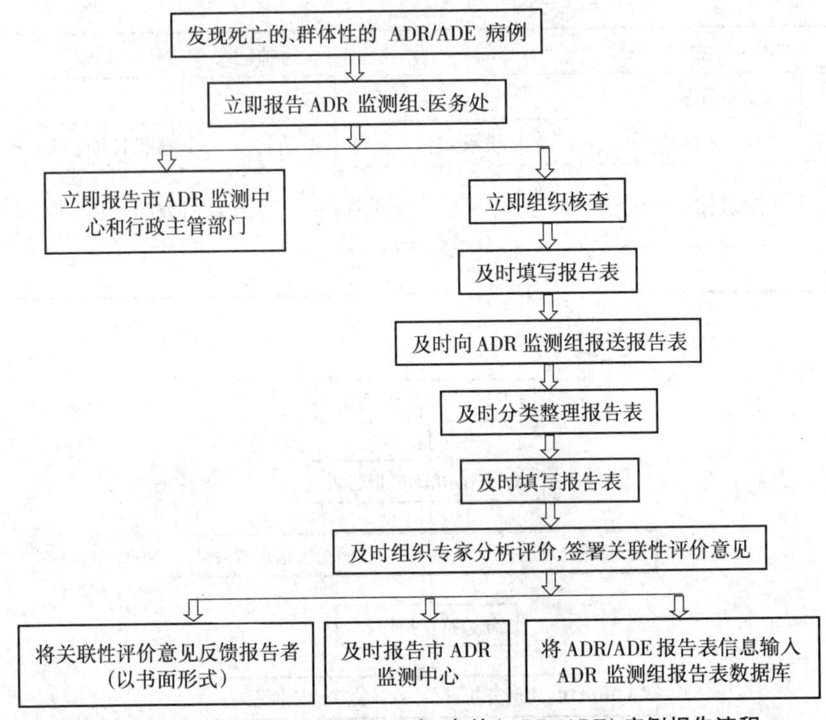

图 9.8　死亡的、群体性的不良反应/事件(ADR/ADE)病例报告流程

9.4　药品广告与宣传

近些年来,各种药品广告充斥着报章杂志、电台电视和网络等媒体。尽管国家为规范药品广告颁布了一系列法规,但是在经济利益的驱使下,各种违法广告仍层出不穷,如伪造广告批准文号,内容虚假,宣称“疗效最佳”“药到病除”“包治百病”“祖传秘方”“纯天然无毒副作用”“高新技术产品”等,并以专家、医务人员和消费者的名义和形象进行宣传。这些违法、虚假广告不仅扰乱了市场的正常秩序,而且严重威胁到消费者的健康安全。

合格的药品广告必须符合的条件如下:首先关于药品广告的定义,《药品广告审查办法》第二条明确规定,凡利用各种媒介或者形式发布的广告含有药品名称、药品适应症(功能主治)或者与药品有关的其他内容的为药品广告。药品广告从大类上分为处方药广告和非处方药广告。从广告监管上看,企业只有获得“药品广告批准文号”后才可以发布药品广告。根据《广告法》中的规定,广告主是指为推销商品或者服务,自行或者委托他人设计、制作、发布广告的自然人、法人或者其他组织;广告经营者是指接受委托提供广告设计、制作、代理服务的自然人、法人或者其他组织;广告发布者是指为广告主或者广告主委托的广告经营者发布广告的自然人、法人或者其他组织。由此可见,药品广告经营者多指广告公司、媒介公司等;药品广告发布者则可以是医药企业,也可以是广告公司等;医药广告主则是医药企业或者医疗单位。

药品广告的社会效益是为消费者提供药品信息,指导消费者合理用药,促进医药卫生事业的健康发展。除了医生对消费者进行用药指导外,药品广告内容对指导消费者合理用药、安全用药也起着一定的引导作用,这就要求对药品广告内容进行严格的管理和监督。药品生产、经营企业及其销售人员应正确介绍药品,不得虚假夸大和误导用户。药品广告经营者、发布者和广告主应严格执行国家有关广告管理的法律、法规,宣传的内容必须以国家食品药品监督管理部门批准的药品说明书为准,不得含有虚假的内容。

9.4.1　药品广告的审查和监督

1)药品广告审查依据

申请审查的药品广告,符合下列法律法规及有关规定的,方可予以通过审查:

①《广告法》;

②《药品管理法》;

③《药品管理法实施条例》;

④《药品广告审查发布标准》;

⑤国家有关广告管理的其他规定。

2)药品广告审查和监督机关

按照《药品管理法》的规定,药品广告须经企业所在地省、自治区、直辖市食品药品监督管理部门批准,并发给药品广告批准文号,同时报国务院食品药品监督管理部门备案。发布进口药品广告,向进口药品代理机构所在地省、自治区、直辖市食品药品监督管理部门申请药品广告批准文号。在药品生产企业所在地和进口药品代理机构所在地以外的省、自治区、直辖市发布药品广告的,发布广告的企业在发布前向发布地省、自治区、直辖市食品药品监督管理部门备案,若发现药品广告批准内容不符合药品广告管理规定的,交由原核发部门处理。

由以上可知,省、自治区、直辖市食品药品监督管理部门是药品广告审查机关,负责本行政区域内药品广告的审查工作。县级以上工商行政管理部门是药品广告的监督管理机关。

3)药品广告申请人的资格

药品广告批准文号的申请人必须是具有合法资格的药品生产企业或者药品经营企业。药品经营企业作为申请人的,必须征得药品生产企业的同意。申请人可以委托代办人代办药品广告批准文号的申办事宜。

4)申请药品广告批准文号应提交的资料

申请药品广告批准文号,应当提交《药品广告审查表》,并附与发布内容相一致的样稿(样片、样带)和药品广告申请的电子文件,同时提交以下真实、合法、有效的证明文件:

①申请人的《营业执照》复印件;

②申请人的《药品生产许可证》或者《药品经营许可证》复印件;

③申请人是药品经营企业的,应提交药品生产企业同意其作为申请人的证明文件原件;

④代办人代为申办药品广告批准文号的,应提交申请人的委托书原件和代办人的营业

执照复印件等主体资格证明文件；

⑤药品批准证明文件（含《进口药品注册证》《医药产品注册证》）复印件、批准的说明书复印件和实际使用的标签及说明书；

⑥非处方药品广告需提交非处方药品审核登记证书复印件或相关证明文件的复印件；

⑦申请进口药品广告批准文号的，应当提供进口药品代理机构的相关资格证明文件的复印件；

⑧广告中涉及药品商品名称、注册商标、专利等内容的，应当提交相关有效证明文件的复印件以及其他确认广告内容真实性的证明文件。

提供的证明文件的复印件需加盖证件持有单位的印章。

5）药品广告的受理与审查

药品广告审查机关收到药品广告批准文号申请后，对申请材料齐全且符合法定要求的，发放《药品广告受理通知书》；申请材料不齐全或者不符合法定要求的，应当场或者在5个工作日内一次性告知申请人需要补正的全部内容；逾期不告知的，自收到申请材料之日起即为受理。

药品广告审查机关应当自受理之日起10个工作日内，对申请人提交的证明文件的真实性、合法性、有效性进行审查，并依法对广告内容进行审查。对审查合格的药品广告，发放药品广告批准文号；对审查不合格的药品广告，应当作出不予核发药品广告批准文号的决定，书面通知申请人并说明理由，同时告知申请人享有依法申请行政复议或者提起行政诉讼的权利。

对批准的药品广告，药品广告审查机关应当报国家食品药品监督管理局备案，并将批准的《药品广告审查表》送同级广告监督管理机关备案。国家食品药品监督管理局对备案中存在问题的药品广告，应当责成药品广告审查机关予以纠正。对批准的药品广告，食品药品监督管理部门应当及时向社会予以公布。

6）异地发布药品广告的要求

在药品生产企业所在地和进口药品代理机构所在地以外的省、自治区、直辖市发布药品广告的，在发布前应当到发布地药品广告审查机关办理备案。

异地发布药品广告备案应当提交如下材料：

①《药品广告审查表》复印件；

②批准的药品说明书复印件；

③电视广告和广播广告需提交与通过审查的内容相一致的录音带、光盘或者其他介质载体。

提供的材料的复印件需加盖证件持有单位印章。

7）备案审查及处理

对异地发布药品广告备案申请，药品广告审查机关应当在受理备案申请后5个工作日内给予备案，在《药品广告审查表》上签注"已备案"，加盖药品广告审查专用章，并送同级广告监督管理机关备查。备案地药品广告审查机关认为药品广告不符合有关规定的，应当填写《药品广告备案意见书》，交原审批的药品广告审查机关进行复核，并抄报国家食品药品监督管理局。原审批的药品广告审查机关应当在收到《药品广告备案意见书》后的 5 个工作日内，将意见告知备案地药品广告审查机关。原审批的药品广告审查机关与备案地药品广告审查机关意见无法达成一致的，可提请国家食品药品监督管理局裁定。

8）对已批准药品广告复审与注销的几种情形

已经批准的药品广告有下列情形之一的，原审批的药品广告审查机关应当向申请人发放《药品广告复审通知书》，进行复审。复审期间，该药品广告可以继续发布。①国家食品药品监督管理局认为药品广告审查机关批准的药品广告内容不符合规定的；②省级以上广告监督管理机关提出复审建议的；③药品广告审查机关认为应当复审的其他情形。经复审，认为与法定条件不符的，收回《药品广告审查表》，原药品广告批准文号作废。

有下列情形之一的，药品广告审查机关应当注销药品广告批准文号：①《药品生产许可证》《药品经营许可证》被吊销的；②药品批准证明文件被撤销、注销的；③国家食品药品监督管理局或者省、自治区、直辖市食品药品监督管理部门责令停止生产、销售和使用的药品。

9）对篡改内容和提供虚假材料的处理

经批准的药品广告，在发布时不得更改广告内容。药品广告内容需要改动的，应当重新申请药品广告批准文号。

篡改经批准的药品广告内容进行虚假宣传的，由食品药品监督管理部门责令立即停止该药品广告的发布，撤销该品种药品广告批准文号，1 年内不受理该品种的广告审批申请。

对提供虚假材料申请药品广告审批，被药品广告审查机关在受理审查中发现的，1 年内不受理该企业该品种的广告审批申请。对提供虚假材料申请药品广告审批，取得药品广告批准文号的，药品广告审查机关在发现后应当撤销该药品广告批准文号，且 3 年内不受理该企业该品种的广告审批申请。

对任意扩大产品适应症（功能主治）范围、绝对化夸大药品疗效、严重欺骗和误导消费者的违法广告，省以上食品药品监督管理部门一经发现，应当采取行政强制措施，暂停该药品在辖区内的销售，同时责令违法发布药品广告的企业在当地相应的媒体上发布更正启事。违法发布药品广告的企业按要求发布更正启事后，省以上食品药品监督管理部门应当在 15 个工作日内作出解除行政强制措施的决定；需要进行药品检验的，食品药品监督管理部门应当自检验报告书发出之日起 15 日内，作出是否解除行政强制措施的决定。

10）对未备案、违法和未经审批药品广告的处理

异地发布药品广告未向发布地药品广告审查机关备案的，发布地药品广告审查机关发现后，应当责令限期办理备案手续；逾期不改正的，停止该药品品种在发布地的广告发布活动。

对发布违法药品广告情节严重的，省、自治区、直辖市食品药品监督管理部门予以公告，并及时上报国家食品药品监督管理局，国家食品药品监督管理局定期汇总发布。对发布虚假违法药品广告情节严重的，必要时，由国家工商行政管理总局会同国家食品药品监督管理局联合予以公告。

对未经审查批准发布的药品广告，或者发布的药品广告与审查批准的内容不一致的，广告监督管理机关应当依据《广告法》第四十三条规定予以处罚；构成虚假广告或者引人误解的虚假宣传的，广告监督管理机关依据《广告法》第三十七条、《反不正当竞争法》第二十四条规定予以处罚。广告监督管理机关在查处违法药品广告案件中,涉及药品专业技术内容需要认定的,应当将需要认定的内容通知省级以上食品药品监督管理部门,省级以上食品药品监督管理部门应在收到通知书后的10个工作日内将认定结果反馈给广告监督管理机关。

此外,需要注意的是药品广告批准文号有效期为1年,到期作废。

9.4.2 禁止发布广告的药品种类

依据《药品广告审查发布标准》,下列药品不得发布广告:

①麻醉药品、精神药品、医疗用毒性药品、放射性药品、药品类易制毒化学品以及戒毒治疗的药品;

②医疗机构配制的制剂;

③军队特需药品;

④国家食品药品监督管理总局依法明令停止或者禁止生产、销售和使用的药品;

⑤批准试生产的药品。

9.4.3 药品广告审查发布标准

1)处方药广告发布的要求

处方药只能在国务院卫生行政部门和国务院食品药品监督管理部门共同指定的医学、药学专业刊物上发布广告,不得在大众传播媒介上发布广告或者以其他方式进行以公众为对象的广告宣传。不得以赠送医学、药学专业刊物等形式向公众发布处方药广告。

处方药名称与该药品的商标、生产企业字号相同的,不得使用该商标、企业字号在医学、药学专业刊物以外的媒介上变相发布广告。不得以处方药名称或者以处方药名称注册的商标以及企业字号为各种活动冠名。

2)药品广告内容的要求

药品广告的内容不得与国务院食品药品监督管理部门批准的说明书不一致,并应当显著标明禁忌、不良反应。不得进行扩大或者恶意隐瞒的宣传,不得含有说明书以外的理论、观点等内容。非处方药广告不得宣传药理作用。药品广告中涉及改善和增强性功能内容的,必须与经批准的药品说明书中的适应症或者功能主治完全一致。

药品广告中必须显著标明药品的通用名称、药品广告批准文号、药品生产批准文号;以非处方药商品名称为各种活动冠名的,可以只发布药品商品名称。

药品广告必须标明药品生产企业或者药品经营企业名称,不得单独出现"咨询热线""咨询电话"等内容。非处方药广告必须同时标明非处方药专用标识(OTC)。药品广告中不得以产品注册商标代替药品名称进行宣传,但经批准作为药品商品名称使用的文字型注册商标除外。已经审查批准的药品广告在广播电台发布时,可不播出药品广告批准文号。

处方药广告应当显著标明"本广告仅供医学药学专业人士阅读",非处方药广告应当显著标明"请按药品说明书或者在药师指导下购买和使用"。

非处方药广告不得利用公众对于医药学知识的缺乏,使用公众难以理解和容易引起混淆的医学、药学术语,造成公众对药品功效与安全性的误解。

3)药品广告中有关药品功能疗效的宣传应当科学准确,不得含有下列内容

①表示功效、安全性的断言或者保证;

②说明治愈率或者有效率;

③与其他药品、医疗器械的功效和安全性或者其他医疗机构比较;

④利用广告代言人作推荐、证明;

⑤违反科学规律,明示或者暗示包治百病、适应所有症状的;

⑥含有"安全无毒副作用""毒副作用小"等内容的;含有明示或者暗示中成药为"天然"药品,因而安全性有保证等内容的;

⑦含有明示或者暗示该药品为正常生活和治疗病症所必需等内容的;

⑧含有明示或暗示服用该药能应付现代紧张生活和升学、考试等需要,能够帮助提高成绩、使精力旺盛、增强竞争力、增高、益智等内容的;

⑨通过宣传某些成分的作用,扩大宣传药品说明书之外的功效,误导消费者的;

⑩其他不科学的用语或者表示,如"最新技术""最高科学""最先进制法"等。

4)药品广告应当宣传和引导合理用药,不得直接或者间接怂恿任意、过量地购买和使用药品,不得含有以下内容

①含有不科学的表述或者使用不恰当的表现形式,引起公众对所处健康状况和所患疾病产生不必要的担忧和恐惧,或者使公众误解不使用该药品会患某种疾病或加重病情的;

②含有免费治疗、免费赠送、有奖销售、以药品作为礼品或者奖品等促销药品内容的;

③含有"家庭必备"或者类似内容的;

④含有"无效退款""保险公司保险"等保证内容的;

⑤含有评比、排序、推荐、指定、选用、获奖等综合性评价内容的。

5)药品广告中禁止使用的对象

①药品广告不得含有利用医药科研单位、学术机构、医疗机构或者专家、医生、患者的名义和形象作证明的内容;

②不得使用国家机关和国家机关工作人员的名义;

③不得含有军队单位或者军队人员的名义、形象;不得利用军队装备、设施从事药品广告宣传;

④不得含有涉及公共信息、公共事件或其他与公共利益相关联的内容,如各类疾病信息、经济社会发展成果或医药科学以外的科技成果。

⑤在针对未成年人的大众传播媒介上不得发布药品广告;不得以未成年人为诉求对象,不得以未成年人名义介绍药品。

⑥不得含有医疗机构的名称、地址、联系办法、诊疗项目、诊疗方法以及有关义诊、医疗(热线)咨询、开设特约门诊等医疗服务的内容;禁止利用新闻报道形式、医疗资讯服务类专题节(栏)目或以介绍健康、养生知识等形式发布或变相发布药品广告。

案例讨论

1.河北瑞生药业有限公司生产的中风安口服液,批准文号为国药准字Z20000037,其批准的药品功能主治为"益气活血。用于治疗气虚血瘀型脑血栓急性期,症见半身不遂、偏身麻木、口舌歪斜、舌强言蹇、气短乏力等”。该药为处方药，在广播发布的广告中，含有“中风安水蛭再生疗法，只需3天，就能将各种血栓斑块通通溶解。严重的中风后遗症患者最多90天就能全面康复”，并通过“医生”和“患者”名义做推荐、证明。

《广告法》中明确规定，处方药只能在国务院卫生行政部门和国务院食品药品监督管理部门共同指定的医学、药学专业刊物上发布广告。“中风安口服液”广告擅自在大众媒体传播已涉嫌违法，且其宣传的“90天保证中风后遗症彻底康复”系对产品功效做断言和保证，属于违法广告。

2. 通化新东日药业股份有限公司生产的降糖胶囊，批准文号为国药准字Z22022668，其批准的药品功能主治为“生津止渴，甘平养胃，涩敛固阴。用于多饮，多尿，多食，消瘦，体倦无力，尿糖及血糖升高之消渴症；轻度及中度成年型糖尿病”。广告通过广播媒体发布，以“安主任”讲授和“患者”采访的形式，宣称“百姓降糖胶囊可以修复病变的胰岛，恢复人体自身糖代谢功能，确保死糖无法再生”“是彻底告别糖尿病的唯一手段”。

糖尿病属医疗难题，目前尚无有效治愈方法。经营者为达盈利目的，对药品适应症或功能主治、药理作用等内容进行扩大宣传，声称“降糖胶囊可改变糖尿病体质，可彻底治愈糖尿病”，并使用绝对化用语“唯一”进行虚假宣传，欺骗和误导消费者，属于典型的违法广告。

通过阅读以上案例，试讨论如何鉴别违法药品广告。

思考题

1. 拆零销售包装要洁净、卫生，包装上需注明什么？拆零销售记录内容包括哪些方面？
2. 要保证特殊药品安全管理，应做好哪几方面的工作？
3. 药品召回分几级、几种？
4. 什么是药品不良反应？药品不良反应有哪些类型？建立药品不良反应报告制度的意义是什么？
5. 禁止发布广告的药品种类有哪些？

技能实训项目

参观药品零售药店，观摩店员与顾客的沟通，熟悉药品的种类及管理办法，了解药物销售的流程，重点关注销售凭证管理和药品拆零销售。

第10章　药品的出库与运输配送管理

在药品的经营中，出库、运输与配送是药品流通环节质量管理的最后环节，是防止质量不合格药品进入市场的最后关卡，也是对企业储存与养护工作的检验。新版GSP从质量管理要素的人员、组织机构、体系文件、设施设备等方面出发，分别对药品的出库、运输与配送作出了明确规定，有效提高了药品流通环节的质量风险控制能力，保障了公众用药安全。

10.1　药品的出库管理

药品出库，是指对拟销售的药品进行出库前的检查，以保证其数量准确、质量良好。新版GSP第九十六至一百零二条，分别对药品的出库复核注意事项，以及直调药品、特殊管理药品、冷藏冷冻药品等的出库进行了特殊管理规定。药品经营企业应制订相应的药品出库管理制度，即出库检查与出库复核的制度，制订科学合理药品出库复核流程，明确相关人员的质量职责。对药品出库的原则、药品出库的质量检查与复核记录及其管理、相关人员的岗位责任等都应以明确的文件确定下来。

10.1.1　药品的出库原则与程序

1)药品出库的原则

药品出库验发是一项细致而繁杂的工作，每个企业根据自己的软硬件情况制订的出库程序有所差异，但都必须遵循"先产先出""先进先出""易变先出""近期先出"和按批号发货的原则。

先产先出是指同一药品，根据其生产日期的先后，选择较早生产的批号优先出库。通常，由于环境条件和药品本身的理化性质，药品储存的时间超过一定期限，即有效期，就会引起变质，以致造成损失；药品出库采用"先产先出"，有利于库存药品不断更新，确保其质量。

先进先出是指同一药品，按进库的先后顺序出库。药品经营企业进货频繁，渠道较多，同一品种不同厂牌的进货较为普遍，加之库存量大，堆垛分散，如不掌握"先进先出"，就有可能将后进库的药品发出，而先进库的药品未发，时间一长，存库较久的药品就易变质。保管员在选择和确定出库的药品时，如果"先产先出"与"先进先出"出现矛盾，则遵循"先产先出"的原则。

近期先出即"近失效期"先出，是指同一规格的药品，根据其有效期的不同，应优先选择近有效期的药品出库。对仓库来讲，所谓"近失效期"，还应包括给这些药品留有调运、供应、发放和使用的时间，使其在失效之前进入流通市场并让消费者得以使用。通常情况下，不允许企业购进效期不足 6 个月的产品，失效期药品必须在质管部的监督下统一处理。保管员在选择和确定出库的药品时，如果"先产先出"与"近期先出"出现矛盾，则遵循"近期先出"的原则。

易变先出是指同一药品，由于受某些环境因素影响，导致不宜久贮、易于变质，则应优先出库。有的药品虽然后入库，但由于受到阳光、温度、湿度、空气等外界因素的影响，比先入库的药品易于变质。在这种情况下，药品出库就不能机械地采用"先产先出""先进先出"原则，而应该根据药品的质量情况，将易霉、易坏、不宜久贮的尽先出库。特别是某些药品因遇到意外事故不易久贮时，虽然离失效期尚远，也应采取"易变先出"办法尽先调出，以免受到损失。

按批号发货是指库存的同种药品，出库时按批号发货，以便于日后的质量追踪。

2）药品出库的程序

药品经营企业应该制订药品的出库管理制度，并对药品的出库管理程序作出规定，明确相关人员的质量责任，保证出库药品的质量合格。药品的出库流程如图 10.1 所示。

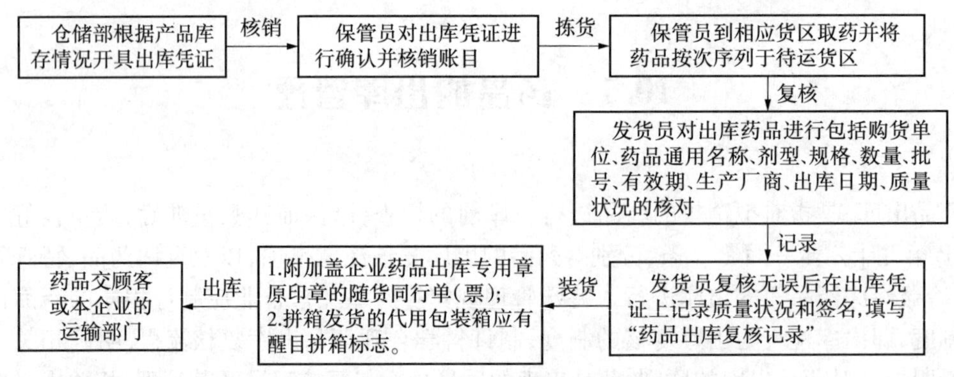

图 10.1　药品出库流程图

（1）开具出库凭证（药品出库单）

仓储部应对业务部门提供的发货计划或销售订单，审核其品名、规格、包装与库存实物是否相符、数量是否充足够发，如图 10.2 所示如有问题应及时向相关部门反馈。无上述问题，则开具出库凭证并复核，防止差错。

链接

出库复核"三查六对"

"三查"：核查发票上的购货单位、发票印鉴、开票日期是否符合要求；

"六对"：核对发票与实物货号、品名、规格、单位、数量、包装是否相符。

（2）核销存货

仓储部应凭单记账、核销存货。也有要求在出库凭证上批注出库药品的货位编号和发货后的结存数量，以便保管人员配货、核对。也可以将该项登账工作放后进行。

××××有限公司 销售单

客户名称：广东龙康医药有限公司

送货地址：广州市番禺区南村镇洗平安二路 1 号洗庄工业园　　NO：20100103　　开单日期：2010 年 1 月 3 日

序号	品名	规格	单位	数量	产地	单价	金额	生产日期 生产批号 有效期	批准文号	备注
1、	阿莫西林胶囊	0.125g×50 粒	盒	5000	广东 xxx 药业有限公司	5.50 元	27500 元	2010xxxx 2012xxxx	国药准字 H200xxxxx	
2、										
3、										
4、										
5、										
6、										
7、										
本页金额小计：								以上药品的质量情况	合格	
金额合计（大写）：贰万柒仟伍佰元整。								合计金额（小写）：	27500.00 元	

备注：本批商品验收合格。若有异议、数量不符等，原因要求退货请 10 个工作日内与本公司联系。

单据说明：（白色：存根联　红色：签收联　粉色：仓库联　绿色：发票联　蓝色：随货同行联）

制单人：xxx　发货人：xxx　复核人：xxx　送货人：xxx　签收人：

某某某某某有限公司　出库专用章

图 10.2　药品销售单

(3)拣货

保管人员接到出库凭证后，审查其所列项目，在确保"先产先出、近期先出"和按批号发货的前提下，按单从货位上提取药品；货物配发齐后，要反复清点核对，保证数量质量，再依次序排列于待运货区。

(4)出库复核

复核员必须按发货清单逐品种、逐批号对药品进行质量检查和数量、项目的核对，并检查包装的质量状况以及完成药品电子监管码的数据采集。对出库药品逐批复核后，复核人员应在发货单上签字。出库复核员完成出库复核操作后，计算机系统应自动生成包括购货单位、药品通用名称、剂型、规格、数量、批号、有效期、生产厂商、出库日期、质量状况和复核人员等内容出库复核记录。药品出库复核操作流程如图 10.3 所示。

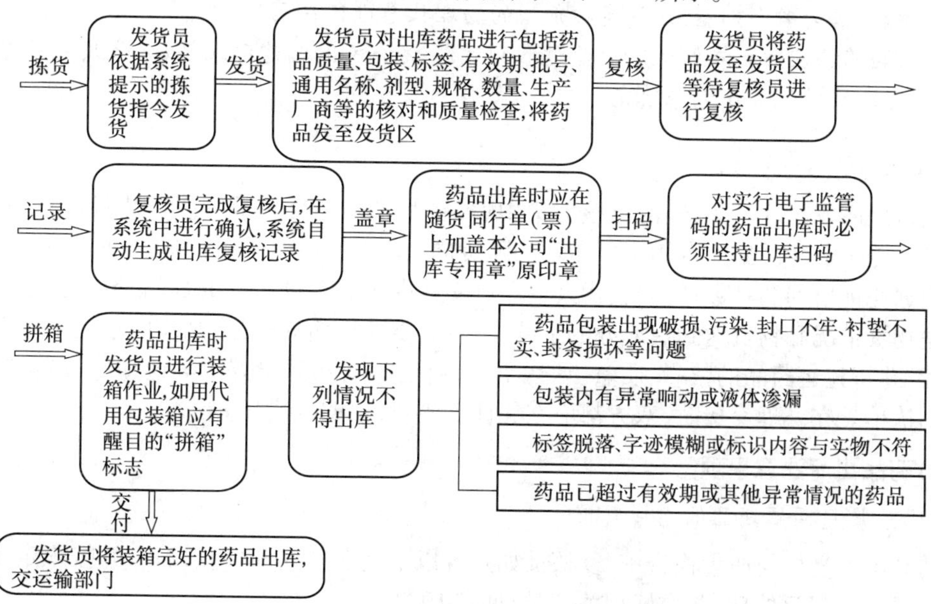

图 10.3　药品出库复核操作流程示意图

药品出库复核记录表见表10.1。

表10.1　药品出库复核记录

销售日期	品名	剂型	规格	单位	数量	生产企业	生产批号	有效期	购货单位	质量状况	发货人	复核人	备　注

(5)包装

整包装药品可以直接运输,零星药品需要集中装箱,且在核对包装时要有2人以上在场。装箱一定要按照包装要求进行,并注意药品的性质,保证安全。包装妥善后,在出库凭证上填写实发数,整箱注明包装情况,零箱注明箱号,并计算件数、毛重、体积,向业务部门点交,由运输人员按照运送要求,分单位集中,进行发运准备。

链接

药品拼箱注意事项:

①拼箱药品的代用包装箱应防止药品被污染,应当有醒目的拼箱标志且箱体外侧注明箱内所有品种的批号、数量明细,便于收货和验收。

②拼箱药品应按照药品的质量特性、储存分类、运输温度要求进行拼箱发货,即药品与非药品分开、特殊管理药品与普通药品分开、冷藏和冷冻药品与其他药品分开、外用药品与其他药品分开、药品液体与固体制剂分开,拼箱的冷藏、冷冻药品的温度要求应一致。

③尽量将同一品种的不同批号或规格的药品拼装于同一箱;若为多个品种,应尽量分剂型进行拼箱;若为多个剂型,应尽量按剂型的物理状态进行拼箱。

④拼箱药品应防止在搬运和运输过程中因摆放松散出现晃动或挤压,代用包装未填满时,采用无污染的纸板或泡沫填充。

(6)发货

放行出库发出的药品,经清点核对集中后,要及时办理交接手续。在装货过程中,要注意附带加盖企业药品出库专用章原印章的随货同行单(票)联。需货单位自取药品,由保管人员根据凭证所列药品数量,向收货人逐一点交。由企业负责运送的药品,要向押运人员交代清楚物资情况和物资送到后应办的手续;由企业委托运输的药品,则应向承运单位办理托运手续,并将托运药品的数量、质量、承运单位、启运时间和运输方式等通知收货单位,及时收回回执单。在办理交接时,双方都应在凭证上签章,以明确责任。

3)药品出库注意事项

(1)有质量问题药品的出库复核

药品出库复核与质量检查中,复核员如发现以下问题应立即停止发货,并按规定及时报企业质量管理部门处理,并作好相关记录,见表10.2。

①药品包装内有异常响动或液体渗漏；
②外包装出现破损、封口不牢、衬垫不实、封条严重损坏等现象；
③包装标识模糊不清或脱落；
④药品已超出有效期等。

表10.2 药品质量信息反馈单

编号：

<table>
<tr><td>药品名称</td><td>通用名称</td><td>药品规格</td><td>单　位</td><td>数　量</td><td>批　号</td><td>供货单位</td><td>生产企业</td></tr>
<tr><td></td><td></td><td></td><td></td><td></td><td></td><td></td><td></td></tr>
<tr><td colspan="8">质量情况：
反馈人：　　　　日期：</td></tr>
<tr><td colspan="8">反馈部门意见：
负责人：　　　　日期：</td></tr>
<tr><td colspan="8">质量管理部门意见：
负责人：　　　　日期：</td></tr>
<tr><td colspan="4">主管领导意见：
签字：　　　　日期：</td><td colspan="4">处理结果追踪：
质管部：　　　　日期：</td></tr>
</table>

链接

下列药品不得出库：
①过期失效、霉变、虫蛀、鼠咬，以及淘汰产品；
②内包装破损的药品；
③瓶签(标签)脱落、污染、模糊不清的品种；
④怀疑有质量变化，未经质量管理部门明确质量状况的品种；
⑤有退货通知或药监部门通知暂停使用的品种。

(2)特殊管理的药品出库复核

特殊管理的药品必须在仓库指定区域内严格复核，严防发错，避免丢失。待运期间应摆放在特定的区域，区域应相对封闭，不得与其他药品混放。

麻醉药品、第一类精神药品、医疗用毒性药品和化学试剂的爆炸品、剧毒品和贵重物品应实行双人收发货制度，仓储部门有关负责人必要时应亲自参与复核。第二类精神药品、蛋白同化制剂、肽类激素应是双人复核。

(3)冷藏、冷冻药品的出库管理

冷藏、冷冻药品的装箱装车等项作业，应当由专人负责并符合以下条件：
①车载冷藏箱或者保温箱在使用前应当达到相应的温度要求；
②应当在冷藏环境下完成冷藏、冷冻药品的装箱、封箱工作；

③装车前应当检查冷藏车辆的启动、运行状态，达到规定温度后方可装车；

④启运时应当作好运输记录，内容包括运输工具和启运时间等。

10.1.2 直调药品的出库管理

直调药品是指已购进的药品不入本企业仓库，从供货单位直接发送到向本企业购买该药品的购货单位。

直调药品的方式分为“厂商直调”和“商商直调”两种。厂商直调即本企业将经营药品从药品生产厂家直接发运至药品购进单位的经营形式；商商直调即本企业将经营药品从药品经营企业直接发运至药品购进单位的经营形式。

1)药品直调原则

①一般情况下不允许直调。

②在以下特殊情况下，由业务部申请、公司负责人批准后，方可进行直调。

a. 国家紧急调拨、抵御自然灾害、医疗急救等特殊情况；

b. 客户紧急调货；

c. 客户购用药品批量大，避免上下车中转，为降低人力、物力、财力消耗时；

d. 储运条件要求高，避免路途重复运输，减少中转次数。

③直调药品的供货企业，必须是列入本企业合格供货方目录的药品生产企业或药品批发企业。收货单位应是具备合法资格的药品生产、经营、使用单位。

2)药品直调程序

(1)直调申请

销售人员根据销售业务的需要，与药品采购人员协商并拟订供货单位后，提出药品直调申请，填制“直调药品申请表”(表10.3)，交业务部经理签署意见转质量管理部审核。质量管理部对供货单位质量信誉及直调品种进行审查并签署具体意见后，报总经理或质量负责人审批。需要注意的是供货单位必须是经本企业确认的合格供货方，且近一年内无违规生产或经营记录及经销假劣药品的行为。首营企业或首营品种，不得进行药品直调的操作。购货单位必须是证照齐全的合法企业或单位。

表10.3 直调药品申请表

申请直调原因		申请人	
供货方		是否进行资质审核	是□ 否□
收货方		是否进行资质审核	是□ 否□
申请部门经理		质管部意见	
质量负责人	同意□ 不同意□ 签字：	总经理	同意□ 不同意□ 签字：
拟直调品种信息			
序 号	品 名	规 格	厂 牌

申请人：　　　　　　　　　　　　申请日期：

(2)直调采购

采购人员根据总经理或质量负责人批准的“直调药品申请表”所列供货单位和药品进行采购,并与供货单位签订明确双方质量责任的质量保证协议书。

(3)直调出库

直调药品出库时,由供货单位开具2份随货同行单(票),分别发往购货企业和直调单位。随货同行单(票)除包括供货单位、生产厂商、药品的通用名称、剂型、规格、批号、数量、收货单位、收货地址、收货日期等内容外,还应包括直调企业名称,并加盖供货单位药品出库专用章原印章。

(4)直调验收

采购人员应将具体到货时间及时通知质管部,由质管部安排到场验收,如质管部不能派人到场验收,应事先与接收单位签订药品直调委托验收协议,由委托单位验收并建立专门的直调药品验收记录,以及完成药品电子监管码的扫码与数据上传,药品经验收合格后方可发货。

(5)直调记录

业务部必须根据验收记录作好直调药品的购进记录和销售记录,如果是委托验收的,须在验收当日向委托单位索取加盖其质管部印章的验收记录(见表10.4),记录应保存至超过药品有效期1年,但不得少于3年。

表10.4 直调药品质量验收记录

编号:

序号	验收日期	通用名称	商品名称	剂型	规格	单位	直调数量	生产企业	批号	有效期至	发货单位	调入单位	验收地点	质量状况	验收结论	验收员	直调责任人	备注

(6)直调档案

建立药品直调档案,内容包括直调药品申请表、直调药品购销记录、直调药品验收记录、直调药品委托验收协议等。

10.2 药品运输与配送管理

企业应遵照国家有关药品运输的各项规定,建立合理的药品运输管理制度,保障药品安全及时的运达目的地。新版GSP第一百零三至一百一十五条,分别从药品的运输管理制度、运输工具、运输设备作了相应规定,并对冷链药品运输、委托运输等提出了更高的要求,以确保药品运输质量的安全。

10.2.1 药品运输管理制度

1)药品运输的原则

企业应制订药品运输的质量管理制度,根据“及时、准确、安全、经济”的原则,执行运输操作规程,并采取有效措施保证运输过程中的药品质量安全。在药品运输的过程中,应注意以下几个方面:

①药品运输应在保障药品质量安全的前提下,综合考虑市场供应、运输路线、道路状况、运输工具、时间、环节、安全程度等因素,选择最合适的运输方案;

②企业要配备与经营规模相适应的,并符合药品质量要求的运输设备,如冷藏车、冷藏箱、冰袋、干冰等;

③药品运输过程中,必须保证各种手续完整,凭证字迹清晰,项目齐全,单位相符,交接完备,权责分明,防止因发生意外而导致运输时间延长所带来的损失;

④药品运输过程中,要针对药品的包装条件及道路状况,采取相应措施,防止药品的破损或混淆;有温度要求的药品,需进行冷藏或保温处理;

⑤特殊管理的药品需根据国家相关规定执行,在运输过程中要有保障药品安全的措施。

2)运输管理机构及职责

运输管理机构隶属于企业的仓储管理部门,是负责本企业药品运输的专业机构。企业应根据自己的实际经营状况,设立与其业务规模相适应的运输管理机构,机构包括管理人员以及业务人员两类。

运输管理人员,主要是指运输管理机构的负责人及该职能部门的工作人员。他们需要熟悉国家交通运输工作上的各项法律法规和方针政策,遵守公安交通部门交通管理的法律法规及本企业的经营管理制度、岗位职责等,尤其是涉及药品质量责任制度,并认真组织贯彻实施。在此基础上,他们的日常工作是组织本单位药品合理运输,编报运输计划,检查经营管理中是否存在问题,按时报送所规定的各项经济指标、统计资料和运输过程中的质量情况,开展业务技术教育,加强经济核算,努力完成运输工作。

运输业务人员,主要是指参加药品运输业务的工作人员。这类业务人员又可分为内勤与外勤两类。内勤人员主要指在室内办理有关运输业务、计划统计、票据结算的工作人员。外勤人员主要是指组织运输货源、托运发货、接车收货、监装监卸、车站码头接单、理货等室外操作人员。运输业务人员是药品运输的执行者,应对交通运输相关手续和规章了如指掌。运输管理机构负责人、管理人员和业务员工应分工科学,职责分明,切实履行职守,保障运输药品的质量安全。

3)药品运输工作的内容

(1)运输方式

运输方式的选择关系到药品运输工作的质量、成本及时间。运输方式主要有铁路、水路、公路和航空(如图 10.4—图 10.7 所示)。比较几种运输方式:铁路运输量大且速度快,连续性强,易于管理,运期比较准确;水路运输速度慢,药品在途时间长,资金周转期较长;公路运输特点是机动灵活、速度快、装卸方便，但是公路运输装容量较少，运费价格高，不适用于大批量的长途运输；航空运输成本较高，适合贵重商品或特殊情况下对抢险救灾及政府指令等的物品运输。

图10.4　铁路运输

图10.5　水路运输

图10.6　公路运输

图10.7　航空运输

（2）药品运输的工具及设备

新版GSP规定，运输药品，应当根据药品包装、质量特性并针对车况、道路、天气等因素，选用适宜的运输工具，采取相应措施防止出现破损、污染等问题。具体要求如下：

①运输药品应当使用封闭式货物运输工具。药品运输过程中，运载工具应当保持密闭，运输车厢要整体封闭、箱门上锁管理，防止药品暴晒、跌落、破损、遗失。运输工具应符合温湿度、卫生、安全等要求。

②对温度有控制要求的运输设备，需配置温湿度自动监测系统。常见的冷链运输设备有冷藏车、冷藏箱和保温箱等，其配置应符合国家标准相关要求。

冷藏车（见图10.8、图10.9）需具有自动调控温度、实时采集传送运输过程中的温湿度数据的功能，并具有远程及实时报警功能，可通过计算机读取和存储所记录的监测数据；车厢具有防水、密闭、耐腐蚀等性能，车厢内部留有保证气流充分循环的空间。

冷藏箱（见图10.10）、保温箱（见图10.11）具有良好的保温性能，能够外部显示和采集箱体内温度数据。冷藏箱具有自动调控温度的功能，保温箱配备蓄冷剂以及与药品隔离的装置。常用的蓄冷剂有冰袋、冰盒或冰排、干冰等，运输过程中，药品不得直接接触蓄冷剂，以防对药品质量造成影响。

③企业应当对冷库、温湿度检测系统以及冷藏运输等设施设备进行使用前验证，定期验证及停用时间超过规定时限的验证。

④对储存、运输设备要定期检查、清洁和维护，应当由专人负责，并建立记录和档案。

图 10.8　冷藏车

图 10.9　冷藏车内部

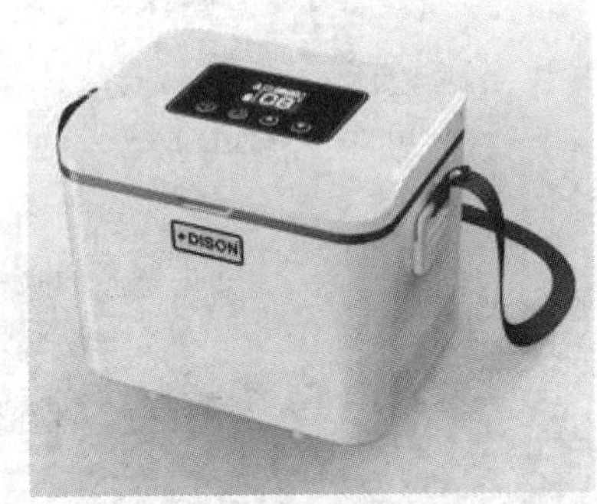

图 10.10　冷藏箱

图 10.11　保温箱

(3)运输工作程序(见图 10.12)

①选择运输路线及运输工具。首先，企业应根据药品的流向、运输线路条件、时间长短及运输费用高低进行综合研究，在药品能安全到达的前提下，选择最快、最好、最省的运输办法及路线，压缩待运期。其次，应根据药品的包装、质量特性、数量路程、路况、储存温度要求、外部天气等情况选择合适的运输工具和装载方式。如：大输液应采取防震措施，怕挤压品种应单独摆放或置于上层，冷藏、冷冻药品应采用冷藏车、冷藏箱、保温箱等运输工具，特殊管理药品运输应加锁、专人押运、悬挂警示标志等。

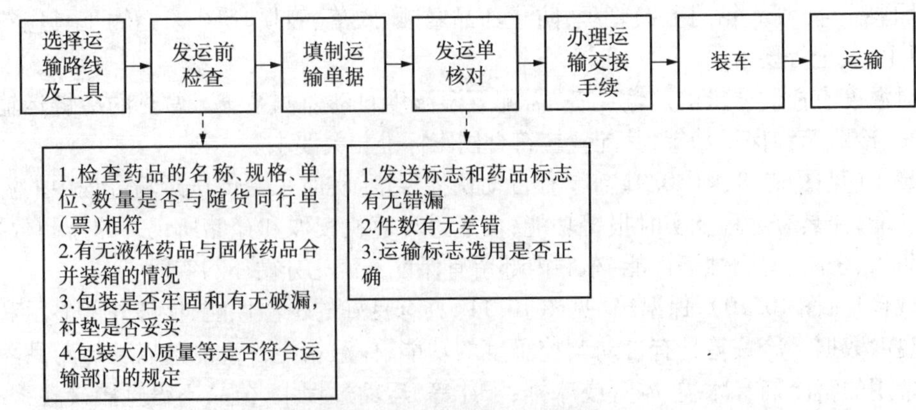

图 10.12　药品运输工作程序

②发运前检查。药品发运前必须检查药品的名称、规格、单位、数量是否与随货同行单(票)相符，有无液体药品与固体药品合并装箱的情况，包装是否牢固和有无破漏，衬垫是否

妥实,包装大小质量等是否符合运输部门的规定。由生产企业直调药品时,须经本单位质量验收合格后方可发运,药品未经质量验收,不得发运。发运药品应单货同行,对不能随货同行的单据,应附在银行托收单据内或于承运日邮寄给收货单位。

③填制运输单据。填制单据时,应做到字迹清楚,项目齐全,严禁在单据上乱签乱划,发运药品应按每个到站和每个收货单位分别填写运输交接单,也可用发货票的随货同行单联代替。拼装整车必须分别给各收货单位填写运输交接单、在药品包装上应加明显区别标志。

④发运单核对。药品在装车前尚须按发运单核对发送标志和药品标志有无错漏,件数有无差错,运输标志选用是否正确。

⑤办理交接手续。完成单据核对后,办好运输交接手续,作出详细记录,并向运输部门有关人员讲清该批药品的搬运装卸的注意事项。

⑥装车。搬运、装卸药品应轻拿轻放,严格按照外包装图示标志(见图 10.13)要求堆放和采取保护措施。通常,药品包装多系玻璃容器,易碎,怕撞击、重压,故搬运装卸时必须轻拿轻放,防止重摔,液体药品不得倒置。如发现药品包装破损、污染或影响运输安全时,不得发运。

图 10.13　包装储运图示及说明

⑦发运。药品在途中运输和堆放站台时,还必须防止日晒雨淋,以免药品受潮湿、光、热的影响而变质。定期检查药品发运情况,防止漏运、漏托、错托,保持单据完备。对有效期和规定发运期限的药品,单据上要有明显的标志。

链接

在运输途中,需要考虑各种外部因素对药品质量的影响需要,包括:

①温湿度。比如油脂类产品会在一定温度下缓慢析出,而表面仍然保持液体状态;需要冷藏的药品其运输就需要有温湿度监控的冷藏车辆进行;

②安全。比如试剂药品的运输需要有防静电和火花措施,以防止发生爆炸;大量溶剂运输需要由有危险品运输资质的运输企业或物流企业派符合国家法规要求的车辆和人员进

行,按规定路线和要求运输等,剧毒品或腐蚀性物料也是类似要求。

③跨地区或气候带。比如在11月份从东北往浙江运输有一定含水量的药品,往往可能因为东北此时温度在零度以下结冰而到达南方后气温回升导致冻融现象的出现,使药品可能出现板结、潮湿或霉变的情况。

10.2.2 冷链药品的运输管理

1)冷链运输管理的基本概念

(1)冷链运输

冷链运输是指冷藏药品等温度敏感性药品,从生产企业成品库到使用前的整个储存、流通运输过程都必须处于规定的温度环境下,以保证药品质量的特殊供应链管理系统。冷链运输方式可以是公路、水路、铁路或航空运输,也可以是多种运输方式组成的综合运输方式。

(2)冷藏药品

冷藏药品是指对药品储存、运输有冷处、冷冻等要求的药品。

(3)冷处

冷处是指温度符合2~10 ℃的贮藏运输条件,如冻干粉针剂。除另有规定外,生物制品如人血白蛋白、凝血酶冻干粉等,应在2~8 ℃避光储藏、运输。

(4)冷冻

冷冻是指温度符合-25~-10 ℃的储藏、运输条件。这类药品比较少见,如抗癌用的洛莫司汀胶囊和司等莫司汀胶囊等。

(5)控温系统

控温系统包括主动控温系统和被动控温系统。主动控温系统是指带有机电仪表元器件控制温度的设施设备,通过程序运行来调节、控制药品的储藏、运输温度在设定的范围内。被动控温系统是指通过非机电式方法控制温度的设备,如保温箱等。

知识拓展

常见的冷藏药品目录:

人胎盘组织液(S)	亚叶酸钙注射液(H)
生长激素及类似物(S)	注射用头孢哌酮钠(H)
促红素及类似物(S)	注射用水溶性维生素(H)
干扰素(S)	注射用吲哚菁绿(H)
生长因子(S)	卡莫司汀注射液(H)
丽珠肠乐(S)	五肽胃泌素注射液(H)
培菲康(S)	注射用头孢哌酮钠舒巴坦钠(H)
所有胰岛素制剂(S、H)	注射用硫酸长春地辛(H)
人血白蛋白(S)(5年(2~8 ℃)、3年(室温不超过30 ℃))	注射用硫酸长春碱(H)
西妥昔单抗(S)(2~8 ℃下可保存12小时以上,20~25 ℃下可保存8小时以上)	注射用硫酸长春新碱(H)

续目录

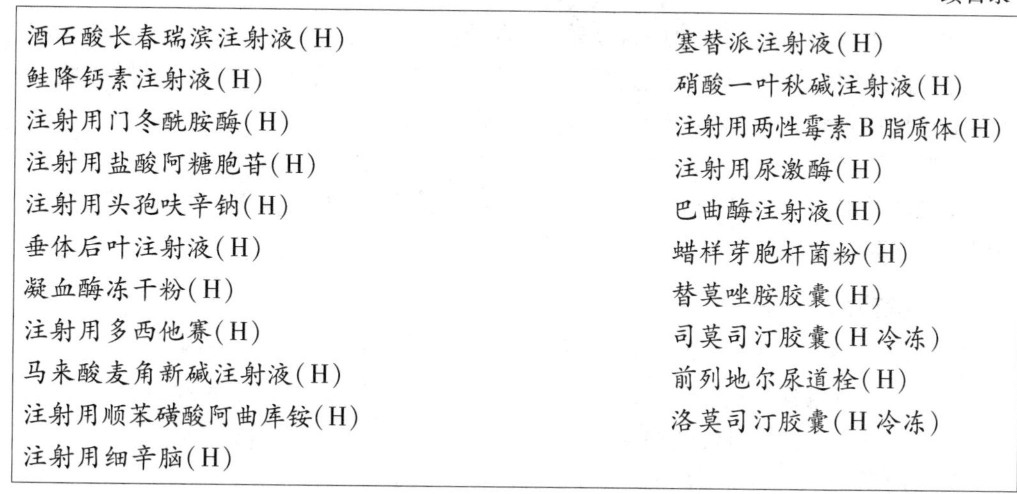

酒石酸长春瑞滨注射液(H)	塞替派注射液(H)
鲑降钙素注射液(H)	硝酸一叶秋碱注射液(H)
注射用门冬酰胺酶(H)	注射用两性霉素 B 脂质体(H)
注射用盐酸阿糖胞苷(H)	注射用尿激酶(H)
注射用头孢呋辛钠(H)	巴曲酶注射液(H)
垂体后叶注射液(H)	蜡样芽胞杆菌粉(H)
凝血酶冻干粉(H)	替莫唑胺胶囊(H)
注射用多西他赛(H)	司莫司汀胶囊(H 冷冻)
马来酸麦角新碱注射液(H)	前列地尔尿道栓(H)
注射用顺苯磺酸阿曲库铵(H)	洛莫司汀胶囊(H 冷冻)
注射用细辛脑(H)	

注:1. S 代表生物制品,H 代表化学药品;

2. 以上为初步统计品种,仅供参考。

2)**冷链运输的温湿度监控管理**

①冷藏车在使用前,应按规定对自动温度记录设备、温度自动监控及报警装置等设备进行验证,保持正常工作状态;冷藏车装车运输流程如图 10.14 所示。

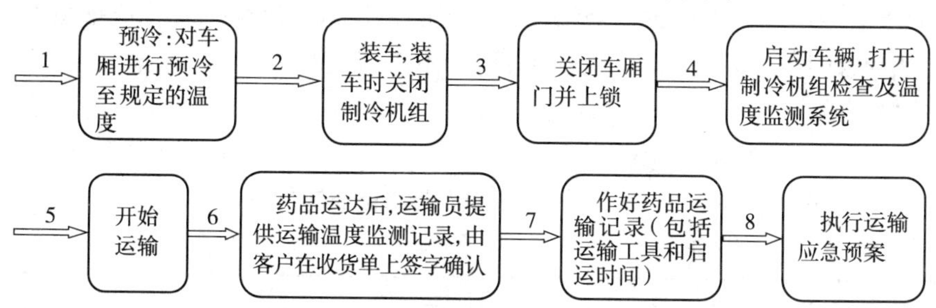

图 10.14　冷藏车装车运输操作流程示意图

②冷库内温度自动监测布点应经过验证,符合药品冷藏要求。

③采用保温箱运输时,根据保温箱的性能验证结果,在保温箱支持的、符合药品储藏条件的保温时间内送达;冷藏箱或保温箱装车运输流程如图 10.15 所示。

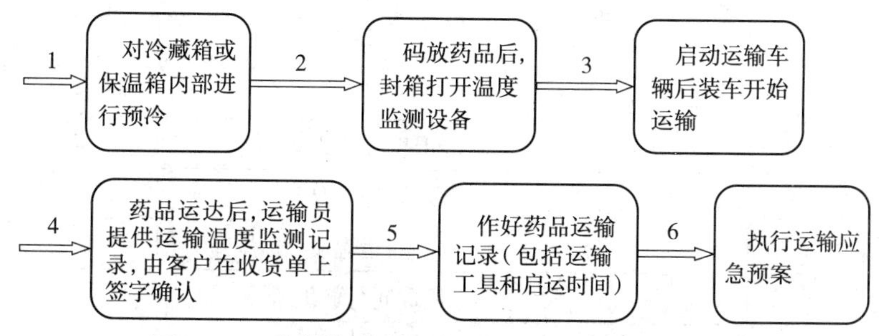

图 10.15　冷藏箱或保温箱装车运输操作流程示意图

④温度报警装置应能在临界状态下报警,应有专人及时处置,并作好温度超标报警情况

记录。

⑤冷藏车在运输途中应使用自动监测、自动调控、自动记录及报警装置，在运输过程中进行温度的实时监测并记录，该监测数据可读取存档，数据应真实完整、准确、有效，各测点数据通过网络自动传送，记录应当随药品移交收货方。

⑥制冷设备的启、停温度设置：冷处应在 3 ~ 7 ℃，冷冻应在-3 ℃以下。

⑦冷藏药品进行 24 h 连续自动的温度记录和监控，温度记录间隔时间设置不得超过 10 分钟/次，记录至少保存 5 年。

3）冷藏药品运输管理

①装载冷链药品前，冷藏车、冷藏箱应预冷至符合规定的温度范围内。

②发货时应检查冷链运输、储存设备温度，并进行记录。采用冷藏箱、保温箱运输时，箱体上应注明储存条件、特殊注意事项或运输警示。

③采用冷藏车运输冷藏药品时，应根据冷藏车标准装载药品。

④应制订冷藏药品发运程序。发运程序内容包括出运前通知、出运方式、线路、联系人、异常处理方案等。

⑤运输人员出行前应对冷藏车及冷藏车的制冷设备、温度记录显示仪进行检查，要确保所有的设施设备正常并符合温度要求。在运输药品过程中，运载工具应当保持密闭。

⑥采用冷藏车运输时，应至少有两个温度记录仪随货发运；采用冷藏（保温）箱运输时，每种规格的冷藏箱中应至少放置 1 个温度记录仪随货发运。温度记录仪应摆放在所记录的温度数据具有代表性的位置。运输过程中，药品不得直接接触冰袋、冰排等蓄冷剂，防止对药品质量造成影响。

冷藏药品运输交接单见表 10.5。

表 10.5　冷藏药品运输交接单

日期：

供货单位（发运单位）				
购货单位（接收单位）				
药品简要信息（应与所附销售随货同行联相对应）	序号	药品名称/规格/厂家/批号	数量	备注
	1			
	2			
	3			
	…			
温度控制要求		温度控制设备		
运输方式		运输工具		
启运时间		启运温度		
保温时限		随货同行联编号		
发货人员签字		运输人员签字		
备　注				

续表

以上信息发运时填写 以下信息收货时填写			
到达时间		在途温度	
到达时温度		接收人员	
备　注			

注:1."运输方式"包括:客户自提、物流发货、送货上门;

2.当客户上门自提时,发货人员应当查验客户运输车辆是否有保证温度的相关措施,并提供泡沫箱、冰袋等保温措施;

3.在采用物流发货时应签订协议,严格控制运输途中的温度和运输时间,确保药品质量。

10.2.3　危险药品和特殊管理药品的运输管理

1)危险药品的运输

危险品除按一般药品运输的要求办理外,还必须严格遵照交通管理部门《危险货物运输规则》的各项规定,必须有符合国家标准的危险货物包装标志:自运化学危险物品时,必须持有公安部门核发的准运证。

①危险药品在发运前,应检查包装是否符合危险货物包装表的规定及品名表中的特殊要求,箱外有无危险货物包装标志,然后按规定办好托运、交付等工作。装车、装船时,应严格按照"危险货物配装表"规定的要求办理。

②危险药品在装卸过程中,不能摔碰、拖拉、摩擦、翻滚,搬运时要轻拿轻放,严防包装破损。对碰撞、互相接触容易引起燃烧、爆炸或造成其他危险的化学危险物品,以及化学性质或防护、灭火方法互相抵触的化学危险物品不得混合装运和违反配装限制。遇热、受潮容易燃烧、爆炸或产生有毒气体的化学危险物品,在装运时应当采取隔热防潮措施。汽车运输必须按当地公安部门指定的路线、时间行驶,保持一定车距,严禁超速、超车和强行会车。

③在运输途中发生被盗、被抢、丢失的,承运单位应立即报告当地公安机关,并通知收货单位,收货单位应立即报告当地药品监督管理部门。

2)特殊管理药品的运输

运输特殊药品的企业必须要有特殊管理药品运输管理制度或规程,明确规定药品安全保证措施。特殊管理药品运输相关人员应通过专门的特殊管理药品法规、药品知识和安全知识的培训,取得相应的岗位证书和资质证书。

发运特殊管理的药品必须按照《麻醉药品和精神药品管理条例》《麻醉药品和精神药品运输管理办法》《放射性药品管理办法》《医疗用毒性药品管理办法》《药品类易制毒化学品管理办法》《易制毒化学品管理条例》《危险化学品安全管理条例》《化学危险物品安全管理条例》等规定办理,使用封闭车辆专人专运,中途不停车,并采取安全保障措施。防止麻醉药品和精神药品在运输途中被盗、被抢、丢失,应尽量采用集装箱或快件方式,尽可能直达运输,减少中转环节。

运输特殊药品时,应按国家规定进行如加锁专人押运、悬挂警示标志(危险品标志牌如

图 10.16 所示）等，防止丢失、损毁、被盗抢、替换。必须凭国家签发的运输执照办理运输手续，如有必要，企业应根据有关规定派足够的人员押运。

腐蚀品标志牌　三级放射性物品标志牌　二级放射性物品标志牌　一级放射性物品标志牌

剧毒品标志牌　有毒气体标志牌　有机过氧化物标志牌　氧化剂标志牌

遇湿易燃物品标志牌　自然物品标志牌　易燃固体标志牌　易燃液体标志牌

图 10.16　危险品标志牌

托运或者自行运输麻醉药品和第一类精神药品的单位，应当向所在地省级药品监督管理局申请领取运输证明。运输麻醉药品和第一类精神药品的单位，要向属地监管药品监督管理局报告运输信息；运输易制毒化学品应按相关规定申请运输许可证或者进行备案。

10.2.4　委托运输管理

1）委托运输要求

针对第三方委托运输，GSP 要求委托方应当考查承运方的运输能力和质量保障能力，签订明确质量责任的委托协议，并要求通过记录实现运输过程的质量追踪。由此强化了企业质量责任意识，提高了药品质量风险控制能力。

（1）承运单位审核

企业委托其他第三方单位运输药品时，应当事先对承运方的运输设备、质量保障能力、人员资质及条件进行审核，符合要求的方可委托。通过外部审计，无承运能力的，不得委托。对承运方审计的内容应有相关资质证照（药品运输经营许可证、营业执照、组织机构代码证、税务登记证等，运输特殊管理药品的应取得国家规定的相关运输资质证明）、质量管理（组织机构、管理制度、应急机制）、运输设施设备（车辆数量、类别、车况、保险）、运输人员（身份证、驾驶证、健康、培训）等。

（2）委托运输协议

企业委托药品运输应当与承运方签订运输协议，明确药品质量责任、遵守运输操作规程以及在途时限等内容。协议中必须规定合理的运输时限，防止长时间的运输对药品质量造成影响。《药品委托运输服务协议》的关键内容包括：运输工具、运输时限、提货送达地点、操作人员等运输质量要求，并明确赔偿责任和赔偿金额。

药品委托运输协议（示例）

甲方（承运方）：

乙方（委托方）：

为贯彻落实《药品管理法》《药品经营质量管理规范》以及国家有关法律法规，确保药品物流安全，保证医药商品质量，经甲乙双方友好协商，就乙方委托甲方向客户运送药品事宜，双方达成以下一致意见，签署本协议以资共同遵守：

一、甲方必须为经工商、交通运输、税务等部门批准的合法物流运输企业。

二、甲方必须向乙方提供营业执照、道路运输许可证、税务登记证、组织机构代码证等运输资质文件复印件并加盖甲方公章原印章。

三、甲方必须向乙方提供运输车辆相关资料，驾驶员驾驶证及身份证复印件。

四、甲方运输药品应满足以下要求：

1. 甲方应当制订并严格执行符合要求的运输标准操作规程，并采取有效措施保证运输过程中的药品质量与安全。

2. 甲方应当采取运输安全管理措施，防止在运输过程中发生药品盗抢、遗失、调换等事故。

3. 甲方应当严格按照外包装标示的要求搬运、装卸药品。

4. 运输药品应当使用封闭式货物运输工具，且在运输药品过程中，运载工具应当保持密闭。

5. 甲方应当根据药品的温度控制要求，在运输过程中采取必要的保温或者冷藏、冷冻措施。

6. 运输药品应当及时发运并按规定时间送达，防止因在途时间过长影响药品质量。运输药品的时限约定：同城不超过1天，省内不超过2天，省外不超过3天。

7. 因甲方未遵照以上要求导致药品出现质量问题（包括成分变质等内在质量和包装破损、污染等外在质量）的，由甲方承担全部责任。

五、甲方按照乙方要求，自乙方仓库提取药品，在规定期限内送至乙方指定客户的所在地。提货时，甲乙双方应尽共同检查药品外观的义务，确保乙方托运的药品外观包装完整，无破损、受潮等问题。确认无误后在乙方的《药品收货确认单》上签字确认所运输药品的数量及质量。如客户收货后提出药品外包装受损等问题，视为甲方运输途中产生的问题，由甲方最终承担损害赔偿责任。损害赔偿以所托运货品的货值为限，具体计算以乙方提供的药品价值票据为准。

六、甲方提货后应严格按照药品外包装箱上的图示方法进行存储、运输，确保药品安全送达。药品送达客户后，甲方应要求客户在乙方的《药品收货确认单》上签收盖章，并将客户签收后的《药品收货确认单》交回乙方，以便乙方核实客户收货。

七、乙方必须为经工商、药监、税务等部门批准的合法药品经营企业。

八、乙方保证委托甲方运输的药品均符合国家相关规定，如因乙方保管养护不当造成的质量问题，损失由乙方承担。

九、甲乙双方均应对其所提供资料的真实性、有效性负责。

十、本协议一式二份，双方各执一份，协议未尽事宜由双方友好协商解决。

十一、本协议自　　年　　月　　日至　　年　　月　　日有效。

甲方(盖公章)：　　　　　　　　　　乙方(盖公章)：

代表：　　　　　　　　　　　　　　代表：

签订日期：　　年　　月　　日　　　签订日期：　　年　　月　　日

(3)委托运输记录

企业委托运输药品应当有记录(见表10.6)，实现运输过程的质量追溯。记录至少包括发货时间、发货地址、收货单位、收货地址、货单号、药品件数、运输方式、委托经办人、承运单位。采用车辆运输的还应当载明车牌号，并留存驾驶人员的驾驶证复印件。

表10.6　药品委托运输记录

发货时间：

品　名	药品数量	单　位	货单号		备　注
			发货地址		
			收货单位		
			收货地址		
			运输方式		
			委托经办人		
			承运单位		

记录人：

(4)运输监督

企业应当要求并监督承运方严格履行委托运输协议，防止因在途时间过长影响药品质量。委托运输的，应在委托协议中明确药品时限超期的罚则和责任。药品运输记录中的发货时间、送达时间应符合制度或协议的时限规定要求。

2)特殊药品的委托运输

办理托运(包括邮寄)麻醉药品、精神药品应在货物运单上写明具体名称，发货人在记事栏内加盖"麻醉药品或精神药品专用章"，缩短在车站、码头、现场的存放时间，铁路运输不得使用敞车，水路运输不得配装舱面，公路运输应当覆盖严密，捆扎牢固。运输途中如有丢失，应协助承运单位认真查找，并立即报当地公安机关和药品监督管理部门。

案例分析

1.药品运输的"潜规则"

某一非药品销售公司的部门经理李某到市区的几家货运站托运货物，发现竟然有好几家货运站把他们公司的货物和药品堆放在一起运输。由于平时很少去货站提货，所以当李某看到此情景时，显得十分惊讶。而他的同事则告诉李某："这样的事儿很常见。"

在李某的印象里，药品存放的温度、湿度和运输都应该是很严格的。所以当他在货运站看到满地堆放的药品风吹日晒，到了车上的农药、化工品等随意一起堆放时，他认为这种行为难以保证用药安全。

李某所看到的虽属个别现象，但在一定程度上，也反映出了目前医药物流中所存在的问题。由于设备和人力的不足，为了节省费用，将药物与普通货物一起运输已成为“潜规则”。这也是国内药品运输仍主要依靠生产或流通企业自建配送系统的原因。

2. 某县疫苗事件

某县某镇曾发生多名中小学生因集体接种某生物技术股份有限公司生产的甲肝疫苗发生群体性反应。经中国食品药品检定研究院检验，结论是某集体接种所用疫苗的检验结果合格。某县疫苗事件中的甲肝疫苗，都来自某生物制品有限公司。某公司因为销售环节存在问题，把自己的疫苗卖给了没有资质的经销商，而某镇防保所从该经销商购进了3 000支疫苗，然后防保所把疫苗推销给学校。疫苗必须使用-20 ℃的冷藏车来运输，但是这3 000支疫苗用一辆普通的救护车放点冰就运了回来，而且当天的气温高达30 ℃，运输用了3个多小时。

分析以上案例：

1. 药品的出库运输是否合法？

2. 药品的运输条件是否合法？

3. 泗县疫苗事件给消费者带来的隐患有哪些？

思考题

1. 出库复核的具体内容有哪些？
2. 如何进行冷链药品的运输管理？
3. 如何进行委托运输管理？
4. 如何做好特殊药品的运输？

技能实训项目

参观某药品批发企业，了解其《药品出库管理制度》《药品运输管理制度》《药品出库SOP》《药品拼箱SOP》《冷链药品出库SOP》等文件，并观察仓储部人员的实际操作流程，对比分析其存在的问题及由此会导致的后果。

第11章 药品质量管理体系内审与质量风险管理

11.1 药品质量管理体系内审

药品作为一种特殊商品，其质量不仅影响药品的疗效，也影响着患者的健康和生命安全。药品生产企业按照法定的标准组织药品生产，经检验合格后出厂。药品从生产企业到医疗机构、患者之间起桥梁作用的是药品的经营企业，包括药品批发企业和药品零售企业，它们承担着药品的物流服务。在药品的流通过程中，药品质量会受到各种因素影响而发生变化，如何保证药品在流通过程中的质量，是药品经营企业的首要责任。为保证药品质量，药品经营企业应持续开展质量管理活动。要实现质量管理目标，有效开展质量管理活动，就必须建立相应管理体系，这个体系就是药品质量管理体系。

11.1.1 药品质量管理体系概述

新版 GSP 第五条规定，企业应当依据有关法律法规及本规范的要求建立质量管理体系，确定质量方针，制订质量管理体系文件，开展质量策划、质量控制、质量保证、质量改进和质量风险管理等活动。其中质量管理体系的要求是新版 GSP 提升的主要内容之一。质量管理体系（Quality Management system）术语来源于 ISO（国际标准化组织）9000 标准，其“质量管理”定义为“质量方面指挥和控制组织的协调活动”，“质量管理体系”定义为在“质量方面指挥和控制组织的管理体系”。建立质量管理体系是药品经营企业实施药品经营质量管理的基本要求。企业通过质量管理体系的建立，组织开展药质量管理活动，解决药品经营中的质量管理问题，以确保经营药品质量。

11.1.2 质量管理体系要素

新版 GSP 第七条规定，企业质量管理体系应当与其经营范围和规模相适应，包括组织机构、人员、设施设备、质量管理体系文件及相应的计算机系统等。该条中的经营范围是指经国家药品监督管理部门批准可以经营的药品类别范围，反映企业业务活动的内容和经营方向。药品经营企业应严格按照《药品经营许可证》上许可的经营范围开展经营活动，同时还应保证与供货单位的许可类别相一致。目前，药品经营范围有：化学原料药及其制剂、抗生素原料药及其制剂、生化药品、生物制品、蛋白同化制剂及肽类激素、麻醉药品、第一类精神药品、第二类精神药品、医疗用毒性药品、中成药、中药材、中药饮片等。

该条中的经营规模是指企业销售额、职工人数和资产总额的多少。

药品经营企业在建立质量管理体系时，应根据自身特点选取以上质量管理体系要素加以组合，形成富有自身特色的质量管理体系。其中组织机构、人员、设施设备、质量管理体系文件及相应的计算机系统构成了质量体系的5大要素：

1）组织机构

组织机构是构筑质量管理体系的框架，是企业质量管理职责、权限和相互关系的安排，具体表现为企业组织机构的设置、职责和权限的划分。新版GSP要求必须设置的组织机构有：质量管理（含验收组或验收员）、采购、销售、储运（含养护组或养护员）等管理部门，而一个企业还必须设置财务、人事等部门。企业组织机构设置模式因其经营规模不同而不同。

2）人员

人员是药品经营质量管理体系的人力资源，是药品经营质量管理活动中最为活跃的要素。新版GSP要求配备的人员有：企业主要负责人、企业质量负责人、质量管理机构负责人、质量管理人员、药品购进、收货、验收、储存、养护、销售等人员。相关人员均应符合新版GSP人员资质要求。

3）设施设备

设施设备是药品质量管理体系中的物质资源，是药品经营企业依法开展经营活动的硬件基础和保障。新版GSP要求配备的设施设备有：与经营规模相适应的营业场所、辅助办公用房及办公设备、符合不同药品储存要求的仓储设施以及维护仓储设施达到规定标准的各种设备等。

4）质量管理文件

质量管理文件是药品质量管理体系的软件资源，包括职责、质量管理制度、操作规程、质量管理工作记录。制度性文件是企业从事药品经营质量管理活动的依据和准则。记录是质量管理活动和质量管理体系运行的证据。

5）计算机系统

计算机系统是企业从事药品经营活动和质量管理活动的物质载体，由硬件和软件组成，并能完成企业经营、管理及质量控制的系统。计算机系统因软件设计公司不同而有不同的软件系统，企业应根据自身的经营规模、经营类型选取不同的计算机系统。

11.1.3　质量管理活动

质量管理是指导和控制药品经营企业与药品质量有关的相互协调的活动，以质量管理体系为载体。通过建立质量方针、质量目标，进行质量策划，实施质量控制、质量保证，开展质量改进活动。

1)质量方针

新版 GSP 第六条规定,企业制订的质量方针文件应当明确企业总的质量目标和要求,并贯彻到药品经营活动的全过程。

企业的质量方针是由企业的最高管理者(董事长或总经理)以正式文件发布的企业总的质量宗旨和方向,是企业管理者对质量的指导思想和承诺。质量方针是企业运行的行动纲领,其作为一种指导思想,指导质量管理体系的建立,包括质量目标的分解、组织机构的设置、过程的管理、资源的分配等都要在质量方针这个大框架下进行。质量方针是检验质量管理体系是否有效运行的最高标准。制订质量方针的要求是:

①与企业总的经营方针或经营理念相协调;

②结合企业的经营特点;

③确保各级管理者都能理解和坚持执行;

④高度概括同时具有明确和强烈的号召力。

2)质量目标

质量目标是指企业在质量方面所追求的目标。它是依据企业的质量方针而制订的,是质量方针的具体展开落实。企业总的质量目标在质量方针文件中加以明确,再由质量管理机构组织各相关职能部门对总质量目标进行逐级分解,分别制订各部门的质量目标和保证措施,形成由上而下展开、由下而上的逐级保证系统。

质量目标是质量管理追求的目标,在制订时要尽可能具备全面、有针对性、科学性及严密性等特点。制订质量目标应注意:

①根据企业发展的中长期规划,对经营目的分析后确定;

②能具体指出目标和实施方法;

③将国家相关法律法规和企业的经营实际紧密结合;

④质量目标尽可能量化,以便于评价。

3)质量策划

质量策划是指确定质量目标和要求,以及确定采用质量体系要素的目标和要求的活动。质量策划属于"指导"与质量有关的活动,也是"指导"质量控制、质量保证和质量改进的活动。质量管理工作只有经过策划,才有明确的对象和目标,才有切实可行的措施和方法。质量策划的结果是明确质量目标,明确为达到质量目标应采取的措施;明确经营应提供的必要条件,包括人员、资源等条件;明确各岗位、人员的职责等。质量策划的结果可以用质量管理计划、质量管理文件等加以表达。

4)质量控制

质量控制是指为达到质量要求所采取的作业技术和活动。其目的是监控质量形成过程,消除质量环上所有影响药品质量的因素。在药品经营过程中,质量控制活动主要是现场管理,是为达到和保持质量而进行控制的技术措施和管理措施。药品质量验收、养护、出库复核、计算机系统的控制性管理从属于质量控制。

5)质量保证

质量保证是指为确信能满足质量要求,而在质量体系中实施并根据需要进行证实的全部有计划、有系统的活动。质量保证的关键是提供信任,即向顾客和其他相关方证实企业有能力达到质量要求。质量保证的方法有合同、质量保证协议、质量体系认证等。

6)质量改进

质量改进是指为本企业及顾客提供增值效应,在企业内所采取的提高活动和过程的效果与效率的措施。质量改进是消除系统性问题。对现有的质量水平在控制的基础上加以提高,使质量达到一个新水平、新高度。质量改进贯穿于全部与质量有关的活动,与质量控制、质量保证的不同之处在于质量改进是增强满足质量要求的能力。质量改进是主动采取措施,使质量在原有的基础上有突破性的提高,而质量控制是维持现有的质量水平。两者既有区别,又有联系,质量控制是质量改进的前提,质量改进是质量控制的发展方向。

在药品经营企业内,质量改进往往是在质量管理部门的组织下,通过对照国家对药品管理的相关法规要求,对各经营环节开展检查,发现在质量管理方面存在的不符合要求的问题,也称缺陷,并提出整改意见,然后检查整改效果,达到自查自纠、不断提高质量管理水平的目的。

11.1.4 质量管理体系内审

1)内审概述

新版GSP第八条规定,企业应当定期以及在质量管理体系关键要素发生重大变化时,组织开展内审。

内审是内部审核的简称。企业在根据自身的经营规模和经营范围建立起质量管理体系后,体系在药品经营过程中设置是否充分、适应和有效,需要进行评价。而审核正是为验证质量活动和有关结果是否符合GSP的规定,通过获取审核证据并对其进行客观的评价,以确认企业质量管理体系是否被正确、有效实施以及运行满足GSP程度而进行的系统的、独立的并形成文件的过程。

质量管理体系内审是药品经营企业按规定的时间、程序和标准,依照GSP对企业质量管理体系进行的全面检查与评价,以核实企业质量管理工作开展的充分性、适应性和有效性,从而不断改进质量管理工作,防范质量风险,确保药品经营质量的过程。内审是企业建立质量管理控制机制的内部动力,而GSP认证是外部动力。建立完善内审机制,是提升企业质量管理水平的有效途径。

按照GSP第八条中关于开展内审的规定,内审时间分为定期内审和不定期内审,后者也称专项内审。

①定期内审。定期内审是指企业定期组织的内审,一般一年一次;

②不定期内审(专项内审)。不定期内审是指当企业质量管理体系关键要素,包括组织机构、人员、设施设备、质量管理体系文件及相应的计算机系统等发生重大变化时,组织开展的内审。

质量管理体系内审在企业质量负责人领导下开展,由质量管理部门组织实施,其他与药品质量相关的部门如业务部门、储运部门共同参与完成。

开展内审前，由质量管理部门编制质量管理体系内审计划和方案，报企业质量负责人批准后实施。内审的主要内容包括：

①质量管理机构及相应岗位人员配备情况；

②职责、质量管理制度、规程的执行情况；

③药品购销过程管理，包括购进、收货与验收、储存与养护、销售与出库及运输等情况；

④设施设备管理，包括营业场所、仓储设施、储运与温控设施设备情况；

⑤计算机系统运行情况。

以上质量管理体系5大要素实际上已包含在GSP规定中，因此，内审的内容即是对照GSP验收条款逐一开展的审核评价。

2）质量管理体系内审步骤

质量管理体系内审一般分为审核准备→现场审核→审核报告→纠正措施跟踪4个步骤。

（1）审核准备

①内审计划和内审方案

企业在开展体系内审前，质量管理部门应编制内审计划和内审方案，计划和方案的内容包括审核目的、审核范围、审核依据、审核小组成员、审核形式、审核时间等。而内审方案是在内审计划的基础上进一步细化的结果。

a. 审核目的：验证公司内部质量管理体系运行是否符合GSP及质量管理体系文件的要求，验证质量管理体系实施的有效性，为持续改进质量管理体系提供依据。

b. 审核范围：对质量管理体系各要素，如质量管理机构及相应岗位人员配备情况；职责、质量管理制度、规程的执行情况；药品购销过程管理，包括购进、收货与验收、储存与养护、销售与出库及运输、计算机系统运行等范围的描述；如果是专项内审，审核范围就是发生重大变化的体系要素范围的描述。

c. 审核依据：新版GSP验收条款、公司质量管理体系文件是开展体系内审的标准文件。

d. 审核小组成员：内审工作是由企业内部的审核员完成的，因此，在编制计划时，必须确定多名审核员并组成审核小组，任命一名组长负责内审工作。为保证内审工作的客观、公正，对内审小组组长和审核员有一定的素质要求。

审核小组组长应当具备：领导和管理审核的知识与技能；熟悉质量管理体系和过程，并拥有丰富的管理质量经验。因此，内审小组组长一般由企业质量负责人担任。

组长职责：审核批准内审计划、内审方案、内审报告；组织和指导审核组成员；主持首、末次会议，并组织审核组内部沟通；控制和协调审核活动，包括审核组内部沟通和解决审核过程中发生的问题。

审核员应当具备：熟悉GSP相关规定和企业的质量管理体系文件；熟悉企业经营管理环节和质量管理要求；有较强的原则性，能够认真、客观、公正评审。

审核员的职责：有效策划分配审核活动；参与审核过程中的首末次会议；有效地完成分配的审核任务。

e. 审核形式：审核的形式一般为现场评审，经过对经营过程各环节的现场检查，通过查资料、查各项管理记录、提问等方式，获取是否符合 GSP 规定的证据，评价确定为符合项目或不符合项目（缺陷项目）。

f. 审核时间：计划明确在何时开展内审工作，而方案则要细化到首次会议时间、现场评审时间、末次会议时间。

内审计划和方案完成后报企业质量负责人批准后实施。

②准备工作文件

在实施内审前，需准备内审的工作文件，包括“质量管理体系内审检查表”和“不合格项目报告”。检查表一般依据 GSP 验收条款制作（见表 11.1）。

表 11.1　×××公司质量管理体系内审检查表

编　号	条款号	检查内容	检查情况	检查结果	备　注
1	*00401	条款内容		符合□　不符合□	
2	*00402			符合□　不符合□	

对检查结果中的不符合项目，内审小组应出具“不合格项目报告”（见表 11.2）。

表 11.2　不合格项目报告

部门：

审核内容	
审核人员	
审核时间	
不合格项目	
纠正改进措施	
改进情况检查	
	检查时间：　　　　检查人：

（2）现场审核

现场审核的实施一般包括首次会议、现场审核、形成审核结论、末次会议。

①首次会议

首次会议由审核组长主持，是审核小组进入现场开始审核时，与受审核方管理者即各职能部门的负责人进行正式沟通的会议。其目的是宣布审核计划，简要介绍实施审核活动的方法和程序，时间 30 分钟左右。参会人员应签到，签到表留存备查。

②现场审核

依据 GSP 条款，对审核对象运行情况进行逐条检查，寻找符合与不符合标准的证据。不管是符合的还是不符合的，都要把有关过程的证据记录下来，如果不符合要开具不符合报告。只有符合标准的证据多，才能证明这个体系运行良好。

a. 现场审核的原则

确保审核的客观性、独立性和公正性，对于实施有效和有效率的审核是至关重要的，也是现场审核应遵循的基本原则。同时,审核部门的负责人如是审核小组成员,审核时应当回避。

首先,坚持审核的客观性:收集基于事实的客观证据,不应包含审核员个人的主观猜想、推测的成分;客观证据应是有效的,是可验证的记录、事实的陈述和信息;以客观证据为评价和判断不符合项的依据,不能凭感觉和印象。

其次,坚持审核的独立、公正性:将收集到的客观证据与审核准则相对照,进行公正的评价和判断;不受各种因素的影响,排除各种干扰独立进行。

b.收集和验证信息,获得审核证据

在现场审核过程中,审核组需确定充分适宜的信息源,通过适当的抽样收集与审核目的、范围和依据有关的信息,包括与职能、活动和过程间接有关的信息,并对这些信息进行验证,从而获得审核证据。只有能够被证实的信息才能作为审核证据。

c.记录审核证据

审核员应将获得的审核证据进行记录,记录时应注意以下几个方面:

第一,记录的内容可包括审核时间、地点、部门、观察到的事实、查阅的文件、凭证材料、记录等。

第二,记录的审核证据应全面反映审核的情况。不应只记录有问题的信息,也应记录审核中能够证实受审核方质量管理体系有效运行的信息,特别是主要过程和关键活动的有效性信息,并能为审核报告中相应的评价提供依据。

第三,对于审核中发现有问题的有关信息,审核员应确保记录反映的不符合事实的主要情节清楚,包括实现可追溯性的必要信息,如时间、地点、涉及的文件、记录等,同时审核小组出具“不合格项目报告”,交予被审核部门。

第四,记录的信息应清楚、准确、具体、具有重查性,只有完整、准确的信息才能作为作出正确判断的依据。

③形成审核结论

审核组在汇总分析所有审核证据的基础上,对组织的质量管理体系运行的有效性、符合性作出评价,通常,评价从以下5个方面进行:

a.质量管理体系是否健全

企业的组织结构包括质量管理机构的设置与经营规模是否相适应;是否按照GSP要求配备了符合资质要求的人员。

b.质量管理体系文件

主要是综合文件评审和现场审核中对组织质量管理体系文件的审核结果,评价质量管理体系文件与质量管理体系标准的符合程度,是否体现了组织及其经营药品的特点并具有指导性和可操作性。

c.设施设备情况

评价设施设备配备是否达到GSP要求,是否与经营规模相适应。

d.计算机系统

评价计算机系统运行和质量管控情况是否符合GSP要求。

e.经营过程的质量管理情况

从药品的进、存、销等环节的符合性进行评价。

最后形成审核结论，出具质量管理体系内审报告，并报企业质量负责人批准。

④末次会议

末次会议由审核组长主持，是审核小组结束现场审核，经汇总分析，形成内审结果后与各职能部门的负责人进行正式沟通的会议。其内容有：

a. 重申审核的目的、审核范围、审核依据的准则，对审核范围发生变更的情况，应说明经审核后界定的范围；

b. 简要介绍审核的过程，涉及的部门、过程等；

c. 评价受审核方的符合要求的情况，指出主要的业绩；

d. 宣读或说明不符合项，涉及部门及条款的分布情况；

e. 说明审核抽样的局限性，强调举一反三；

f. 对不符合项提出纠正措施要求；

g. 宣布审核结论；

h. 审核组长宣布会议结束。

参会人员应签到，签到表留存备查。

(3)审核报告

经过沟通后，审核小组对审核情况进行汇总，形成审核报告，报告的内容包括：

①审核目的；

②审核范围；

③审核依据：标准、体系文件；

④审核的起止日期；

⑤审核组成员、组长及组员名单；

⑥审核过程的综述，涉及的部门及要求；

⑦对不符合项的分析和说明；

⑧审核结论：对体系的符合性和有效性的评价结论。

形成内审报告后，报企业质量负责人批准。

(4)纠正措施跟踪

新版GSP第九条规定，企业应当对内审的情况进行分析，依据分析结论制订相应的质量管理体系改进措施，不断提高质量控制水平，保证质量管理体系持续有效运行。

本条要求企业对内审结果进行分析，内审中发现的不合格项目，由相应的部门制订改进措施，以保证质量管理体系持续有效运行。部门改进措施包括：

①不合格项目内容；

②整改措施；

③责任人；

④整改期限；

⑤整改结果；

整改完成后，由审核小组成员对整改完成情况进行检查和评价，并记录。

⑥内审记录归档。

内审中形成的计划、方案、标准、记录、文件、报告等材料及相关资料按照规定整理归档，为管理评审、外部评审及下次内审提供可追溯的依据。各职能部门保管好相关的内审记录，内审记录按照相关要求应至少保存5年。

知识链接

内审的依据

内审必须按照国家食药监总局《药品经营质量管理规范现场检查指导原则》食药监药代监(2016)160号文件为依据，各省、自治区和直辖市根据此文件、结合当地实际、亦制订了相应的标准，内审时按所在区域省级标准执行。

××省××医药公司质量管理体系内审示例

（根据××省药品批发企业GSP检查认证标准进行内审，其中正常缺陷项是该单位没有此项经营范围）

检查部门		质量管理体系内审小组		检查时间		
检查人员						
序号	条款编号	GSP具体规定	自查评审内容及自查方式	具体实施情况	自查结论	责任人
1	**00401	药品经营企业应当依法经营	按《药品经营许可证》查看计算机系统中的购销记录，有无超范围经营行为	依法经营药品，无违规及超范围经营行为	符合规定	
2	**00402	药品经营企业应当坚持诚实守信，禁止任何虚假、欺骗行为	查看提供各类资料情况、企业诚信等级评定情况	提供资料无虚假、欺骗行为	符合规定	
3	*00501	企业应当依据有关法律法规及《规范》的要求建立质量管理体系	查看质量领导小组任命文件，质量管理组织机构职能框图，质量管理体系文件的适宜性、充分性，人员是否符合GSP要求，设施设备及计算机系统是否符合GSP要求	建立有较为完善的质量管理体系	符合规定	
4	00502	企业应当确定质量方针	查看公司制定的质量方针文件	有由公司负责人签发的质量方针目标正式文件	符合规定	
5	00503	企业应当制订质量管理体系文件，开展质量策划、质量控制、质量保证、质量改进和质量风险管理等活动	查看有关质量管理体系文件，并与质量管理人员谈谈日常质量管理是如何开展的	企业制定有满足实际需要的质量管理体系文件，并有效开展质量策划、质量控制、质量保证、质量改进和质量风险管理等活动	符合规定	

续表

序号	条款编号	GSP 具体规定	自查评审内容及自查方式	具体实施情况	自查结论	责任人
6	*00601	企业制订的质量方针文件应当明确企业总的质量目标和要求，并贯彻到药品经营活动的全过程	查看企业质量方针文件，根据总的质量目标和要求，询问质管、采购、仓储、销售等人员是如何落实质量目标的	企业制定的质量方针文件明确了企业总的质量目标和要求，并贯彻到药品经营活动的全过程	符合规定	
7	*00701	企业质量管理体系应当与其经营范围和规模相适应	检查企业质量管理体系是否与经营范围和规模相适应	机构、人员、库房、设备、制度规程与记录、计算机系统等符合规范及其他相关法律法规，并与本公司经营范围和规模相适应	符合规定	
8	00702	企业质量管理体系应当包括组织机构、人员、设施设备、质量管理体系文件及相应的计算机系统等	查看企业组织机构设置、人员、设施设备、质量管理体系文件及相应的计算机系统等是否符合GSP规定要求	企业质量管理体系包括组织机构、人员、设施设备、质量管理体系文件及相应的计算机系统等	符合规定	
9	*00801	企业应当定期组织开展质量管理体系内审	查看内审小组成立文件、内审制度、方案、标准以及内审记录、内审报告	有内审小组成立文件、内审制度、方案、标准，一般每年12月底进行一次，有内审记录、内审报告	符合规定	
10	*00802	企业应当在质量管理体系关键要素发生重大变化时，组织开展内审	检查企业若在经营范围、仓库地址发生变更，新建仓库、空调系统及计算机软件更换等情况下，是否进行了内审	本次专项内审与公司质量管理体系全面审核一并进行	符合规定	
11	*00901	企业应当对内审的情况进行分析，依据分析结论制订相应的质量管理体系改进措施，不断提高质量控制水平，保证质量管理体系持续有效运行	查看内审资料，应有问题纠正与预防意见，涉及部门的问题整改记录，有问题整改后的跟踪检查记录	企业内审资料有问题纠正与预防意见，涉及部门的问题整改记录，有问题整改后的跟踪检查记录	符合规定	
12	01001	企业应当采用前瞻或者回顾的方式，对药品流通过程中的质量风险进行评估、控制、沟通和审核	查看质量风险管理小组成立文件及药品经营各环节质量风险评估文件	有质量风险管理小组成立文件，质量风险管理小组对经营各环节进行了风险评估，制定了相应的预防措施和控制措施，所有风险降低至可接受水平	符合规定	

续表

序号	条款编号	GSP具体规定	自查评审内容及自查方式	具体实施情况	自查结论	责任人
13	01101	企业应当对药品供货单位、购货单位的质量管理体系进行评价，确认其质量保证能力和质量信誉，必要时进行实地考察	查看供货单位、购货单位的资质档案及相应的质量管理体系评价记录	适时对供货单位和购货单位的质量管理体系进行审核，确认其质量保证能力和质量信誉。无须实地考察	符合规定	
14	*01201	企业应当全员参与质量管理，各部门、岗位人员应当正确理解并履行职责，承担相应质量责任	查看员工培训档案、部门及岗位职责中的质量责任是否明确，以及相关岗位质量记录情况	年度质量培训计划涵盖全体员工并建立了相应的培训档案，部门、岗位职责中均有明确的质量职责，员工能够理解并正确履职	符合规定	
15	*01301	企业应当设立与其经营活动和质量管理相适应的组织机构或者岗位	设立的组织机构、岗位是否符合企业实际，是否满足本公司经营范围和经营规模的要求	公司设立的组织机构、岗位符合经营管理实际，并与经营范围和经营规模相适应	符合规定	
16	*01302	企业应当明确规定各组织机构或者岗位的职责、权限及相互关系	考察部门、岗位职责是否对各自权限进行界定，部门、岗位之间的相互关系是否明确、合理	公司各部门、岗位职责进行了界定，部门、岗位之间的相互关系明确、合理	符合规定	
17	*01401	企业负责人是药品质量的主要责任人，全面负责企业日常管理，负责提供必要的条件，保证质量管理部门和质量管理人员有效履行职责，确保企业实现质量目标并按照《规范》要求经营药品	查看相关文件和资料，企业负责人岗位职责中是否明确企业负责人是药品质量的主要责任人，是否全面负责企业日常管理；负责提供必要的条件，保证质量管理部门和质量管理人员有效履行职责，确保企业实现质量目标并查看任职文件	企业负责人是药品质量的主要责任人，全面负责企业日常管理，负责提供必要的条件，保证质量管理部门和质量管理人员有效履行职责，确保企业实现质量目标并按照《规范》要求经营药品	符合规定	
18	*01501	企业质量负责人应当由企业高层管理人员担任	查看任命文件、资质薪酬及履职情况	有质量负责人任职文件，且能正常履行高层管理人员的权力	符合规定	
19	*01502	企业质量负责人全面负责药品质量管理工作，独立履行职责，在企业内部对药品质量管理具有裁决权	查看质量负责人岗位职责:应明确企业质量负责人全面负责药品质量管理工作，独立履行职责，在企业内部对药品质量管理具有裁决权；首营企业、首营品种、客户资质审查、不合格药品处理的审核记录情况	岗位职责已明确:企业质量负责人全面负责药品质量管理工作，独立履行职责，在企业内部对药品质量管理具有裁决权；首营企业、首营品种、客户资质审查、不合格药品处理的审核均由质量负责人签字	符合规定	

续表

序号	条款编号	GSP具体规定	自查评审内容及自查方式	具体实施情况	自查结论	责任人
20	01601	应当设立质量管理部门,有效开展质量管理工作	查看公司组织机构图,质管部职责,以及质管部经理、质管员、验收员等岗位的在岗情况	公司设立有专门的质量管理部,职责明确,有独立的办公场所、办公设备,能有效开展质量管理工作	符合规定	
21	*01602	企业质量管理部门的职责不得由其他部门及人员履行	查看相关质量管理文件:其他部门及人员不得代为行使质量职权。质量管理人员、验收员是否有兼职情况	质管部有效履行职责,没有其他部门及人员代行质量职权的现象,质管、验收人员无兼职其他业务工作情况	符合规定	
22	01701	质量管理部门应当督促相关部门和岗位人员执行药品管理的法律法规及《规范》	询问质管部经理,谈谈是如何开展质量工作的	质管部认真督促采购、销售、配送等相关部门和岗位人员执行药品管理的法律法规及新版GSP	符合规定	
23	01702	质量管理部门应当组织制订质量管理体系文件,并指导、监督文件的执行	查看质量管理体系文件的制订、审核、批准情况,以及质管部指导、监督文件的执行情况	质管部组织制订了包括质量管理制度、操作规程、部门及岗位职责、记录等质量管理体系文件,并指导、监督有关文件的执行	符合规定	
24	*01703	质量管理部门应当负责对供货单位和购货单位的合法性、购进药品的合法性以及供货单位销售人员、购货单位采购人员的合法资格进行审核,并根据审核内容的变化进行动态管理	查看首营企业、首营品种、合格供货商、客户的资质档案及有关资质的更新情况	质管部对供货单位和购货单位的合法性、购进药品的合法性以及供货单位销售人员、购货单位采购人员的合法资格进行审核,建立资质档案,并根据资质的到期情况,及时更新	符合规定	
25	01704	质量管理部门应当负责质量信息的收集和管理,并建立药品质量档案	查看质量信息档案、药品质量档案,了解信息收集和管理情况,以及药品质量档案的建立情况	质管部对国家及重庆市有关药品的政策、法规、行政规章及质量公告等进行了及时收集和传递,并有效利用,建立了首营品种的质量档案	符合规定	
26	*01705	质量管理部门应当负责药品的验收,指导并监督药品采购、储存、养护、销售、退货、运输等环节的质量管理工作	查看验收员是否归属质管部,考查质管部如何指导、监督药品采购、储存、养护、销售退货、运输等环节的质量管理工作	质管部验收员负责采购和退回药品的质量验收,质量管理员指导并监督药品采购、储存、养护、销售、退货、运输等环节的质量管理工作	符合规定	

续表

序号	条款编号	GSP具体规定	自查评审内容及自查方式	具体实施情况	自查结论	责任人
27	*01706	质量管理部门应当负责不合格药品的确认，对不合格药品的处理过程实施监督	查看不合格药品处理记录并询问验收、贮存、养护、出库、配送环节不合格药品的处理过程	质管部负责不合格药品的确认，对不合格药品的处理过程实施监督，并有相关记录和档案	符合规定	
28	01707	质量管理部门应当负责药品质量投诉和质量事故的调查、处理及报告	查看岗位职责及相关质量管理制度的具体规定，询问如何开展药品质量投诉和质量事故的调查、处理及报告方面的工作	质管部按照制度和职责的规定，认真开展药品质量投诉的调查、处理及报告工作。目前，公司尚未发生药品质量事故	符合规定	
29	01708	质量管理部门应当负责假劣药品的报告	查看质管部职责规定，询问质管员发现假劣药品应当如何处理	质管部职责有明确规定，发现假劣药品时，立即将其与合格药品隔离，控制管理并及时上报区食药监分局。公司未有经销假劣药品的情况	符合规定	
30	01709	质量管理部门应当负责药品质量查询	查看质管部职责规定，询问如何开展药品质量查询工作	质管部根据药品质量查询管理制度的规定，开展药品质量查询工作	符合规定	
31	*01710	质量管理部门应当负责指导设定计算机系统质量控制功能 质量管理部门应当负责计算机系统操作权限的审核和质量管理基础数据的审核及更新	查看质管部职责规定，计算机系统质量控制功能是否符合GSP规定，各岗位计算机系统操作权限与其岗位是否一致，质量管理基础数据的建立及更新情况	质量管理部负责指导设定计算机系统质量控制功能 质量管理部负责计算机系统操作权限的审核和质量管理基础数据的审核及更新	符合规定	
32	*01711	质量管理部门应当组织验证、校准相关设施设备	查看岗位职责及验证制度的规定，以及验证档案	质量管理部全程参与具备相应资质的第三方机构验证、校准相关设施设备	符合规定	
33	01712	质量管理部门应当负责药品召回的管理	查看岗位职责规定，询问如何进行药品的召回	公司目前尚未接到任何生产厂家有关药品召回的信息	符合规定	
34	01713	质量管理部门应当负责药品不良反应的报告	查看岗位职责规定及药品不良反应档案	质管部按职责规定，收集公司售出药品的不良反应并按规定报告	符合规定	
35	*01714	质量管理部门应当组织质量管理体系的内审和风险评估	查看岗位职责规定，以及质量管理体系的内审和风险评估文件、档案	质量管理部按规定组织质量管理体系的内审和风险评估	符合规定	

续表

序号	条款编号	GSP具体规定	自查评审内容及自查方式	具体实施情况	自查结论	责任人
36	01715	质量管理部门应当组织对药品供货单位及购货单位质量管理体系和服务质量的考察和评价	查看供货单位及购货单位质量管理体系评价的记录和档案	质量管理部按规定组织对药品供货单位及购货单位质量管理体系的评价并有记录	符合规定	
37	*01716	质量管理部门应当组织对对被委托运输的承运方运输条件和质量保障能力的审查	查看药品运输的有关档案和记录,需要委托运输时,是否对承运方运输条件和质量保障能力进行审查	质量管理部组织对被委托运输的承运方运输条件和质量保障能力的审查	符合规定	
38	01717	质量管理部门应当协助开展质量管理教育和培训	查看企业员工培训档案,质管部是如何协助开展质量教育和培训工作的	质管部拟订年度质量培训计划,制定培训方案、培训内容,主持讲解或辅导,全程协助员工的质量教育和培训	符合规定	
39	01718	质量管理部门应当承担其他应当由质量管理部门履行的职责	考察质量管理人员履行其他质量管理职责情况	质量管理部还承担了其他应当由质量管理部门履行的职责	符合规定	
40	01801	企业从事药品经营和质量管理工作的人员,应当符合有关法律法规及《规范》规定的资格要求,不得有相关法律法规禁止从业的情形	查阅有关人事档案,看从事药品经营和质量管理工作人员是否符合有关法律法规及《规范》规定的资格要求,是否有《药品管理法》第76条、第83条规定的禁止情形	企业从事药品经营和质量管理工作的人员,符合有关法律法规及《规范》规定的资格要求,没有《药品管理法》第76条、第83条规定的禁止情形	符合规定	
41	*01901	企业负责人应当具有大学专科以上学历或者中级以上专业技术职称 企业负责人应当经过基本的药学专业知识培训,熟悉有关药品管理的法律法规及《规范》	查阅企业负责人档案,看是否符合GSP规定的任职要求	本公司负责人具有大专学历 参加了公司组织的有关质量培训,熟悉有关药品管理的法律法规及《规范》	符合规定	
42	*02001	企业质量负责人应当具有大学本科以上学历、执业药师资格和3年以上药品经营质量管理工作经历	查阅企业质量负责人档案,看是否符合GSP规定的任职要求	企业质量负责人具有大学本科学历、执业药师资格和3年以上药品经营质量管理工作经历	符合规定	

续表

序号	条款编号	GSP具体规定	自查评审内容及自查方式	具体实施情况	自查结论	责任人
43	02002	企业质量负责人应当在质量管理工作中具备正确判断和保障实施的能力	询问质量负责人有关质量管理工作开展情况，看其是否具备正确判断和保障实施的能力	企业质量负责人在质量管理工作中具备正确判断和保障实施的能力	符合规定	
44	*02101	企业质量管理部门负责人应当具有执业药师资格和3年以上药品经营质量管理工作经历	查阅企业质量管理部负责人档案,看是否符合GSP规定的任职要求	企业质量管理部部长具有执业药师资格和3年以上药品经营质量管理工作经历	符合规定	
45	02102	企业质量管理部门负责人应当能独立解决经营过程中的质量问题	询问相关岗位及查看记录,考查质量管理部负责人解决经营过程中出现质量问题的能力	企业质量管理部部长能够独立解决经营过程中的质量问题	符合规定	
46	02201	企业应当配备符合相关资格要求的质量管理、验收及养护人员	查阅有关人事档案,看质量管理、验收及养护岗位人员是否符合GSP规定的任职资格	企业配备符合GSP规定要求的质量管理、验收及养护人员	符合规定	
47	*02202	从事质量管理工作的,应当具有药学中专或者医学、生物、化学等相关专业大学专科以上学历或者具有药学初级以上专业技术职称	查阅质管员档案,看其是否符合GSP规定的任职资格	质管员具有大专药学学历	符合规定	
48	*02203	从事验收、养护工作的,应当具有药学或者医学、生物、化学等相关专业中专以上学历或者具有药学初级以上专业技术职称	查阅验收员、养护员档案,看其是否符合GSP规定的相应任职资格	公司从事验收养护工作的人员具有大专药学专业学历	符合规定	
49	*02204	从事中药材、中药饮片验收工作的,应当具有中药学专业中专以上学历或者具有中药学中级以上专业技术职称	正常缺项	正常缺项		
50	*02205	从事中药材、中药饮片养护工作的,应当具有中药学专业中专以上学历或者具有中药学初级以上专业技术职称	正常缺项	正常缺项		

续表

序号	条款编号	GSP具体规定	自查评审内容及自查方式	具体实施情况	自查结论	责任人
51	*02206	直接收购地产中药材的验收人员应当具有中药学中级以上专业技术职称	正常缺项	正常缺项		
52	*02207	经营疫苗的企业应当配备2名以上专业技术人员专门负责疫苗质量管理和验收工作	正常缺项	正常缺项		
53	*02208	经营疫苗企业配备的专业技术人员应当具有预防医学、药学、微生物学或者医学等专业本科以上学历及中级以上专业技术职称,并有3年以上从事疫苗管理或者技术工作经历	正常缺项	正常缺项		
54	*02209	经营生物制品的企业,应当配备1名以上专业技术人员专门负责生物制品的质量管理和验收工作。所配人员应当具有预防医学、药学、微生物学、生物制药或者医学等专业专科以上学历或药学中级以上专业技术职称。经营疫苗并配有疫苗专门管理人员的,可以不配备生物制品专门管理人员,其管理职责由疫苗管理人员负责	正常缺项	正常缺项		
55	*02210	经营蛋白同化制剂、肽类激素的企业,应当配备1名以上专业技术人员专门负责蛋白同化制剂、肽类激素的质量管理和验收工作。所配人员应当具有药学相关专业大学专科以上学历或药师以上药学专业技术职称	正常缺项	正常缺项		

续表

序号	条款编号	GSP具体规定	自查评审内容及自查方式	具体实施情况	自查结论	责任人
56	*02301	从事质量管理、验收工作的人员应当在职在岗,不得兼职其他业务工作	查看质量负责人、质管部负责人、质管员、验收员与企业签订的劳动合同,查验是否兼职采购、收货、储存、养护、销售、复核、财会、信息管理等其他业务工作	公司质量负责人、质管部负责人、质管员、验收员均与企业签订了劳动合同,在职在岗,未兼职采购、收货、储存、养护、销售、复核、财会、信息管理等其他业务工作	符合规定	
57	*02302	企业从事质量管理、验收等工作人员不得少于5名	查看员工花名册,统计质量管理、验收人员	公司从事质量管理、验收等工作人员有5名	符合规定	
58	*02401	从事采购工作的人员应当具有药学或者医学、生物、化学等相关专业中专以上学历	查阅采购人员档案,看其是否符合GSP规定的任职资格	采购工作的人员应当具有药学中专学历	符合规定	
59	*02402	企业从事销售工作的人员应当具有高中以上文化程度及医药商品购销员资格,或者具有药学、医学及相关专业中专(中职)以上文化程度。从事储存工作的人员应当具有高中以上文化程度	查阅销售员及储存工作人员档案,看其是否符合GSP规定的任职资格	公司从事销售工作的人员符合要求	符合规定	
60	02501	企业应当对各岗位人员进行与其职责和工作内容相关的岗前培训和继续培训,以符合《规范》的要求	查看培训制度规定和员工培训档案,培训应符合GSP规范要求	公司对各岗位人员进行与其职责和工作内容相关的岗前培训和继续培训,符合《规范》的要求	符合规定	
61	02601	培训内容应当包括相关法律法规、药品专业知识及技能、质量管理制度、职责及岗位操作规程等	查看员工培训资料内容,是否包括相关法律法规、药品专业知识及技能、质量管理制度、职责及岗位操作规程等	培训内容包括相关法律法规、药品专业知识及技能、质量管理制度、职责及岗位操作规程等	符合规定	
62	*02701	企业应当按照培训管理制度制定年度培训计划并开展培训,使相关人员能正确理解并履行职责	查看员工培训档案,看是否制订年度培训计划并按计划开展培训	公司按照培训管理制度制定年度培训计划并开展培训,使相关人员能正确理解并履行职责	符合规定	
63	02702	培训工作应当做好记录,并建立档案	查看员工培训记录和培训档案	培训记录和培训档案内容完整	符合规定	

续表

序号	条款编号	GSP具体规定	自查评审内容及自查方式	具体实施情况	自查结论	责任人
64	*02801	从事特殊管理的药品的人员,应当接受相关法律法规和专业知识培训并经考核合格后方可上岗	查看公司是否有经营含特殊药品的复方制剂	经营有含特殊药品的复方制剂,如复方甘草片等,均按照规定经营	符合规定	
65	*02802	从事冷藏、冷冻药品储存、运输等工作的人员,应当接受相关法律法规和专业知识培训并经考核合格后方可上岗	正常缺项	正常缺项		
66	02901	企业应当制订员工个人卫生管理制度	看公司质量管理制度文件	公司制订有员工个人卫生管理制度	符合规定	
67	02902	企业储存、运输等岗位人员的着装应当符合劳动保护和产品防护的要求	查看劳动保护产品制度规定以及行政、工会落实有关岗位劳动保护和产品防护的有关情况	储存、运输等岗位人员的着装符合劳动保护和产品防护的要求	符合规定	
68	*03001	质量管理、验收、养护、储存等直接接触药品岗位的人员应当进行岗前及年度健康检查,并建立健康档案	查看员工花名册及直接接触药品岗位员工的健康档案	质量管理、验收、养护、储存等直接接触药品岗位的人员进行了岗前及年度健康检查,并建立有健康档案	符合规定	
69	03002	患有传染病或者其他可能污染药品的疾病的,不得从事直接接触药品的工作	查看企业员工健康档案,患有传染病或者其他可能污染药品疾病的,调离直接接触药品的工作岗位	健康检查结果显示,尚无患痢疾、伤寒、甲型病毒性肝炎、戊性病毒性肝炎以及活动性肺结核、化脓性皮肤病等其他可能污染药品的疾病的员工	符合规定	
70	03003	身体条件不符合相应岗位特定要求的,不得从事相关工作	查看企业员工健康档案,身体条件不符合相应岗位特定要求的,调离原岗位	健康检查结果显示,验收及养护人员无色盲,搬运人员未有患心脏病、精神病的情况,可继续从事相应工作	符合规定	
71	*03101	企业制定质量管理体系文件应当符合企业实际	查看企业制定的质量管理体系文件是否符合现行药品法律法规、政策文件的规定,是否符合企业实际	企业制订的质量管理体系文件符合现行药品法律法规、政策文件的规定,符合企业实际,满足实际经营需要	符合规定	

续表

序号	条款编号	GSP具体规定	自查评审内容及自查方式	具体实施情况	自查结论	责任人
72	03102	企业质量管理体系文件包括质量管理制度、部门及岗位职责、操作规程、档案、报告、记录和凭证等	查看企业质量管理体系文件是否包括质量管理制度、部门及岗位职责、操作规程、档案、报告、记录和凭证等内容	企业质量管理体系文件包括质量管理制度、部门及岗位职责、操作规程、档案、报告、记录和凭证等	符合规定	
73	03201	文件的起草、修订、审核、批准、分发、保管,以及修改、撤销、替换、销毁等应当按照文件管理操作规程进行,并保存相关记录	查看文件管理的相关记录,文件的起草、修订、审核、批准、分发、保管,以及修改、撤销、替换、销毁等是否按照文件管理操作规程进行,并保存相关记录	文件的起草、修订、审核、批准、分发、保管,以及修改、撤销、替换、销毁等按照文件管理操作规程进行,并保存相关记录	符合规定	
74	03301	文件应当标明题目、种类、目的以及文件编号和版本号	查看企业质量管理文件是否符合规定要求	质量管理文件标明有题目、种类、目的以及文件编号和版本号	符合规定	
75	03302	文件文字应当准确、清晰、易懂	查看文件文字是否准确、清晰、易懂	文件文字准确、清晰、易懂	符合规定	
76	03303	文件应当分类存放,便于查阅	查看文件分类存放情况	文件分类存放,便于查阅	符合规定	
77	03401	企业应当定期审核、修订文件	查看现有质量管理文件版本,是否进行了审核、修订	公司定期审核、修订文件	符合规定	
78	03402	企业使用的文件应当为现行有效的文本,已废止或者失效的文件除留档备查外,不得在工作现场出现	查看各部门质量文件使用情况,已废止或者失效的文件,不得在工作现场出现	各部门及岗位使用的文件为现行有效的文本,工作现场未发现已废止或者失效的文件	符合规定	
79	03501	企业应当保证各岗位获得与其工作内容相对应的必要文件,并严格按照规定开展工作	检查文件发放记录,各岗位是否获得与其工作内容相对应的必要文件,并严格按照规定开展工作	公司保证各岗位获得与其工作内容相对应的必要文件,并严格按照规定开展工作	符合规定	
80	*03601	质量管理制度应当包括以下内容: (一)质量管理体系内审的规定; (二)质量否决权的规定; (三)质量管理文件的管理; (四)质量信息的管理; (五)供货单位、购货单位、供货单位销售人员及购货单位采购人员等资格审核的规定;	查看质量管理制度是否齐全,是否涵盖(一)至(二十二)项制度。制度的内容是否符合法律法规的规定和本公司实际	质量管理制度齐全,包括(一)至(二十二)项制度。制度的内容符合法律法规的规定和本公司实际	符合规定	

续表

序号	条款编号	GSP具体规定	自查评审内容及自查方式	具体实施情况	自查结论	责任人
80	*03601	(六)药品采购、收货、验收、储存、养护、销售、出库、运输的管理; (七)特殊管理的药品的规定; (八)药品有效期的管理; (九)不合格药品、药品销毁的管理; (十)药品退货的管理; (十一)药品召回的管理; (十二)质量查询的管理; (十三)质量事故、质量投诉的管理; (十四)药品不良反应报告的规定; (十五)环境卫生、人员健康的规定; (十六)质量方面的教育、培训及考核的规定; (十七)设施设备保管和维护的管理; (十八)设施设备验证和校准的管理; (十九)记录和凭证的管理; (二十)计算机系统的管理; (二十一)执行药品电子监管的规定; (二十二)其他应当规定的内容。	查看质量管理制度是否齐全,是否涵盖(一)至(二十二)项制度。制度的内容是否符合法律法规的规定和本公司实际。	质量管理制度齐全,包括(一)至(二十二)项制度。制度的内容符合法律法规的规定和本公司实际。	符合规定	
81	*03701	部门及岗位职责应当包括: (一)质量管理、采购、储存、销售、运输、财务和信息管理等部门职责; (二)企业负责人、质量负责人及质量管理、采购、储存、销售、运输、财务和信息管理等部门负责人的岗位职责;	查看公司各部门职责情况,是否齐全 查看公司各部门负责人岗位职责情况,是否齐全	有包括质量管理、采购、储存、销售、运输、财务和信息管理等公司各部门的职责 有企业负责人、质量负责人及质量管理、采购、销售、配送、财务和信息管理等部门负责人的岗位职责	符合规定	

续表

序号	条款编号	GSP具体规定	自查评审内容及自查方式	具体实施情况	自查结论	责任人
81	*03701	(三)质量管理、采购、收货、验收、储存、养护、销售、出库复核、运输、财务、信息管理等岗位职责； (四)与药品经营相关的其他岗位职责。	查看公司关键岗位的职责情况，是否齐全 查看与药品经营相关的其他岗位职责情况	有质量管理、采购、收货、验收、储存、养护、销售、出库复核、运输、财务、信息管理等关键岗位的职责 公司还制订了与药品经营相关的其他岗位职责	符合规定	
82	03801	企业应当制订药品采购、收货、验收、储存、养护、销售、出库复核、运输等环节及计算机系统的操作规程	检查企业制定的操作规程是否包括GSP规定的内容，是否符合工作实际和岗位要求	公司制定有药品采购、收货、验收、储存、养护、销售、出库复核、运输等环节及计算机系统的操作规程，并符合工作实际和岗位要求	符合规定	
83	*03901	企业应当建立药品采购、验收、养护、销售、出库复核、销后退回和购进退出、运输、储运温湿度监测、不合格药品处理等相关记录	检查企业建立质量管理记录情况，是否与质量管理制度、操作规程保持一致，是否与企业实际相符	企业建立有药品采购、验收、养护、销售、出库复核、销后退回和购进退出、运输、储运温湿度监测、不合格药品处理等相关记录，并与质量管理制度、操作规程保持一致	符合规定	
84	*03902	记录应当真实、完整、准确、有效和可追溯	抽查记录的真实、完整、准确、有效和可追溯性	记录真实、完整、准确、有效和可追溯	符合规定	
85	04001	通过计算机系统记录数据时，有关人员应当按照操作规程，通过授权及密码登录后方可进行数据的录入或者复核	看现场操作，考察有关人员在通过计算机录入数据时，是否严格按照计算机照操作规程，通过授权及密码登录后进行数据的录入或者复核	通过计算机系统记录数据时，有关人员按照操作规程，通过授权及密码登录后才能进行数据的录入或者复核	符合规定	
86	04002	数据的更改应当经质量管理部门审核并在其监督下进行	查看数据的更改记录，数据信息出现错误或需要改动时，是否经质管部审核	数据的更改经质量管理部门审核并在质管员监督下进行	符合规定	
87	04003	数据的更改过程应当留有记录	验看数据的更改过程	数据的更改过程留有相应的记录	符合规定	
88	04101	书面记录及凭证应当及时填写，并做到字迹清晰，不得随意涂改，不得撕毁	验看书面记录及凭证填写情况，是否做到字迹清晰，不得随意涂改，不得撕毁	书面记录及凭证及时填写，并做到了字迹清晰，未发现随意涂改，不得撕毁	符合规定	

续表

序号	条款编号	GSP具体规定	自查评审内容及自查方式	具体实施情况	自查结论	责任人
89	04102	更改记录的，应当注明理由、日期并签名，保持原有信息清晰可辨	查看书面记录更改情况，是否注明了理由、日期并签名，是否保持原有信息清晰可辨	更改记录的，清楚注明理由、日期并签名，保持原有信息清晰可辨	符合规定	
90	04201	记录及凭证应当至少保存5年	抽查记录及凭证保存时间	所有记录和凭证均保存5年以上，有特殊保管要求的，按国家和公司有关规定执行	符合规定	
91	04202	疫苗、特殊管理的药品的记录及凭证按相关规定保存	正常缺陷项	正常缺陷项		
92	*04301	企业经营场所套内面积不得少于150 m²	看现场及平面图，企业经营场所套内面积是否满足不低于150 ㎡的要求	经测量，公司经营场所套内面积为198㎡	符合规定	
93	*04302	企业仓库面积应与经营规模相适应，企业库房套内面积不得少于1 000 m²(普通平层库房层高应不低于3m，高架立体库房以4 m每层的层高折算库房平面面积)	查看库房平面图，确认公司库房套内面积应当不少于1 000 m²，平层库房层高不低于3 m	经测量，公司各类库房套内总面积为1 300 m²，层高3.2 m	符合规定	
94	04401	库房的选址、设计、布局、建造、改造和维护应当符合药品储存的要求，防止药品的污染、交叉污染、混淆和差错	看现场及库区平面图，库房的选址、设计、布局、建造、改造和维护是否符合药品储存的要求。能否防止药品的污染、交叉污染、混淆和差错	库房的选址、设计、布局、建造、改造和维护符合药品储存的要求，能够有效防止药品的污染、交叉污染、混淆和差错	符合规定	
95	04501	药品储存作业区、辅助作业区应当与办公区和生活区分开一定距离或者有隔离措施	看现场，确认药品储存作业区、辅助作业区与办公区和生活区是否分开一定距离或者有隔离措施	药品储存作业区、辅助作业区与办公区和生活区有符合规定的	符合规定	
96	*04601	库房的规模及条件应当满足药品的合理、安全储存，便于开展储存作业	看现场，考察库房的规模及条件能否满足药品的合理、安全储存，便于开展储存作业	公司库房的规模及条件能够满足药品的合理、安全储存，也便于开展储存作业	符合规定	
97	04602	库房内外环境整洁，无污染源，库区地面硬化或者绿化	查看库房内外环境情况，是否整洁，有无污染源，库区地面是否硬化或者绿化	库房内外环境卫生、整洁，无污染源，库区地面硬化，库房周边无积水、杂草	符合规定	

续表

序号	条款编号	GSP具体规定	自查评审内容及自查方式	具体实施情况	自查结论	责任人
98	04603	库房内墙、顶光洁，地面平整，门窗结构严密	查看库房内墙、顶光洁，地面平整，门窗结构严密情况	库房内墙、顶光洁，地面平整，门窗结构严密	符合规定	
99	04604	库房有可靠的安全防护措施，能够对无关人员进入实行可控管理，防止药品被盗、替换或者混入假药。	查看库房有无可靠的安全防护措施	库房配备有消防器材；24小时有人员值守、巡查，能够防止药品被盗、替换或者混入假药	符合规定	
100	04605	库房有防止室外装卸、搬运、接收、发运等作业受异常天气影响的措施	验看库房有无防止室外装卸、搬运、接收、发运等作业受异常天气影响的措施	库房配置有雨棚，能够防止室外装卸、搬运、接收、发运等作业受异常天气影响	符合规定	
101	04701	库房应当配备药品与地面之间有效隔离的设备	验看库房配备的药品与地面之间有效隔离的设备情况	各库房配备有足够的地垫、货架，且地垫、货架均离地面高10 cm	符合规定	
102	04702	库房应当配备避光、通风、防潮、防虫、防鼠等设备	查看库房配备避光、通风、防潮、防虫、防鼠等设备情况	各库房内配备有遮光窗帘、空调、换气扇、地垫、货架、门帘、风幕机、纱窗、挡鼠板、粘鼠板等避光、通风、防潮、防虫、防鼠等设备	符合规定	
103	*04703	库房应当配备有效调控温湿度及室内外空气交换的设备	查看库房配备有效调控温湿度及室内外空气交换的设备情况	各库房配备有足够的空调、换气扇，能够有效调控温湿度	符合规定	
104	*04704	库房应当配备自动监测、记录库房温湿度的设备	查看库房自动监测、记录库房温湿度的设备情况	库房安装有温湿度自动监测系统，测点终端的分布、系统的各项功能符合《规范》和有关附录的要求	符合规定	
105	04705	库房应当配备符合储存作业要求的照明设备	查看库房配备的照明设备是否符合储存作业要求	库房复核、拼箱区照度较好	符合规定	
106	04706	库房应当有用于零货拣选、拼箱发货操作及复核的作业区域和设备	查看库房用于零货拣选、拼箱发货操作及复核的作业区域和设备的设置和配备情况	库房内设置有专用的零货储存区、拼箱发货操作区、零货复核区，配备有零货箱、周转箱、封口胶、拼箱标签、扫码器等设备	符合规定	
107	04707	库房应当有包装物料的存放场所	查看库房是否有专用的包装物料的存放场所	库房有存放包装物料的专用区域，与药品储存区相对隔离	符合规定	

续表

序号	条款编号	GSP具体规定	自查评审内容及自查方式	具体实施情况	自查结论	责任人
108	04708	库房应当有验收、发货、退货的专用场所	查看库房验收、发货、退货的专用场所的划分及设置情况	库房有验收、发货、退货的专用场所，并进行状态标识管理	符合规定	
109	*04709	库房应当有不合格药品专用存放场所	查看库房是否有不合格药品专用存放场所	公司设置有一个不合格药品专库，专人、加锁管理	符合规定	
110	*04710	经营特殊管理的药品有符合国家规定的储存设施	正常缺陷项	正常缺陷项		
111	04801	经营中药材、中药饮片的，应当有专用的库房和养护工作场所	正常缺陷项	正常缺陷项		
112	04802	直接收购地产中药材的应当设置中药样品室(柜)	正常缺陷项	正常缺陷项		
113	*04901	经营冷藏、冷冻药品的，应当配备与其经营规模和品种相适应的冷库，且冷库容积不得少于40 m^3	正常缺陷项	正常缺陷项		
114	*04902	经营疫苗的，应当配备2个以上独立冷库，且冷库总容积不得少于100 m^3	正常缺陷项	正常缺陷项		
115	*04903	冷库应当配备温湿度自动监测、显示、记录、调控、报警的设备	正常缺陷项	正常缺陷项		
116	04904	应当配备冷库制冷设备的备用发电机组或者双回路供电系统	正常缺陷项	正常缺陷项		
117	04905	对有特殊低温要求的药品，应当配备符合其储存要求的设施设备	正常缺陷项	正常缺陷项		
118	*04906	经营冷藏、冷冻药品的应当配备冷藏车	正常缺陷项	正常缺陷项		
119	*04907	经营冷藏、冷冻药品的应当配备车载冷藏箱或者保温箱等设备	正常缺陷项	正常缺陷项		
120	*05001	运输药品应当使用封闭式货物运输工具	检查运输药品的车辆是否封闭	公司配备了2台厢式货车，可防止药品在运输途中受到污染、雨淋、阳光直射、盗抢等。	符合规定	

续表

序号	条款编号	GSP具体规定	自查评审内容及自查方式	具体实施情况	自查结论	责任人
121	05101	运输冷藏、冷冻药品的冷藏车及车载冷藏箱、保温箱应当符合药品运输过程中对温度控制的要求	正常缺陷项	正常缺陷项		
122	*05102	冷藏车具有自动调控温度、显示温度、存储和读取温度监测数据的功能	正常缺陷项	正常缺陷项		
123	*05103	车载冷藏箱及保温箱具有外部显示和采集箱体内温度数据的功能	正常缺陷项	正常缺陷项		
124	05201	储存、运输设施设备的定期检查、清洁和维护应当由专人负责，并建立记录和档案	抽查储存、运输设施设备的定期检查、清洁和维护记录和档案	储存、运输设施设备的定期检查、清洁和维护有相应的人员负责，并建立了记录和档案	符合规定	
125	05301	企业应当按照国家有关规定，对计量器具、温湿度监测设备等定期进行校准或者检定	查看设施设备档案，计量器具、温湿度监测设备等是否定期进行校准或者检定	公司对温湿度测点终端、温度记录仪等满一年后送质监局校准或检定。有相应记录、检定或校准报告存档	符合规定	
126	*05302	企业应当对冷库进行使用前验证、定期验证及停用时间超过规定时限的验证	正常缺陷项	正常缺陷项		
127	*05303	企业应当对储运温湿度监测系统进行使用前验证、定期验证及停用时间超过规定时限的验证	查看温湿度自动监测系统验证档案，看是否对其进行使用前验证、定期验证及停用时间超过规定时限的验证	公司委托具有验证资质的公司提供技术方面的支持，有关部门和人员全程参与了对温湿度自动监测进行的使用前验证，对定期验证及停用时间超过规定时限的验证做出了规定，并将按确定的时间进行相应的验证工作	符合规定	
128	*05304	企业应当对冷藏运输设施设备进行使用前验证、定期验证及停用时间超过规定时限的验证	正常缺陷项	正常缺陷项		

续表

序号	条款编号	GSP具体规定	自查评审内容及自查方式	具体实施情况	自查结论	责任人
129	*05401	企业应当根据相关验证管理制度,形成验证控制文件,包括验证方案、报告、评价、偏差处理和预防措施等	查看相关设施设备验证档案,是否根据验证管理制度,形成验证控制文件,包括验证方案、报告、评价、偏差处理和预防措施等	公司根据相关验证管理制度,形成验证控制文件,包括验证方案、报告、评价、偏差处理和预防措施等	符合规定	
130	05501	验证应当按照预先确定和批准的方案实施	查看验证方案,验证是否按照预先确定和批准的方案实施	公司委托相关资质单位提供验证方面的技术支持,有关部门和人员全程参与了验证,验证方案经质量负责人审核、批准,并按验证方案实施验证工作	符合规定	
131	05502	验证报告应当经过审核和批准	查看验证报告审核和批准过程记录	验证报告经过质量负责人审核和批准	符合规定	
132	05503	验证文件应当存档	查看验证文件归档及规范情况	验证文件按规定存档、保存	符合规定	
133	05601	企业应当根据验证确定的参数及条件,正确、合理使用相关设施设备	查看相关设施设备的验证档案,是否根据验证确定的参数及条件,设置、调整、检查、维护、使用相关设施设备	根据验证确定的参数及条件,正确、合理使用相关设施设备	符合规定	
134	*05701	企业应当建立能够符合经营全过程管理及质量控制要求的计算机系统,实现药品质量可追溯,并满足药品电子监管的实施条件	查看计算机相关管理制度及现场确认计算机系统是否涵盖经营全过程管理及能够控制所有质量过程,以及满足药品电子监管和区食药监局电子监管的情况	公司建立有能够符合经营全过程管理及质量控制要求的计算机系统,实现药品质量可追溯,并满足药品电子监管的实施条件	符合规定	
135	05801	企业计算机系统应当有支持系统正常运行的服务器和终端机	查看计算机系统服务器及终端机配置情况	计算机系统有支持系统正常运行的服务器和终端机	符合规定	
136	05802	企业计算机系统应当有安全稳定的网络环境、固定接入互联网的方式和安全可靠的信息平台	查看计算机系统的网络环境、互联网接入方式及信息平台情况	计算机系统有安全稳定的网络环境、固定接入互联网的方式和安全可靠的信息平台	符合规定	
137	05803	企业计算机系统应当有实现部门之间、岗位之间信息传输和数据共享的局域网	查看公司局域网是否能够实现部门之间、岗位之间信息传输和数据共享	局域网能够实现部门之间、岗位之间信息传输和数据共享	符合规定	

续表

序号	条款编号	GSP具体规定	自查评审内容及自查方式	具体实施情况	自查结论	责任人
138	05804	企业计算机系统应当有药品经营业务票据生成、打印和管理功能	查看计算机系统是否具有药品经营业务票据生成、打印和管理功能	公司计算机系统应有药品经营业务票据生成、打印和管理功能	符合规定	
139	*05805	企业计算机系统应当有符合《规范》要求及企业管理实际需要的应用软件和相关数据库	查看计算机系统的应用软件和相关数据库是否符合《规范》要求及公司管理实际需要	公司计算机系统具有符合《规范》要求及企业管理实际需要的应用软件和相关数据库	符合规定	
140	*05901	计算机系统各类数据的录入、修改、保存等操作应当符合授权范围、操作规程和管理制度的要求	抽查有关岗位，查看计算机系统各类数据的录入、修改、保存等操作是否符合授权范围、操作规程和管理制度的要求	计算机系统各类数据的录入、修改、保存等操作符合授权范围、操作规程和管理制度的要求	符合规定	
141	05902	计算机系统各类数据应当原始、真实、准确、安全和可追溯	抽查计算机系统数据，验看数据是否原始、真实、准确、安全和可追溯性	计算机系统各类数据原始、真实、准确、安全和可追溯	符合规定	
142	*06001	计算机系统运行中涉及企业经营和管理的数据应当采用安全、可靠的方式储存并按日备份，备份数据应当存放在安全场所	查证计算机系统数据是否采用安全、可靠方式储存并按日备份，备份数据是否存放在安全场所	计算机系统运行中涉及公司经营和管理的数据由信息部专人负责管理，采用安全、可靠的方式储存并按日备份，备份数据存放在安全场所	符合规定	
143	06002	计算机系统记录类数据的保存应当符合验收标准04201和04202的规定	抽查计算机系统记录类数据的保存情况	计算机系统记录类数据保存5年以上，特殊管理药品相关数据及财务数据按国家有关规定执行	符合规定	
144	*06101	企业采购药品应当确定供货单位的合法资格	查看首营企业、合格供货方资质档案。查证公司采购药品对供货单位合法资格的审核、审批情况	公司采购药品时，对供货单位的合法资格进行了审核、批准，并建立相应档案	符合规定	
145	*06102	企业采购药品应当确定所购入药品的合法性	查看首营品种档案及计算机系统质量管理基础数据库，查证公司采购药品对购入药品合法资格的审核、审批情况	公司采购药品时，对购入药品合法资格进行了审核、审批，并有相关记录及建立相应档案	符合规定	
146	06103	企业采购药品应当核实供货单位销售人员的合法资格	查看首营企业、合格供货方资质档案。查证公司采购药品对供货单位销售人员合法资格的审核情况	公司采购药品时，对供货单位销售人员合法资格进行了核实，并将相应资质并入首营企业档案和合格供货方资质档案	符合规定	

续表

序号	条款编号	GSP具体规定	自查评审内容及自查方式	具体实施情况	自查结论	责任人
147	06104	企业采购药品应当与供货单位签订质量保证协议	查看首营企业、合格供货方资质档案。查证公司采购药品时，是否与供货单位签订质量保证协议	公司采购药品时，与供货单位签订了质量保证协议，协议放入首营企业档案和合格供货方资质档案	符合规定	
148	06105	采购中涉及的首营企业、首营品种，采购部门应当填写相关申请表格，经质量管理部门审核，由质量负责人批准。必要时应当组织实地考察，对供货单位质量管理体系进行评价	查看首营企业、首营品种的审核、审批情况	采购中涉及的首营企业、首营品种，采购部填写相关申请表格，经质量管理部审核，由质量负责人批准	符合规定	
149	*06201	对首营企业的审核，应当查验加盖其公章原印章的以下资料，确认真实、有效。 (一)《药品生产许可证》或者《药品经营许可证》复印件； (二)营业执照及其年检证明复印件； (三)《药品生产质量管理规范》认证证书或者《药品经营质量管理规范》认证证书复印件； (四)相关印章、随货同行单(票)样式原件； (五)开户户名、开户银行及账号； (六)《税务登记证》和《组织机构代码证》复印件。	查看首营企业档案，查证相关资料的真实性和有效性 查看首营企业档案，查证相关资料的真实性和有效性	对首营企业的审核，采购部初验、质管部审核加盖其公章原印章的以下资料，确认真实、有效，并适时更新。 (一)《药品生产许可证》或者《药品经营许可证》复印件； (二)营业执照及其年检证明复印件； (三)《药品生产质量管理规范》认证证书或者《药品经营质量管理规范》认证证书复印件； (四)相关印章、随货同行单(票)样式原件； (五)开户户名、开户银行及账号； (六)《税务登记证》和《组织机构代码证》复印件	符合规定	
150	06301	采购首营品种应当审核药品的合法性，索取加盖供货单位公章原印章的药品生产或者进口批准证明文件复印件并予以审核，审核无误的方可采购	查看首营品种资质档案，查证首营品种的资质审核情况	采购首营品种时，审核药品的合法性，索取加盖供货单位公章原印章的药品生产或者进口批准证明文件复印件并予以审核，审核无误的方可采购	符合规定	

续表

序号	条款编号	GSP具体规定	自查评审内容及自查方式	具体实施情况	自查结论	责任人
151	06302	首营品种审核资料应当归入药品质量档案	查看首营品种资料是否归入药品质量档案	首营品种审核资料归入对应品种的药品质量档案	符合规定	
152	06401	企业应当核实、留存供货单位销售人员以下资料: (一)加盖供货单位公章原印章的销售人员身份证复印件; (二)加盖供货单位公章原印章和法定代表人印章或者签名的授权书,授权书应当载明被授权人姓名、身份证号码,以及授权销售的品种、地域、期限; (三)供货单位及供货品种相关资料	查看首营企业、合格供货方档案,查证供货单位销售人员的资料核实及存档情况 查看首营企业、合格供货方档案,查证供货单位销售人员的资料核实及存档情况	采购部核实、质管部留存供货单位销售人员以下资料,并适时更新: (一)加盖供货单位公章原印章的销售人员身份证复印件; (二)加盖供货单位公章原印章和法定代表人印章或者签名的授权书,授权书应当载明被授权人姓名、身份证号码,以及授权销售的品种、地域、期限; (三)供货单位及供货品种相关资料	符合规定	
153	06501	企业与供货单位签订的质量保证协议至少包括以下内容: (一)明确双方质量责任; (二)供货单位应当提供符合规定的资料且对其真实性、有效性负责; (三)供货单位应当按照国家规定开具发票; (四)药品质量符合药品标准等有关要求; (五)药品包装、标签、说明书符合有关规定; (六)药品运输的质量保证及责任; (七)质量保证协议的有效期限	抽查供方质量保证协议书,查证质量保证协议内容规范情况	公司与供货单位每年签订质量保证协议,协议包括以下内容: (一)明确双方质量责任; (二)供货单位应当提供符合规定的资料且对其真实性、有效性负责; (三)供货单位应当按照国家规定开具发票; (四)药品质量符合药品标准等有关要求; (五)药品包装、标签、说明书符合有关规定; (六)药品运输的质量保证及责任; (七)质量保证协议的有效期限	符合规定	
154	06601	采购药品时,企业应当向供货单位索取发票	抽查供货单位提供发票情况	采购药品时,采购部向供货单位索取《增值税专用发票》或者《增值税普通发票》	符合规定	

续表

序号	条款编号	GSP具体规定	自查评审内容及自查方式	具体实施情况	自查结论	责任人
155	06602	发票应当列明药品的通用名称、规格、单位、数量、单价、金额等；不能全部列明的，应当附《销售货物或者提供应税劳务清单》，并加盖供货单位发票专用章原印章、注明税票号码	抽查供货单位提供的发票是否包含前述内容	发票列明药品的通用名称、规格、单位、数量、单价、金额等；不能全部列明的，附《销售货物或者提供应税劳务清单》，并加盖供货单位发票专用章原印章、注明税票号码	符合规定	
156	*06701	发票上的购、销单位名称及金额、品名应当与付款流向及金额、品名一致，并与财务账目内容相对应	抽查付款流向情况。检查公司付款流向及金额、品名与发票上的购、销单位名称及金额、品名是否一致，是否与财务账目内容相对应	发票上的购、销单位名称及金额、品名与付款流向及金额、品名一致，并与财务账目内容相对应	符合规定	
157	06702	发票按有关规定保存	抽查采购发票保存情况	采购发票按国家有关规定和公司财务管理制度保存，保存10年以上	符合规定	
158	06801	采购药品应当建立采购记录	抽查药品采购记录档案，查看采购记录建立情况	采购部负责建立采购记录。按权限在计算机系统中生成、确认采购订单后，由计算机系统自动生成采购记录	符合规定	
159	06802	采购记录应当有药品的通用名称、剂型、规格、生产厂商、供货单位、数量、价格、购货日期等内容，采购中药材、中药饮片的还应当标明产地	抽查药品采购记录，查看采购记录项目及内容是否齐全，以及中药材、中药饮片的采购记录是否标明产地	采购记录的内容有：药品的通用名称、剂型、规格、生产厂商、供货单位、数量、价格、购货日期等内容，无中药材、中药饮片	符合规定	
160	*06901	发生灾情、疫情、突发事件或者临床紧急救治等特殊情况，以及其他符合国家有关规定的情形，企业可采用直调方式购销药品，即已采购的药品不入本企业仓库，直接从供货单位发送到购货单位，并建立专门的采购记录，保证有效的质量跟踪和追溯	正常缺陷项	正常缺陷项		

续表

序号	条款编号	GSP具体规定	自查评审内容及自查方式	具体实施情况	自查结论	责任人
161	*07001	采购特殊管理的药品，应当严格按照国家有关规定进行	正常缺陷项	正常缺陷项		
162	07101	企业应当定期对药品采购的整体情况进行综合质量评审，并进行动态跟踪管理	查看《药品进货质量评审》档案，检查药品进货质量评审情况	公司每年年底对药品采购的整体情况进行综合质量评审，建立采购质量评审档案，并及时更新，进行动态跟踪管理	符合规定	
163	07102	企业应当建立药品质量评审和供货单位质量档案	查看《药品进货质量评审》及供货单位质量档案建立及规范情况	质管部建立药品质量评审和供货单位质量档案	符合规定	
164	07201	企业应当按照规定的程序和要求对到货药品逐批进行收货、验收，防止不合格药品入库	抽查到货药品收货、验收记录，是否按规定的程序和要求逐批进行	仓储部、质管部按各自的岗位职责，依照规定的程序和要求对采购来货、销后退回药品进行逐批收货、验收，并建立收货、验收记录，有效防止不合格药品入库	符合规定	
165	*07301	药品到货时，收货人员应当核实运输方式是否符合要求，并对照随货同行单（票）和采购记录核对药品，做到票、账、货相符	抽查药品收货记录及现场操作情况，考查收货人员收货核实内容及实际操作能力	药品到货时，收货人员核实运输方式是否符合要求，并对照随货同行单（票）和采购记录核对药品，做到票、账、货相符	符合规定	
166	07302	随货同行单（票）应当包括供货单位、生产厂商、药品的通用名称、剂型、规格、批号、数量、收货单位、收货地址、发货日期等内容，并加盖供货单位药品出库专用章原印章	抽查供货单位随货同行单（票）内容是否齐全，是否加盖供货单位药品出库专用章原印章	随货同行单（票）包括供货单位、生产厂商、药品的通用名称、剂型、规格、批号、数量、收货单位、收货地址、发货日期等内容，并加盖供货单位药品出库专用章原印章	符合规定	
167	*07401	冷藏、冷冻药品到货时，应当对其运输方式及运输过程的温度记录、运输时间等质量控制状况进行重点检查并记录 冷藏、冷冻药品到货时不符合温度要求的应当拒收	正常缺陷项	正常缺陷项		

续表

序号	条款编号	GSP具体规定	自查评审内容及自查方式	具体实施情况	自查结论	责任人
168	07501	收货人员对符合收货要求的药品，应当按品种特性要求放于相应待验区域，或者设置状态标志，通知验收	抽查有关待验区情况，待验药品是否符合药品储存要求	符合收货要求的药品，按药品温度特性、特殊管理等要求储存于相应区域，或设置黄色待验状态标志，并通知验收员验收	符合规定	
169	07502	冷藏、冷冻药品应当在冷库内待验	正常缺陷项	正常缺陷项		
170	07601	验收药品应当按照药品批号查验同批号的检验报告书	按药品验收记录，抽查同批号的检验报告书	均查找到同批号的检验报告书	符合规定	
171	07602	供货单位为批发企业的，检验报告书应当加盖其质量管理专用章原印章。检验报告书的传递和保存可以采用电子数据形式，但应当保证其合法性和有效性	抽查检验报告书档案，看检验报告书的规范情况	从批发企业购进药品的，检验报告书为加盖其质量管理专用章原印章的复印件。部分品种检验报告书的传递和保存采用电子数据形式，且合法、有效	符合规定	
172	*07701	企业应当按照验收规定，对每次到货药品进行逐批抽样验收	询问验收员对到货药品是否逐批抽样及查看在库药品抽样痕迹情况	验收员按照质量验收管理制度和操作规程的规定，对每次到货药品进行逐批抽样验收	符合规定	
173	07702	抽取的样品应当具有代表性	询问验收员验收制度和验收操作规程对抽取样品是如何规定的，日常验收工作中又是如何操作的	抽取的样品具有代表性。同一批号药品整件数量在2件及以下的，应全部抽样；整件数量在2～50件的，至少抽样3件；整件数量在50件以上的，每增加50件至少增加抽样1件，不足50件的按50件计。从每件上、中、下分别随机抽取1个最小包装	符合规定	
174	07703	同一批号的药品至少检查一个最小包装，但生产企业有特殊质量控制要求或者打开最小包装可能影响药品质量的，可不打开最小包装	询问及现场考察验收员，对同一批号抽取样品的检查情况	验收员对同一批号的药品检查一个最小包装，但生产企业有特殊质量控制要求或者打开最小包装可能影响药品质量的，没有打开最小包装	符合规定	

续表

序号	条款编号	GSP具体规定	自查评审内容及自查方式	具体实施情况	自查结论	责任人
175	07704	破损、污染、渗液、封条损坏等包装异常以及零货、拼箱的,应当开箱检查至最小包装	询问及现场考察验收员对破损、污染、渗液、封条损坏等包装异常以及对零货、拼箱的检查情况	验收员对破损、污染、渗液、封条损坏等包装异常以及零货、拼箱的,开箱检查至最小包装	符合规定	
176	07705	外包装及封签完整的原料药、实施批签发管理的生物制品,可不开箱检查	询问及现场考察验收员对外包装及封签完整的原料药、实施批签发管理的生物制品应如何检查	验收员对外包装及封签完整的原料药、实施批签发管理的生物制品,没有开箱检查	符合规定	
177	07801	验收人员应当对抽样药品的外观、包装、标签、说明书以及相关的证明文件等逐一进行检查、核对	询问验收员,检查、核对抽样药品的哪些项目和内容	验收人员对抽样药品的外观、包装、标签、说明书以及相关的证明文件等逐一进行检查、核对	符合规定	
178	07802	验收结束后,应当将抽取的完好样品放回原包装箱,加封并标示	抽查库存药品验收结束后加封及加贴封签情况	验收结束后,验收员将抽取的完好样品放回原包装箱,加封并标示	符合规定	
179	*07901	特殊管理的药品应当按照相关规定在专库或者专区内验收	正常缺陷项	正常缺陷项		
180	08001	验收药品应当做好验收记录	抽查药品验收记录,看验收记录的及时性、完整性、有效性	经验收人员录入验收数据并确认后,计算机系统自动生成药品验收记录,包括采购来货、销后退回药品验收记录	符合规定	
181	08002	验收记录包括药品的通用名称、剂型、规格、批准文号、批号、生产日期、有效期、生产厂商、供货单位、到货数量、到货日期、验收合格数量、验收结果等内容	抽查药品验收记录,看验收记录内容是否完整、规范	验收记录包括药品的通用名称、剂型、规格、批准文号、批号、生产日期、有效期、生产厂商、供货单位、到货数量、到货日期、验收合格数量、验收结果等内容	符合规定	
182	08003	中药材验收记录应当包括品名、产地、供货单位、到货数量、验收合格数量等内容	正常缺陷项	正常缺陷项		
183	08004	中药饮片验收记录应当包括品名、规格、批号、产地、生产日期、生产厂商、供货单位、到货数量、验收合格数量等内容,实施批准文号管理的中药饮片还应当记录批准文号	正常缺陷项	正常缺陷项		

续表

序号	条款编号	GSP 具体规定	自查评审内容及自查方式	具体实施情况	自查结论	责任人
184	08005	验收人员应当在验收记录上签署姓名和验收日期	抽查验收记录，看验收员是否在验收记录上签署姓名和验收日期	验收员在验收记录上签署了自己的姓名和验收日期	符合规定	
185	08006	验收不合格的应当注明不合格事项及处置措施	询问验收员及查看验收不合格是如何处理的，及其相关记录	验收不合格的，由验收员注明不合格事项及处置措施，并通知质管员复查处理	符合规定	
186	*08101	对实施电子监管的药品，企业应当按规定进行电子监管码扫码，并及时将数据上传至中国药品电子监管网系统平台	抽查验收、出库复核时，是否按规定进行电子监管码扫码，并及时将数据上传至中国药品电子监管网系统平台	对实施电子监管的药品，公司相关岗位按规定进行电子监管码扫码(见码就扫)，并及时将数据上传至中国药品电子监管网系统平台	符合规定	
187	08201	企业对未按规定加印或者加贴中国药品电子监管码，或者监管码的印刷不符合规定要求的，应当拒收	询问验收员，对未按规定加印或者加贴中国药品电子监管码，或者监管码的印刷不符合规定要求的药品是如何处理的	对未按规定加印或者加贴中国药品电子监管码，或者监管码的印刷不符合规定要求的，予以拒收	符合规定	
188	08202	药品电子监管码信息与药品包装信息不符的，应当及时向供货单位查询，未得到确认之前不得入库，必要时向当地药品监督管理部门报告	询问验收员，药品电子监管码信息与药品包装信息不符的，如何处理	药品电子监管码信息与药品包装信息不符的，及时向供货单位查询，未得到确认之前不得入库，需要时向当地药品监督管理部门报告	符合规定	
189	08301	企业应当建立库存记录，验收合格的药品应当及时入库登记；验收不合格的，不得入库，并由质量管理部门处理	询问验收员，对验收合格和不合格的药品如何处理	验收合格的药品及时办理入库手续，建立库存记录；验收不合格的，不得入库，并由质量管理部门处理	符合规定	
190	08401	企业按《规范》规定进行药品直调的，可委托购货单位进行药品验收 购货单位应当严格按照《规范》的要求验收药品和进行药品电子监管码的扫码与数据上传 应当建立专门的直调药品验收记录 验收当日应当将验收记录相关信息传递给直调企业	正常缺陷项	正常缺陷项		

续表

序号	条款编号	GSP具体规定	自查评审内容及自查方式	具体实施情况	自查结论	责任人
191	08501	企业应当按包装标示的温度要求储存药品，包装上没有标示具体温度的，按照《中华人民共和国药典》规定的贮藏要求进行储存	询问养护员、保管员、搬运，并查看现场是如何按温度要求储存药品的	按药品包装、说明书的温度要求储存药品，没有标示具体温度的，按照《中华人民共和国药典》规定的贮藏要求进行储存：常温10～30℃，阴凉处为不超过20℃，凉暗处为遮光且不超过20℃，冷处2～10℃，未规定温度要求的，按常温储存	符合规定	
192	08502	储存药品相对湿度为35%～75%	查询温湿度监测历史数据，查看库房现场，各库相对湿度是否在规定范围内	储存药品相对湿度均为35%～75%	符合规定	
193	08503	在人工作业的库房储存药品，按质量状态实行色标管理：合格药品为绿色，不合格药品为红色，待确定药品为黄色	询问验收、养护、发货、复核等岗位人员，库房储存药品是否按质量状态实行色标管理	在人工作业的库房储存药品，按质量状态实行色标管理：合格药品为绿色，不合格药品为红色，到货待验、销后退回待验、召回待验、有质量疑问等待确定的药品为黄色	符合规定	
194	08504	储存药品应当按照要求采取避光、遮光、通风、防潮、防虫、防鼠等措施	查看库房，是否配备了足够的避光、遮光、通风、防潮、防虫、防鼠等措施	各库均按照要求配置了窗帘、空调、换气扇、托盘、地垫、货架或门帘、纱窗、挡鼠板、粘鼠胶等，可有效避光、遮光、通风、防潮、防虫、防鼠等	符合规定	
195	08505	搬运和堆码药品应当严格按照外包装标示要求规范操作，堆码高度符合包装图示要求，避免损坏药品包装	询问保管员、搬运工，并查看库房，搬运和堆码药品是否规范	搬运工按规定进行了操作	符合规定	
196	*08506	药品按批号堆码，不同批号的药品不得混垛	抽查库存药品堆码及陈列情况，看有无混垛现象	药品按品种、批号堆码，不同品种、批号的药品不得混垛	符合规定	
197	08507	药品码放垛间距不小于5 cm，与库房内墙、顶、温度调控设备及管道等设施的间距不小于30 cm，与地面间距不小于10 cm	抽查库房，看药品堆码“五距”是否符合GSP要求	药品码放垛间距不小于5 cm，与库房内墙、顶、温度调控设备及管道等设施的间距不小于30 cm，与地面间距不小于10 cm	符合规定	

续表

序号	条款编号	GSP具体规定	自查评审内容及自查方式	具体实施情况	自查结论	责任人
198	08508	药品与非药品、外用药与其他药品分开存放	抽查仓库，看整件及零货药品分类储存情况	药品与非药品、外用药品与其他药品分开存放	符合规定	
199	08509	中药材和中药饮片分库存放	正常缺陷项	正常缺陷项		
200	*08510	特殊管理的药品应当按照国家有关规定储存	正常缺陷项	正常缺陷项		
201	08511	拆除外包装的零货药品应当集中存放	抽查仓库中拆除外包装药品的存放情况	拆除外包装的零货药品集中存放在一定区域内	符合规定	
202	08512	储存药品的货架、托盘等设施设备应当保持清洁，无破损和杂物堆放	看库房内储存药品的货架、托盘等设施设备的卫生等情况	储存药品的货架、托盘等设施设备持续保持清洁、卫生，无破损和杂物堆放	符合规定	
203	08513	未经批准的人员不得进入储存作业区	看库房有无相应措施，禁止未经批准的人员进入储存作业区	人员经仓库主管同意才能进出药品库房，每天24小时巡查库房，有效防止药品被盗、替换或者混入假药	符合规定	
204	08514	储存作业区内的人员不得有影响药品质量和安全的行为	询问库区内相关人员是否存在洗漱、就餐、饮酒、吸烟、打闹、嬉戏等影响药品质量和安全的行为	储存作业区内的人员无洗漱、就餐、饮酒、吸烟、打闹、嬉戏等影响药品质量和安全的行为	符合规定	
205	08515	药品储存作业区内不得存放与储存管理无关的物品	查看药品储存作业区，是否有与储存管理无关的物品	药品储存作业区内未发现废弃或闲置的物料、设备以及食物和其他私人物品	符合规定	
206	08601	养护人员应当根据库房条件、外部环境、药品质量特性等对药品进行养护	考查养护员是否按规定对药品进行养护	养护人员根据库房条件、外部环境、药品质量特性等对药品进行养护	符合规定	
207	08602	养护人员应当指导和督促储存人员对药品进行合理储存与作业	询问养护员，如何指导和督促储存人员对药品进行合理储存与作业	养护人员正确指导和督促储存人员对药品进行合理储存与作业	符合规定	
208	08603	养护人员应当检查并改善储存条件、防护措施、卫生环境	抽查相关记录，看养护员定期检查、改善储存条件、防护措施、卫生环境的执行情况	养护员对库内卫生环境、药品储存设施设备的适应性、药品避光、遮光、通风、防潮、除湿、防虫、防鼠等措施的有效性进行检查和调控	符合规定	

续表

序号	条款编号	GSP具体规定	自查评审内容及自查方式	具体实施情况	自查结论	责任人
209	*08604	养护人员应当对库房温湿度进行有效监测、调控	抽查温湿度自动监测和空调使用记录,考查养护员如何对库房温湿度进行有效监测、调控	养护人员通过温湿度自动监测系统对库房温湿度进行有效监测并记录,并根据监测情况调控库房内的温湿度,确保库房温湿度持续控制在规定的标准范围内	符合规定	
210	08605	养护人员应当按照养护计划对库存药品的外观、包装等质量状况进行检查,并建立养护记录	抽查养护记录,看养护人员是否按照养护计划对库存药品的外观、包装等质量状况进行检查并及时记录	养护人员按照养护计划对库存药品的外观、包装等质量状况进行检查,并建立养护记录	符合规定	
211	08606	养护人员应当对储存条件有特殊要求的或者有效期较短的品种进行重点养护	抽查养护记录,查看对重点养护品种的养护情况	养护人员对近效期6个月内的品种以及其他列入重点养护的品种进行重点养护,并建立重点养护品种档案	符合规定	
212	*08607	养护人员发现有问题的药品应当及时在计算机系统中锁定和记录,并通知质量管理部门处理	询问养护员并抽查相关记录,看养护员对养护检查中发现有问题的药品是如何处理的	养护人员发现有问题的药品及时在计算机系统中锁定和记录,并通知质量管理部门处理	符合规定	
213	08608	养护人员对中药材和中药饮片应当按其特性采取有效方法进行养护并记录,所采取的养护方法不得对药品造成污染	正常缺陷项	正常缺陷项		
214	08609	养护人员应当定期汇总、分析养护信息	抽查养护信息的定期汇总、分析情况	养护人员每季度汇总、分析养护信息,有关资料存档	符合规定	
215	*08701	企业应当采用计算机系统对库存药品的有效期进行自动跟踪和控制,采取近效期预警及超过有效期自动锁定等措施,防止过期药品销售	查看计算机系统对库存药品的有效期进行自动跟踪和控制,近效期预警及超过有效期自动锁定等措施的功能设置情况	公司现有计算机系统能够对库存药品的有效期进行自动跟踪和控制,且具有近效期预警及超过有效期自动锁定等功能,能防止过期药品销售	符合规定	

续表

序号	条款编号	GSP具体规定	自查评审内容及自查方式	具体实施情况	自查结论	责任人
216	08801	药品因破损而导致液体、气体、粉末泄漏时，应当迅速采取安全处理措施，防止对储存环境和其他药品造成污染	询问发货、保管及库房主管人员，考查在库药品因破损而导致液体、气体、粉末泄漏时如何处理	药品因破损而导致液体、气体、粉末泄漏时，有关人员立即采取隔离、清洗、通风、稀释、覆盖等安全处理措施，防止对储存环境和其他药品造成污染	符合规定	
217	*08901	对质量可疑的药品应当立即采取停售措施，并在计算机系统中锁定，同时报告质量管理部门确认	询问养护、发货等有关人员并查看记录，考查对质量可疑的药品如何处理	对质量可疑的药品，有关岗位人员立即挂黄牌标识，采取停售措施，并在计算机系统中锁定，同时报告质量管理部门确认	符合规定	
218	08902	对存在质量问题的药品应当存放于标志明显的专用场所，进行有效隔离，不得销售	查看现场，是否设立存放有质量问题的药品的专用场所，并有效隔离	设立有不合格品专库，并加锁，对存在质量问题的药品存放于该库内，进行控制管理，不得销售	符合规定	
219	08903	怀疑为假药的，及时报告药品监督管理部门	询问质管员、质管部经理，对怀疑为假药的如何处理	怀疑为假药的，经质量负责人批准后，及时报告区食药监局。目前，尚未发现或怀疑为假药的情形	符合规定	
220	*08904	对存在质量问题的特殊管理的药品，应当按照国家有关规定处理	正常缺陷项	正常缺陷项		
221	*08905	不合格药品的处理过程应当有完整的手续和记录	抽查不合格药品档案，看不合格药品的处理过程是否有完整的手续和记录	不合格药品的确认、报损、销毁等处理过程有完整的手续和记录。有关记录至少保存5年	符合规定	
222	08906	对不合格药品应当查明并分析原因，及时采取预防措施	查看不合格药品汇总、分析记录，是否对不合格药品查明并分析原因，以及采取预防措施的情况	质管部一般每半年汇总、分析不合格药品处理情况，查明并分析原因，并分别不同情况采取预防措施	符合规定	
223	09001	企业应当对库存药品定期盘点，做到账、货相符	抽查库存商品盘点情况，是否做到账、货相符	公司一般统一安排对库存药品进行盘点，进行清点、核对，做到账、货相符。如盘点发现差异时，及时查找原因，采取纠正和预防措施	符合规定	

续表

序号	条款编号	GSP具体规定	自查评审内容及自查方式	具体实施情况	自查结论	责任人
224	*09101	企业应当将药品销售给合法的购货单位，保证药品销售流向真实、合法	抽查销售记录，查看对应的客户资质档案，考查购货单位的合法性	公司依法将药品销售给合法的购货单位，并保证药品销售流向真实、合法	符合规定	
225	09102	企业应当对购货单位的证明文件、采购人员及提货人员的身份证明进行核实	抽查销售客户资质档案，考查对购货单位的证明文件、采购人员及提货人员的身份证明的核实情况	销售部负责索取并初验购货单位的证明文件、采购人员身份证明，质管部进行核实，质量负责人审批，质管部将确认后的基础信息录入计算机系统，建立销售客户，有关证明文件及资料存档。仓储部负责与销售部衔接，核实提货人员的身份	符合规定	
226	09201	企业应当严格审核购货单位的生产范围、经营范围或者诊疗范围，并按照相应的范围销售药品	抽查销售记录，看销售品种是否与计算机系统客户的生产范围、经营范围或者诊疗范围及客户档案中载明的范围一致	质管部严格审核购货单位的生产范围、经营范围或者诊疗范围，并录入计算机系统，系统自动识别购货单位的法定资质，拒绝超出经营范围销售订单的生成，并按照相应的范围销售药品	符合规定	
227	09301	企业销售药品应当如实开具发票，做到票、账、货、款一致	抽查药品销售发票管理情况，是否票、账、货、款一致	公司销售药品时，如实开具《增值税专用发票》或《增值税普通发票》，计算机系统与财务系统及开票系统对接，票、账、货、款一致	符合规定	
228	09401	企业应当做好药品销售记录	查看销售记录，看是否建立所有药品的销售记录	销售订单确认后，计算机系统自动生成销售记录	符合规定	
229	09402	销售记录应当包括药品的通用名称、规格、剂型、批号、有效期、生产厂商、购货单位、销售数量、单价、金额、销售日期等内容	抽查药品销售记录，看其项目、内容是否完整，是否符合GSP规定	药品销售记录包括药品的通用名称、规格、剂型、批号、有效期、生产厂商、购货单位、销售数量、单价、金额、销售日期等内容	符合规定	
230	09403	中药材销售记录应当包括品名、规格、产地、购货单位、销售数量、单价、金额、销售日期等内容	正常缺陷项	正常缺陷项		

续表

序号	条款编号	GSP具体规定	自查评审内容及自查方式	具体实施情况	自查结论	责任人
231	09404	中药饮片销售记录应当包括品名、规格、批号、产地、生产厂商、购货单位、销售数量、单价、金额、销售日期等内容	正常缺陷项	正常缺陷项		
232	09405	按照《规范》规定进行药品直调的,应当建立专门的销售记录	正常缺陷项	正常缺陷项		
233	*09501	销售特殊管理的药品以及国家有专门管理要求的药品,应当严格按照国家有关规定执行	询问有关岗位人员,抽查药品销售记录,考查销售特殊管理的药品以及国家有专门管理要求的药品,是否严格按照国家有关规定执行	公司制定有含特殊药品复方制剂管理制度,销售上述药品时,审核、确认购买单位的合法资质,保证此类药品合法、安全、合理使用,防止流入非法渠道,且不使用现金结算	符合规定	
234	*09601	药品出库时应当对照销售记录进行复核	询问复核岗位人员,药品出库时是如何进行复核的	药品出库时,复核人员对照销售记录逐项进行复核。复核人员完成出库复核操作后,系统自动生成出库复核记录	符合规定	
235	9602	发现以下情况不得出库,并报告质量管理部门处理: (一)药品包装出现破损、污染、封口不牢、衬垫不实、封条损坏等问题 (二)包装内有异常响动或者液体渗漏 (三)标签脱落、字迹模糊不清或者标识内容与实物不符 (四)药品已超过有效期 (五)其他异常情况的药品	询问复核员,药品复核时,发现哪些情况不能出库,并且报质量管理部处理	复核员进行药品出库复核时,发现以下情况不能出库,并报质量管理部处理: (一)药品包装出现破损、污染、封口不牢、衬垫不实、封条损坏等问题 (二)包装内有异常响动或者液体渗漏 (三)标签脱落、字迹模糊不清或者标识内容与实物不符 (四)药品已超过有效期 (五)其他异常情况的药品	符合规定	
236	09701	药品出库复核应当建立记录	查看药品出库复核记录,考查复核员是否按规定建立所有药品的出库复核记录	建立有药品出库复核记录,出库复核员完成出库复核操作后,计算机系统自动生成出库复核记录	符合规定	

续表

序号	条款编号	GSP具体规定	自查评审内容及自查方式	具体实施情况	自查结论	责任人
237	09702	出库复核记录包括购货单位、药品的通用名称、剂型、规格、数量、批号、有效期、生产厂商、出库日期、质量状况和复核人员等内容	抽查药品出库复核记录，看其内容是否涵盖GSP要求的内容	出库复核记录包括购货单位、药品的通用名称、剂型、规格、数量、批号、有效期、生产厂商、出库日期、质量状况和复核人员等内容	符合规定	
238	*09801	特殊管理的药品出库应当按照有关规定进行复核	正常缺陷项	正常缺陷项		
239	*09901	药品拼箱发货的代用包装箱应当有醒目的拼箱标志	查看现场，看药品拼箱发货的代用包装箱是否有醒目的拼箱标志	药品拼箱发货的代用包装箱加贴有"拼箱"标识，拼箱标志醒目，可有效防止混淆	符合规定	
240	*10001	药品出库时应当附加盖企业药品出库专用章原印章的随货同行单(票)	询问运输员，销售出库的随货同行单是否加盖出库专用章原印章	药品出库时，附有加盖公司药品出库专用章原印章的随货同行单(票)	符合规定	
241	10002	企业按照《规范》规定直调药品的，直调药品出库时，由供货单位开具两份随货同行单(票)，分别发往直调企业和购货单位	正常缺陷项	正常缺陷项		
242	10003	随货同行单(票)应当包括直调企业名称、供货单位、生产厂商、药品的通用名称、剂型、规格、批号、数量、收货单位、收货地址、发货日期等内容，并加盖供货单位药品出库专用章原印章	正常缺陷项	正常缺陷项		
243	10101	冷藏、冷冻药品的装箱、装车等项作业，应当由专人负责	正常缺陷项	正常缺陷项		
244	10102	车载冷藏箱或者保温箱在使用前应当达到相应的温度要求	正常缺陷项	正常缺陷项		
245	*10103	应当在冷藏环境下完成冷藏、冷冻药品的装箱、封箱工作	正常缺陷项	正常缺陷项		

续表

序号	条款编号	GSP具体规定	自查评审内容及自查方式	具体实施情况	自查结论	责任人
246	10104	装车前应当检查冷藏车辆的启动、运行状态,达到规定温度后方可装车	正常缺陷项	正常缺陷项		
247	10105	启运时应当做好运输记录,内容包括运输工具和启运时间等	抽查药品运输记录	有药品运输记录,内容包括运输工具和启运时间等	符合规定	
248	*10201	对实施电子监管的药品,应当在出库时进行扫码和数据上传	抽查药品出库电子监管码扫码和数据上传情况	对实施电子监管的药品,出库时由复核员扫码,并及时交公司电子监管员将数据上传至中国药品电子监管网	符合规定	
249	10301	企业应当按照质量管理制度的要求,严格执行运输操作规程,并采取有效措施保证运输过程中的药品质量与安全	通过查制度规定及相关记录,考查公司是否按照质量管理制度的要求,严格执行运输操作规程,并采取有效措施保证运输过程中的药品质量与安全	公司按照质量管理制度的要求,严格执行运输操作规程,并采取有效措施保证运输过程中的药品质量与安全。未发生药品质量安全事故	符合规定	
250	10401	运输药品,应当根据药品的包装、质量特性并针对车况、道路、天气等因素,选用适宜的运输工具,采取相应措施防止出现破损、污染等问题	询问运输员并查看运输工具,运输药品时,是如何根据药品的包装、质量特性并针对车况、道路、天气等因素,选用适宜的运输工具,采取相应措施防止出现破损、污染等问题	运输药品时,运输员根据药品的包装、质量特性并针对车况、道路、天气等因素,选择箱式货车等封闭式运输工具,采取防震、防挤压及跌落等措施防止出现破损、污染等问题	符合规定	
251	10501	发运药品时,应当检查运输工具,发现运输条件不符合规定的,不得发运	询问运输员及驾驶员,发运药品时,是否检查运输车辆,发现运输条件不符合规定的,是否停止发运	发运药品时,运输员及驾驶员检查运输工具,箱式货车车门不能密闭的,油量出现预警等运输条件不符合规定的,不得发运	符合规定	
252	10502	运输药品过程中,运载工具应当保持密闭	检查药品的运输工具密闭情况	运输药品过程中,运载工具全程保持密闭,有效防止药品曝晒、跌落、破损、遗失、雨淋等污染	符合规定	
253	10601	企业应当严格按照外包装标示的要求搬运、装卸药品	询问发货人员及查看现场,是否严格按照外包装标示的要求搬运、装卸药品	搬运工按规定进行操作	符合规定	

续表

序号	条款编号	GSP具体规定	自查评审内容及自查方式	具体实施情况	自查结论	责任人
254	*10701	企业应当根据药品的温度控制要求，在运输过程中采取必要的保温或者冷藏、冷冻措施	正常缺陷项	正常缺陷项		
255	10702	运输过程中，药品不得直接接触冰袋、冰排等蓄冷剂，防止对药品质量造成影响	正常缺陷项	正常缺陷项		
256	*10801	在冷藏、冷冻药品运输途中，应当实时监测并记录冷藏车、冷藏箱或者保温箱内的温度数据	正常缺陷项	正常缺陷项		
257	*10901	企业应当制订冷藏、冷冻药品运输应急预案，对运输途中可能发生的设备故障、异常天气影响、交通拥堵等突发事件，能够采取相应的应对措施	正常缺陷项	正常缺陷项		
258	*11001	企业委托其他单位运输药品的，应当对承运方运输药品的质量保障能力进行审查，索取运输车辆的相关资料，符合《规范》运输设施设备条件和要求的方可委托	正常缺陷项	正常缺陷项		
259	11101	企业委托运输药品应当与承运方签订运输协议，明确药品质量责任、遵守运输操作规程和在途时限等内容	正常缺陷项	正常缺陷项		
260	11201	企业委托运输药品应当有记录，实现运输过程的质量追溯	正常缺陷项	正常缺陷项		
261	11202	委托运输记录至少包括发货时间、发货地址、收货单位、收货地址、货单号、药品件数、运输方式、委托经办人、承运单位等内容，采用车辆运输的，还应当载明车牌号，并留存驾驶人员的驾驶证复印件	正常缺陷项	正常缺陷项		

续表

序号	条款编号	GSP具体规定	自查评审内容及自查方式	具体实施情况	自查结论	责任人
262	11203	委托运输记录应当至少保存5年	正常缺陷项	正常缺陷项		
263	11301	已装车的药品应当及时发运并尽快送达	抽查运输记录,已装车药品是否及时发运,并在规定或约定的时限内送达	已装车的药品及时发运,并在规定或约定的时限内送达	符合规定	
264	11302	委托运输的,企业应当要求并监督承运方严格履行委托运输协议,防止因在途时间过长影响药品质量	查看委托运输协议,是否明确在途时限要求,是否明确药品时限超期的罚则和责任	委托运输协议有明确的在途时限要求,明确了药品时限超期的罚则和责任,防止因在途时间过长影响药品质量	符合规定	
265	11401	企业应当采取运输安全管理措施,防止在运输过程中发生药品被盗抢、遗失、调换等事故	看运输管理制度规定及实际执行情况,查证公司采取哪些运输安全管理措施,防止在运输过程中发生药品被盗抢、遗失、调换等事故	公司采用封闭式运输工具运输药品,运输特殊管理药品加锁并指定专人押运等措施,防止在运输过程中发生药品被盗抢、遗失、调换等事故	符合规定	
266	*11501	特殊管理的药品的运输应当符合国家有关规定	正常缺陷项	正常缺陷项		
267	*11601	企业应当加强对退货的管理,保证退货环节药品的质量和安全,防止混入假冒药品	看退货的管理制度规定及执行情况,是否保证退货环节药品的质量和安全,防止混入假冒药品	公司严格退货药品管理,制定有退货管理制度及操作规程,有关部门和人员严格按照制度规定进行退货操作,保证退货环节药品的质量和安全,防止混入假冒药品	符合规定	
268	11701	企业应当按照质量管理制度的要求,制定投诉管理操作规程	查看投诉管理操作规程	公司按照质量管理制度的要求,制定有投诉管理操作规程	符合规定	
269	11702	投诉管理操作规程应当包括投诉渠道及方式、档案记录、调查与评估、处理措施、反馈和事后跟踪等内容	查看投诉管理操作规程,规程是否包括投诉渠道及方式、档案记录、调查与评估、处理措施、反馈和事后跟踪等内容	投诉管理操作规程内容包括投诉渠道及方式、档案记录、调查与评估、处理措施、反馈和事后跟踪等	符合规定	
270	11801	企业应当配备专职或者兼职人员负责售后投诉管理	查看投诉管理制度,公司是否配备专职或兼职人员负责售后投诉管理	公司质管部指定质管员负责售后投诉管理的有关工作	符合规定	

续表

序号	条款编号	GSP具体规定	自查评审内容及自查方式	具体实施情况	自查结论	责任人
271	11802	对投诉的质量问题查明原因,采取有效措施及时处理和反馈,并做好记录,必要时应当通知供货单位及药品生产企业	查看质量投诉管理制度规定及执行情况,对投诉的质量问题是否查明原因,采取有效措施及时处理和反馈,并做好记录	接到质量投诉时,质管部协同销售部前往调查处理,并有记录	符合规定	
272	11901	企业应当及时将投诉及处理结果等信息记入档案,以便查询和跟踪	看质量投诉记录及档案,是否及时将投诉及处理结果等信息记入档案	质量管理部及时将投诉及处理结果等信息记入档案,以便查询和跟踪	符合规定	
273	*12001	企业发现已售出药品有严重质量问题,应当立即通知购货单位停售、追回并做好记录,同时向药品监督管理部门报告	看制度规定及有关记录,企业发现已售出药品有严重质量问题时,是否立即通知购货单位停售、追回并做好记录,同时向药品监督管理部门报告	今年,公司尚未发现已售出药品有严重质量问题的情况	符合规定	
274	12101	企业应当协助药品生产企业履行召回义务,按照召回计划的要求及时传达、反馈药品召回信息,控制和收回存在安全隐患的药品,并建立药品召回记录	看制度规定及有关记录,企业是否协助药品生产企业履行召回义务,按照召回计划的要求及时传达、反馈药品召回信息,控制和收回存在安全隐患的药品,并建立药品召回记录	至今,公司尚未接到相关厂家或供应商的召回信息,国家质量公告中也未见到有关召回信息	符合规定	
275	12201	企业质量管理部门应当配备专职或者兼职人员,按照国家有关规定承担药品不良反应监测和报告工作	看制度规定及药品不良反应档案,核实兼职人员是否按规定承担药品不良反应监测和报告工作	质管部按照进行不良反应报告工作	符合规定	

11.2　药品质量风险管理

11.2.1　风险管理概述

企业在实现其经营目标的活动中，会遇到各种不确定性事件，这些事件发生的概率及其影响程度是无法事先预知的，这些事件将对经营活动产生影响，从而影响企业经营目标实现。这种在一定环境下和一定期限内客观存在的、影响企业经营目标实现的各种不确定事件就是风险。风险一般由风险因素、风险事件和风险损失等要素组成。而质量风险是指发生导致偏离预期质量情况的可能性，并可能随之引发产品质量不合格等严重性后果的不确定事件，也即风险是危害发生的可能性和危害的严重性的集合体。

药品流通过程是药品从生产到消费者供应链中的重要环节，所存在的风险与生产环节遇到的相似，如存在人为差错、混淆、污染、交叉污染、设备故障、管理不到位等影响药品质量的风险。因此，药品经营企业有责任采取措施识别和减轻经营过程中存在的潜在风险。

11.2.2　药品质量风险管理的重要概念

新版 GSP 第十条规定，企业应当采用前瞻或者回顾的方式，对药品流通过程中的质量风险进行评估、控制、沟通和审核。

该条款首次在药品经营质量管理规范中提出，它要求药品经营企业在经营过程中，对质量风险进行管理、评估、控制、沟通和审核，以降低质量风险，通过对质量风险进行识别以保证药品质量。质量风险管理就是指运用前瞻或回顾的方式对药品在整个流通过程中的质量风险进行识别、评估、控制、沟通和审核的系统过程。

1）前瞻方式

前瞻方式是指排查发现尚未发生质量事件（预期风险）的风险的过程。通过对预先设定的质量风险因素进行分析评估。从而确定该因素在药品流通过程中影响药品质量的风险程度。前瞻性研究注重对风险因素的牵连性、影响性、可发展性把握，是对风险因素的本质（潜在性）的挖掘。

2）回顾方式

回顾方式是指对已经发生的质量事件（风险已发生，并已控制）进行分析的过程。回顾的方式是一种由“果”至“因”的研究方式。

3）风险识别

风险识别是指在风险事件发生之前或之后，认识所面临的各种风险以及分析风险事件发生的潜在原因。风险的识别是风险管理的首要环节。只有在全面了解各种风险的基础上，才能够预测危险可能造成的危害，从而选择处理风险的有效手段。风险识别过程包含感知风险和分析风险2个环节。感知风险是风险识别的基础,分析风险是风险识别的关键。

4)风险评估

风险评估是在充分掌握资料的基础之上,采用合适的方法对已识别风险进行系统分析和研究,评估风险发生的可能性(概率)、造成损失的范围和严重程度(严重性),为接下来选择适当的风险处理方法提供依据。

5)风险控制

风险控制是指用可行的措施和方法,消灭或减少风险事件发生的各种可能性,或减少风险事件发生时造成的损失。在风险控制中,根据风险评估结果对风险点制订出相应的风险管理措施,以将风险降低到零发生或可接受的水平。风险管理要着眼于风险控制,公司通常采用积极的措施来控制风险。通过降低其损失发生的概率,缩小其损失程度来达到控制目的。控制风险的最有效方法就是制订切实可行的应急方案,编制多个备选的方案,最大限度地对企业所面临的风险做好充分的准备。当风险发生后,按照预先的方案实施,可将损失控制在最低限度。

6)风险沟通

风险沟通是指风险评估者、管理者以及其他各方为了更好地理解风险及相关问题和决策而就风险及其相关因素相互交流信息和意见的过程。通过对风险信息的沟通和共享,使各方掌握更全面的信息,促进风险管理的实施。

7)风险审核

风险审核是指对已经识别、评估的质量风险以及制订的控制措施的合理性、有效性进行审核。

11.2.3 质量风险管理步骤

药品经营企业开展质量风险管理,首先应建立《质量风险评估、控制、审核管理制度》,明确质量风险管理的组织及责任、审核时间、评级方法等,结合质量体系审核结果,开展质量风险管理。风险管理一般分为风险管理准备→风险识别和评估→风险沟通→风险管理报告→风险审核5个步骤。

1)风险管理准备

(1)风险管理方案

企业在开展风险管理前,质量管理部门应编制质量风险管理方案,方案的内容包括风险管理目的、范围、依据、小组成员、时间等。

①风险管理目的:通过对质量风险进行识别、评估、控制,达到降低质量风险,保证药品质量的目的。

②风险管理范围:对质量管理体系各要素,如质量管理机构及相应岗位人员配备情况;职责、质量管理制度、规程的执行情况;药品购销过程管理,包括购进、收货与验收、储存与养护、销售与出库及运输、计算机系统运行等过程中可能存在的质量风险进行风险管理。

③风险管理依据:新版GSP验收条款、公司质量管理体系文件是风险管理的依据。

④小组成员:风险管理工作可以由企业内部的质量体系审核员组成,任命一名组长负责风险管理工作。组长一般由公司质量负责人担任,负责风险管理工作,提供风险管理所需的资源,批准质量风险管理方案及质量风险评估报告。

⑤时间:方案中明确开展风险管理的具体时间。

(2)编制风险评估及控制措施表(见表11.3)

表11.3　药品经营各环节质量风险评估与控制表

经营环节	风险因素	风险后果	风险发生的可能性	风险发生的严重性	风险评估(级别)	风险控制
质量管理体系						
采购环节						
⋮	⋮	⋮	⋮	⋮	⋮	⋮

2)**风险识别、评估和控制**

风险管理小组对照GSP条款和公司质量管理制度,分析识别各环节可能存在影响药品质量的风险因素,系统地利用各种信息和经验来确认设施设备、软件系统、经营等过程中存在的质量风险,并进行级别划分。根据质量风险发生的可能性和危害程度,对质量风险进行分析评级。评级方法有多种,如:

①根据风险发生的可能性(频率)评级(见表11.4)。

表11.4　根据风险发生的可能性评级

发生的可能性		
低(1)	稀少	发生频次小于每5年及以上一次
中(2)	可能发生	发生频次每1~5年一次
高(3)	经常发生	发生频次每3个月可能一次

②根据风险发生的严重性评级(见表11.5)。

表11.5　根据风险发生的严重性评级

发生的严重性	
低(1)	可忽略
中(2)	中等(可接受)
高(3)	严重(不可接受)

③确定风险级别：根据风险发生的可能性和严重性，用风险指数矩阵图（风险等级表）来综合评价风险的等级（见表11.6）。

表11.6 风险指数矩阵图（风险等级表）

严重性 \ 频率	低(1)	中(2)	高(3)
低(1)	1低	2低	3中
中(2)	2低	4中	6高
高(3)	3中	6高	9高

风险级别指数：低级风险：1～2；中级风险：3～4；高级风险：6～9。

对经营各环节可能存在的质量风险分析评级后，风险管理小组要制订相应的控制措施，通过采取控制措施，使质量风险降低到可以接受的程度。

3）风险沟通

风险管理小组对各环节存在的不同级别的质量风险进行分析讨论，提出采取质量风险控制的措施，并与各部门进行沟通，促使风险控制措施的落实。

4）风险管理报告

风险管理小组对质量风险进行识别、评估，提出了控制措施，并进行了充分沟通后，最后形成质量风险管理报告。

5）风险管理报告报公司质量负责人审核、批准、实施

质量风险管理覆盖整个药品流通过程中的采购、储存、销售、财务等各个环节，通过质量风险管理，将可能出现的假劣药品、不合格药品及影响药品质量的风险控制到最低。

11.2.4 风险评估方法

进行风险评估所用的方法遵循FMEA技术（失效模式与影响分析），它包括以下几点：

①风险确认：可能影响产品质量或数据完整性的风险。

②风险判定：包括评估先前确认风险的后果，其基础建立在严重程度、可能性及可检测性上。

③严重程度（S）：测定风险的潜在后果，主要针对可能危害产品质量、患者健康及数据完整性的影响。

严重程度分为4个等级，见表11.7。

表11.7 严重程度等级

严重程度(S)	描述
关键(4)	直接影响产品质量要素或质量数据的可靠性、完整性或可跟踪性。此风险可导致产品不能使用 直接影响GSP原则，危害企业经营活动

续表

严重程度(S)	描　述
高(3)	直接影响产品质量要素或质量数据的可靠性、完整性或可跟踪性。此风险可导致产品召回或退回 未能符合一些 GSP 原则,可能引起检查或审计中产生偏差
中(2)	尽管不存在对产品或数据的相关影响,但仍间接影响产品质量要素或质量数据的可靠性、完整性或可跟踪性 此风险可能造成资源的极度浪费或对企业形象产生较坏影响
低(1)	尽管此类风险不对产品或数据产生最终影响,但对产品质量要素或质量数据的可靠性、完整性或可跟踪性仍产生较小影响

④可能性程度(P):测定风险产生的可能性。根据积累的经验、经营管理流程或小组提供的其他目标数据,可获得可能性的数值。为建立统一基线,建立表 11.8 所示的等级。

表 11.8　可能性程度等级

可能性(P)	描　述
极高(4)	极易发生,如复杂手工操作中的人为失误
高(3)	偶尔发生,如简单手工操作中因习惯造成的人为失误
中(2)	很少发生,如需要初始配置或调整的自动化操作失败
低(1)	发生可能性极低,如标准设备进行的自动化操作失败

⑤可检测性(D):在潜在风险造成危害前,检测发现的可能性(见表 11.9)。

表 11.9　可检测性等级

可检测性(D)	描　述
极低(4)	不存在能够检测到错误的机制
低(3)	通过周期性手动控制可检测到错误
中(2)	通过应用于每批的常规手动控制或分析可检测到错误
高(1)	自动控制装置到位,监测错误(例:警报)或错误明显(例:错误导致不能继续进入下一流程)

⑥RPN(风险优先系数)计算:将各不相同因素相乘($S \times P \times D$),可获得风险系数($RPN = S \times P \times D$)

(1)RPN>16 或严重程度=4

高风险水平:此为不可接受风险。必须尽快采取控制措施,通过提高可检测性及降低风险产生的可能性来降低最终风险水平。验证应先集中于确认已采用控制措施且持续执行。

由严重程度为 4 导致的高风险水平,必须将其降低至 RPN 最大等于 8。

(2)16≥RPN>8

中等风险水平:此风险要求采取控制措施,通过提高可检测性及(或)降低风险产生的可能性来降低最终风险水平。所采用的措施可以是规程或技术措施,但均应经过验证。

(3)RPN≤8

低风险水平:此风险水平为可接受,无须采取额外的控制措施。但要有一定的控制措施防止风险进一步升高。

11.2.5 质量风险管理流程

药品的质量风险管理流程如图 11.1 所示。

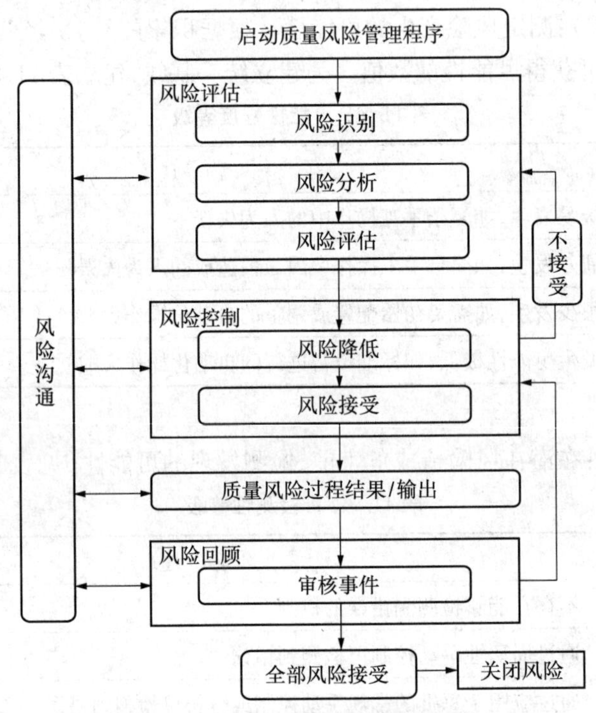

图 11.1 药品质量风险管理流程图

××省××药业有限公司

药品经营质量风险评估表

2017 年

药品经营质量风险评估表

采取措施前										采取措施后							
编号	风险环节	风险	可能导致的结果	原因分析	S	P	D	RPN	风险级别	采取的措施	S	P	D	RPN	风险级别	风险状态	是否引进新风险
1	质量管理体系	企业领导人的质量风险意识不强	1. 经营缺陷药品(质量问题、包装破损、短少) 2. 发生假药、劣药经营行为 3. 变相协助贩毒或提供毒源 4. 出现违法违规药品经营行为	1. 药品相关法律法规培训力度不够 2. 质量风险管理手段缺失	3	2	3	18	高	1. 加强新修订 GSP 宣贯学习及药品相关法律法规意识 2. 加强企业领导人的质量风险意识，引进质量风险管理模式	1	2	1	2	低	可接受	否
2		组织机构设置不符合要求	无法正常开展药品经营活动，药品经营环节管理失控	1. 专业素质和经营管理水平欠缺 2. 人员配备不足	2	2	3	12	中	完善企业组织机构设置，确保药品经营业务正常开展	2	1	1	2	低	可接受	否
3		人员配置不符合要求	专业技术水平欠缺，药品经营环节质量失控	1. 企业负责人质量风险意识不够，未引进符合要求的专业技术人才 2. 培训不够	3	2	2	12	中	1. 加强全员质量风险意识培训 2. 各岗位配备符合要求的人员	1	2	2	4	低	可接受	否
4		仓储设施设备不符合要求	导致药品经营质量无法控制和保障	企业负责人质量风险意识不够，未投入基本设施设备	3	3	2	18	高	升级改造企业设施设备条件	1	2	2	4	低	可接受	否
5		未按规定进行内审	不能保证企业在一定时间内药品经营仍然符合规范，也不能保证偏差得到及时纠正	内审制度执行不到位	3	1	3	9	中	加强内审管理，按规定及时进行内审工作	2	1	1	2	低	可接受	否

6	质量管理体系	未对药品流通过程中的质量风险进行评估、控制、沟通和审核	不能有效识别、控制、预防风险	风险管理意识不强	3	2	2	12	中	1. 加强全员质量风险意识培训 2. 按规定对药品流通过程中的质量风险进行评估、控制、沟通和审核	2	1	2	4	低	可接受	否
7	人员与培训	企业负责人资质不符合要求或未经过基本的药学专业知识培训或不熟悉有关药品管理的法律法规及本规范	不能保证其能够提供足够的质量支持，不能保证质量管理体系正常运行	企业领导人质量风险意识不强，没有配备符合要求的企业负责人	3	2	3	18	高	按 GSP 规范要求配备企业负责人，对企业负责人进行药学基本知识和有关药品法律法规及新版 GSP 的培训	2	2	1	4	低	可接受	否
8		质量负责人从业资格或从业年限不符合要求，不具备正确判断和保障实施的能力	不能保证其质量管理能力	企业负责人质量风险意识不强，未按要求配备质量负责人	3	2	3	18	高	按要求配备质量负责人，提升其管理能力或变更质量负责人	2	1	2	4	低	可接受	否
9		质管部负责人执业资格或从业年限不符合要求，不能独立解决经营过程中的质量问题	不能保证其质量管理能力	企业负责人质量风险意识不强，未按要求配备质管部负责人	3	2	3	18	高	按要求配备质管部负责人，提升其管理能力或变更质管部负责人	2	1	2	4	低	可接受	否
10		质管员从业资格或从业年限不符合要求，不熟悉制度、规程、职责	不能保证其正确履行职责和操作的规范性	企业负责人质量风险意识不强，未按要求配备质管员	3	2	2	12	中	按要求配备质管员，提升其管理能力或调整岗位人员，对质管员开展制度、规程、职责等相关培训	2	1	2	4	低	可接受	否

续表

采取措施前										采取措施后							
编号	风险环节	风险	可能导致的结果	原因分析	S	P	D	RPN	风险级别	采取的措施	S	P	D	RPN	风险级别	风险状态	是否引进新风险
11	人员与培训	验收、养护、采购等岗位人员从业资格不符合要求	不能保证其胜任本岗位工作	未按要求配备验收、养护、采购等岗位人员	3	2	2	12	中	按要求配备相应岗位人员，提升人员学历和职称或调整岗位人员，立即开展培训，合格后方可重新上岗	2	1	2	4	低	可接受	否
12		身体条件、健康状况不符合相应岗位特定要求	影响药品质量安全	身体不符合岗位要求人员未能及时调离岗位	3	2	2	12	中	健康检查不合格人员立即调离直接接触药品的岗位	2	1	2	4	低	可接受	否
13		未按要求定期组织体检	不能保证从业人员的健康	相关人员健康意识缺失	3	2	2	12	中	立即组织从业人员健康检查，依据检查结果处理	2	1	2	4	低	可接受	否
14	质量管理体系文件	制度不符合公司的实际经营情况	制度与经营相背离，制度得不到执行或无效，相应环节没有得到有效质量控制	制度起草人员不熟悉公司实际经营情况	3	2	2	12	中	对之前的经营情况展开内审和制度执行情况检查，修订制度与经营相符合	2	1	2	4	低	可接受	否
15		文件的起草、修订、审核、批准、分发、保管、修改、撤销、替换、销毁过程部分缺失	制度的形成过程不具有追溯性，导致文件体系混乱，制度有效性、统一性存疑	文件管理未按规定进行	2	1	2	4	低	检查之前的有关情况，完善体系文件过程记录	2	1	1	2	低	可接受	否
16		岗位人员不了解相关规程和岗位职责	不能保证规程得到切实落实、岗位职责得到履行	制度和操作规程培训欠缺	3	2	3	18	高	对岗位环节进行追溯检查，对人员进行专项培训并考核，不能通过的不得上岗	2	1	2	4	低	可接受	否

17	设施与设备	仓储面积不能满足经营规模需求	不能保证仓储药品的质量	企业未正常投入仓储条件升级改造	3	2	2	12	中	增加仓储面积、变更仓储地址，控制经营规模，少量多次采购，增加物流速度	2	1	1	2	低	可接受	否
18		药品储存作业区、辅助作业区与办公区和生活区未有效分隔	不能保证仓储药品的质量	对功能区域没有采取有效的隔离措施	3	1	2	6	低	有效隔离各功能区域，不得互相影响	2	1	1	2	低	可接受	否
19		无防止室外装卸、搬运、接收、发运等作业受异常天气影响的措施	不能保证药品的质量和不受污染	未安装雨棚	3	1	1	3	低	立即安装雨棚	2	1	1	2	低	可接受	否
20		仓库无防盗设施或相应设施不能有效运行	不能有效保证仓储安全	企业的安全防范意识不够，措施不得力	2	2	1	4	低	增设仓库第二道防护门等设施并保证相应设施完好	2	1	1	2	低	可接受	否
21		无有效避光、通风的设备	不能保证仓储药品的质量	未配备足够的遮光、通风设备	2	1	1	2	低	增加遮光帘、排风扇、换气扇等遮光、通风设备	1	1	1	1	低	可接受	否
22		无自动监测、记录库房温湿度的设备	不能保证仓库温湿度得到有效控制，不能保证温湿度记录的真实性	未配备温湿度自动监测系统	3	2	1	6	低	按要求及时安装湿度自动监测系统	2	1	1	2	低	可接受	否
23		无有效调控温湿度的设施设备	不能保证仓库温湿度得到有效控制，不能保证仓储条件的适宜性	未配备足够的空调	3	3	3	27	高	增加空调，满足相应库房温湿度的调控需要	3	2	1	6	低	可接受	否
24		温湿度调控设备故障	不能保证仓储温湿度调控有效性，不能保证仓储药品质量安全	未及时检修	3	2	1	6	低	立即找专业人员全面检修温湿度调控设备；严格按制度对空调系统等温湿度调控设备定期维护保养	2	1	1	2	低	可接受	否

续表

采取措施前										采取措施后							
编号	风险环节	风险	可能导致的结果	原因分析	S	P	D	RPN	风险级别	采取的措施	S	P	D	RPN	风险级别	风险状态	是否引进新风险
25	设施与设备	无有效防虫、防鼠等设施	不能保证仓储药品的安全	未配置足够的挡鼠板、粘鼠板等	2	1	2	4	低	沿墙设有捕鼠笼,作业区出入口设挡鼠板,必要时还可有防风帘等防虫、防鼠设备	2	1	1	2	低	可接受	否
26		车辆不是封闭式运输工具	不能保证药品在运输途中不受污染	运输时没有选用安装有封闭式货箱的车辆	2	2	1	4	低	采用封闭运输工具运输	2	1	1	2	低	可接受	否
27	验证与校准	企业未按照国家有关规定,对温湿度监测设备等定期进行校准	不能保证温湿度监测设备的准确、有效	未有效执行校准制度	3	2	2	12	中	严格按要求进行校准	2	1	1	2	低	可接受	否
28		验证未经过质量负责人预先确定和批准的方案实施或/和验证报告未经过质量负责人审核和批准	不能保证验证过程的有效性和验证结果的有效性	验证方案、报告未经质量负责人审核、批准	2	1	2	4	低	将验证方案、报告立即报质量负责人审批。必要时重新验证	2	1	1	2	低	可接受	否
29		未对可能存在的设施设备运行或使用不符合要求的状况、系统参数设定的不合理情况等偏差进行调整和纠正	无偏差处理不能保证验证体系的有效性和结果得到使用	未根据验证的实际情况对可能存在的偏差进行处理	3	2	2	12	中	在验证过程中应当根据验证测定的实际情况,对可能存在的设施设备运行或使用不符合要求的状况、系统参数设定的不合理情况等偏差进行调整和纠正。对于原有验证未做偏差处理的,立即进行偏差处理,使相关设施设备及系统的运行状况符合规定的要求和标准	2	2	1	4	低	可接受	否

30	计算机系统	计算机系统不能够实时控制并记录药品经营各环节和质量管理全过程和/或不符合电子监管的实施条件	系统不能够保证实现全环节、过程的控制，不能保证质量管理的有效实施	计算机系统功能欠缺	3	3	2	18	高	升级系统、更新功能。或更换系统	2	1	1	2	低	可接受	否
31		无企业级服务器，使用家用台式计算机主机作主机	不能保证运行正常、数据安全	企业硬件投入不够	3	3	2	18	高	更换服务器主机，迁移数据。检查原有数据的完整真实性	2	2	1	4	低	可接受	否
32		药品采购、收货、验收、储存、养护、出库复核、销售以及质量管理等岗位未配备专用的终端设备	不能保证全环节、过程的控制，不能保证质量管理的实施	企业硬件投入不够	3	2	2	12	低	根据实际需要，立即增添终端机	2	1	1	2	低	可接受	否
33		未通过电信、联通、移动、铁通等规范宽带服务商提供接入互联网端口	不能保证接入网络的安全和稳定	企业未与规范服务商合作	2	2	1	4	低	更换互联网服务商	2	1	1	2	低	可接受	否
34		未通过宽带、光纤等固定接入方式接入互联网	不能保证交互的速度和连接稳定	接入互联网方式不符合要求	2	1	1	2	低	更换接入方式和提升带宽、速度	2	1	1	2	低	可接受	否

续表

采取措施前										采取措施后							
编号	风险环节	风险	可能导致的结果	原因分析	S	P	D	RPN	风险级别	采取的措施	S	P	D	RPN	风险级别	风险状态	是否引进新风险
35	计算机系统	无实现相关部门之间、岗位之间信息传输和数据共享的局域网	不能确保质量控制功能的及时和有效	企业局域网未建立或者不符合要求	2	1	1	2	低	改善局域网络环境。实现实时交互	2	1	1	2	低	可接受	否
36		没有药品经营业务票据生成、打印和管理功能	不能满足业务要求和记录的真实性	系统功能欠缺	3	1	1	3	低	升级系统、更新功能。或更换系统	2	1	1	2	低	可接受	否
37		数据库不符合规范要求或企业经营要求	不能保证数据的真实、有效和安全	数据库不完整或未及时更新	3	2	3	18	高	扩容数据库、提升数据库，迁移数据。检查原有数据的完整性	2	2	1	4	低	可接受	否
38		各操作岗位不通过输入用户名及密码等身份确认方式登录	不能确保记录操作的真实性	操作人员登录方式有瑕疵	3	1	2	6	低	改进系统，完善登录方式，应以用户名及密码等加密方式登录	2	1	1	2	低	可接受	否
39		修改各类业务经营数据时，操作人员可跨越职责范围内提出申请	不能确保记录操作的真实性	岗位人员责任不清	3	2	2	12	中	改进系统，完善修改申请权限范围	2	2	1	4	低	可接受	否

40	计算机系统	修改不经质量管理人员审核批准	不能保证修改的合法性	审批流程设置不合理	3	2	2	12	中	改进系统，添加修改审核关	2	2	1	4	低	可接受	否
41		修改的原因和过程未在系统日志中记录	不能保证数据的真实有效性	系统功能欠缺	3	1	2	6	低	升级系统或更换系统	2	1	1	2	低	可接受	否
42		未用移动硬盘、硬盘等磁介质存储器存储备份各类记录和数据	不能保证备份记录的稳定、安全	信息管理员信息安全意识欠缺	3	2	2	12	中	选用适宜的介质重新备份	2	1	1	2	低	可接受	否
43		未每日备份数据	不能保证备份数据的连续和保险功能	执行制度不到位	3	2	2	12	中	严格执行相关制度，每日备份数据	2	1	1	2	低	可接受	否
44		在服务器上备份或备份与服务器在同一处保存	无法起到备份的保险作用	执行制度不到位	3	2	2	12	中	严格执行相关制度，用与服务器分离且安全的方式保存备份数据	2	1	1	2	低	可接受	否
45		质量管理基础数据未包括供货单位及购货单位、经营品种、供货单位销售人员资质等相关内容	不能保证相关质量控制关键点受到系统实时控制	计算机系统功能欠缺	3	2	2	12	中	完善系统或更换系统	2	1	1	2	低	可接受	否
46		不能对供货单位或购货单位的经营范围进行系统自动识别与控制	不能保证经营中购销的合法性	计算机系统功能欠缺	3	2	2	12	中	完善系统或更换系统	2	1	1	2	低	可接受	否

续表

采取措施前										采取措施后							
编号	风险环节	风险	可能导致的结果	原因分析	S	P	D	RPN	风险级别	采取的措施	S	P	D	RPN	风险级别	风险状态	是否引进新风险
47	计算机系统	不能对质量管理基础数据进行提示、预警和/或失效时，数据失效时未对该数据相关的业务功能自动锁定	不能保证经营中购销的合法性	计算机系统功能欠缺	3	2	2	12	中	完善系统或更换系统	2	1	1	2	低	可接受	否
48		质量管理基础数据录入、更新未经过专职质量管理人员审核	不能保证基础数据的真实有效	未严格执行质量审核制度	3	2	2	12	中	严格执行质量基础数据由质管员审核的规定	2	1	1	2	低	可接受	否
49	药品采购	未对供货企业进行质量信誉的评估、审核	不能保证供应商和购进药品的合法性、质量	未严格执行药品购进质量管理制度	3	2	2	12	中	严格按要求对供货企业进行质量信誉的评估、审核	2	2	1	4	低	可接受	否
50		首营品种未索要批准证明文件	不能保证购进药品的合法性和来源的可靠性	未严格执行首营品种质量审核制度	3	2	2	12	中	严格按要求对首营药品进行审核	2	1	1	2	低	可接受	否
51		首营企业无加盖其公章原印章的《营业执照》、《许可证》、GSP/GMP证、《组织机构代码证》复印件	不能保证供应商和购进药品的合法性、质量	未严格执行首营企业质量审核制度	3	2	2	12	中	严格按要求对首营企业进行审核	2	1	1	2	低	可接受	否

52	药品采购	无加盖其公章原印章的相关印章、随货同行单(票)样式	不能保证日后到货的真实性和可靠性	未严格执行首营企业质量审核制度	3	2	2	12	中	严格按要求对首营企业进行审核	2	1	1	2	低	可接受	否
53		无加盖其公章原印章的开户资料及《税务登记证》	不能保证资金流的合法性和可靠性	未严格执行首营企业质量审核制度	3	2	2	12	中	严格按要求对首营企业进行审核	2	1	1	2	低	可接受	否
54		销售人员无加盖供货单位公章原印章和法定代表人印章或签名的授权书。授权书未载明被授权人姓名、身份证号码，以及授权销售的品种、地域、期限。无加盖供货单位公章原印章的销售人员身份证复印件	不能保证销售人员的身份真实性、购进药品的合法性和来源的可靠性	未对销售人员身份进行核实	3	2	2	12	中	严格按要求对供货企业销售人员进行身份核实	2	1	1	2	低	可接受	否

续表

采取措施前										采取措施后							
编号	风险环节	风险	可能导致的结果	原因分析	S	P	D	RPN	风险级别	采取的措施	S	P	D	RPN	风险级别	风险状态	是否引进新风险
55	药品采购	质保协议未明确以下内容 1. 双方质量责任 2. 供货单位应当提供符合规定的资料且对其真实性、有效性负责 3.供货单位应当按照国家规定开具发票等GSP规定的内容	不能保证与供应商业务合作中的风险得到有效控制，质量得到保证	签订的质保协议不符合有关规定	2	1	2	4	低	重新立即签订符合要求的质保协议。终止与质保协议不合格的单位继续业务，并积极处理已有库存	2	1	1	2	低	可接受	否
56		购进发票上的购、销单位名称与付款流向单位的许可证名称不一致															
57		公司财务付款流向与发票上供应商、金额不一致	不能保证业务的合法性和药品质量，甚至不能保证公司的合法经营	未严格执行发票审核及付款审核制度	3	1	2	6	低	立即展开财务审计	2	1	1	2	低	可接受	否
58		所附应税劳务清单未加盖供货单位发票专用章原印章和注明税票号码															

59	药品采购	企业未定期对药品采购的整体情况进行综合质量评审；未建立药品质量评审和供货单位质量档案；未进行动态跟踪管理	不能保证进货质量稳定可控	未严格执行药品进货质量评审制度	3	3	3	27	高	立即展开进货质量评审，严格按制度规定进行进货质量评审	2	2	1	4	低	可接受	否
60		含特殊药品复方制剂未严格按国家有关管理规定执行	涉嫌违法经营	采购人员质量风险意识缺失	3	1	2	6	低	对采购员加强风险意识培训，严格执行含特殊药品复方制剂管理规定	2	2	1	4	低	可接受	否
61	药品收货	对于随货同行单(票)与实物不符的未要求供应商提供对应的同行单就收货	不能保证药品来源的可追溯性	未严格执行收货管理制度	2	1	1	2	低	严格执行收货管理制度，对违规收货的药品停售并联系退货或按不合格品处理	1	1	1	1	低	可接受	否
62		未按规定的程序和要求对到货药品逐批进行收货	不能保证收货药品的单货相符	未严格执行收货管理制度	2	1	1	2	低	按照规定的程序和要求对到货药品逐批进行收货	1	1	1	1	低	可接受	否
63		收货时未对运输工具进行检查或运输工具不符合规定仍收货	不能保证收货药品的质量安全	未严格执行收货管理制度	3	3	3	27	高	严格按照规范要求进行收货检查	2	2	1	4	低	可接受	否

续表

采取措施前											采取措施后							
编号	风险环节	风险	可能导致的结果	原因分析	S	P	D	RPN	风险级别	采取的措施	S	P	D	RPN	风险级别	风险状态	是否引进新风险
64	药品验收	未按要求对待验药品进行逐批核对验收	不能保证入库药品合格、准确	未严格执行验收管理制度	3	1	2	6	低	按照规定的程序和要求对到货药品逐批进行验收	2	1	1	2	低	可接受	否
65		验收检查抽取的样品不具有代表性	不能保证验收结论的客观、全面性	抽样操作不规范	3	1	2	6	低	按照规定的程序和要求对到货药品按抽样原则进行抽样验收	2	1	1	2	低	可接受	否
66		无进货批次的检验报告或检验报告无供货单位的质量管理专用章	不能保证购进药品的合法性和来源的可靠性	未严格查验药品检验报告	3	1	1	3	低	对无检验报告或报告不合格的品种停止购销，售出的召回处理	2	1	1	2	低	可接受	否
67		销售退货未经审批便验收	不能保证退货药品的合法性和来源的可靠性	未严格执行退货管理制度	3	1	2	6	低	对未经审批退回的按不合格品处理	2	1	2	4	低	可接受	否
68		销后退回药品在验收入库时无法从原对应的销售、出库复核记录中调出数据的也验收入库	不能保证退货药品的合法性和来源的可靠性	未严格执行退货管理制度	3	3	3	27	高	对无销售记录的退回药品按不合格品处理	2	2	1	4	低	可接受	否

69	药品验收	企业对未按规定加印或者加贴中国药品电子监管码，或者监管码的印刷不符合规定要求的，未拒收	不能保证药品的合法性、真伪和来源的可靠性	未严格执行药品电子监管制度	3	3	1	9	中	1. 对监管码不符合规定的药品立即停售、召回，按不合格品管理 2. 漏传的电子数据应尽力补齐 3. 实施电子监管的药品，企业应当按规定进行药品电子监管码扫码，并及时将数据上传至中国药品电子监管网系统平台	2	3	1	6	低	可接受	否
70		监管码信息与药品包装信息不符的，企业向供货单位查询，未得到确认之前就入库															
71		未按规定上传电子监管信息															
72	药品储存与养护	搬运和堆码药品未按照外包装标示要求规范操作	不能保证仓储药品的安全，容易发生破损	未严格执行药品储存保管制度	2	3	2	12	中	巡查仓库，重新整理仓储药品堆码。对搬运工加强培训	2	3	1	6	低	可接受	否
73		仓储药品“五距”不符合要求	不能保证仓储药品不会有混批现象，药品与非药品、内用药与外用药混放。不能保证仓储药品质量	未严格执行药品储存保管制度	2	3	2	12	中	巡查仓库，重新整理仓储药品堆码。养护员加强对保管员及搬运工的指导	2	3	1	6	低	可接受	否
74		药品与非药品、内用药与外用药未分开存放															

续表

采取措施前										采取措施后							
编号	风险环节	风险	可能导致的结果	原因分析	S	P	D	RPN	风险级别	采取的措施	S	P	D	RPN	风险级别	风险状态	是否引进新风险
75	药品储存与养护	对于温湿度达到临界值或超出范围的未采取有效控制措施并记录	不能保证仓储条件的适宜性	未严格履行岗位职责	3	2	2	12	中	立即检查库存药品，养护员加强库存药品养护检查。有问题的按不合格品处理。药品养护人员对库房温湿度进行有效监测、调控	2	2	1	4	低	可接受	否
76		重点养护品种的确定不科学、全面	不能保证重点养护的全面、有效	养护人员专业知识欠缺	3	2	2	12	中	重新确定重点养护品种。重点养护品种应包含储存条件有特殊要求的、有效期较短的、易变质的、质量不稳定的品种	2	1	2	4	低	可接受	否
77		库存中发现有问题的或疑似有问题的药品未在系统内锁定停售	不能保证问题药品不会流出	养护、保管等有关人员没有严格履行岗位职责	3	1	2	6	低	库存中发现问题的或疑似有问题的药品，立即在系统内锁定停售，并移库到规定位置存放，等待质量管理部门确认	2	1	1	2	低	可接受	否
78		问题药品未经质管部确认便处理	不能保证质量确认的准确性和处置的科学性	未严格执行不合格品管理制度	3	1	1	3	低	立即排查是否有问题药品流出。库存中发现问题的或疑似有问题的药品，应对质量不合格药品进行控制性管理，发现不合格药品或疑似不合格药品应按规定的要求和程序上报	2	1	1	2	低	可接受	否

79	药品储存与养护	未采取有效措施隔离问题药品	不能保证问题药品不会污染正常药品	隔离措施不当	3	2	2	12	中	立即检查库存药品。药品因破损而导致液体、气体、粉末泄漏时，应当迅速采取安全处理措施，防止对储存环境和其他药品造成污染	2	2	1	4	低	可接受	否
80		对不合格药品未查明并分析原因，采取预防措施	不能保证不合格情况得到有效控制	未严格执行不合格品管理制度	2	1	2	4	低	应查明药品质量不合格的原因，分清质量责任，及时采取预防措施。相关处理过程记录健全、完整、清晰	2	1	1	2	低	可接受	否
81		不合格药品的确认、报告、报损、销毁无完善的手续或记录	不能保证过程的可追溯和过程的真实性	未严格执行不合格品管理制度	2	1	2	4	低	对不合格药品的处理过程要有完整的手续和记录	2	1	1	2	低	可接受	否
82		企业未对库存药品定期全面盘点	不能保证做到账、货相符	未严格执行储存保管制度	2	1	2	4	低	立即组织盘点。全面盘点所有库存	2	1	1	2	低	可接受	否
83		药品盘存差异未经过质量、财务部门审核，质量负责人、总经理批准便处理	不能保证差异处理的准确性和处置的科学性，不能保证潜在风险得到发现控制	盘点差异处理不规范	2	3	2	12	中	药品盘存差异应经过质量、财务部门审核，质量负责人、总经理批准的盘盈盘亏处理方式处理	2	2	1	4	低	可接受	否
84		盗窃	不能保证特管药品不流弊	安全防范措施不当	3	1	1	3	低	立即报警，保护现场。配合调查。积极改进安保措施	2	1	1	2	低	可接受	否
85		停电	温湿度监测系统可能无法运行	供电公司维修线路	3	2	1	6	低	储备备用发电机组、常备应急保证燃料、调整电路回路、备用UPS电源。停电后立即停止工作，并记录工作进度，有序离场。立即启动应急预案	2	2	1	4	低	可接受	否
86			空调系统可能无法运行，不能保证阴凉库温湿度条件														
87			照明系统无法运行，不能保证操作的准确性														

续表

采取措施前										采取措施后							
编号	风险环节	风险	可能导致的结果	原因分析	S	P	D	RPN	风险级别	采取的措施	S	P	D	RPN	风险级别	风险状态	是否引进新风险
88	药品出库	药品出库时未对照销售记录进行复核	不能保证出库药品质量和单货相符	未严格执行出库复核管理制度	3	3	3	27	高	药品出库应逐批对照销售订单(销售明细)复核	2	2	1	4	低	可接受	否
89		药品包装出现破损、污染、封口不牢、衬垫不实、封条损坏等问题仍出库	不能保证售出药品的质量、安全	未严格执行出库复核管理制度	3	2	2	12	中	药品包装出现破损、污染、封口不牢、衬垫不实、封条损坏等不得出库,立即报质量部处理	2	2	1	4	低	可接受	否
90		包装内有异常响动或者液体渗漏仍出库			3	2	2	12	中	药品包装内有异常响动或者液体渗漏不得出库立即报质量部处理	2	2	1	4	低	可接受	否
91		药品已超过有效期仍出库								药品已超过有效期不得出库立即报质量部处理							
92		标签脱落、字迹模糊不清或者标识内容与实物不符仍出库			3	2	2	12	中	标签脱落、字迹模糊不清或者标识内容与实物不符的不得出库立即报质量部处理	2	2	1	4	低	可接受	否
93		药品拼箱发货的代用包装箱没有醒目的拼箱标志	不能保证拼箱不会混淆	拼装箱不符合要求	3	4	1	12	中	药品拼箱发货的代用包装箱应当有醒目的拼箱标志	2	2	1	4	低	可接受	否

94	药品出库	对实施电子监管的药品未在出库时进行扫码和数据上传	不能保证电子监管数据的准确可追溯	未严格执行药品电子监管管理制度	3	2	2	12	中	复核时上传电子监管数据，成功上传后才算完成复核工作，上传过程中出现任何问题，药品不得出库立即报质管部处理	2	2	1	4	低	可接受	否
95	药品运输与配送	药品在搬运、装卸中未按外包装标示的要求搬运、装卸药品	不能保证药品的安全	搬运及装卸药品不规范	3	1	2	6	低	严格按照外包装标示的要求搬运、装卸药品。对相关人员进行操作培训	2	1	1	2	低	可接受	否
96		盗窃	不能保证含特殊药品复方制剂不流弊	安全防范措施不得力	3	1	3	9	中	立即报警，保存现场。配合调查。积极改进安保措施	2	1	2	4	低	可接受	否
97		交通事故	不能保证人员和药品安全	安全意识薄弱、车辆故障等	3	1	3	9	中	立即启动应急预案。保障人员生命安全优先。药品回收后经质量确认按规定处理并报药监局备案	2	1	2	4	低	可接受	否
98		道路拥堵	不能保证运输时限	发生交通事故、交通流量处于高峰时段等	2	2	3	12	中	立即启动应急预案	2	1	2	4	低	可接受	否
99		车辆故障	行驶功能缺失	有关部件不能正常运行	3	2	2	12	中	立即启动应急预案。派车辆接替运输	2	1	1	2	低	可接受	否
100		委托其他单位运输药品的，未对承运方运输药品的质量保障能力进行审计	不能保证承运方运输药品时可有效保证药品的质量	未严格执行药品委托运输的有关管理规定	3	4	2	24	高	企业应收集承运商的营业执照、代码证、税务证、车辆登记证、车辆技鉴年检证明、驾驶员驾驶证等资质资料并进行审核，相关资料及时更新	2	3	1	6	低	可接受	否
101		未对承运方的资质和车辆情况进行审核便委托运输	不能保证承运方的合法性和安全性	未严格执行药品委托运输的有关管理规定	3	4	2	24	高		2	3	1	6	低	可接受	否

续表

采取措施前											采取措施后							
编号	风险环节	风　险	可能导致的结果	原因分析	S	P	D	RPN	风险级别	采取的措施	S	P	D	RPN	风险级别	风险状态	是否引进新风险
102	药品运输与配送	未与承运方签订明确的运输协议	不能保证运输相关问题的处理有依据	未严格执行药品委托运输的有关管理规定	3	4	1	12	中	企业委托运输药品应当与承运方签订运输协议，明确药品质量责任、遵守运输操作规程和在途时限等内容	2	3	1	6	低	可接受	否
103	药品运输与配送	委托运输未建立委托运输记录	不能保证委托运输的可追溯性	未严格执行药品委托运输的有关管理规定	3	4	1	12	中	委托运输药品应当有记录。记录内容：发货时间、发货地址、收货单位、收货地址、货单号、药品件数、运输方式等内容	2	3	1	6	低	可接受	否
104	药品销售与售后管理	未对购货单位资质资料进行索取和合法性审查	不能保证购货单位的合法性，不能保证流向的合法性	未严格执行药品销售管理制度	3	2	2	12	中	企业应对购货单位资质资料进行索取和合法性审查：《营业执照》、《代码证》、GSP/GMP证和相关许可证明、开户户名、开户银行及账号，以上资料加盖企业公章。对于不合格的客户立即停止销售	2	2	1	4	低	可接受	否
105	药品销售与售后管理	未对客户采购人员进行审核	不能保证购药人员的真实性和药品流向合法性	未严格执行药品销售管理制度	3	2	2	12	中	企业应对购货单位采购人员身份进行审核：加盖购货单位公章原印章和法定代表人印章或者签名的授权书，授权书应当载明被授权人姓名、身份证号码，以及授权采购的品种、地域、期限及被授权人的身份证复印件，以上资料加盖企业公章。对于不合格的客户立即停止销售	2	2	1	4	低	可接受	否

106		销售含麻黄碱复方制剂时没有签收回执	不能保证销售的真实性和流向合法性	未严格执行含麻黄碱复方制剂的有关销售管理规定	3	2	2	12	中	对于没有回执的立即追回或在对账时做专门的对账确认。严格按照要求索要收货回执	2	2	1	4	低	可接受	否
107		销售含麻黄碱复方制剂时有现金交易	不能保证专门管理药品的销售合法性	未严格执行规定	3	2	2	12	中	销售含麻黄碱复方制剂时不得使用现金交易	2	2	1	4	低	可接受	否
108		未开具税务部门批准的可在税务网站查询真伪的合法票据	不能证明销售的真实性，偷税漏税	未严格执行销售管理制度	3	2	2	12	中	每次销售均应开具税务部门批准的可在税务网站查询真伪的合法票据	2	2	1	4	低	可接受	否
109	药品销售与售后管理	客户回款的银行账户非备案的账户信息	不能证明销售的真实性，不能保证采购人员的身份可靠	账户信息错误	3	3	3	27	高	重新核查财务账目	2	2	2	8	低	可接受	否
110		未配置专人负责售后投诉管理	不能妥善积极解决投诉，不能有效利用投诉中的质量信息降低风险	有关人员风险意识欠缺	2	3	2	12	中	立即指定人员负责售后投诉管理，对投诉的质量问题查明原因，采取有效措施及时处理和反馈，并做好记录，必要时通知供货单位及药品生产企业	2	2	1	4	低	可接受	否
111		未及时将投诉及处理结果等信息记入档案，以便查询和跟踪	不能保证投诉得到妥善解决，不能保证投诉处理的真实性可追溯性	未认真履行岗位职责	2	3	2	12	中	投诉管理人员及时将投诉及处理结果等信息记入档案，以便查询和跟踪	2	2	1	4	低	可接受	否
112		发现售出药品质量问题未及时向有关管理部门报告	不能保证不合格品得到有效控制，危及群众用药安全	有关人员质量风险意识缺失	3	1	2	6	低	发现已售出药品有严重质量问题，立即通知购货单位停售、追回并做好记录，同时向药品监督管理部门报告	2	1	1	2	低	可接受	否

续表

采取措施前											采取措施后							
编号	风险环节	风　险	可能导致的结果	原因分析	S	P	D	RPN	风险级别	采取的措施	S	P	D	RPN	风险级别	风险状态	是否引进新风险
113	药品销售与售后管理	未协助药品生产企业履行召回义务	不能保证不合格品得到有效控制，危及群众用药安全	有关人员质量风险意识缺失	3	1	2	6	低	协助药品生产企业履行召回义务，按照召回计划的要求及时传达、反馈药品召回信息，控制和收回存在安全隐患的药品，并建立药品召回记录	2	1	1	2	低	可接受	否
114	药品销售与售后管理	企业质量管理部门未配备专职或者兼职人员按照国家有关规定承担药品不良反应监测和报告工作	不能保证具有不良反应的药品得到有效处理，危及群众用药安全	有关人员质量风险意识欠缺	3	2	2	12	中	企业质管部门配备专职或兼职人员按照国家有关规定，对企业售出药品发生的不良反应第一时间在网上申报	2	2	1	4	低	可接受	否

思考题

1. 什么是质量管理体系内审，内审的原则有哪些？
2. 简述药品经营企业质量风险管理的方法和程序？
3. 药品经营过程中各经营环节存在的重点风险有哪些？

技能实训项目

1. 设计并填写药品零售企业内审分析表。
2. 设计并填写药品零售企业经营环节质量风险管理评价与控制表。

第12章 计算机系统管理

计算机对于当今社会的每个成员来说并不陌生,家里和办公室有台式或笔记本电脑、外出时有手机,算账、写文章不废一纸一笔轻松搞定,这个“算账、写文章”不是你对着电脑、手机喊出来的,表面上是你在键盘上敲出来的,在屏幕上写画出来的,实际上是装载在电脑和手机中的软件(应用程序)在接收到“敲、写”的输入信息后,经过处理后输出到屏幕上显示出来的,上述过程中所用到的硬件(CPU、主板、硬盘、显卡、内存、显示器等)和软件(操作系统、应用软件等)集合体就是常用的个人电脑(PC 机)或手机。如果你要想将你所写的文章、照片快速地与人分享,并得到回应,就得将多台 PC 机或手机用某种方式连接起来,用某个系统管理起来,连接起来的形式称为网络,管理起来的系统称为服务器。PC 机、网络、服务器、相应的操作系统、应用软件、操作的人就组成了计算机系统,用计算机系统来管理各行各业的生产、经营、运输等活动的行为就称为企业的计算机系统管理,用计算机系统来管理药品经营过程中药品采购、收货、验收、入库、养护、销售、出库、运输、退回、召回、追回、不良反应报告等活动的行为称为药品经营企业的计算机系统管理。

12.1 计算机系统的管理

药品经营企业的计算机系统是药品经营活动和质量管理活动的物质载体,药品经营企业的计算机系统管理是对药品采购、收货、验收、入库、养护、销售、出库、运输、退回、召回、追回、不良反应报告等过程进行控制和追溯的有效管理模式,是企业质量管理体系的重要组成部分,它覆盖药品经营过程的所有环节,能保证药品在流通领域运动轨迹的完全掌控,能实现药品追溯零死角。由于计算机系统收集、加工信息的能力强大,能高速度、高质量地完成海量数据的存储、查询、运算和传递,能让企业各种资源得到合理安排和有效利用,能大量节省企业的人力物力,能提高企业的效益和效率,能最大限度地阻断企业的药品安全隐患,能让企业在战略竞争中处于优势,因此药品经营企业实施计算机系统管理首先是企业自身的诉求;也由于目前部分药品经营企业在经营过程中为了无限制地降低成本,追求利益的最大化,有意无意地采购非正常渠道来源药品、销售药品给不合法企业和人员,忽视药品储运过程中的温湿度条件,给消费者带来生命财产损失,给国家带来诚信隐患,因此药品经营企业实施计算机系统管理也是国家药品监管部门的要求。新版 GSP 对药品经营企业的计算机系统作出了明确规定,内容包括质量管理体系、体系文件、人员设置、人员培训、硬件软件配备、温湿度自动监测、药品购存销等。

12.1.1　药品经营企业实施计算机系统管理的依据

①新版 GSP 第七条规定,企业质量管理体系应当与其经营范围和规模相适应,包括组织机构、人员、设施设备、质量管理体系文件及相应的计算机系统等。

②新版 GSP 第十七条规定,质量管理部门应当履行以下职责:

(十)负责指导设定计算机系统质量控制功能;

(十一)负责计算机系统操作权限的审核和质量管理基础数据的建立和更新。

③新版 GSP 第三十六条规定,质量管理制度应当包括以下内容:

(二十)计算机系统的管理。

④新版 GSP 第三十七条规定,部门及岗位职责应当包括:

(二)企业负责人、质量负责人及质量管理、采购、储存、销售、运输、财务和信息管理等部门负责人的岗位职责;

⑤新版 GSP 第三十八条规定,企业应当制定药品采购、收货、验收、储存、养护、销售、出库复核、运输等环节及计算机系统的操作规程。

⑥新版 GSP 第四十条规定,通过计算机系统记录数据时,有关人员应当按照操作规程,通过授权及密码登录后方可进行数据的录入或者复核;数据的更改应当经质量管理部门审核并在其监督下进行,更改过程应当留有记录。

⑦新版 GSP 第七节为计算机系统全部内容。

A. 第五十七条　企业应当建立能够符合经营全过程管理及质量控制要求的计算机系统,实现药品质量可追溯,并满足药品电子监管的实施条件(药品零售连锁企业还应包括“企业计算机系统应当覆盖企业的连锁门店,对所属门店的药品购销存等情况实施远程实时监控”)。

B. 第五十八条　企业计算机系统应当符合以下要求:

a. 有支持系统正常运行的服务器和终端机;

b. 有安全、稳定的网络环境,有固定接入互联网的方式和安全可靠的信息平台;

c. 有实现部门之间、岗位之间信息传输和数据共享的局域网;

d. 有药品经营业务票据生成、打印和管理功能;

e. 有符合本规范要求及企业管理实际需要的应用软件和相关数据库。

C. 第五十九条　各类数据的录入、修改、保存等操作应当符合授权范围、操作规程和管理制度的要求,保证数据原始、真实、准确、安全和可追溯。

D. 第六十条　计算机系统运行中涉及企业经营和管理的数据应当采用安全、可靠的方式储存并按日备份,备份数据应当存放在安全场所,记录类数据的保存时限应当符合本规范第四十二条的要求。

⑧新版 GSP 第八十四条规定,养护人员应当根据库房条件、外部环境、药品质量特性等对药品进行养护,主要内容是:

(五)发现有问题的药品应当及时在计算机系统中锁定和记录,并通知质量管理部门处理。

⑨新版 GSP 第八十五条规定,企业应当采用计算机系统对库存药品的有效期进行自动跟踪和控制,采取近效期预警及超过有效期自动锁定等措施,防止过期药品销售。

⑩新版 GSP 第八十七条规定,对质量可疑的药品应当立即采取停售措施,并在计算机系统中锁定,同时报告质量管理部门确认。

⑪[国家食品药品总局(2016 年第 197 号文件)附录 2　药品经营企业计算机系统]全部内容

主要包括内容为:系统具有的硬件设施和网络环境要求、质量管理基础数据库要求、自动生成各种计划和记录要求等。

⑫[国家食品药品总局(2016 年第 197 号文件)附录 3　温湿度自动监测]部分内容

主要包括内容为:计算机系统能对各测点终端、管理主机中的温湿度数据进行自动收集、储存、处理、查询和报警等。

12.1.2　计算机系统的概念和分类

广义计算机系统是指由硬件系统和软件系统组成的能够快速计算、信息处理、自动控制以及智能对话等工作的有机整体,如图 12.1 所示。硬件系统主要包括服务器、终端机、显示器、CPU、交换机、局域网络设施、路由器、互联网络设施等,软件系统主要包括操作系统、数据库管理系统、应用软件、杀毒软件等。人们日常所接触的家用计算机和办公室计算机只是广义计算机系统的 PC 机,也称终端机,属狭义的计算机系统,未连接入局域网或互联网的 PC 机只能做普通信息的输入、计算、储存、输出等工作,不能实现资源共享、信息互通,不能进行大数据处理。

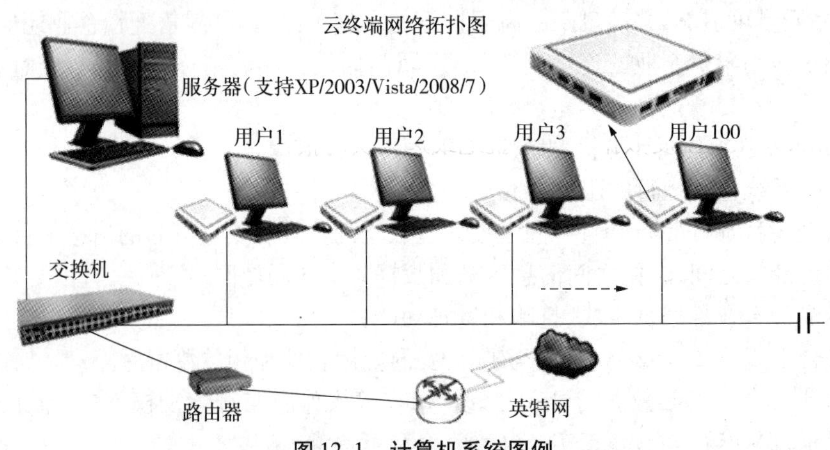

图 12.1　计算机系统图例

药品经营企业计算机系统属于广义计算机系统范畴。按其服务经营模式可分为药品批发企业、单体门店、连锁企业、连锁门店、三方物流医药计算机管理系统及药品储运过程温湿度管理系统。

①药品批发企业计算机管理系统按其规模可分为大型、中型、小型医药计算机管理系统。大型医药计算机管理系统通过局域网或互联网的形式主要由 1 台或多台大型主服务器

管理全国范围内多个分支企业的基础数据和经营数据；中型医药计算机管理系统与大型医药计算机管理系统类似，只是分支企业局限于 1 个或几个省市内；小型医药计算机管理系统主要只用 1 台服务器，只对 1 个企业的数据进行处理和管理。不论是大型、中型还是小型医药计算机管理系统都会另用 1 台服务器进行数据镜像式备份，以防单一服务器出故障，导致系统瘫痪。使用大中型医药计算机管理系统如九州通医药集团股份有限公司、重庆医药集团股份有限公司、国药集团股份有限公司等，使用小型医药计算机管理系统为全国 90% 的药品批发企业。药品批发企业计算机管理系统的主要功能就是实时控制并记录药品经营各环节和质量管理的全过程，与药品采购、销售以及收货、验收、入库、储存、养护、出库复核、运输等系统功能形成内嵌式结构，对各项经营活动进行判断。

②单体门店计算机管理系统一般没有服务器，类似于家用 PC 机，唯一不同的是安装了药品管理类软件，安装了可供当地药品监管部门远程查询数据的接口，系统内建立有包括供货单位、经营品种等相关内容的质量管理基础数据，能自动识别处方药、特殊管理的药品以及其他国家有专门管理要求的药品，能对药品有效期进行跟踪、超有效期的自动锁定及停销。

③药品连锁企业和所属连锁门店的计算机管理系统一般为同一管理系统，分为企业版和门店版，使用同一服务器处理和管理数据，相互兼容和查询，类似于大中型医药计算机管理系统的主服务器与分支企业服务器或 PC 机的管理模式。

④三方物流医药计算机管理系统一般包括计算机管理信息系统（ERP）、仓储管理系统（WMS）、运输管理系统（TMS）等，每个系统都由相应的硬件、软件和相关的数据库构成，该系统具有与不同委托方（普通药品批发或连锁企业）实行计算机远程信息对接、实现电子数据的交换与同步的功能，支持不同委托方的货品管理。具体要求参考重庆市食品药品监督管理局 2014 年 12 月 31 日发布的《重庆市第三方药品物流企业检查验收标准（试行）》第三章内容。

⑤药品储运过程温湿度管理系统主要由温湿度测点终端、管理主机、UPS、处理温湿度数据 PC 机及相应软件组成，主要目的是显示、记录、储存药品仓库、冷藏车、冷藏箱、保温箱的温湿度数据，并在温湿度数据超标时就地或远程实时报警。

12.1.3　计算机系统的日常使用和管理

按照《药品管理法》《药品经营质量管理规范》（卫生部令第 90 号）及其附录的要求，药品经营企业中涉及药品经营过程的全体工作人员必须熟练操作计算机系统，企业信息部、质管部、仓储部、财务部等部门以及相关工作人员必须按照“原始、真实、准确、安全、可追溯”的原则使用好计算机操作系统，管理好温湿度、经营等各类数据。

1）计算机管理系统在温湿度监测环节中的应用

①计算机管理系统能对各温湿度测点终端的监测数据收集汇总，转换成数据记录表格和时间温度曲线图，方便养护人员随时分时段放大查询。

②计算机管理系统能将超标温湿度数据汇总统计，并记录下超标时段、超标原因、采取措施等内容，方便公司或药监部门的查询和管理。

③由于温湿度管理主机内存较小，计算机管理系统还具有帮助温湿度管理主机贮存和

管理超量数据的功能。

④计算机管理系统还具有备份温湿度数据，转移保存温湿度数据的功能。

2）计算机管理系统在药品经营环节中的运用（仅用某一操作软件系统举例说明）

（1）首营审批

厂商资料、供应商资料和药品资料，经业务部填写《供货建档申请表》《首营品种建档申请表》初审，初审合格后（必要时组织实地考察，审查核实）交由质管部审核，审核通过后将单位资料和商品资料录入计算机系统，基础平台—药品维护、供货厂商维护、客户维护，手动生成首营企业审批表、首营品种审批表和客户资质审核表，生成后进入平台→管理→采购（销售）→首营企业审批表、首营品种审批表和客户资格审核表对资料进行完善。业务部经理、质管部经理、质量负责人依次在首营企业审批表、首营品种审批表、客户资质审核表签署意见并用授权的账号和密码签字（或由系统按登录设置自动生成）。

（2）药品采购

①药品采购订单应当依据计算机系统质量管理基础数据库中首营品种、供货单位的数据生成。首营资料审批合格后，由采购员在购进平台→合同管理→合同审批→采购订单中下单，业务部负责人确认后自动生成采购记录。系统对各供货单位的法定资质能够自动识别、审核，拒绝超出经营方式或经营范围的采购订单生成，如图 12.2 所示。

②有采购退货的情况，采购员单击采购管理→采购退货制定采购退货单，确认无误后点击单据过账。

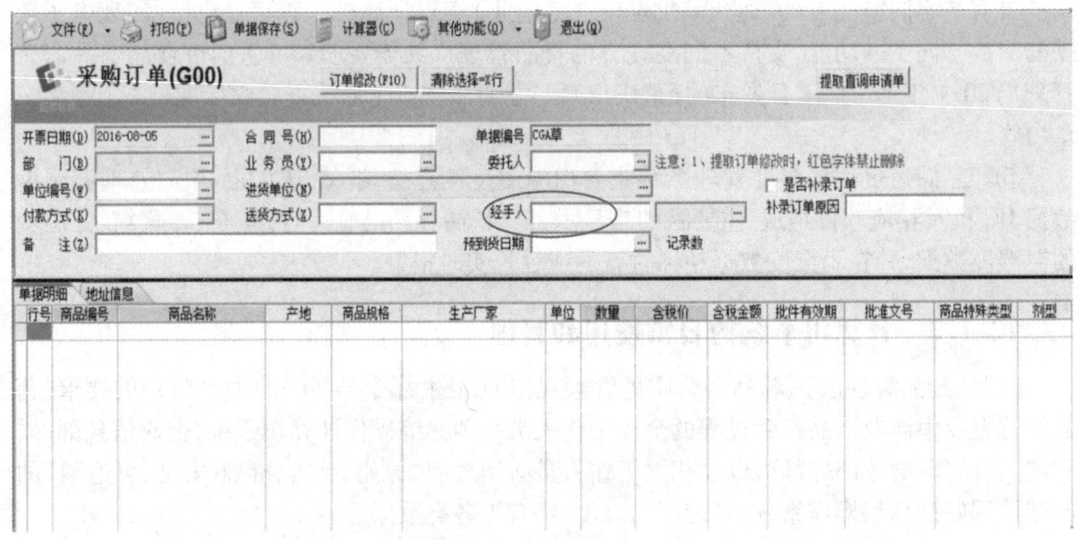

图 12.2 药品采购图例

（3）药品收货

药品到货后，收货员根据随货同行单和到货实物，用授权的账户、密码进入系统收货平台，采购订单历史查询，选择查询品种、供应商和查询日期范围，找到相应采购订单，核实采购订单与随货同行单和实物是否一致，确认货、账、票相符后收货并做收货记录，收货记录由采购订单记录在收货后自动生成，同时自动发布验收通知单，记录内容包括：生产日期、批号、有效期至、到货日期；冷藏药品还需填写到货温度、运输工具、运输时限。如果单个品种订单数量较大，来货时为多个批号，则收货员需电话核实供应商后按对应批号数量修改收货记录，补充或修改完收货记录后，收货员选中该单据保存。

(4)药品验收

①收货员收货后，将药品放入相应的待验区，并在随货同行单上签字后交给验收员。验收员依据收货记录和验收通知单验收，验收合格后，用授权的账号和密码进入系统，单击验收入库平台→验收入库单→采购验收(抽样)记录，采购验收(抽样)记录完成后，填写合格数量、质量状况、验收结论，签字后保存该记录，生成验收记录，自动发布入库通知单。入库通知单转成入库单，复核，增加库存。药品入库流程如图 12.3 所示。药品验收流程如图 12.4 和图 12.5 所示。

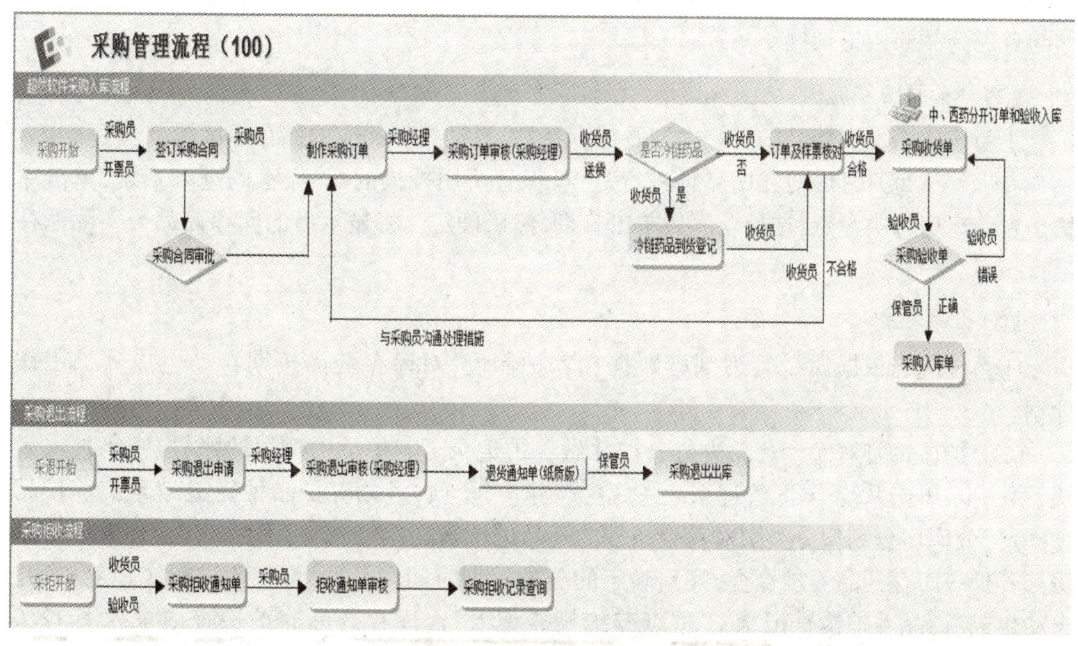

图 12.3　药品入库流程图

运行(R)　初始化(I)　单选状态(M)　计算器(C)　打印(P)　万能打印设计(D)　退出(Q)

日期条件：开始日期 2016-08-03　截止日期 2016-08-03　机构内码 000

单位条件：单位编号　供应单位

品种条件：药品编号　药品名称　包装单位　药品规格　生产厂家

分类条件：类别　用药分类　剂型　送货方式　特殊类型　存储条件

验收记录及台账

验收日期	验收单号	供应商编号	供应商名称	商品名称	商品规格	生产厂家	产地	剂型	包装单位	批准文号	生产日期	批号	有效期至	到货日期	到货数量	验收合格数量	质量状况	验收人	验收结论	存储条件	审核人

图 12.4　药品验收流程图例

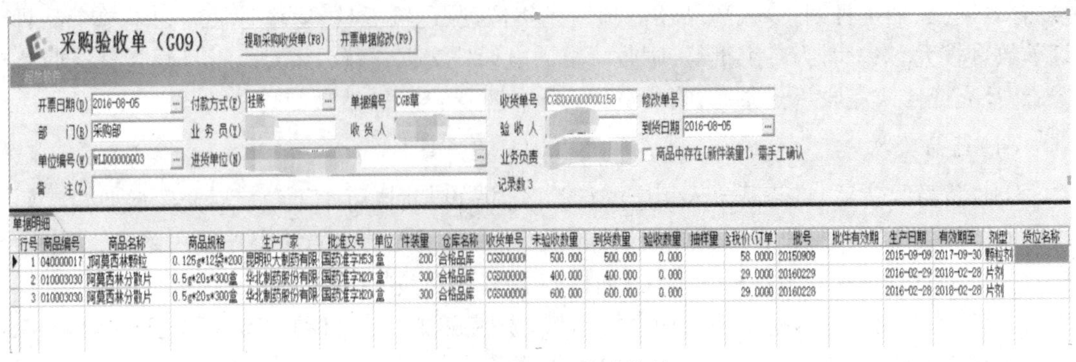

采购验收单（G09）　提取采购收货单(F8)　开票单据修改(F9)

开票日期(D) 2016-08-05　付款方式(F) 挂账　单据编号 CGB草　收货单号 CGS000000000158　修改单号

部　门(B) 采购部　业务员(Y)　收货人　验收人　到货日期 2016-08-05

单位编号(W) WLD00000003　进货单位(N)　业务负责　商品中存在[新件装量]，需手工确认

备　注(Z)　记录数 3

单据明细

行号	商品编号	商品名称	商品规格	生产厂家	批准文号	单位	件装量	仓库名称	收货单号	未验收数量	到货数量	验收数量	抽样量	含税价(订单)	批号	批件有效期	生产日期	有效期至	剂型	货位名称
1	040000017	J阿莫西林颗粒	0.125g*12袋*200	昆明积大制药有限	国药准字H53	盒	200	合格品库	CGS00000	500.000	500.000	0.000		58.0000	20150909		2015-09-09	2017-09-30	颗粒剂	
2	010003030	阿莫西林分散片	0.5g*20s*300盒	华北制药股份有限	国药准字H20	盒	300	合格品库	CGS00000	400.000	400.000	0.000		29.0000	20160229		2016-02-29	2018-02-28	片剂	
3	010003030	阿莫西林分散片	0.5g*20s*300盒	华北制药股份有限	国药准字H20	盒	300	合格品库	CGS00000	600.000	600.000	0.000		29.0000	20160228		2016-02-28	2018-02-28	片剂	

图 12.5　药品采购验收单

②有销售退回时，在验收入库平台→购货商退药入库项下，查找原始销售单据，其他操作与普通药品验收记录操作一致。

(5) 药品储存

①系统应当按照药品的管理类别及储存特性，自动提示相应的储存库区。

②保管员每月月底对在库品种进行盘点，保管员用授权的账号、密码进入系统，单击库房平台→库房分类盘点，选择仓库后单击查询，然后确定。将显示出的库存商品与实际库存进行核对。

(6) 药品养护

①系统应当依据质量管理基础数据和养护制度，对库存药品按期自动生成养护工作计划。

②养护员每月对库存药品进行养护并做养护记录。养护员用授权的账号、密码进入系统，第一步，单击系统→GS 管理系统→库房与养护，子项“计划养护品种确定”“重点养护品种确定”分库房分剂型分类别对符合条件的药品进行确定；第二步，系统→GS 管理系统→库房与养护→库存药品养护检查，找到确定的养护计划时间和品种，再打印进行实地养护，并自动生成“商品养护检查记录”“重点养护检查记录”。库存药品养护检查记录如图 12.6 所示。

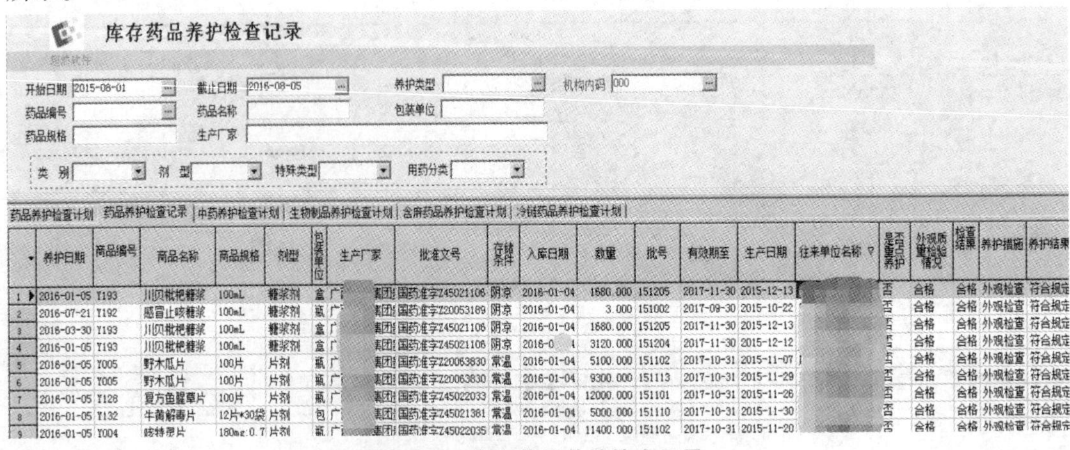

库存药品养护检查记录

开始日期 2015-08-01　截止日期 2016-08-05　养护类型　机构内码 000

药品编号　药品名称　包装单位

药品规格　生产厂家

类　别　剂　型　特殊类型　用药分类

药品养护检查计划 | 药品养护检查记录 | 中药养护检查计划 | 生物制品养护检查计划 | 含麻药品养护检查计划 | 冷链药品养护检查计划

	养护日期	商品编号	商品名称	商品规格	剂型	包装单位	生产厂家	批准文号	存储条件	入库日期	数量	批号	有效期至	生产日期	往来单位名称	是否重点养护	外观质量检验情况	检查结果	养护措施	养护结果
1	2016-01-05	Y193	川贝枇杷糖浆	100mL	糖浆剂	盒	广[illegible]集团	国药准字Z45021106	阴凉	2016-01-04	1680.000	151205	2017-11-30	2015-12-13	[illegible]	否	合格	合格	外观检查	符合规定
2	2016-07-21	Y192	感冒止咳糖浆	100mL	糖浆剂	瓶	广[illegible]集团	国药准字Z20053189	阴凉	2016-01-04	3.000	151002	2017-09-30	2015-10-22	[illegible]	否	合格	合格	外观检查	符合规定
3	2016-03-30	Y193	川贝枇杷糖浆	100mL	糖浆剂	盒	广[illegible]集团	国药准字Z45021106	阴凉	2016-01-04	1680.000	151205	2017-11-30	2015-12-13	[illegible]	否	合格	合格	外观检查	符合规定
4	2016-01-05	Y193	川贝枇杷糖浆	100mL	糖浆剂	盒	广[illegible]集团	国药准字Z45021106	阴凉	2016-0[illegible]4	3120.000	151204	2017-11-30	2015-12-12	[illegible]	否	合格	合格	外观检查	符合规定
5	2016-01-05	Y005	野木瓜片	100片	片剂	瓶	广[illegible]集团	国药准字Z20063830	常温	2016-01-04	5100.000	151102	2017-10-31	2015-11-07	[illegible]	否	合格	合格	外观检查	符合规定
6	2016-01-05	Y005	野木瓜片	100片	片剂	瓶	广[illegible]集团	国药准字Z20063830	常温	2016-01-04	9300.000	151113	2017-10-31	2015-11-29	[illegible]	否	合格	合格	外观检查	符合规定
7	2016-01-05	Y128	复方鱼腥草片	100片	片剂	瓶	广[illegible]集团	国药准字Z45022033	常温	2016-01-04	12000.000	151101	2017-10-31	2015-11-26	[illegible]	否	合格	合格	外观检查	符合规定
8	2016-01-05	Y132	牛黄解毒片	12片*30袋	片剂	包	广[illegible]集团	国药准字Z45021381	常温	2016-01-04	5000.000	151110	2017-10-31	2015-11-30	[illegible]	否	合格	合格	外观检查	符合规定
9	2016-01-05	Y004	咳特灵片	180mg:0.7	片剂	瓶	广[illegible]集团	国药准字Z45022035	常温	2016-01-04	11400.000	151102	2017-10-31	2015-11-20	[illegible]	否	合格	合格	外观检查	符合规定

图 12.6　库存药品养护检查记录

(7)药品效期管理

系统对库存药品的有效期进行自动跟踪和控制。具备近效期预警提示,超有效期自动锁定及停售功能。

(8)药品销售

①系统对各购货单位的法定资质能够自动识别并审核,系统应当依据质量管理基础数据及库存记录生成销售订单,拒绝超出经营方式或经营范围的销售订单的生成。销售订单确认后,系统自动生成销售记录。

②销售员用授权的账号、密码进入系统,单击出库平台→开具销售订单,保存,生成药品销售出库单。

(9)药品出库复核

①计算机系统将确认的销售数据传输至仓储部门提示出库及复核,系统应当支持复核人员查询销售记录。复核人员完成出库复核操作后,系统自动生成出库复核记录。

②出库复核员对销售药品进行出库复核,确认无误后对相应单据进行复核过账操作。单击销售平台→批销出库单复核,查找到对应的出库单,确认无误后签字点击保存,生成出库复核记录。

③有采购退出情况须做购进退出出库,与销售出库操作一致。

(10)药品销后退回

依据原销售、出库复核记录数据生成销后退回验收记录。退回药品实物与原记录信息不符时,系统拒绝药品退回操作。

(11)不合格药品管理

各岗位发现质量有疑问的药品,应当按照本岗位操作权限实施锁定,系统自动通知质量管理人员。被锁定药品应当有质量管理人员确认,不属于质量问题的解除锁定,属于不合格药品的由系统生成不合格药品记录如图12.7所示。

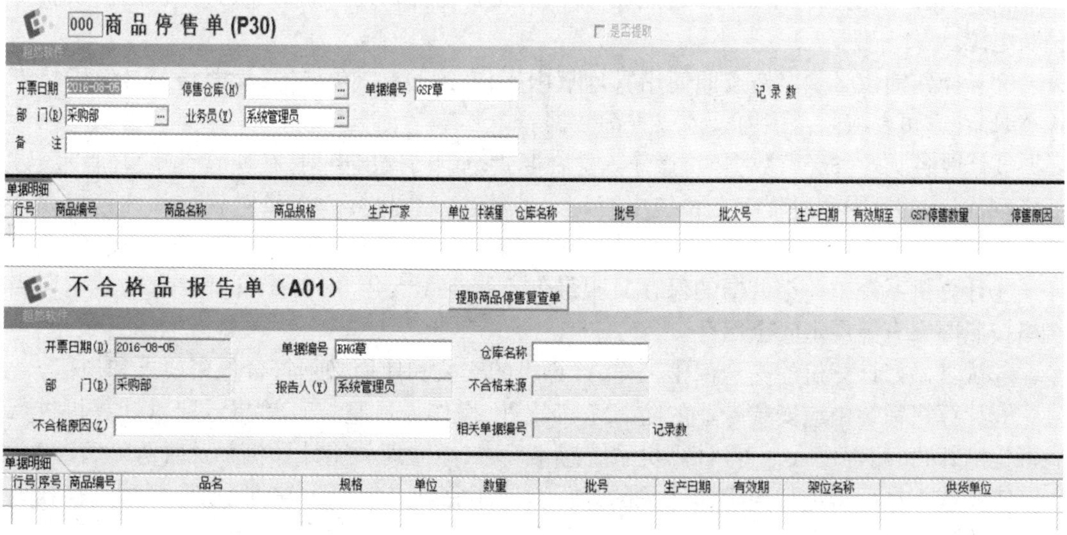

图12.7　不合格药品确认图例

(12)药品运输

①系统应有对药品运输的在途时间进行跟踪管理的功能,并按照新版要求,生成药品运输记录的功能。

②平台→运输与配送项下,发运通知单,药品运输记录,填写启运时间、运输车辆等信息。

药品运输记录图例如图12.8所示。

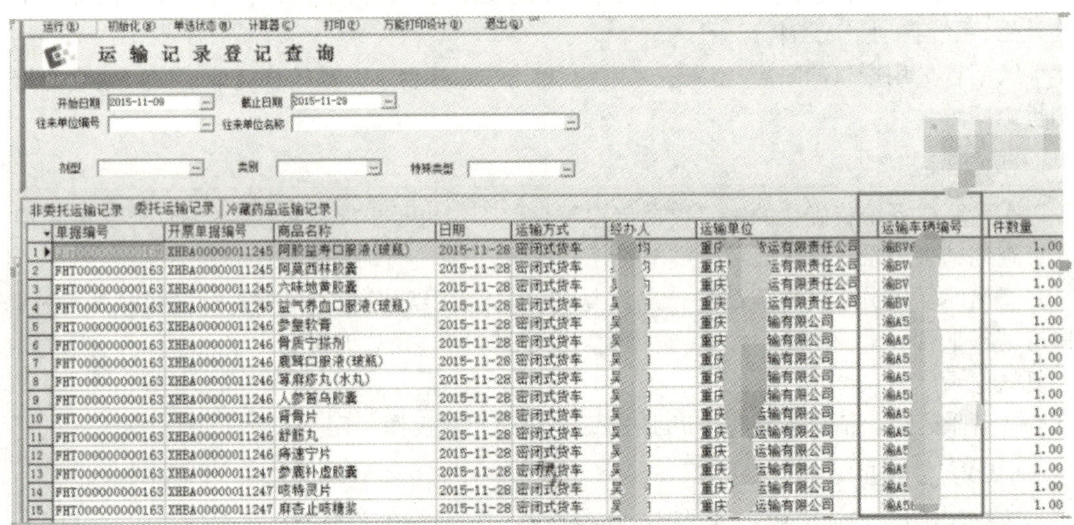

	单据编号	开票单据编号	商品名称	日期	运输方式	经办人	运输单位	运输车辆编号	件数量
1	[illegible]	XHBA00000011245	阿胶益寿口服液(玻瓶)	2015-11-28	密闭式货车	[illegible]	重庆[illegible]运有限责任公司	渝BV[illegible]	1.00
2	FHT000000000163	XHBA00000011245	阿莫西林胶囊	2015-11-28	密闭式货车	[illegible]	重庆[illegible]运有限责任公司	渝BV[illegible]	1.00
3	FHT000000000163	XHBA00000011245	六味地黄胶囊	2015-11-28	密闭式货车	吴[illegible]	重庆[illegible]运有限责任公司	渝BV[illegible]	1.00
4	FHT000000000163	XHBA00000011245	益气养血口服液(玻瓶)	2015-11-28	密闭式货车	吴[illegible]	重庆[illegible]运有限责任公司	渝BV[illegible]	1.00
5	FHT000000000163	XHBA00000011246	参皇软膏	2015-11-28	密闭式货车	吴[illegible]	重庆[illegible]输有限公司	渝A5[illegible]	1.00
6	FHT000000000163	XHBA00000011246	骨质宁搽剂	2015-11-28	密闭式货车	吴[illegible]	重庆[illegible]输有限公司	渝A5[illegible]	1.00
7	FHT000000000163	XHBA00000011246	鹿茸口服液(玻瓶)	2015-11-28	密闭式货车	吴[illegible]	重庆[illegible]输有限公司	渝A5[illegible]	1.00
8	FHT000000000163	XHBA00000011246	荨麻疹丸(水丸)	2015-11-28	密闭式货车	吴[illegible]	重庆[illegible]输有限公司	渝A5[illegible]	1.00
9	FHT000000000163	XHBA00000011246	人参首乌胶囊	2015-11-28	密闭式货车	吴[illegible]	重庆[illegible]输有限公司	渝A5[illegible]	1.00
10	FHT000000000163	XHBA00000011246	肾骨片	2015-11-28	密闭式货车	吴[illegible]	重庆[illegible]运输有限公司	渝A5[illegible]	1.00
11	FHT000000000163	XHBA00000011246	舒筋丸	2015-11-28	密闭式货车	吴[illegible]	重庆[illegible]运输有限公司	渝A5[illegible]	1.00
12	FHT000000000163	XHBA00000011246	痔速宁片	2015-11-28	密闭式货车	吴[illegible]	重庆[illegible]运输有限公司	渝A5[illegible]	1.00
13	FHT000000000163	XHBA00000011247	参鹿补虚胶囊	2015-11-28	密闭式货车	吴[illegible]	重庆[illegible]运输有限公司	渝A5[illegible]	1.00
14	FHT000000000163	XHBA00000011247	咳特灵片	2015-11-28	密闭式货车	吴[illegible]	重庆[illegible]运输有限公司	渝A5[illegible]	1.00
15	FHT000000000163	XHBA00000011247	麻杏止咳糖浆	2015-11-28	密闭式货车	吴[illegible]	重庆[illegible]运输有限公司	渝A5[illegible]	1.00

图12.8　药品运输记录图例

3)**计算机系统的安全管理**

①操作人员上机前应熟悉操作程序,做到按程序开机、关机,杜绝违章操作。

a.开机程序:接通电源→打开显示器→打印机等设备→开启计算机主机→按显示菜单提示→键入密码→在权限内对工作任务操作。

b.关机程序:退出应用程序→各个子目录→关断主机→关闭显示器、打印机及外设备→关断电源。

②各操作岗位必须严格按照使用管理权限操作,通过输入用户名及密码等身份确认方式登录后,方可在权限范围内录入或查询数据。

③修改各类业务经营数据时,操作人员在职责范围内提出申请,经质管部审核批准后方可修改,修改的原因和过程应在系统中有记录。禁止计算机操作人员对软件和计算机数据擅自进行修改。

④计算机系统中各类数据的保存时限最低不得少于5年,有特殊管理要求的数据应当严格按照国家有关规定安全保存。

⑤认真做好计算机的安全保密工作,计算机的安装和使用必须符合保密要求和规范。

⑥计算机系统中应安装专业的防毒杀毒软件,操作人员坚持日常与定期对计算机进行病毒检测,防止病毒侵入,一旦计算机系统感染病毒,应立即关闭计算机并及时清除病毒。

⑦操作人员不得进行与工作无关的操作。使用完毕必须退出软件系统,严禁未授权人员操作软件。

⑧严禁在计算机内随意操作自己不懂的指令，对操作中出现的自己不熟悉的语句，要彻底弄清其意思后，再往下进行，以免造成信息丢失。

⑨下班前检查关机、电源关闭情况以及相应的安全状况。

⑩系统管理员每日采用安全、可靠的方式存储和备份各类记录和数据。

4）计算机系统的使用管理

①企业信息部负责软件的安装，并及时更新相关补丁程序。任何员工不得随意安装或删改系统软件或应用软件。

②信息部应针对各部门岗位要求，联系软件公司或本部门自行对各部门使用人员进行系统操作的应用培训。

③企业各部门的系统操作员应当认真按照各专业软件操作规程的要求进行系统各类数据录入、修改和保存，以保证记录的原始、真实、准确、安全和可追溯。严禁违规操作和恶意删除系统文件。

④企业购买的软件为公司固定资产，不得以任何方式和途径外借或泄露到互联网上。

5）计算机系统的维护管理

①企业信息部接到使用部门的软件维护请求后，应及时提供维护服务。

②信息部应对软件的运行状态进行判断，依据故障现象联系各软件商或自行解决。

③对于较复杂的问题，信息部应及时与软件公司联系沟通，必要时要求软件公司派专人上门解决问题。

④数据库软件应单独安装在安全的服务器中，定期及时更新防毒杀毒软件，每天备份数据。

⑤系统软件瘫痪时，首先要备份重要资料，详细记载软件信息，然后方可进行修复工作。

⑥一般情况下每周全面检查一次计算机软件和硬件系统，并做好检查记录，以保证系统的正常运行。

⑦在设备更新、扩充、修复后，由计算机系统维护人员实施安装和调试，直至运行正常。

⑧在计算机系统环境发生变化时，随时做好适应性的维护工作。

⑨计算机系统中的会计数据和电子监管数据需要每天进行备份。

⑩在计算机系统运行过程中，计算机软硬件发生故障和出现异常时，应及时进行故障分析，并做好检查维修记录，排除故障并恢复系统正常运行，如果没有能力维修，应及时与销售计算机的单位取得联系。

6）计算机系统的操作控制

①各操作岗位应当通过输入用户名、密码等身份确认方式登录系统，并在权限范围内录入或查询数据。

②修改各类业务经营数据时，操作人员应当在职责范围内提出申请，经质量管理员审核批准后方可修改，修改的原因和过程应当在计算机系统中记录。

③计算机系统对各岗位操作人员姓名的记录，能根据专有用户名及密码自动生成，不得采用手工编辑或菜单选择等方式录入。

④专用用户名和密码由行政部门设置。

⑤计算机系统操作、数据记录的日期和时间由系统自动生成,不得采用手工编辑、菜单选择等方式录入。

⑥计算机系统中录入的数据和记录,采用移动硬盘备份保存,保存期限 5 年,超过 5 年后,经过质管部的审核、批准后采取相应处理措施处理。

⑦为保障硬件设施的安全,要利用防毒、防火等软硬件设备保障系统本身不易受到破坏和干扰,保证其正常运行。

⑧在软件修改、升级和硬件更换过程中,要保证实际数据的连续和安全,并由有关人员进行监督。

⑨禁止在企业各专用计算机上使用外来 U 盘,禁止在计算机上玩游戏,以防止计算机感染病毒。

⑩企业各部门所用计算机应做到专机专用,不能用于做其他任何工作。除被允许操作软件的人员和计算机系统管理人员外,其他任何人员未经允许不得使用企业各部门专用计算机。

⑪服务器必须使用不间断电源,以避免意外断电造成数据的丢失,影响本企业的正常工作。

⑫使用外来数据以前,必须先进行杀病毒的工作。

⑬不得随意修改及删除计算机硬盘中的系统软件和会计软件的文件,对正在使用的核算软件进行修改、对通用软件进行升级和计算机硬件设备进行更换等工作,必须有总经理的批准。

⑭确保计算机系统的一致性,计算机系统的设置与制度、程序、人员配备相配套,计算机系统中的台账、记录与原始凭证的内容应一致,操作人员姓名与原始凭证上的签名相同。

⑮确保计算机系统数据的完整性,系统应能覆盖经营管理全过程,各项台账、记录应完整无误,能体现经营、质量管理全过程,历史数据需要及时备份。

7)计算机系统的问题控制

(1)预警

①操作人员每天第一次进入系统,必须打开预警窗口,浏览查询系统内的预警信息。

②制作采购订单和入库单时,其行为将受“供货单位的许可证效期、GSP/GMP 证书效期、质保协议效期、法人委托效期等”的限制,在过期失效前一个月内系统将预警提示“×××效期将于××××年××月××日过期”;供货厂商的基础信息没有建立时系统提示“数据库中没有此供货商”。

③制作采购订单和入库单时,药品的基础信息没有建立时系统将提示“数据库中没有此药品”。

④在抽样验收时,药品的效期与药品基础信息标识的效期差异时系统将提示“第×行药品生产日期和有效期之间的×天”与“药品信息中的效期×月”存在差异,请报告质管员查阅核对。

⑤制作销售订单时,其行为将受“客户单位的许可证效期、GSP/GMP 证书效期、质保协议效期、法人委托效期、医疗机构执业许可证效期等”的限制,在过期失效前一个月内系统将

预警提示“×××效期将于××××年××月××日过期”；客户单位的基础信息没有建立时系统将提示“数据库中没有此客户”。

⑥制作销售订单时，库存药品的效期在超过设置的规定时限时，系统将提前预警“此药品将于××××年××月××日以后失效，请立即处理”。

（2）拦截

①制作采购订单和入库单时，其行为将受“供货单位的许可证效期、GSP/GMP证书效期、质保协议效期、法人委托效期等”的限制，过期失效时系统将拦截提示“×××效期已于××××年××月××日过期”。系统不能制作该单位的订单和入库单，必须通过基础信息更新才能使用。

②制作采购订单和入库单时，药品基础信息处于锁定停用状态时，系统将拦截提示“本品名信息已经否决取消使用”或者提示“本品名信息资料欠缺停止使用”。

③制作采购订单和入库单时，供货单位的委托书过期时系统将提示“经营范围委托书过期”。

④制作采购订单和入库单时，本单位经营范围与药品属性关联，超范围时系统将提示“超出本公司经营范围产品不能采购”。

⑤制作采购订单和入库单时，供货单位的委托范围与药品属性关联，超范围时系统将提示“超出供货方授权范围产品不能采购”。

⑥制作采购订单和入库单时，没有建立本供货单位的首营品种档案时，系统将提示“本品种没有建立本供货单位的首营品种档案”。

⑦制作验收和入库单时，药品的效期低于公司制度规定的时限时系统将提示“第×行药品的有效期月数×小于本公司系统设定的拦截效期×月，不能入库”。

⑧在收货验收时，到货数量大于订单数量时系统将提示“第×行到货数量大于了订单数可用数量”。

⑨制作销售订单时，其行为将受“客户单位的许可证效期、GSP/GMP证书效期、质保协议效期、法人委托效期、医疗机构执业许可证效期等”的限制，过期失效时系统将拦截提示“×××效期已于××××年××月××日过期”，系统不能制作该单位的订单和入库单，必须通过基础信息更新才能使用。

⑩制作采购订单时，药品库存信息处于锁定停用状态，系统将拦截提示“此品种暂停销售”，库房中此药物已控制不能销售，可能存放在不合格品库或者人为锁定不予销售。

⑪制作销售订单时，药品库存信息的效期失效时，系统将拦截提示“本药品已过期失效，不能销售使用”。

⑫制作销售订单时，库存药品的停止销售效期超过设置的规定时限时，系统将提前预警提示“此商品的失效时间距今小于×月”，根据本公司设定期限，此品种不能销售出库，系统自动拦截。

⑬制作销售订单时，客户单位的经营范围与药品属性关联，超范围时系统将提示“超出本客户经营范围产品不能销售”。

（3）控制锁定

①对药品信息、供货厂商信息、客户信息，质管部根据质量否决权限，都可以锁定（资料

欠缺停用,否决使用,合格使用)。

②在药品收货时,如发现不符合《药品收货规程》的有关规定,收货员在平台→收货与验收项下填写《收货异常药品报告记录》,并提出初步控制处理意见、在电脑软件中先行锁定拒收;报质管部复查确认处理;确认质量异常的填写《拒收报告单》(拒收或者验收)。

③在药品购进验收时,如发现不符合《药品质量验收规程》的有关规定,验收员在平台→收货与验收项下填写《验收异常报告复查确认表》,并提出初步控制处理意见、在电脑软件中先行锁定拒收;报质管部进行复核;确认质量异常的填写《拒收报告单》(拒收或者入库)。

④在库养护检查中,如发现不符合《药品养护规程》的有关规定,养护员在平台→储存养护项下填写《保管养护发现质量问题报告记录》,并提出初步控制处理意见、在电脑软件中先行库存锁定;经质管部复核;质管部在确认前,在系统中锁定该品种暂停销售,出具《停售通知单》,经调查确认为质量合格的,出具《解停通知单》;质量不合格者,按不合格药品操作规程处理(停售或者解锁)。

⑤在发货出库过程中,如发现不符合《药品发货、复核规程》的有关规定,发货员或者复核员在平台→出库项下填写《发货出库中发现质量异常报告记录》,并提出初步控制处理意见、在电脑软件中先行库存锁定;经质管部复核(停售或者解锁)。

12.2 计算机系统在药品经营企业中的应用

计算机系统在药品经营企业的应用主要表现在4个方面。①建立和使用基础数据库,内容主要包括经营品种、供货单位、供货单位销售人员、购货单位、购货单位采购人员及提货人员信息录入、锁定与修改的管理和控制;②记录和锁定经营数据,内容主要包括药品采购、收货、验收、入库、养护、销售、出库、运输等经营数据录入、储存与修改的管理和控制;③留存和稽查问题数据,内容主要包括药品退回、召回、追回、不良反应报告等信息收集、处理与反馈的管理和控制;④记录和储存温湿度数据。内容主要包括药品储运过程中的温湿度数据记录、监测与报警的管理和控制(校准与验证管理中已详细讲解)。

12.2.1 计算机系统的部门及人员职责

为达到新版GSP对计算机系统的要求,为确保药品经营企业计算机系统的正常运行,药品经营企业必须严格计算机系统使用部门及人员的职责。计算机系统主要管理部门为信息部、协助管理部门为质管部、行政部、仓储部、财务部等。计算机系统的安装和维护由信息员(计算机管理员、网络管理员)负责,计算机使用基本上涉及企业大部分人员。计算机系统的部门和岗位职责应当尽量详细。

1)计算机系统各部门的岗位职责

①信息部和质管部共同建立系统硬件和软件管理档案。

②信息部和质管部负责培训、指导相关岗位人员使用及操作系统。

③质管部(或行政部)根据人员的岗位职责,设置计算机系统操作权限。

④信息部负责系统的正常运行和维护管理,并保证系统日志的完整性。

⑤企业指定专门的部门或人员进行数据备份。

⑥各部门按新版 GSP 要求做好本部门计算机系统的操作和安全工作。

2)计算机系统信息员的岗位职责

①负责公司数据维护、电脑维护、网络维护、网站建立。

②负责网络及数据的安全管理。

③负责对公司网络安全进行设置、管理以及维护。

④负责公司业务系统、办公系统的维护及业务数据的管理。

⑤监控公司网络运行状态,并进行维护,确保其正常运行。

⑥负责公司网络防毒软件的选取、升级,网络防火墙的配置。

⑦负责公司网络设备的规划、配置、升级,使用及宽带监测。

⑧负责公司整个计算机系统的维护管理,包括:

a. 硬件设备(服务器、工作机、打印机、移动存储设备)安装、配置、运行;

b. 根据需求规划、安装、配置、管理服务器;

c. 桌面系统支持(关键应用软件统一部署,统一版本控制、区域控制),必要时指导用户使用相关设备;

d. 常规服务器、用户账户以及密码管理(建立、更新、删除;按需分配);

e. 服务器、用户操作系统安全补丁部署升级管理;

f. 服务器运行、日志监控;

g. 数据备份、拷贝留存以及数据恢复处理;

h. 计算机设施设备的登记管理。

3)计算机系统各操作人员的岗位职责

药品经营企业在设置人员的计算机岗位职责时必须符合新版 GSP 的要求,并根据企业的自身特性确定出每个岗位相应的用户操作权限。

(1)企业负责人(总经理)

A. 采购管理系统

a. 采购订单:采购订单总经理审核;

b. 购货合同管理:合同审批;

B. 出库管理系统:销售单查询、购进退出查询;

C. 库房管理系统

商品损溢:报损商品总经理审批;

D. 查询系统

a. 入出库查询:入库单查询,入库单统计;出库单查询,出库单统计;库存查询,库存统计;商品购销统计,药品与供货商分析,单品种流向查询,供货商(厂家)分析,入出库查询,某时段销售查询,单一品种 1 ~ 12 月(或更长时间段)销售查询,汇总报表;

b. 系统→基本资料管理→职员资料管理:职工档案卡、健康档案卡、体检汇总表、员工信息一览表、员工辞职;

c. 系统→特殊/专属药品管理:药品电子监管品种、含特殊管理药品复方制剂、冷链控制品种、进口品种、生物制品;

d. 系统→GSP 管理系统

• 质量管理体系:质量管理架构表、企业质量方针目标颁布、质量方针目标执行情况自查表、企业质量方针目标检查评价、质量体系评审计划、质量体系内部评审记录、内部质量体系审核报告、风险管理、外部质量体系评价记录;

• 组织机构与管理职责:质量管理机构人员情况表、质量管理制度执行情况检查表、岗位质量职责考核表、实施情况自查评审表、实施情况自查评审报告、问题改进和措施跟踪记录、纠正预防措施实施情况跟踪表;

• 人员与培训:员工花名册、员工个人简历表、药学技术人员花名册、年度质量培训计划、员工健康档案,员工奖惩记录表;

• 质量管理体系文件:文件编制计划表;

• 计算机系统:软件使用权限申请审批表;

• 采购:采购订单、采购记录、药品购进记录、首营企业审批表→供货单位建档申请表总经理批准意见、首营品种审批表统计、进货情况年度评审表;

• 收货与验收:采购收货记录、购进药品验收记录、销后退回药品验收记录;

• 储存与养护:近效期药品预警、不合格药品台账、不合格药品报损审批(总经理审批);

• 销售:药品销售记录;

• 出库:药品出库(退出)复核记录;

• 其他:法人授权委托书、卫生检查记录、同一单位购销查询、发布通知信息;

★财务管理系统:冲价查询、库存明细账、销售收款、入库付款、购进返利管理、往来账、票据收付、资信与折让;

★任务考核:计划任务指标、计划任务考核、效期预警;

★系统设置:帮助、退出;

• 个人密码变更。

(2)质量负责人

★基本资料管理

• 基础信息:药品维护、生产厂家维护、供货(厂)商维护、客户维护、生产厂家一览表、供货(厂)商一览表、客户一览表、药品一览表;

★采购管理系统

• 采购计划:采购计划质管部审核;

★销售管理系统:销售单查询、购进退出查询

★库房管理系统

• 商品损溢:报损药品台账表;

★查询系统

•入出库查询:入库单查询,入库单统计;出库单查询,出库单统计;库存查询,库存统计;商品购销统计,药品与供货商分析,单品种流向查询,供货商(厂家)分析,入出库查询,某时段销售查询,单一品 1 ~ 12 月(或更长时间段)销售查询,汇总报表;

★系统→基本资料管理→职员资料管理:职工档案卡、健康档案卡、体检汇总表、员工信息一览表、员工辞职;

★系统→特殊/专属药品管理:药品电子监管品种、麻黄碱复方制剂、冷链控制品种、进口品种、生物制品、医疗器械;

★系统→锁定/解锁:品名锁定与解锁、库存锁定与解锁、供货商锁定与解锁、客户锁定与解锁;

★系统→GSP 管理系统

•质量管理体系:质量管理架构表、企业质量方针目标颁布、质量方针目标执行情况自查表、企业质量方针目标检查评价、质量体系评审计划、质量体系内部评审记录、内部质量体系审核报告、风险管理、外部质量体系评价记录;

•组织机构与管理职责:质量管理机构人员情况表、质量管理制度执行情况检查表、岗位质量职责考核表、实施情况自查评审表、实施情况自查评审报告、问题改进和措施跟踪记录、改正纠正预防措施实施情况跟踪表;

•人员与培训:员工花名册、员工个人简历表、药学技术人员花名册、年度质量培训计划、培训效果调查表、员工个人教育培训档案、员工岗位任职情况记录、直接接触药品人员一览表、员工健康检查汇总表、员工健康档案,员工奖惩记录表;

•质量管理体系文件:文件编制计划表,文件编码登记表、文件发放回收记录、文件借阅记录、文件修订申请表、文件销毁审批记录、信息联系处理单、凭证记录交接单;

•设施设备:仓储设施设备管理台账;

•校准与验证:强制检定计量器具检定记录表、非强制检定计量器具检定记录表、设施设备验证记录;

•计算机系统:日志记录、软件使用操作权限审核、数据修改审核;

•采购:合格供货方档案表、质量档案表、采购订单、采购记录、药品购进记录、采购退货通知单主管领导意见审批、供货方—销售人员审验记录、进口药品资质审验表、进货情况年度评审表。

首营企业、首营品种管理:首营企业审批表质量负责人审批、首营品种审批表质量负责人审批;

•收货与验收:采购收货记录、冷链药品收货记录、销后退回收货记录、冷链药品销后退回收货记录、收货异常情况报告记录、验收异常情况复查报告表、拒收报告单、停售(解除)通知单、购进药品验收记录、销后退回药品验收记录;

•储存与养护:近效期药品预警、库存药品质量养护记录、保管养护发现质量问题报告记录、药品养护汇总分析。

不合格药品管理:不合格药品台账、不合格品处理情况汇总分析、药品销毁记录、药品销毁清单;

•销售:客户单位建档申请表质量负责人审批、客户资质审核表质量负责人审批、采购员及提货人员审验记录、药品销售记录；

●出库：发货出库中发现质量异常报告记录、出库（退出）复核记录；

●运输与配送：运输设备档案、药品出库（运输）记录、委托运输档案、委托运输记录；

●售后管理：药品召回通知单、药品召回记录表、药品追回记录、药品质量查询记录、质量事故报告处理记录、售后药品质量问题追踪表、客户访问记录、客户投诉受理卡、不良反应报告汇总表；

●其他：卫生检查记录、同一单位购销查询、发布通知信息。

★财务管理系统：库存明细账；

★任务考核：效期预警；

★系统设置：帮助、退出；

●个人密码变更。

(3)质量管理部门负责人

★基本资料管理

●基础信息：药品维护、生产厂家维护、供货（厂）商维护、客户维护、生产厂家一览表、供货（厂）商一览表、客户一览表、药品一览表；

★采购管理系统

●采购计划：采购计划质管部审核；

★销售管理系统：销后退回通知单质管部意见，销售单查询；

●采购退出管理：采购退货通知单质管部意见、购进退出查询；

★库房管理系统：库房分类盘点、库房货位管理、商品进库记录；

●商品损溢：报损商品质管部审批、报损药品台账表；

★查询系统

●入出库查询：入库单查询，入库单统计；出库单查询，出库单统计；库存查询，库存统计；商品购销统计，药品与供货商分析，单品种流向查询，供货商（厂家）分析，入出库查询，某时段销售查询，单一品 1～12 月（或更长时间段）销售查询，汇总报表；

★系统→基本资料管理→职员资料管理：职工档案卡、健康档案卡、体检汇总表、员工信息一览表、员工辞职；

★系统→特殊/专属药品管理：药品电子监管品种、麻黄碱复方制剂、冷链控制品种、进口品种、生物制品、医疗器械；

★系统→锁定/解锁：品名锁定与解锁、库存锁定与解锁、供货商锁定与解锁、客户锁定与解锁；

★系统→GSP 管理系统

●质量管理体系：质量管理架构表、企业质量方针目标颁布、质量方针目标执行情况自查表、企业质量方针目标检查评价、质量体系评审计划、质量体系内部评审记录、内部质量体系审核报告、风险管理、外部质量体系评价记录；

●组织机构与管理职责：质量管理机构人员情况表、质量管理制度执行情况检查表、岗位质量职责考核表、实施情况自查评审表、实施情况自查评审报告、问题改进和措施跟踪记录、改正纠正预防措施实施情况跟踪表；

• 人员与培训：员工花名册、员工个人简历表、药学技术人员花名册、年度质量培训计划、培训效果调查表、员工个人教育培训档案、员工岗位任职情况记录、直接接触药品人员一览表、员工健康检查汇总表、员工健康档案，员工奖惩记录表；

• 质量管理体系文件：文件编制计划表，文件编码登记表、文件发放回收记录、文件借阅记录、文件修订申请表、文件销毁审批记录、信息联系处理单、凭证记录交接单；

• 设施设备：仓储设施设备管理台账；

• 校准与验证：强制检定计量器具检定记录表、非强制检定计量器具检定记录表、设施设备验证记录；

• 计算机系统：日志记录、软件使用操作权限质管部审批、数据修改质管部审批；

• 采购：合格供货方档案表、质量档案表、采购订单、采购记录、药品购进记录、采购退货通知单质管部意见审批、供货方—销售人员审验记录、进口药品资质审验表、进货情况年度评审表；

首营企业、首营品种管理：供货单位资质建档申请表质管部收件记录、首营企业审批表质管部审批、首营品种审批表质管部审批；

• 收货与验收：采购收货记录、冷链药品收货记录、销后退回收货记录、冷链药品销后退回收货记录、收货异常情况报告记录、验收异常情况复查报告表、拒收报告单、停售(解除)通知单、购进药品验收记录、销后退回药品验收记录；

• 储存与养护：近效期药品预警、库存药品质量养护记录、保管养护发现质量问题报告记录、药品养护汇总分析；

不合格药品管理：不合格药品台账、不合格药品报损审批表质管部意见审批、不合格品处理情况汇总分析、药品销毁记录、药品销毁清单；

• 销售：客户单位建档申请表质量负责人审批、客户资质审核表质量负责人审批、采购员及提货人员审验记录、药品销售记录、销售退回通知单质管部意见；

• 出库：发货出库中发现质量异常报告记录、出库(退出)复核记录；

• 运输与配送：运输设备档案、药品出库(运输)记录、委托运输档案、委托运输记录；

• 售后管理：药品召回通知单、药品召回记录表、药品追回记录、药品质量查询记录、质量事故报告处理记录、售后药品质量问题追踪表、客户访问记录、客户投诉受理卡、不良反应报告、不良反应报告汇总表；

• 其他：卫生检查记录、同一单位购销查询、发布通知信息；

★账务管理系统：库存明细账；

★任务考核：效期预警；

★系统设置：帮助、退出；

• 个人密码变更。

(4)质量管理员

★基本资料管理

• 基础信息：药品维护、生产厂家维护、供货(厂)商维护、客户维护、生产厂家一览表、供

货(厂)商一览表、客户一览表、药品一览表;

★查询系统

• 入出库查询:入库单查询,出库单查询,库存查询,商品购销统计,药品与供货商分析,单品种流向查询,入出库查询,某时段销售查询,单一品 1~12 月(或更长时间段)销售查询;

★系统→基本资料管理→职员资料管理:健康档案卡、体检汇总表、员工信息一览表;

★系统→特殊/专属药品管理:药品电子监管品种、麻黄碱复方制剂、冷链控制品种、进口品种、生物制品、医疗器械;

★系统→锁定/解锁:品名锁定与解锁、库存锁定与解锁、供货商锁定与解锁、客户锁定与解锁;

★系统→GSP 管理系统

• 组织机构与管理职责:质量管理机构人员情况表、质量管理制度执行情况检查表、岗位质量职责考核表、实施情况自查评审表、实施情况自查评审报告、问题改进和措施跟踪记录、改正纠正预防措施实施情况跟踪表;

• 人员与培训:员工花名册、员工个人简历表、药学技术人员花名册、年度质量培训计划、培训效果调查表、员工个人教育培训档案、员工岗位任职情况记录、直接接触药品人员一览表、员工健康检查汇总表、员工健康档案;

• 质量管理体系文件:文件编制计划表,文件编码登记表、文件发放回收记录、文件借阅记录、文件修订申请表、文件销毁审批记录、信息联系处理单、凭证记录交接单;

• 设施设备:仓储设施设备管理台账;

• 校准与验证:强制检定计量器具检定记录表、非强制检定计量器具检定记录表、设施设备验证记录;

• 计算机系统:软件使用操作权限申请、数据修改申请;

• 采购:合格供货方档案表、质量档案表、采购订单、采购记录、药品购进记录;

• 收货与验收:采购收货记录、冷链药品收货记录、销后退回收货记录、冷链药品销后退回收货记录、收货异常情况报告记录、验收异常情况复查报告表、拒收报告单、停售(解除)通知单、购进药品验收记录、销后退回药品验收记录;

• 储存与养护:近效期药品预警、库存药品质量养护记录、保管养护发现质量问题报告记录、药品养护汇总分析;

不合格药品管理:不合格药品台账、不合格品处理情况汇总分析、药品销毁记录、药品销毁清单;

• 出库:发货出库中发现质量异常报告记录;

• 运输与配送:运输设备档案、药品出库(运输)记录、委托运输档案、委托运输记录;

• 售后管理:药品召回通知单、药品召回记录表、药品追回记录、药品质量查询记录、质量事故报告处理记录、售后药品质量问题追踪表、客户访问记录、客户投诉受理卡、不良反应报告、不良反应报告汇总表;

• 其他:卫生检查记录、同一单位购销查询、发布通知信息;

★任务考核:效期预警;

★系统设置:帮助、退出;

●个人密码变更。

(5)业务经理

★系统→基本资料管理:药品一览表、客户一览表、生产厂家一览表、供货(厂)商一览表;

★采购管理:商品购销记录、员工业绩图、价格管理;

●采购订单:采购订单确认;

●合同管理、合同审批

★收货管理:销后退回通知单主管领导意见

★出库管理:销售订单、销售订单确认、销售单查询、购进退出查询;

●进货退出管理:采购退货通知单填制、采购部门意见填制;

★库房管理系统

●商品损溢:报损药品台账表;

★查询系统

●入出库查询:入库单查询,入库单统计;出库单查询,出库单统计;库存查询,库存统计;商品购销统计,药品与供货商分析,单品种流向查询,供货商(厂家)分析,入出库查询,某时段销售查询,单一品 1 ~ 12 月(或更长时间段)销售查询,汇总报表;

★系统→GSP 管理系统

●计算机系统:软件使用操作权限申请、数据修改申请;

●采购:合格供货方档案表、采购订单、采购记录、药品购进记录、采购退货通知单主管领导意见审批、供货方→销售人员审验记录、进货情况年度评审表;

首营企业、首营品种管理:供货单位资质建档申请表采购核准意见、首营企业审批表采购部、销售部门意见、首营品种审批表采购部门意见;

●收货与验收:采购收货记录、冷链药品收货记录、销后退回收货记录、冷链药品销后退回收货记录、收货异常情况报告记录、验收异常情况复查报告表、拒收报告单、停售(解除)通知单、购进药品验收记录、销后退回药品验收记录;

●储存与养护:近效期药品预警;

不合格药品管理:不合格药品台账;

●销售:客户单位建档申请表销售核准意见、客户资质审核表销售部审核意见、采购员及提货人员审验记录、药品销售记录;

●出库:发货出库中发现质量异常报告记录、出库(退出)复核记录;

●运输与配送:药品出库(运输)记录、委托运输记录;

●售后管理:药品召回通知单、药品召回记录表、药品追回记录、药品质量查询记录、质量事故报告处理记录、售后药品质量问题追踪表、客户访问记录、客户投诉受理卡、不良反应报告、不良反应报告汇总表;

●其他:卫生检查记录、同一单位购销查询、发布通知信息;

★财务管理系统:冲价查询、库存明细账、销售收款、入库付款、购进返利管理、往来账、票据收付、资信与折让;

★任务考核:计划任务指标、计划任务考核、新特药确定统计、效期预警;

★系统设置:帮助、退出;

●个人密码变更。

(6)业务员

★基本资料管理:药品一览表、客户一览表;

★采购管理系统:销后退回通知单填制;

★销售管理系统:销售订单、销售单查询、购进退出查询;

★库房管理系统

●商品损溢:报损药品台账表;

★查询系统

●入出库查询:入库单查询,出库单查询,库存查询,单品种流向查询,入出库查询,某时段销售查询,单一品 1 ~ 12 月(或更长时间段)销售查询,汇总报表;

★系统→GSP 管理系统

●计算机系统:软件使用操作权限申请、数据修改申请;

●储存与养护:近效期药品预警;

不合格药品管理:不合格药品台账;

●销售:客户单位建档申请表填制、采购员及提货人员审验记录、药品销售记录;

●出库:发货出库中发现质量异常报告记录、出库(退出)复核记录;

●运输与配送:药品出库(运输)记录、委托运输记录;

●售后管理:药品召回通知单、药品召回记录表、药品追回记录、药品质量查询记录、质量事故报告处理记录、售后药品质量问题追踪表、客户访问记录、客户投诉受理卡、不良反应报告、不良反应报告汇总表;

●其他:同一单位购销查询、发布通知信息;

★财务管理系统:冲价查询、库存明细账、往来账、票据收付、资信与折让;

★任务考核:计划任务指标、新特药确定统计、效期预警;

★系统设置:帮助、退出;

●个人密码变更。

(7)仓库管理员

★基本资料管理

●基础信息:生产厂家一览表、供货(厂)商一览表、客户一览表、药品一览表;

★收货管理:采购收货、冷链药品收货、销后退回收货;

★验收入库管理:购货复核入库、购货商退药复核入库、购货商退货查询、入库分类查询;

★出库管理:销售单查询、购进退出查询;

●进货退出管理:购进退出制单;

★库房管理系统:库房分类盘点、库房货位管理、上下件比设定、数据库存盘点、移库、商品进库记录;

商品损溢:报损商品报损填制、报损下账开单、报损下账复核、报损药品台账表;报溢上账开单、报溢复核上账;盘亏下账开单、盘亏下账复核;

★查询系统

●入出库查询:入库单查询,入库单统计;出库单查询,出库单统计;库存查询,库存统计;入出库查询;

★系统→锁定/解锁:库存锁定与解锁;

★系统→GSP 管理系统

●设施设备:仓储设施设备管理台账;

●计算机系统:软件使用操作权限申请、数据修改申请;

●采购:采购订单、采购记录、药品购进记录、采购退货通知单统计、供货方→销售人员审验记录;

●收货与验收:采购收货记录、冷链药品收货记录、销后退回收货记录、冷链药品销后退回收货记录、收货异常情况报告记录、验收异常情况复查报告表、拒收报告单、停售(解除)通知单、购进药品验收记录、销后退回药品验收记录;

●储存与养护:入库通知单、近效期药品预警、近效期药品预警上墙打印、存货卡、退货台账管理、药品移库记录、保管养护发现质量问题报告记录;

不合格药品管理:不合格药品台账、不合格药品报损审批表(仓储填制)、不合格品处理情况汇总分析、药品销毁记录、药品销毁清单;

●销售:采购员及提货人员审验记录、药品销售记录、销售退回通知单;

●出库:发货出库中发现质量异常报告记录、出库(退出)复核记录;

●运输与配送:药品出库(运输)记录;

●售后管理:药品召回通知单、药品召回记录表、药品追回记录、药品质量查询记录、质量事故报告处理记录、售后药品质量问题追踪表、不良反应报告、不良反应报告汇总表

●其他:发布通知信息;

★财务管理系统:库存明细账;

★任务考核:效期预警;

★系统设置:帮助、退出;

●个人密码变更。

(8)收货员

★基本资料管理

●基础信息:生产厂家一览表、供货(厂)商一览表、药品一览表;

★收货管理:采购收货、冷链药品收货、销后退回收货;

★查询系统

●入出库查询:入库单查询,入库单统计;库存查询,库存统计;入出库查询;

★系统→GSP 管理系统

●计算机系统:软件使用操作权限申请、数据修改申请;

●采购:采购订单、采购记录、药品购进记录、供货方→销售人员审验记录;

•收货与验收:采购收货记录、冷链药品收货记录、销后退回收货记录、冷链药品销后退回收货记录、收货异常情况报告记录、拒收报告单、停售(解除)通知单,验收通知单、销后退回验收通知单;

不合格药品管理:不合格药品台账、不合格品处理情况汇总分析;

•销售:药品销售记录、销售退回通知单;

•运输与配送:药品出库(运输)记录;

•售后管理:药品召回通知单、药品召回记录表、药品追回记录;

•其他:发布通知信息;

★任务考核:效期预警;

★系统设置:帮助、退出;

•个人密码变更。

(9)验收员

★基本资料管理

•基础信息:生产厂家一览表、供货(厂)商一览表、药品一览表;

★验收入库管理:购货待验入库开单→采购验收(抽样)记录、购货待验入库开单→采验收单转为入库单、购货商退药入库开单→退货验收(抽样)记录、购货商退药入库开单→退货入库单、入库冲价、购货商退货查询、入库分类查询;

★出库管理:销售单查询;

★查询系统

•入出库查询:入库单查询,入库单统计;库存查询,库存统计;入出库查询;

★系统→GSP管理系统

•计算机系统:软件使用操作权限申请、数据修改申请;

•采购:采购订单、采购记录、药品购进记录、供货方—销售人员审验记录;

•收货与验收:采购收货记录、冷链药品收货记录、销后退回收货记录、冷链药品销后退回收货记录、收货异常情况报告记录、验收异常情况复查报告表、拒收报告单、停售(解除)通知单、购进药品验收记录、销后退回药品验收记录;

•储存与养护:入库通知单、近效期药品预警、退货台账管理;

不合格药品管理:不合格药品台账、不合格品处理情况汇总分析;

•销售:药品销售记录、销售退回通知单;

•运输与配送:药品出库(运输)记录;

•售后管理:药品召回通知单、药品召回记录表、药品追回记录、药品质量查询记录、质量事故报告处理记录、售后药品质量问题追踪表、不良反应报告、不良反应报告汇总表;

•其他:发布通知信息;

★财务管理系统:库存明细账;

★任务考核:效期预警;

★系统设置:帮助、退出;

•个人密码变更。

(10)养护员

★查询系统

•入出库查询:入库单查询,入库单统计;库存查询,库存统计;入出库查询;

★系统→锁定/解锁:库存锁定与解锁;

★系统→GSP 管理系统

•计算机系统:软件使用操作权限申请、数据修改申请;

•储存与养护:近效期药品预警、药品移库记录、保管养护发现质量问题报告记录;

库存药品养护记录(计划养护品种确定、重点养护品种确定、商品养护检查记录、注射剂养护记录、重点品种养护记录、养护巡查记录)、药品养护档案表;

•不合格药品管理:不合格药品台账、不合格品处理情况汇总分析;

•售后管理:药品召回通知单、药品召回记录表、药品追回记录、药品质量查询记录、质量事故报告处理记录、售后药品质量问题追踪表、不良反应报告、不良反应报告汇总表;

•其他:发布通知信息;

★系统设置:帮助、退出;

•个人密码变更。

(11)财务经理

★验收入库管理:购货商退货查询、税票购货清单、入库分类查询、验收录入对账、采购员对账表、供货商对账表;

★出库管理:销售单查询、购进退出查询;

★库房管理

•商品损溢:报损药品台账表;

★查询系统

•入出库查询:入库单查询,入库单统计;出库单查询,出库单统计;库存查询,库存统计;商品购销统计,药品与供货商分析,单品种流向查询,供货商(厂家)分析,入出库查询,某时段销售查询,单一品1~12月销售查询,汇总报表;

★系统→GSP 管理系统

•计算机系统:软件使用操作权限申请、数据修改申请;

•采购:采购记录、药品购进记录;

•收货与验收:拒收报告单统计、停售(解除)通知单、购进药品验收记录、销后退回药品验收记录;

•储存与养护:近效期药品预警;

不合格药品管理:不合格药品台账、不合格品处理情况汇总分析、药品销毁记录、药品销毁清单;

•销售:药品销售记录;

•出库:出库(退出)复核记录;

•运输与配送:药品出库(运输)记录;

★财务管理系统:冲价查询、库存明细账、销售收款、入库付款、购进返利管理、往来账、票据收付、资信与折让;

●收付系统:销售收款、收欠款结算、购进付款、付欠款结算、应收款查询、应收应付科目、退出系统;

●基础资料:资产大类、会计科目、银行信息;

●记账凭证:凭证审核、凭证上账、凭证汇总;

●科目账簿:科目明细、科目汇总、明细汇总、科目月结表、科目年转、资产负债表、资产损溢表、三级科目账、总账、现金流量表;

●日记账簿:收支上账、收支明细、银行—现金日记账、其他应收应付;

●收付处理:收款勾对、付款勾对、收票勾对、收票审核、付票勾对、开票审核、税票勾对应付、税票勾对应收;

★系统设置:帮助、退出;

●个人密码变更。

(12)财务人员

★验收入库管理:购货商退货查询、税票购货清单、入库分类查询、验收录入对账、采购员对账表、供货商对账表;

★出库平台:销售单查询、购进退出查询;

★库房管理系统

●商品损溢:报损药品台账表;

★查询系统

●入出库查询:入库单查询,入库单统计;出库单查询,出库单统计;库存查询,库存统计;商品购销统计,药品与供货商分析,单品种流向查询,供货商(厂家)分析,入出库查询,某时段销售查询,单一品1~12月销售查询,汇总报表;

★系统→GSP管理系统

●计算机系统:软件使用操作权限申请、数据修改申请;

●采购:采购记录、药品购进记录;

●收货与验收:拒收报告单统计、停售(解除)通知单、购进药品验收记录、销后退回药品验收记录;

●储存与养护:近效期药品预警;

不合格药品管理:不合格药品台账、不合格品处理情况汇总分析、药品销毁记录、药品销毁清单;

●销售:药品销售记录;

●出库:出库(退出)复核记录;

●运输与配送:药品出库(运输)记录;

★账务管理系统:冲价查询、库存明细账、销售收款、入库付款、购进返利管理、往来账、票据收付、资信与折让;

●收付系统:销售收款、收欠款结算、购进付款、付欠款结算、应收款查询、应收应付科目、退出系统；

• 基础资料：资产大类、会计科目、银行信息；

• 记账凭证：凭证审核、凭证上账、凭证汇总；

• 科目账簿：科目明细、科目汇总、明细汇总、科目月结表、科目年转、资产负债表、资产损溢表、三级科目账、总账、现金流量表；

• 日记账簿：收支上账、收支明细、银行→现金日记账、其他应收应付；

• 收付处理：收款勾对、付款勾对、收票勾对、收票审核、付票勾对、开票审核、税票勾对应付、税票勾对应收；

★系统设置：帮助、退出；

• 个人密码变更。

(13)信息管理员

★系统维护

• 基本信息：公司信息、基础分类、功能分类、商品类别分类、票据内容、售价设定；

• 维护平台：内部机构、税率、效期参数、库房字典维护、授权管理；

授权管理：职工档案、职位分配、模块授权、菜单授权、特殊授权、数据备份、其他、收付菜单、锁定审批权限；

• 辅助功能：商品厂家校正、代码校正、系统日志；

• 公共信息设置；

• 用户登录监控；

• 检索数据库表空间；

• 基础信息合并；

• 票据打印控制；

• 二次开发平台：菜单编辑器、报表编辑器、VFP 编辑器、查询编辑器、界面编辑器、流程编辑器、单据编辑器、数据字典；

• 系统接口管理：系统接口设置、系统接口实体设置、系统接口任务管理、系统接口任务设置；

★系统设置：帮助、退出；

• 个人密码变更。

(14)开票员

★基本资料管理

• 基础信息：生产厂家一览表、供货(厂)商一览表、药品一览表；

★查询系统

• 入出库查询：入库单查询，入库单统计；库存查询，库存统计；入出库查询；

★出库平台：销售订单、销售订单确认、销售单查询—分类查询、分单查询、购进退出查询；

★系统→GSP 管理系统

• 计算机系统:软件使用操作权限申请、数据修改申请;

不合格药品管理:不合格药品台账;

• 销售:药品销售记录、销售退回通知单制单;

• 运输与配送:药品出库(运输)记录;

• 售后管理:药品召回通知单、药品召回记录表、药品追回记录、药品质量查询记录、质量事故报告处理记录、售后药品质量问题追踪表、客户访问记录、客户投诉受理卡、不良反应报告、不良反应报告汇总表;

• 其他:发布通知信息;

★任务考核:效期预警;

★系统设置:帮助、退出;

• 个人密码变更。

(15)办公室主任

★系统→基本资料管理→职员资料管理:职工档案卡、健康档案卡、体检汇总表、员工信息一览表、员工辞职;

★系统→GSP 管理系统

• 人员与培训:员工花名册、员工个人简历表、药学技术人员花名册、年度质量培训计划、培训效果调查表、员工个人教育培训档案、员工岗位任职情况记录、直接接触药品人员一览表、员工健康检查汇总表、员工健康档案,员工奖惩记录表;

• 其他:发布通知信息;

★系统设置:帮助、退出;

• 个人密码变更。

12.2.2 功能及权限控制

由于计算机管理信息系统是基于数据库共享的多岗位协同系统,各个系统用户都有机会增加、删除或修改系统中的数据。因此针对不同的岗位职责设定不同的操作权限,严格各岗位操作人员对各类数据的录入、修改、保存等操作权限的合理分配和授权,严格信息管理员对岗位操作人员权限的录入,严格质量负责人对岗位操作人员权限的系统内复核;并制订与各岗位职责相对应的管理制度和标准操作规程(SOP),保证计算机系统操作的有序性和可控性,保证数据原始、真实、准确、安全和可追溯。

系统能对不同岗位人员进行权限分配、设置和审核;药品经营企业质量管理部门按照新版 GSP 的要求,依据使用人员的职责分配计算机系统操作权限;计算机信息管理员用授权的账号和密码进入计算机系统,依此选择系统资源管理→操作员与角色权限设置,对各岗位人员进行权限设定。

1)员工档案管理

授权管理的第一步必须正确建立职工档案卡,如图 12.9 所示,这和模块紧密相连,包括编号、姓名、性别、学历、身体状况等一一列明细文档。

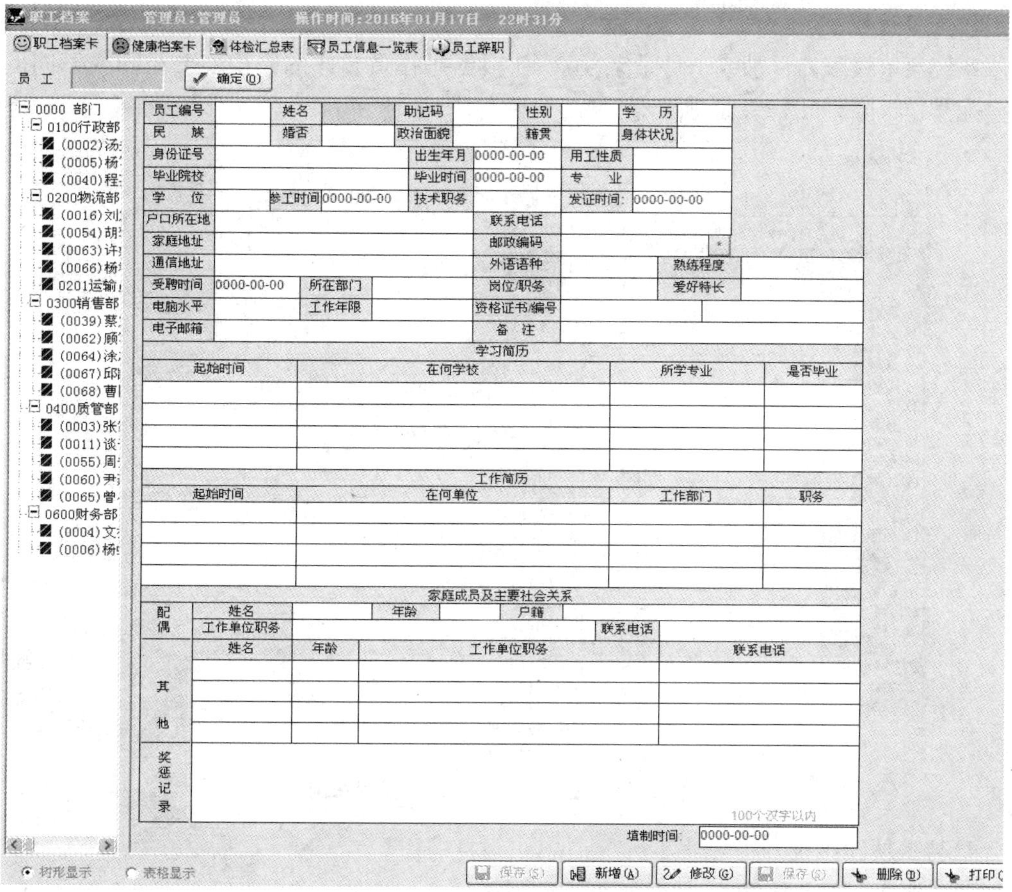

职工档案　管理员：管理员　操作时间：2015年01月17日　22时31分

职工档案卡　健康档案卡　体检汇总表　员工信息一览表　员工辞职

员 工　确定 (O)

0000 部门
0100行政部
(0002)汤
(0005)杨
(0040)程
0200物流部
(0016)刘
(0054)胡
(0063)许
(0066)杨
0201运输
0300销售部
(0039)蔡
(0062)顾
(0064)涂
(0067)邱
(0068)曹
0400质管部
(0003)张
(0011)谈
(0055)周
(0060)尹
(0065)曾
0600财务部
(0004)文
(0006)杨

员工编号　姓名　助记码　性别　学　历
民　族　婚否　政治面貌　籍贯　身体状况
身份证号　出生年月 0000-00-00　用工性质
毕业院校　毕业时间 0000-00-00　专　业
学　位　参工时间 0000-00-00　技术职务　发证时间: 0000-00-00
户口所在地　联系电话
家庭地址　邮政编码
通信地址　外语语种　熟练程度
受聘时间 0000-00-00　所在部门　岗位/职务　爱好特长
电脑水平　工作年限　资格证书/编号
电子邮箱　备　注

学习简历
起始时间　在何学校　所学专业　是否毕业

工作简历
起始时间　在何单位　工作部门　职务

家庭成员及主要社会关系
配偶　姓名　年龄　户籍
工作单位职务　联系电话
其他　姓名　年龄　工作单位职务　联系电话

奖惩记录　100个汉字以内

填制时间: 0000-00-00

树形显示　表格显示　保存 (S)　新增 (A)　修改 (G)　保存 (S)　删除 (D)　打印

图 12.9　职工档案卡图例

2）职位分配管理

图 12.10 为职位分配管理图例。

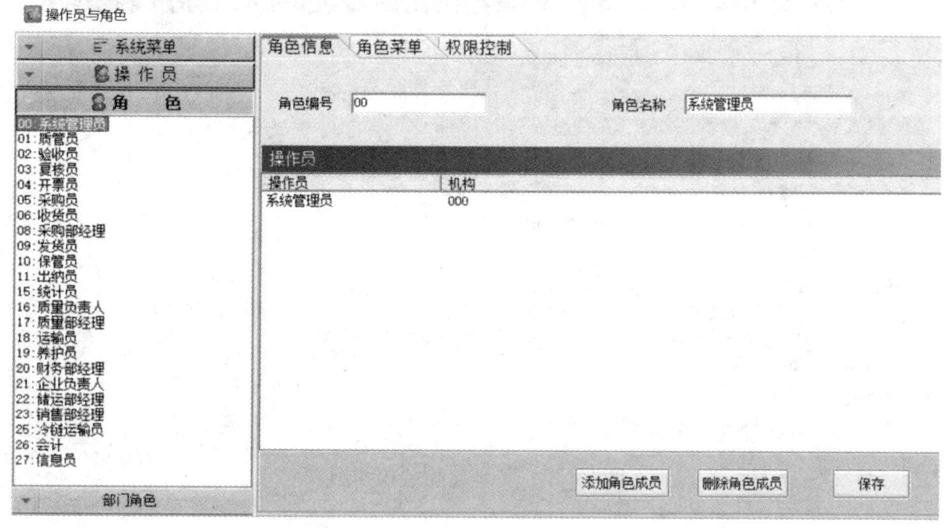

图 12.10　职位分配管理图例

3）**菜单授权**

系统菜单权限内目录或子目录字段众多，根据操作员具体的岗位勾上相同或不同的字段分配操作权限，如图 12.11 所示。

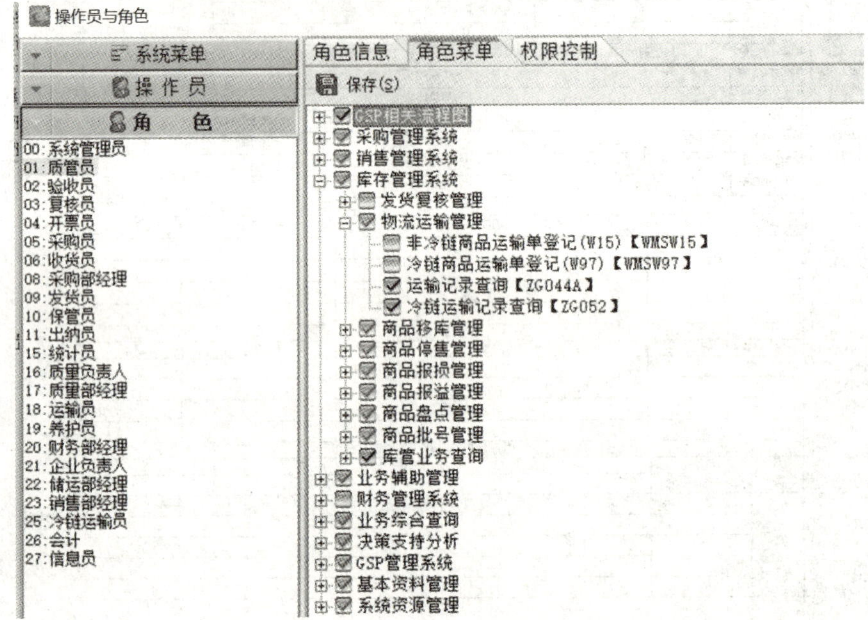

图 12.11　根据员工岗位进行授权图例

4）**特殊功能授权**

此功能为一些快捷功能，如在销售开票时带出价格、价格拦截等级等在此授权增加，如图 12.12 所示。

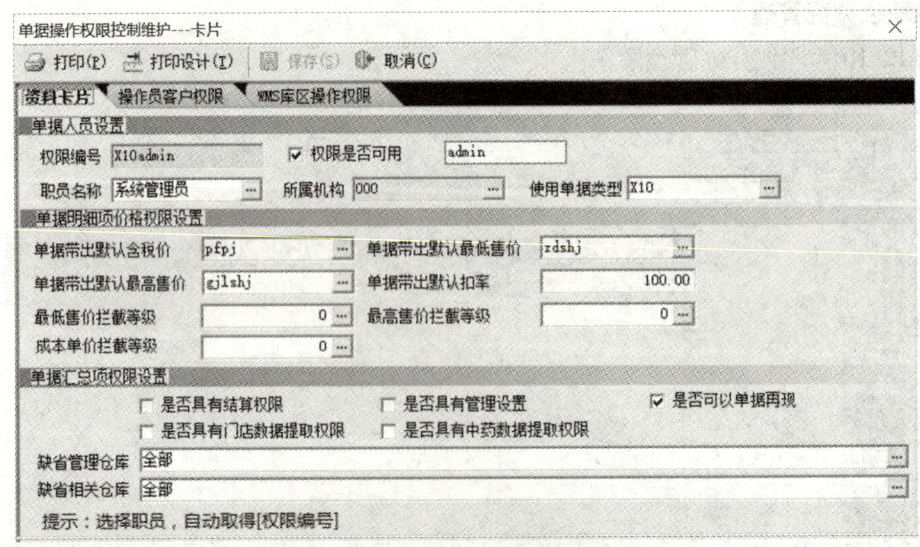

图 12.12　特殊功能授权图例

5）操作权限授予

图12.13所示为操作权限授予图例。

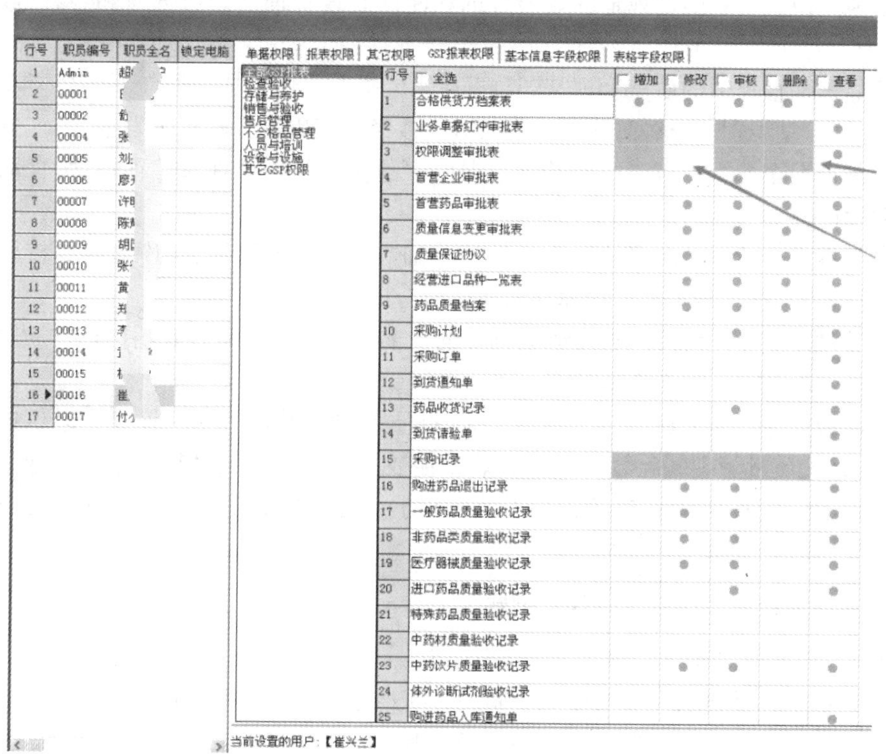

图12.13　操作权限授予图例

12.2.3　基础数据管理

按照附录2第八条的要求，药品批发企业应当将审核合格的供货单位、购货单位及经营品种等信息录入系统，建立质量管理基础数据库并有效运用。系统能对质量管理基础数据进行审核、确认生效及锁定；能对经营业务数据的修改申请进行审核，并按规定的程序修改；系统具有建立和自动核对质量管理基础数据库的功能。基础数据库包括供货单位、购货单位、经营品种、供货单位销售人员资质、购货单位采购人员资质及提货人员资质等相关内容；系统能自动跟踪、识别和控制与对应的供货单位、购货单位以及购销药品的合法性和有效性，以及与之对应的供货单位或购货单位的经营范围；系统能对接近失效的质量管理基础数据进行提示、预警，对失效的质量管理基础数据自动锁定。

1）计算机系统对基础数据的相关要求

①质量管理基础数据与对应的供货单位、购货单位以及购销药品的合法性、有效性相关联，与供货单位或购货单位的经营范围相对应，由系统进行自动跟踪、识别与控制。

②系统对接近失效的质量管理基础数据进行提示、预警，提醒相关部门及岗位人员及时索取、更新相关资料；任何质量管理基础数据失效时，系统都自动锁定与该数据相关的业务功能，直至数据更新和生效后，相关功能方可恢复。

③质量管理基础数据是企业合法经营的基本保障,须由专门的质量管理人员对相关资料审核合格后,据实确认和更新,更新时间由系统自动生成。

④其他岗位人员只能按规定的权限查询和使用质量管理基础数据,不能修改数据的任何内容。

⑤药品采购订单中的质量管理基础数据应当依据数据库生成。系统对各供货单位的合法资质,能够自动识别、审核,防止超出经营方式或经营范围的采购行为发生。

⑥药品批发企业系统应当按照基础数据库中药品的管理类别及储存特性,自动提示相应的储存库区。

⑦药品批发企业系统应当依据质量管理基础数据和养护制度,对库存药品按期自动生成养护工作计划,提示养护人员对库存药品进行有序、合理地养护。

⑧药品批发企业系统应当按基础数据库的要求对库存药品的有效期进行自动跟踪和控制,具备近效期预警提示、超有效期自动锁定及停销等功能。

⑨药品批发企业销售药品时,系统应当依据质量管理基础数据及库存记录生成销售订单,系统拒绝无质量管理基础数据或无有效库存数据支持的任何销售订单的生成。系统对各购货单位的法定资质能够自动识别并审核,防止超出经营方式或经营范围的销售行为发生。

2)计算机系统中基础数据的建立图解

(1)基础平台

质管部指定人员在基础平台项下按要求分别录入商品资料、供货厂商资料、生产厂家资料、客户资料、经营范围等信息。图 12.14 所示为部分平台图例。

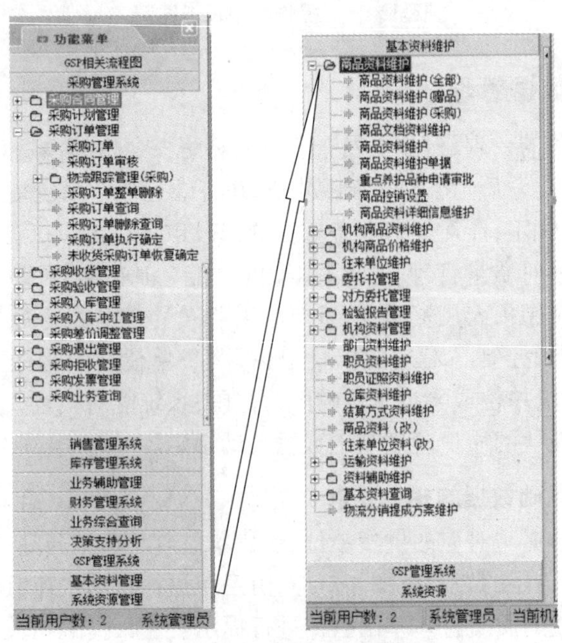

图 12.14　部分平台图例

(2)供货单位所包含的基础数据信息

①药品生产企业或药品经营企业的名称、法人、生产或经营地址等。

②《药品生产许可证》或者《药品经营许可证》的证书编号、生产或经营范围及效期等。

③GMP/GSP 的证书编号、生产或经营范围及效期等。

④相关印章、随货同行单(票)样式的数据库扫描件。

⑤开户户名、开户银行及账号的数据库扫描件。

⑥法人授权委托书、供货单位销售人员身份证数据库扫描件、销售品种、地域、委托效期等。

⑦质量保证协议及效期。

供应商维护图例如图 12.15 所示。

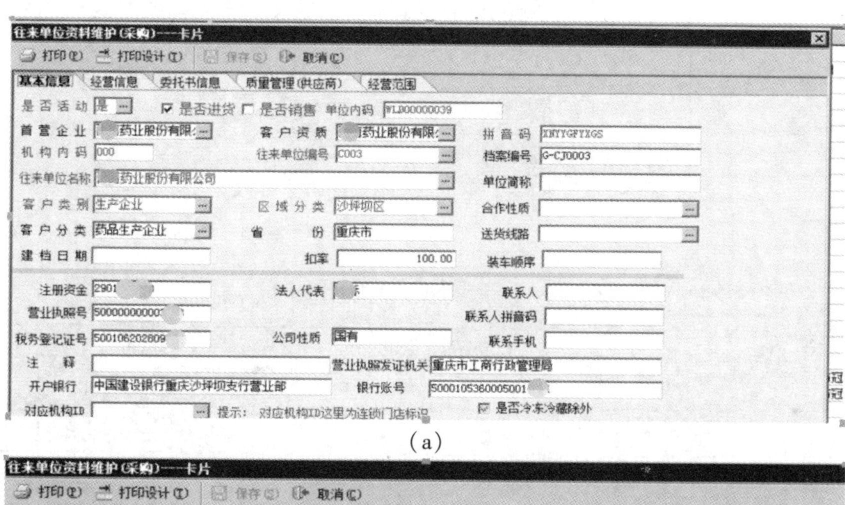

(a)

(b)

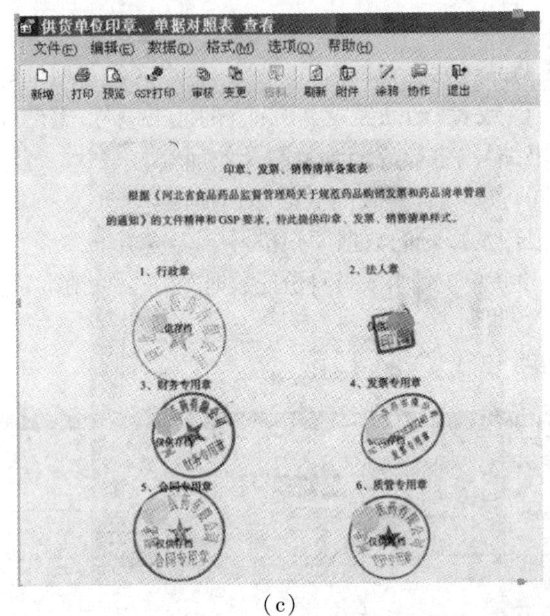

(c)

(d)

图 12.15　供应商维护图例

(3)品种所包含的基础数据信息

①药品的通用名称、剂型、规格、生产厂家、生产厂家生产许可证和 GMP 证书的生产范围及效期、药品批准文号及效期、药品效期、供货单位、价格、包装规格、中药材和中药饮片的产地等。

②包装、标签、说明书、检验报告书试样等其他批准证明性文件的数据库扫描件。

药品维护图例如图 12.16 所示。

(4)购货单位所包含的基础数据信息

①购货单位的名称、地址。

②购货单位的许可证书编号、生产、经营或诊疗范围及效期等。

③购货单位的 GMP/GSP 证书编号、生产或经营范围及效期等。

④购货单位的采购人员及提货人员的身份证扫描件。

客户维护图例如图 12.17 所示。

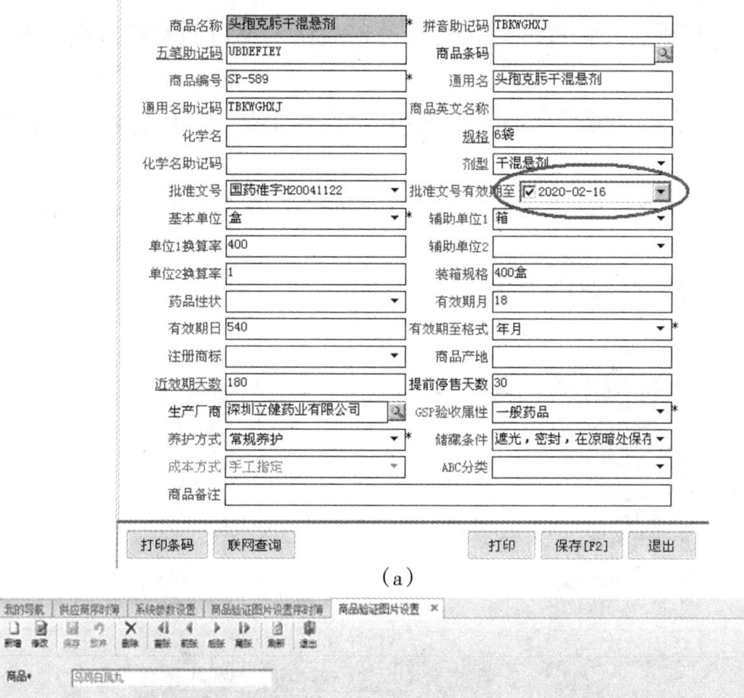

(a)

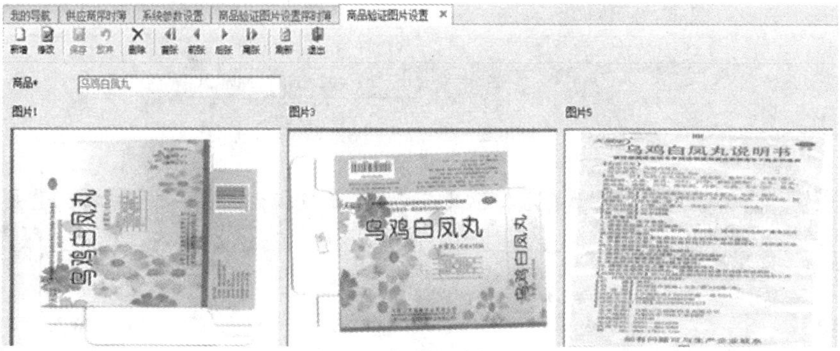

(b)

图 12.16　药品维护图例

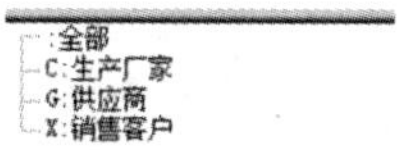

全部
C:生产厂家
G:供应商
X:销售客户

(a)

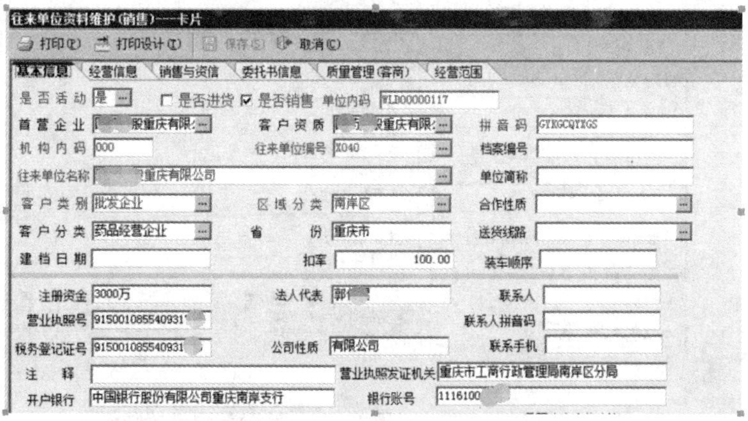

(b)

图 12.17　客户维护图例

(5)基础数据控制的自动拦截

在药品基础信息栏内,设置好药品分类,与设置的往来单位的经营范围挂钩,入库出库超范围自动拦截。

①特殊管理药品、含特殊管理药品复方制剂、蛋白同化制剂、肽类激素在基础数据库中的建立和限制。

②近效期药品、不合格药品、质量有疑问药品、购进退出药品、销后退回药品在数据中的管理和控制。

经营范围设置图例如图 12.18 所示。

(a)

(b)

图 12.18　经营范围设置图例

委托范围与经营范围挂钩,入库出库超范围自动拦截,双击选中对应范围,如图 12.19 所示。

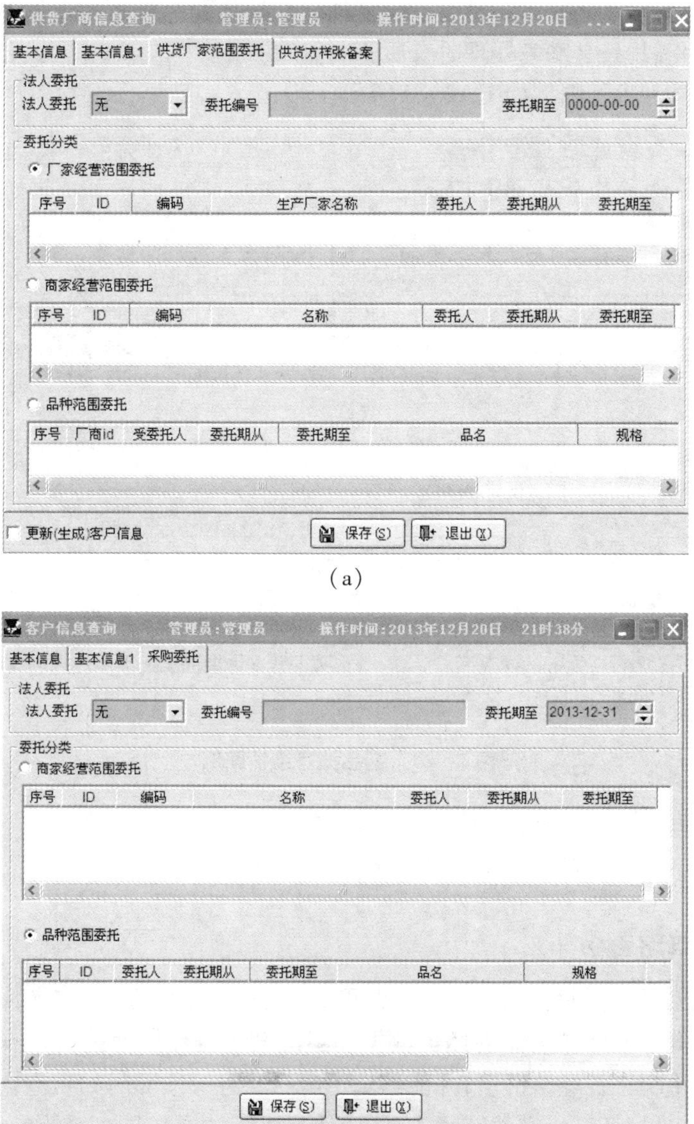

(a)

(b)

图 12.19 委托范围图例

(6)基础数据控制的自动报警

系统会根据一定的条件设置进行业务数据报警,在系统登录时弹出“自动报警”窗口提示。自动报警的条件设置:单击任务考核→效期预警,设置各项预警期限,单击查询即可。设置好预警期限,库存低于下限、产品接近有效期、供货单位资质、客户资质的许可证效期、委托书效期、GMP/GSP 认证书效期都可以在 30 日之内开机自动提示报警,一旦过期系统会自动锁定为“资料欠缺停用”。

(7)基础数据控制的盘点调账

单击库房平台→报溢上账开单→报溢复核上账,可对药品发生盈余进行批号和数量等处理，库房平台→盘亏下账开单→盘亏下账复核可对缺损药品进行批号和数量等处理，2 种单据的录入方法相似，只是账务处理时有所不同。

盘点后调整药品批号图例如图 12.20 所示。

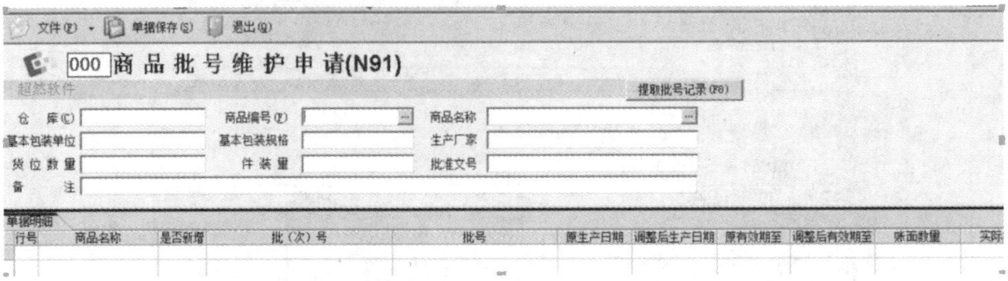

(a)

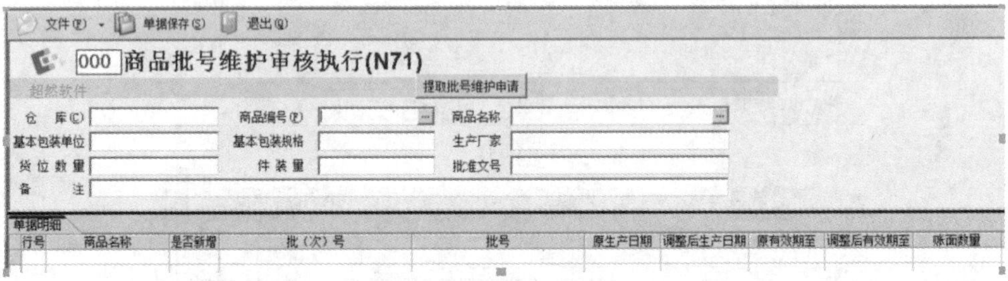

(b)

图 12.20　商品批号维护图例

(8)基础数据控制的业务查询

在查询平台下可对各项业务单据进行查询。

12.2.4　数据备份

企业应通过制订数据储存及备份管理制度、设立专门组织机构、建立特殊岗位职责、使用专用技术设备等手段保证企业的经营数据和温湿度监测数据保持持续安全状态，保证系统发生故障时不影响正常经营活动，并能够满足药品监督管理部门的检查需要，确保企业机载数据在发生遗失、损坏等极端情况时，有能力快速进行数据恢复。系统的经营数据和温湿度监测数据应按新版 GSP 规范要求进行每日备份，备份数据应存放在安全场所。备份方式一般分为 3 种，第一种为放置于不同物理空间的双服务器双机热备，能在一服务器发生故障时不影响系统工作，最为安全；第二种为同一服务器中 2 块硬盘镜像式备份，在一块硬盘发生故障时不影响系统工作，但火灾或盗窃等行为易导致无系统可用；最后一种是移动硬盘定时备份，恢复时必须先装应用软件，如果没完全做到按日定时备份会导致部分数据丢失。目前大部分企业会采取第一种、第三种，或第二种、第三种组合的方式进行备份。

1)计算机系统数据备份要求

①数据备份由服务器自动执行，服务器每天自动生成备份文件，每一份备份文件包含全部完整的数据。

②系统管理员应每日检查备份文件的生成情况，查看是否正常备份，发现问题应及时与

软件商联系解决。

③系统管理员应准备专用的移动硬盘,每日复制最后的完整备份文件到移动硬盘中,并妥善保管,将移动硬盘与服务器分开存放。

④考虑到每一份备份均是完整数据库的备份,为节约备份空间,系统管理员可以将以前历史备份文件删掉,但应至少保证最近 7 份完整备份文件,且备份日志不能删除。

2)计算机系统数据备份图解

①进入数据库服务模块:开始→所有程序,如图 12.21 所示。

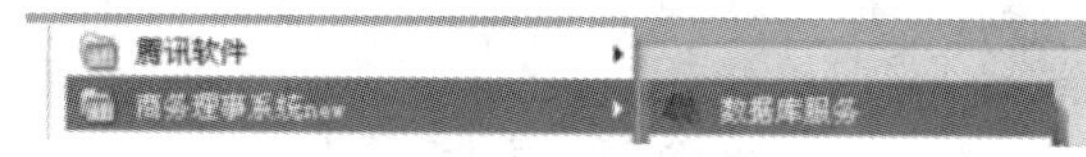

图 12.21 **备份步骤一**

②单击主菜单的“备份与恢复”,再进入参数设置,如图 12.22 所示。

图 12.22 **备份步骤二**

③数据库服务器连接设置:与程序连接配置方法相同,如图 12.23 所示。

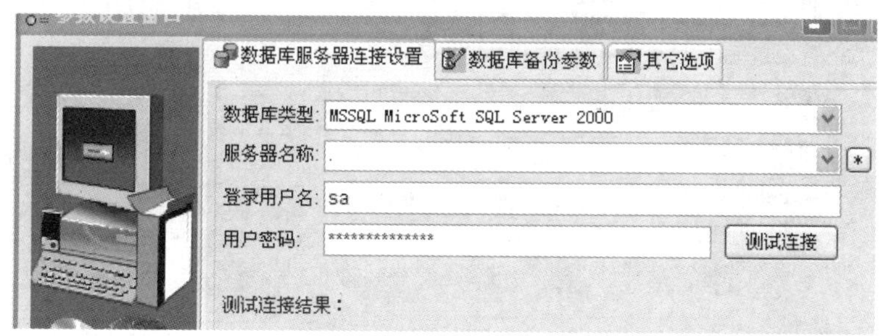

图 12.23 **备份步骤三**

④数据库备份设置。

a. 备份方式:周期备份(必须设置日期、时间;开启软件后会自动备份,设置为每天备份,注意由于备份文件较大,备份时间较长,应随时留意磁盘是否已满,否则备份失败);即时备份(必须手动点击,即可马上备份)。

b. 备份路径必须正确选择,如图 12.24 所示。

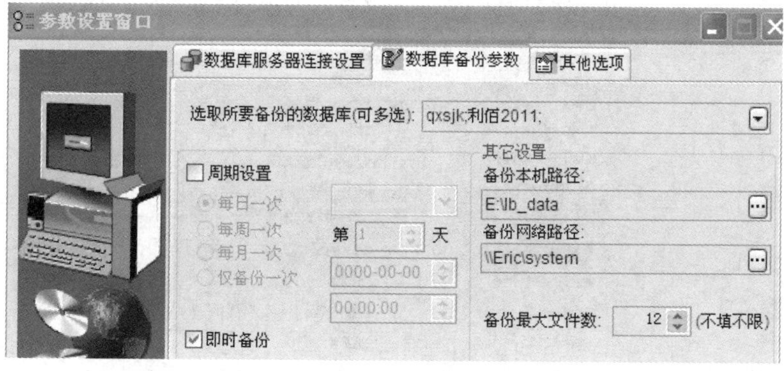

图 12.24 **备份图例**

备份的其他选项如图 12.25 所示。

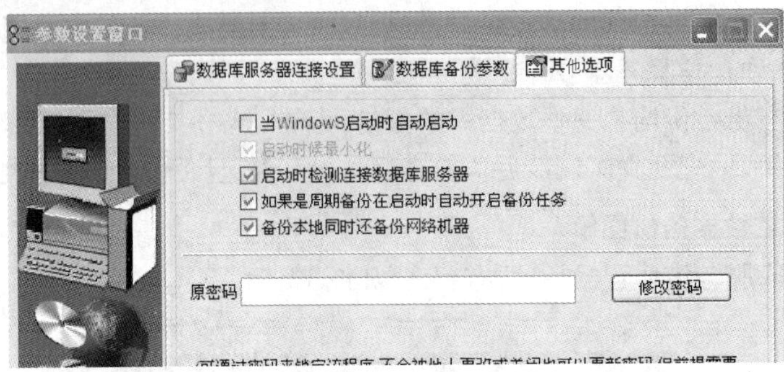

图 12.25　其他选项

⑤备份成功后，备份文件在对应的目录下，用移动硬盘复制备份数据保管 5 年。

案例讨论

案例检查重庆某企业采购“快胃片”时，品种基础数据录入界面如图 12.26 所示。

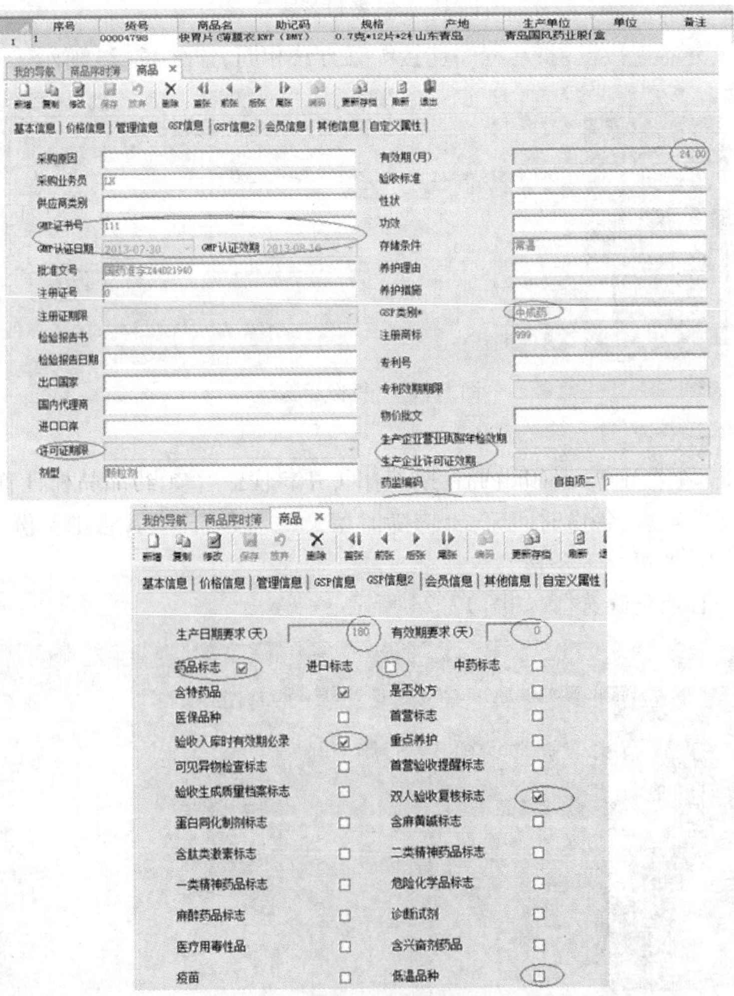

图 12.26　品种基础数据录入界面

请阅读上述材料，分析该企业违反了新版 GSP 计算机系统哪些条款？企业商品基础数据应包含哪些内容？该企业计算机系统还需增加哪些功能模块？建议企业从哪些方面对系统加以设置和改进？

思考题

1. 药品经营企业对计算机系统有什么硬件、软件要求？
2. 更改计算机管理系统中的数据应如何操作？如何保留记录？
3. 按照新版 GSP 的规定，药品经营企业应当在计算机系统中对哪些经营流程设置为内嵌式结构进行质量控制？
4. 药品经营企业计算机系统对哪些数据应锁定？
5. 药品经营企业计算机系统对经营流程中的哪些记录要求必须自动生成？
6. 药品经营企业计算机系统怎样备份经营数据和温湿度监测数据？
7. 药品经营企业计算机系统对于盘点过程中发现批号和数量不同的药品如何调整？
8. 药品经营企业计算机系统对特殊药品和含特殊管理药品复方制剂设定的内容有哪些？

技能实训项目

1. 按照教材在本章中所讲述的内容，列举出 1 个供应商、1 个药品品种、1 个采购商基础数据的全部内容，然后在参观药品批发企业的计算机系统时，由企业相关人员指导，采用计算机系统中的模拟板块，将供应商、药品品种、购货商基础数据的全部内容录入系统，观察是否能将该虚拟药品购进、售出，是否有系统该控制的地方没加控制。并撰写出实训报告。

2. 按照教材在第 3 章《药品经营企业的质量管理体系》文件中的要求，制订出验收员、养护员的计算机岗位职责，然后在参观药品批发企业的计算机系统时，根据其岗位职责在计算机系统的模拟板块中，找出相应的岗位权限字段选中保存→用手机拍照相应界面→退出系统。①对比你设置的权限和企业书面审批权限的不同，分析企业为什么要这样设置权限？②再进入模拟操作系统，观察你的权限是否得到质量管理部门的审批，未审批的权限是否可使用？未设置的权限是否可使用？③撰写出实训报告。

第13章 GSP认证管理

13.1 GSP认证概述

13.1.1 GSP认证的概念

GSP认证是指国家及地方药品监督管理部门依法对各类药品经营企业的药品经营质量管理进行监督检查的一种手段,是对药品经营企业实施GSP情况的检查、评价并决定是否发给认证证书的监督管理过程,其实质是政府对药品经营企业的一种法定监督管理形式。GSP认证在我国正式推行后,药品经营企业的经营行为受到了很好的约束和规范,药品市场不规范行为得到有效的遏制。

同时,GSP认证也是一种药品市场准入制度。为加快推行GSP实施并体现推行GSP实施的强制性,药品监管部门将推行GSP实施与药品经营企业的经营资格结合起来,将其作为衡量一个药品经营企业是否具有资格继续经营药品的先决条件。因此GSP认证已成为我国药品市场准入的一道技术壁垒。

GSP认证通过的企业名单可以在国家食品药品监督管理总局网站公众查询平台上查询。

13.1.2 GSP认证的意义

GSP认证是根据当前对我国药品经营质量实施监督管理所面临的形势和任务提出的,实施GSP认证既是市场准入的法定条件,也是促进医药行业与国际接轨并参与国际竞争的有力抓手。在这一背景下,加快全行业GSP认证步伐,努力推动企业实施GSP认证工作,对我国药品经营市场健康发展具有重要意义,主要表现在下述3个方面。

1)有利于企业提高药品经营质量

药品在流通过程中出现的反复装卸、运输、储存会使药品随时发生差错、污染和混淆等情况。实施GSP和GSP认证,可以促使企业规范操作,控制可能影响药品质量的各个环节,消除发生质量问题的关键因素,促进企业药品经营质量的提高。

2)有利于提高企业经营管理水平

实施GSP认证,有利于企业健全管理制度,改善经营条件,提高从业人员素质,形成自我约束、自我完善、自我发展的良性机制,从而提升企业综合素质。

3)有利于增强医药企业国际市场竞争力

实施GSP认证,能很好地促使我国药品经营企业经营管理方式和标准与国际接轨,使之朝着规范化、集约化方向发展,提高行业集中度,消除过度竞争、秩序混乱等乱象,有利于提高企业和行业的整体素质,增强我国医药企业国际市场竞争力。

13.2 GSP认证申报的范围与条件

13.2.1 GSP认证申报的范围

中华人民共和国药品管理法实施条例规定,具有以下情形之一的药品经营单位,在取得《药品经营许可证》之日起30日内,向发给其《药品经营许可证》的药品监督管理部门或者药品监督管理机构申请《药品经营质量管理规范》认证。

①具有企业法人资格的药品经营企业,零售连锁企业的加盟门店除外。

②非专营药品的企业法人下属的药品经营企业。

③不具有企业法人资格且无上级主管单位承担质量管理责任的药品经营实体。

13.2.2 GSP认证申报的条件

国家食品药品监督管理总局规定:药品经营企业申请GSP认证必须符合以下条件:

①具有国家主管部门颁发的《药品经营许可证》《营业执照》或《企业法人营业执照》。

②在申请认证前12个月内,企业没有因违规经营造成的经销假劣药品问题。

③企业经过内部评审,基本符合GSP及其实施细则规定的条件和要求。

13.3 GSP认证的程序

药品GSP认证有固定的工作流程,药品经营企业和药品监管部门必须按照规定好的程序进行认证,主要包括:企业申请、初审、受理、技术审查、现场检查、综合评定、审批等,如图13.1所示。

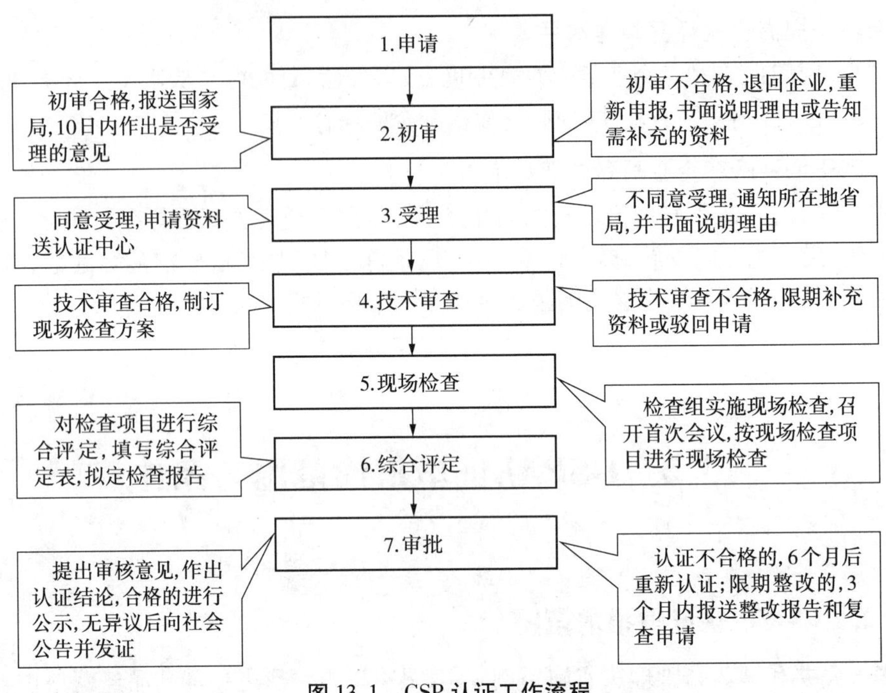

图 13.1　GSP 认证工作流程

1）申请

GSP 认证是一项行政许可，由药品经营企业向企业所在地省级药品监督管理部门提出认证申请，填报《药品经营质量管理规范认证申请书》，并报送相关资料。逾期未申请的，主管部门责令停止经营，6 个月后可重新提出认证申请。

2）初审

省、自治区、直辖市药品监督管理部门在收到企业认证申请的 20 个工作日内完成初审，提出初审意见。将审查合格的认证申请及资料报送国家药品监督管理部门；初审不合格的，将认证申请退回企业，通知企业重新申报，并一次性告知需补充的材料或书面说明退回理由。

初审时，重点查看企业申请认证前 12 个月内有无因违规经营造成的经销假劣药品问题。假劣药品是指药品监督管理部门在行政执法中认定的或法定药品检验机构在药品抽检中确认的假劣药品。12 个月的起始日期以药品监督管理部门作出行政处罚的日期为准。

3）受理

国家药品监督管理部门对收到的认证申请进行形式审查，并在 10 个工作日内对认证申请提出是否受理的意见。同意受理的，将认证申请及有关资料转送国家食品药品监督管理总局认证中心；不同意受理的，通知企业所在地省级药品监督管理部门并说明原因。

形式审查的内容主要是企业开办时间、内审执行情况、人员资质、组织机构职能框图、仓库平面图、缴费等。

4）技术审查

国家食品药品监督管理总局认证管理中心在收到认证申请及资料之日起的 20 个工作

日内进行技术审查。审查合格的,进入现场检查程序;对审查不合格或有疑问的,与省局有关部门或企业接洽,通知企业限期按要求补充资料,逾期仍达不到要求的,报请国家局驳回申请。

5)现场检查

药品 GSP 认证检查机构制定现场检查方案,包括检查时间、有关要求和检查成员等,组织实施现场检查,并在现场检查前,将现场检查通知书发送至被检查企业,同时抄送企业所在地省级药品监督管理部门和国家药品监督管理部门。现场检查由检查组实施现场检查,检查组由3名GSP检查员组成,检查员随机抽取,实行组长负责制,认证管理中心根据检查对象的类型、规模等情况可选派人员监督现场检查方案的实施,企业所在地省、自治区、直辖市药品监管部门可以选派1名观察员协助现场检查。

召开首次会议作为现场检查的开始,主要内容包括:介绍检查组成员、说明相关事项、宣布检查纪律、被检查企业汇报情况、确认检查范围、落实检查日程、确定检查陪同人员等。现场检查陪同人员应是被检查企业负责人或是经营、质量管理部门的负责人,应熟悉药品经营和质量管理的有关环节和要求,能准确回答检查组提出的有关问题。

检查组严格按照现场检查方案进行检查。检查时,如发现实际情况与企业申报资料不符,检查组应向国家药品监督管理部门认证管理中心提出调整检查方案的意见。检查员按照《GSP 认证现场检查项目》规定的内容对企业实施 GSP 的相关情况进行检查,对检查项目如实记录,发现问题认真核对,必要时可进行现场取证。

6)综合评定

检查组根据检查标准,对检查项目进行评定,并填写《药品经营质量管理规范认证检查评定表》,根据现场检查情况、综合评定意见及评定结果,检查组成员提出意见,检查组组长拟定检查报告,检查报告应经检查组成员全体通过,并在报告上签字。综合评定期间,被检查企业应回避。

综合评定结束后,由检查组召开末次会议,通报检查情况。参会人员包括检查组成员、参加现场检查工作的相关人员和被检查企业有关人员。对提出的不合格项目和需要完善的项目,由检查组全体成员和被检查企业负责人签字,双方各执一份。

被检查企业如对所通报的情况有异议,可以提出意见或针对问题进行说明或解释。如果双方有明显争议的问题,必要时可重新核对;如有不能达成共识的问题,检查组要有详细记录,经检查组全体成员和被检查单位负责人签字,双方各执一份。

检查工作结束后,检查组应在3日内将检查报告、相关资料及有关异议的记录资料等装袋贴封,上报国家药品监督管理部门药品认证管理中心。

7)审批

国家食品药品监督管理总局认证管理中心根据检查组现场检查报告并结合有关情况,在收到报告的20个工作日内提出审核意见,报送国家食品药品监督管理总局审批。国家局在收到认证管理中心审核意见之日起20个工作日内,作出认证结论:认证合格、认证不合格、限期整改。对认证合格的企业作出批准认定的决定,经公示后无不同意见的,颁发《GSP认证证书》并向社会公告;公示后有反映弄虚作假,经调查属实的,不予发证,6个月后重新申请认证。认证不合格的,6 个月后重新申请认证。认证限期整改的,3 个月内报送整改报告和复查申请。

13.4 GSP 认证准备

13.4.1 人员准备

企业应组织质量管理相关部门的人员认真学习 GSP 知识,要求各岗位人员熟悉掌握本岗位相关的质量管理文件。一方面能够落实到实际操作过程当中,能够从实质上提高药品经营质量管理水平,真正贯彻执行 GSP,另一方面在 GSP 认证检查过程中,面对检查人员的询问和考核,能够做出正确的回答。企业应在 GSP 认证实施现场检查前,根据企业的规模确定 2 ~3 名企业人员陪同 GSP 检查人员现场检查,负责与认证检查组成员沟通、配合与联系,做到及时处理检查中出现的一些问题。陪同人员的素质与专业能力将对企业 GSP 认证现场检查起着重要的影响,陪同人员主要应从企业质量管理人员中选拔,并对陪同人员进行重点培训,培训后一般不宜轻易调换,陪同人员应具备以下基本要求:

①思路清晰、表达清楚、反应敏捷、善于沟通、有较强的文字记录能力。

②熟悉 GSP 认证的总体要求、经营管理流程与质量管理过程、关键性技术细节。

③具有较高的整体协调能力与应变能力。

企业应当配备 1 ~2 名 GSP 认证资料保管调度人员,资料保管调度人员不仅要熟悉 GSP 认证资料的构成与分类,全面掌握企业备查资料的分布,还要能同陪同人员进行及时沟通,具有很强的现场组织能力,能为现场检查员及时准确提供所需要的文件资料。检查员在现场检查中发现问题时,往往要在文件资料中核查证实,如果发现提供资料不及时、不适当等问题,将会影响企业认证检查的效果。

13.4.2 资料准备

1) 总体汇报资料

企业实施 GSP 认证的总体汇报资料,主要由企业高层领导和质量管理部门组织完成,总体汇报资料包括:《药品经营质量管理规范认证申请书》《GSP 认证申请资料初审表》等。

(1) 药品 GSP 认证申请书

①填写的企业名称应与公章一致,不用简称,其他附件资料中也不用简称。

②认证申请书中各项目按规定填写,做到翔实和准确。

③企业名称、注册地址、经营方式、经营范围、仓库地址应与《药品经营许可证》上的内容一致;经营范围中具有麻醉药品和一、二类精神药品经营资格的企业,在企业基本信息栏中画"√",同时提供相应的批准文件的复印件。经营范围中具有蛋白同化制剂、肽类激素经营

资格的企业，在企业基本信息栏中画“√”，在药品监管部门网站《通知文件》栏中下载《蛋白同化制剂、肽类激素定点经营企业名单》，打印后作为合法资质证明文件即可。如没有以上 2 项经营范围的，在企业基本信息栏中填写“无”。

④企业法定代表人、企业负责人、质量负责人应与《药品经营许可证》上的内容一致。

⑤企业开办时间，要以药品监督管理部门首次批准并发给《药品经营许可证》的时间为准。转制、更名的企业，需填写最近一次转制、更名的时间。

⑥职工人数，是指签订聘用合同的在册全体员工数。

⑦填写法定代表人、企业负责人、质量负责人、质量管理部门负责人的执业药师或技术职称栏目时，已取得执业药师资格的只填执业药师，否则只填技术职务。

⑧联系人一定要选择随时可以联系到的本企业法定代表人、质量负责人或质量管理部门负责人。联系方式一旦变动应尽快通知省食品药品认证和培训中心，所留联系方式固定电话前加区号，同时留下手机号码便于联系。

⑨企业基本情况：填写需简明扼要，不得另附页。要求反映企业基本概况，包括企业组建的历史沿革、企业性质、组织机构名称、人员状况、分支机构情况、门店数量、药学技术人员所占比例、库房的总面积[包括：常温库、阴凉库、冷库(m^3)、中药材和中药饮片库、特殊药品库面积]、上年销售额和利润、质量保证情况、设施设备状况，有无违规经营假劣药品情况。5 年到期的企业重新认证需要反映出上次认证的时间。

(2)GSP 认证申请资料初审表

企业认证 GSP 认证资料初审表后，由企业所在省级药品监督管理部门负责对以下内容进行审核，“审查结果”栏应根据实际情况填写“合格”或“合理缺项”字样，审查项目如下所述。

①《药品经营许可证》和《营业执照》复印件。

②企业实施 GSP 情况的自查报告。

③企业负责人员和质量管理人员情况表。

④企业验收、养护人员情况表。

⑤企业经营场所、仓储、验收养护等设施、设备情况表。

⑥企业所属药品经营单位情况表。

⑦企业药品经营质量管理文件系统目录。

⑧企业管理组织、机构的设置与职能框图。

⑨企业经营场所和仓库平面布局图。

⑩企业办公、经营场所和仓库用房产权证或租赁合同复印件。

⑪企业非违规经营假劣药品问题的说明。

(3)《药品经营许可证》和《营业执照》复印件

①《药品经营许可证》载明项目：企业名称、注册地址、法定代表人应与《营业执照》内容相一致。

②《药品经营许可证》和《营业执照》应在有效期内。《营业执照》应按规定进行年检，未进行年检的，应提供相应书面证明材料并说明原因。

③有分支机构的药品批发企业应提供分支机构《药品经营许可证》及《营业执照》复印件。

④零售连锁企业应提供所有具有合法资质连锁门店的名单，企业连锁门店的名单需分别由门店所在地市（地、州）级食品药品监督管理部门核实后加盖公章。

⑤企业应提供《药品经营许可证》和《营业执照》正本或副本复印件，如《药品经营许可证》有些项目发生变更，还应提供变更事项载明页的复印件。

⑥5 年到期重新认证的企业须提供上次认证《药品经营质量管理规范认证证书》复印件。

（4）企业实施 GSP 情况自查报告

①主要反映企业为保证药品经营质量，在实施 GSP 过程中制订的质量方针、目标及质量保证体系，采取的措施及取得的成效等。要按照药品经营质量管理规范，对本企业的管理职责、人员培训、设施与设备、进货预验收、储存与养护、出库与运输、销售与售后服务等经营各环节进行全面对照检查并作出自我评价，查找存在的问题，提出改进措施。

②重新认证企业的自查报告，还应说明上次认证后企业软硬件条件变化的情况，最近一次认证或跟踪检查中存在缺项项目的整改情况。

（5）企业负责人员和质量管理人员情况表

①此表的填写范围包括企业法定代表人、企业负责人、质量负责人、质量管理机构负责人和质量管理组（员）所有人员（包括分支机构的质量管理人员），并在备注栏中注明质量管理人员所在分支机构的名称。

②以上人员应提供相应的资质证书，包括：执业药师资格证书、执业药师注册证书或专业技术职称证书和学历证书复印件，报送的资质证书复印件要清晰。各类证书应具有合法性。

③执业药师的执业单位应与申报企业相同，不相同的应先行变更执业单位。

（6）企业验收、养护人员情况表

①“职务栏”要根据所从事的工作填写验收员、养护员。

②如果该企业有分支机构，填写范围内应包括企业及分支机构人员情况，并在“备注栏”注明所在分支机构名称。

③企业及下属分支机构的药品验收、养护人员也要把执业药师资格证书、执业药师注册证书或专业技术职称证书和学历证书复印件附后。

（7）企业经营场所、仓储、验收养护等设施设备情况表

①设施、设备应符合企业实际情况，如本企业没有该栏目所设项目时，注册“无”。

②各类仓库面积均指建筑面积，单位为 m^2，对冷库还须在括号后面标注冷库体积单位。

③“辅助用房”是指库区中服务性或劳保用房屋。营业用房、辅助用房、办公用房总面积；批发企业要包括分支机构的用房面积；连锁企业只填写总部和配送中心的面积。

④仓库总面积是冷库、阴凉库、常温库和特殊管理药品专库、中药材、中药饮片等各类库房面积的总和。如果在各类仓库中存在库中库的情况，需按实际面积加和。

⑤验收养护室仪器、设备：批发、零售连锁企业应配置千分之一天平、澄明度检测仪、标

准比色液等仪器设施。企业经营中药材、中药饮片的,还应配置水分测定仪、紫外荧光仪、解剖镜或显微镜等。

⑥运输用车辆,如果在设施设备表中填写不下,也可另附表填写(应列明运输、配送工具的名称、型号、数量等相关内容)。

⑦符合药品特性及安全要求的设备:指药品库房中用于温湿度调节、防火、防蚊虫等设备。

⑧配送中心配货场所面积:指零售连锁企业,或药品批发企业接受零售连锁企业委托配送业务,为零售连锁企业门店配送药品而单独设置的、独立的配货场所面积。

(8)企业所属药品经营单位情况表

①批发企业填写本企业分支机构(包括非法人分支机构,并在备注栏中注明"非法人"),批发企业无分支机构,在此表中注明"无"。

②零售连锁企业填写本企业所有门店情况表。

(9)企业药品经营质量管理文件系统目录

申报资料应填报现行的药品经营质量管理文件系统所有文件的目录,目录中应包括序号、文件名称和文件编号。企业报送的药品经营质量管理文件系统目录中应包括分支机构的相关文件目录。按照GSP有关要求,文件系统主要包括岗位职责、质量管理制度、工作程序3方面的内容。如果企业在取得《药品经营许可证》后,又新增加了经营范围,同时应增加相应的文件目录。如经营范围中已包含而暂时未经营的项目,也应制订出相应的制度。

(10)企业管理组织、机构的设置与职能框图

企业管理组织、机构的设置应与GSP的要求相适应,保证本企业药品的购进、储存和销售等环节实行全面质量管理,并能有效运行。应提供企业管理组织机构图和质量领导小组组织机构图,并注明各部门负责人姓名,明确各部门之间的关系。

(11)企业经营场所和仓库的平面布局图

经营场所和仓库的平面布局图要按实际比例绘制,并注明实际尺寸。批发企业经营场所平面布局图包括分支机构,零售连锁企业经营场所包括总部、分部。经营场所、仓库或配送中心图中应标明仓库名称、地址、各库区面积,仓库或配送中心图中标明"五区三色"(待验区、退货区为黄色;合格区、发货区为绿色;不合格区为红色)。要尽量使用彩色,同时企业还要注明验收养护室位置和面积;储存特殊药品、中药材和中药饮片的仓库应单独标明其位置和面积。

(12)企业办公、营业场所和仓库用房产权或租赁合同复印件

企业办公、营业场所和仓库的产权归本企业所有的,应提供房屋产权证明材料复印件;如果产权是其他单位的,应提供租赁合同复印件,同时提供租赁方的产权或使用权的有效证明文件。

(13)企业非违规经营假劣药品问题的说明及有效证明文件

企业在申请认证前1年内,应没有因违规经营造成的经销假劣药品行为。如1年内经销过假劣药品,但属于《药品管理法实施条例》第八十一条行为的,应作出说明,并提供相关

的证明材料。

2)**备查材料**

备查材料既是企业日常经营的依据和凭证,也是 GSP 认证部门材料审查的重要文件。主要分为综合性备查材料和部门自备检查资料 2 大类。

(1)综合性备查材料

这部分资料主要由职能部门组织完成,作为总体汇报材料的补充和追溯,主要是按照 GSP 和 GSP 认证检查项目的要求收集和整理。资料编目应科学,便于检索查找。具体要求如下:

①根据认证检查和项目编制资料总目录,与相应档案盒序号对应。

②对照 GSP 认证检查评定标准逐条汇集材料和数据,如某条内容资料较多,可编子目录,反之,也可将几条标准合并准备资料。

③每个资料盒内应装有一份资料目录,并贴在档案盒内侧,盒内资料应该用文件夹按目录顺序夹好或装订成册。

④认证标准如非本企业检查项目,应在总目录该条处标明“缺项”。

⑤基层数据资料和记录因数据较多,可存一两本于档案盒内备查,并注明其他资料的保存处。

(2)部门自备检查资料

这部分资料主要由相关部门分别自行完成,主要是为现场检查作准备,包括以下内容:

①各主要部门实施 GSP 工作情况。

②与 GSP 相关的各岗位、各环节质量工作制度、程序及职责资料。

③各部门与 GSP 和 GSP 认证检查和评定标准相对应部分的见证性原始记录与材料。

④GSP 认证资料的准备工作,涉及企业的各个层次,除了主要的质量管理职能部门外,各相关部门及基层单位都应密切配合,认真收集资料,汇总编写,审核统计,做好充分准备。

13.5 GSP 认证的监督管理

对 GSP 认证合格企业进行监督检查是 GSP 认证工作的重要组成部分,是《药品管理法》赋予药品监督管理部门的重要职责,其工作的优劣关系到监督实施 GSP 的成败。各级药品监督管理部门应全力做好认证合格企业的监督管理工作。对于药品经营企业来说,通过 GSP 认证只是企业实施 GSP 过程中的第一步。作为 GSP 认证合格企业,应更严格地按照 GSP 标准从事药品经营。对此,药品监督管理部门必须予以严格要求。

《药品经营质量管理规范认证证书》有效期为 5 年,新开办药品经营企业认证证书有效期为 1 年,有效期满前 3 个月内,由企业提出重新认证的申请。省、自治区、直辖市药品监督管理部门负责对辖区内通过 GSP 认证企业的监督管理。

除必要的日常监督检查外，每年对辖区内认证企业进行一定比例的抽查。对抽查结果应记录在案，并报送国家药品监管部门，同时抄送药品认证中心。

国家药品监管部门负责全国认证企业的监督管理，必要时可直接对企业进行检查。在监督检查中发现的不符合 GSP 要求且情节严重的认证企业，国家药品监管部门经调查核实后，撤销其《药品经营质量管理规范认证证书》并予以公告。

思考题

1. 药品经营企业 GSP 认证的概念和意义？
2. 药品经营企业申请 GSP 认证必须符合哪些条件？
3. 药品经营企业 GSP 认证有哪些程序？

技能实训项目

起草一份药品批发企业 GSP 认证自查报告提纲。

《药品经营质量管理规范》复习题及参考答案

一、单项选择题

1. 新版 GSP 施行时间是(　　)。

A. 2013 年 1 月 1 日　B. 2013 年 4 月 1 日　C. 2015 年 6 月 1 日　D. 2016 年 7 月 20 日

2. 规范药品经营管理和质量控制的基本准则是(　　)。

A. 中华人民共和国药典　B. 药品管理法

C. 药品经营质量管理规范　D. 药品流通监督管理办法

3. 企业制订的质量方针文件应当明确(　　)。

A. 首营企业审核　B. 首营药品审核　C. 质量目标和要求　D. 质量条款

4. 企业应当定期以及在质量管理体系关键要素发生重大变化时,组织开展(　　)。

A. 自查　B. 验证　C. 内审　D. 复核

5. 企业对药品流通过程中的质量风险进行评估采用的方式(　　)。

A. 自查　B. 回访　C. 前瞻或者回顾　D. 书面

6. 企业应当对药品供货单位、购货单位的质量管理体系进行(　　)。

A. 审核　B. 调查　C. 评价　D. 考核

7. 企业药品质量的主要责任人是(　　)。

A. 法定代表人　B. 质量管理负责人　C. 企业负责人　D. 采购员

8. 担任企业质量负责人应当是(　　)。

A. 执业药师　B. 质量管理人员　C. 高层管理人员　D. 采购部门负责人

9. 企业质量负责人在企业内部对药品质量管理具有(　　)。

A. 一票否决权　B. 否定权　C. 裁决权　D. 建议权

10. 药品批发企业组织制订质量管理体系文件的部门是(　　)。

A. 药品监督管理部门　B. 董事会

C. 企业质量管理部门　D. 企业质量负责人

11. 负责计算机系统操作权限的审核和质量管理基础数据的建立及更新的部门是(　　)。

A. 财务部门　B. 验收组　C. 质量管理部门　D. 采购部门

12. 企业负责药品召回的管理部门是(　　)。

A. 采购部门　B. 销售部门　C. 质量管理部门　D. 销售员

13. 企业组织质量管理体系的内审和风险评估的部门是(　　)。

A. 采购部门　　B. 销售部门　　C. 质量管理部门　　D. 销售员

14. 企业组织对药品供货单位及购货单位质量管理体系和服务质量的考察和评价的部门是(　　)。

A. 采购部门　　B. 销售部门　　C. 质量管理部门　　D. 销售员

15. 企业组织对被委托运输的承运方运输条件和质量保障能力的审查的部门是(　　)。

A. 采购部门　　B. 销售部门　　C. 质量管理部门　　D. 销售员

16. 企业质量管理部门在开展质量管理教育和培训是(　　)。

A. 主办　　B. 配合　　C. 协助　　D. 不参与

17. 药品批发企业负责人的学历和职称是(　　)。

A. 大学本科以上学历或中级以上职称　　B. 高级职称或执业药师

C. 大学专科以上学历或中级以上职称　　D. 大学专科以上学历并为执业药师

18. 药品批发企业从事质量管理工作的应当具有(　　)。

A. 药学大专或相关专业大专以上学历或者具有药学中级以上专业技术职称

B. 药学中专或相关专业大专以上学历或者具有药学中级以上专业技术职称

C. 药学中专或相关专业大专以上学历或者具有药学初级以上专业技术职称

D. 执业药师资质

19. 药品批发企业从事验收、养护工作的应当具有(　　)。

A. 执业药师资质

B. 药学或相关专业中专以上学历或者具有药学中级以上专业技术职称

C. 药学或相关专业中专以上学历或者具有药学初级以上专业技术职称

D. 高中以上学历并从事药品工作满五年

20. 药品批发企业从事中药材、中药饮片验收工作的应当具有(　　)。

A. 中药学专业中专以上学历或者具有中药学初级以上专业技术职称

B. 中药学专业大专以上学历或者具有中药学中级以上专业技术职称

C. 中药学专业中专以上学历或者具有中药学中级以上专业技术职称

D. 具有中药学初级以上专业技术职称

21. 从事中药材、中药饮片养护工作的应当具有(　　)。

A. 中药学专业大专以上学历或者具有中药学中级以上专业技术职称

B. 中药学专业中专以上学历或者从事中药工作满 10 年以上的

C. 中药学专业中专以上学历或者具有中药学初级以上专业技术职称

D. 从事中药工作满 10 年以上的

22. 直接收购地产中药材的,验收人员应当具有(　　)。

A. 老药工带徒,从事中药工作满 5 年的　　B. 中药学初级以上专业技术职称

C. 中药学中级以上专业技术职称　　D. 从事中药工作满 10 年以上的

23. 从事质量管理、验收工作的人员应当(　　)。

A. 在职在岗,并在劳动部门登记的人员　　B. 在职在岗,不得在其他单位兼职

C. 在职在岗,不得兼职其他业务工作　　D. 在职在岗,可以兼职其他业务工作

24. 从事采购工作的人员应当具有(　　)。

A. 执业药师资质　　B. 药学中级以上专业职称

C. 药学或相关专业中专以上学历　　D. 初级以上专业职称

25. 从事销售、储存等工作的人员应当具有(　　)。

A. 药学初级以上专业技术职称　　B. 药学或相关专业中专以上学历

C. 高中以上文化程度　　D. 从事药品工作满5年的经验

26. 企业应当制订药品采购、收货、验收、储存、养护、销售、出库复核、运输等环节及计算机系统的(　　)。

A. 方案　　B. 办法　　C. 操作规程　　D. 技术文件

27. 经营过程中的所有记录及凭证应当至少保存(　　)。

A. 2年　　B. 3年　　C. 5年　　D. 超过有效期1年

28. 企业计算机数据的更改应当经(　　)审核并在其监督下进行,更改过程应当留有记录。

A. 企业负责人　　B. 质量负责人　　C. 质量管理部门　　D. 计算机维护部门

29. 直接收购地产中药材的应当(　　)。

A. 聘任专业技术人员　　B. 配备中药材鉴别仪器

C. 设置中药样品室(柜)　　D. 有专用的运输工具

30. 企业应当按照国家有关规定,对计量器具、温湿度监测设备等定期进行(　　)。

A. 维护　　B. 检查　　C. 校准或者检定　　D. 保养

31. 企业应当对冷库、储运温湿度监测系统以及冷藏运输等设施设备进行使用前(　　)。

A. 检查　　B. 记录　　C. 验证　　D. 保养

32. 验收药品应当按照药品批号查验同批号的(　　)。

A. 药品购进票据　　B. 随货同行单　　C. 检验报告书　　D. 条形码

33. 首营企业、首营药品审核的资料应当归入(　　)。

A. 药品质量档案　　B. 相关档案盒里　　C. 药品信息档案　　D. 采购管理档案

34. 采购中药材、中药饮片的还应当标明(　　)。

A. 产地　　B. 规格　　C. 质量标准　　D. 价格

35. 企业应当定期对药品采购的整体情况进行综合(　　)。

A. 质量评审　　B. 考核　　C. 分析　　D. 判断

36. 供货单位提供的检验报告书应当加盖(　　)。

A. 质量管理印章　　B. 企业法人公章

C. 生产厂质量管理印章　　D. 出库印章

37. 企业对检验报告书的传递和保存可以采用(　　)。

A. 电子数据形式　　B. 传真　　C. 复印件　　D. 文本档案

38. 药品追溯信息与药品包装信息不符的,必要时应向(　　)报告。

A. 当地药监部门　　B. 企业质量管理部门

C. 企业负责人　　D. 企业法定代表人

39. 饮片装斗前应当复核,防止错斗、串斗;应当定期(　　)。
A. 清斗　　B. 装斗　　C. 出晒　　D. 检查
40. 销售近效期药品应当向顾客告知(　　)。
A. 有效期　　B. 储存方法　　C. 服用方法　　D. 注意事项
41. 企业对未按规定加印或加贴药品电子监管码的,应当(　　)。
A. 拒收　　B. 报告质量管理部门
C. 报告质量负责人　　D. 报药品监管部门
42. 购货单位专门直调药品要有(　　)。
A. 销售记录　　B. 药品检验报告书
C. 验收记录　　D. 质量保证协议
43. 验收直调药品应当将验收记录相关信息在(　　)传递给直调企业。
A. 当日　　B. 3 天之内　　C. 5 天之内　　D. 10 天之内
44. 企业应当根据药品的质量特性对药品进行合理储存,储存药品相对湿度为(　　)。
A. 35% ~75%　　B. 45% ~75%　　C. 30% ~70%　　D. 30% ~80%
45. 在人工作业的库房储存药品,按质量状态实行(　　)。
A. 色标管理　　B. 动态管理　　C. 定人管理　　D. 规范化管理
46. 中药材和中药饮片应当(　　)。
A. 分区存放　　B. 分库存放　　C. 单独存放　　D. 分类保管
47. 发现有问题的药品应当及时在计算机系统中锁定和记录,并通知(　　)。
A. 企业负责人　　B. 质量负责人　　C. 质量管理部门　　D. 当地药监部门
48. 车载冷藏箱或者保温箱在使用前应当(　　)。
A. 达到相应的温度要求　　B. 验证
C. 检测　　D. 调试
49. 企业应当制订冷藏、冷冻药品运输(　　)。
A. 应急预案　　B. 操作规程　　C. 管理制度　　D. 数据监测记录
50. 关于药品采购计划编制的原则不正确的是(　　)。
A. 按需进货　　B. 以价格为前提　　C. 以质量为前提　　D. 择优选购
51. 药品复核时应当对照的记录是(　　)。
A. 收货记录　　B. 验收记录　　C. 养护记录　　D. 销售记录
52. 对特殊管理的药品出库复核,应实行(　　)。
A. 一人验收、一人复核　　B. 一人复核
C. 双人验收　　D. 双人复核
53. 企业委托运输药品与承运方签订运输协议的内容可以不包括(　　)。
A. 药品质量责任　　B. 遵守运输操作规程
C. 药品名称、规格　　D. 在途时限
54. 以下关于药品运输管理的表述,不正确的是(　　)。
A. 企业应配备与经营规模相适应的并符合药品质量要求的运输设施设备
B. 搬运、装卸药品应轻拿轻放,严格按照外包装图示标志

C. 药品是特殊商品，为保证质量不可以委托运输
D. 在药品能安全到达的前提下，应选择最快、最好、最省的运输方式
55. 发现不得出库的情况，应报告(　　)处理。
A. 采购部门　　B. 财务部门　　C. 销售部门　　D. 质量管理部门
56. 药品出库复核记录的内容不包括(　　)。
A. 购货单位　　B. 生产厂商　　C. 验收人员　　D. 复核人员
57. 关于危险药品的运输，以下哪项是错误的(　　)。
A. 箱外应有危险货物包装标志
B. 运输危险药品时，如果使用 GPS 定位，则可自行选择人流量、车流量少的路线行驶
C. 应严格按危险货物配装表规定的要求办理
D. 运输危险药品时，必须按公安部门指定的路线、时间行驶
58. 药品出库时，所附随货同行单(票)应加盖(　　)。
A. 质量管理专用章　B. 药品出库专用章　C. 发票专用章　D. 企业公章
59. 直调药品出库时，由供货单位开具(　　)份随货同行单(票)。
A. 1　　B. 2　　C. 3　　D. 4
60. 对实施电子监管的药品，应当进行扫码和数据上传的环节不包括(　　)。
A. 出库　　B. 销售　　C. 验收　　D. 养护
61. 药品拆零销售记录的内容可以不包括(　　)。
A. 药品的通用名称、规格、批号、有效期　B. 分拆及复核人员签名
C. 购药者姓名、联系方式　D. 拆零起始日期、销售数量、销售日期
62. 药品批发企业审核购货单位合法资格的内容不包括(　　)。
A. 药品生产企业的生产范围　B. 药品经营企业的经营范围
C. 医疗机构的诊疗范围　D. 购药企业无违法违规行为的记录证明
63. 药品零售企业经营过程中，以下哪项是错误的(　　)。
A. 不能在营业店堂内进行药品的广告宣传，有促销之嫌
B. 应按国家有关药品不良反应报告制度，做好药品不良反应报告工作
C. 正确介绍药品，不得虚假夸大、误导用户
D. 销售中药饮片应符合炮制规范，并做到计量准确
64. 药品经营企业制订投诉管理操作规程，内容可以不包括(　　)。
A. 投诉渠道及方式　B. 调查与评估、处理措施
C. 质量分析会议的方式和程序　D. 反馈和事后跟踪
65. 在药品批发企业销售规范中，关于销售行为的合法性，以下哪项是错误的(　　)。
A. 销售药品应当如实开具发票，做到票、账、货、款一致
B. 因需求多元化，可将药品销售给直接的使用者和患者
C. 正确介绍药品，不得虚假夸大、误导用户
D. 严格遵守国家有关法律、法规，依法规范经营
66. 药品经营企业销售记录的内容可以不包括(　　)。
A. 药品的通用名称、规格、剂型、批号、有效期

B. 生产厂商、购货单位
C. 供货单位
D. 销售数量、销售日期、单价、金额
67. 药品经营企业发现已售出药品有严重质量问题,应当采取的措施可以不包括(　　)。
A. 立即通知销售单位停售
B. 向药品监督管理部门报告
C. 追回售出的药品并做好记录
D. 将追后药品抽样送所在地药品检验机构检验
68. 药品经营企业针对药品不良反应监测和报告,不正确的做法是(　　)。
A. 明确销售部门承担药品不良反应检测和报告
B. 配备专职人员或兼职人员具体负责
C. 在各类与质量管理相关人员的岗位职责中要明确其不良反应报告的责任
D. 对相关人员进行药品不良反应知识的培训和考核
69. 企业在营业场所内的行为不正确的是(　　)。
A. 公布企业投诉电话,未公布药品监督管理部门
B. 设置顾客意见簿
C. 设置饮水机和电子体重秤
D. 免费测量血压
70. 以下关于药品广告的表述,错误的是(　　)。
A. 药品广告的审查和检查机构是企业所在地省级药品监督管理部门
B. 处方药不得在大众传播媒体上发布广告
C. 营业场所内外的灯箱广告不需要进行审批
D. 药品广告须以国家药品监督管理部门批准的药品说明书为准
71. 关于药品零售企业营业场所说法不正确的是(　　)。
A. 经营非药品应当设置专区
B. 非药品与药品区域应明显隔离
C. 非药品区应有醒目标志
D. 药品放置于货架(柜)应避光
72. 以下关于药品零售企业管理说法不正确的是(　　)。
A. 处方药与非处方药应分区陈列
B. 陈列处方药和非处方药应有专用标识
C. 药品零售企业应当对药品的有效期进行跟踪管理,防止近效期药品售出后可能发生的过期使用
D. 增强药品经营企业的国际竞争力
73. 关于色标管理说法不正确的是(　　)。
A. 合格药品为绿色　　B. 不合格药品为黄色
C. 待验药品为黄色　　D. 待发药品为黄色
74. 药品堆码应符合的要求是(　　)。

A. 按批号堆码
B. 不同批号的药品不得混垛
C. 垛间距离应符合规定要求
D. 以上都不对

75. 以下不符合药品堆码要求的是(　　)。
A. 垛间距离不小于 5 cm
B. 药品与地面间距不小于 10 cm
C. 药品与库房内墙、屋顶间距不小于 30 cm
D. 药品与温度调控设备及管道等设施间距不小于 10 cm

76. 企业应当对库存药品定期盘点,做到(　　)。
A. 账、货相符
B. 账、卡相符
C. 货、卡相符
D. 账、货、卡相符

77. 储存中发现质量可疑的药品,保管员应立即采取措施,以下不恰当的做法是(　　)。
A. 立即挂上"停售"标志牌
B. 在计算机系统中锁定
C. 立即向供货单位查询
D. 立即报告质量管理部门确认

78. 关于药品分类储存不正确的做法是(　　)。
A. 药品与非药品分开存放
B. 外用药与其他药品分开存放
C. 中药材和中药饮片分库存放
D. 特殊管理药品单独存放于阴凉库

79. 养护员养护工作的主要内容不包括(　　)。
A. 对库房温湿度进行有效检测、调控
B. 指导和督促储存人员对药品进行合理储存与作业
C. 检查并改善储存条件、防护措施、卫生环境
D. 按照养护计划对库房药品的外观、内在质量状况进行检查

80. 药品包装上没有标识的具体温度的,按照《中华人民共和国药典》规定的贮藏要求进行储存,以下不正确的是(　　)。
A. 阴凉处是指不超过 20 ℃
B. 阴暗处是指避光并不超过 20 ℃
C. 冷处是指 2 ~ 10 ℃
D. 常温是指室内温度

81. 出具随货同行单(票)的是(　　)。
A. 收货单位
B. 供货单位
C. 药品监督管理部门
D. 生产单位质量管理部门

82. 对特殊管理的药品验收,应实行(　　)。
A. 一人验收
B. 一人复核
C. 双人验收
D. 双人验收、双人复核

83. 验收人员对抽样药品进行检查、核对的内容不包括(　　)。
A. 药品外观
B. 包装、标签、说明书
C. 合格证明文件
D. 供货单位合法性证明文件

84. 冷藏、冷冻药品到货时,售货员的工作内容不包括(　　)。
A. 检查运输方式及运输过程中的温度记录
B. 做检查记录
C. 检查运输时限

D. 检查药品外观质量

85. 关于标示的说明，以下哪项是错误的（　　）。

A. 非处方药包装上有椭圆形的 OTC 标识

B. 甲类 OTC 药品是红底白字，乙类是绿底白字

C. 外用药品的包装上有红底白字"外"字的椭圆形标识，并有警示语

D. 外用药品的包装上有红底白字"外"字的四方形标识，无警示语

86. 药品经营企业购进药品时，以下做法错误的是（　　）。

A. 执行检查验收制度

B. 先验明药品合格证明和其他标识

C. 不符合规定要求的药品可先购进，通过验收即可

D. 对购进药品进行逐批验收

87. 以下药品外包装，不合格的是（　　）。

A. 包装箱牢固、干燥

B. 因物流外包，外包装上未标记运输注意事项

C. 外包装上清晰注明药品名称、规格等标记

D. 特殊管理药品有特定储运图示

88. 以下药品内包装，不合格的是（　　）。

A. 有详细说明书，无瓶签　　B. 容器合理、清洁、干燥、无破损

C. 封口严密　　D. 包装印字清晰，瓶签粘贴牢固

89. 以下关于包装标签和说明书检查的表述，不正确的是（　　）。

A. 药品说明书和标签中的文字应当清晰易辨，标识应当清楚醒目

B. 药品的标签应以说明书为依据，但其内容可增加说明书上未详尽的内容

C. 药品外标签应当注明药品通用名称、成分、形状、适应症或者功能主治等

D. 药品的内标签应当包含药品通用名称、适应症或者功能主治等

90. 以下说法不正确的是（　　）。

A. 每个药品整件包装应有产品合格证

B. 对销后退回的药品无须验收，应按不合理处理

C. 从药品生产企业购进的药品，验收时应检查生产企业同批号药品的检验报告书原件

D. 进口药品应有中文名、主要成分以及注册证号，并有中文说明书

91. 填写采购中涉及的首营企业审批表的部门是（　　）。

A. 采购部门　　B. 质量管理部门　　C. 财务部门　　D. 销售部门

92. 首营品种审批表的填写、审核、批准的部门或人员依次是（　　）。

A. 销售部门、采购部门、质量管理部门

B. 采购部门、质量管理部门、企业质量负责人

C. 采购部门、财务部门、质量管理部门

D. 采购部门、销售部门、企业质量负责人

93. 以下说法正确的是（　　）。

A. 同一药品销售人员可以同时在两家或多家药品企业兼职

B. 药品企业的销售人员是生产企业或经营企业的工作人员
C. 一名销售人员代理多家产品属于合法经营行为
D. 以上说法都不对
94. 属于企业与供货单位签订的质量保证协议所包含内容的是(　　)。
A. 质量保证协议的有效期限　　B. 供需双方的质量责任
C. 药品运输的质量保证及责任　　D. 以上都是
95. 关于药品直调说法正确的是(　　)。
A. 发生灾情、疫情、突发事件或者临床紧急救治等特殊情况可以采用直调方法
B. 药品直调是将已采购的药品不入本企业仓库,直接从供货单位发送到购货单位的购销方式
C. 药品直调应建立专门的采购记录,保证有效的质量跟踪和追溯
D. 以上说法都正确
96. 关于药品采购综合质量评审说法正确的是(　　)。
A. 常态评审与主动评审相结合,综合性评审与日常动态管理局和结合
B. 参与相关业务例会(如会议涉及引进新供应商、新品种等质量控制时),体现质量决策、裁决的作用
C. 每半年或一年由质量管理部门做一次主动的总体评价
D. 以上说法都正确
97. 关于首营企业提供的相关印章说法正确的是(　　)。
A. 相关印章样式可以采取复印件盖公章原印章
B. 印章样式可采取相关印章原印章样式彩打加盖企业公章
C. 相关印章式样可以直接采取彩色印刷的方式
D. 相关印章式样应具有可参考性
98. 有关质量保证协议书说法正确的是(　　)。
A. 供货方提供的质量保证协议书条款不全时可以采用手工添加质量条款的形式
B. 质量保证协议书条款不全时,可以采用签订补充协议的方式
C. 质量保证协议书可以盖"合同专用章""企业公章"和质量管理专用章
D. 质量保证协议签订的期限不得超过 5 年
99. 以下哪项不属于购进首营品种必须提供的资料(　　)。
A. 加盖供货单位公章原印章的药品生产企业合法证照复印件
B. 加盖供货单位公章原印章的药品生产批准证明文件
C. 药品检验报告书、价格批文
D. 包装标签备案件
100. 关于药品采购计划编制的原则不正确的是(　　)。
A. 按需进货　　B. 价格为前提　　C. 质量为前提　　D. 择优选购

二、多项选择题

1. 制订 GSP 的目的是(　　)。
A. 加强药品经营质量管理　　B. 规范药品经营行为

C. 保障人体用药安全、有效　　D. 保证药品质量

2. 药品经营企业实行质量控制措施的环节有(　　)。

A. 采购　　B. 储存　　C. 销售　　D. 运输

3. 企业依据法律法规和规范制定的体系、方针有(　　)。

A. 建立质量管理体系　　B. 确定质量方针

C. 制订质量管理体系文件　　D. 制订质量管理方针

4. 企业依据法律法规和规范开展的质量活动有(　　)。

A. 质量策划　　B. 质量控制　　C. 质量保证

D. 质量改进　　E. 质量风险管理

5. 企业质量管理体系包括的内容有(　　)。

A. 组织机构　　B. 人员　　C. 设施设备

D. 质量管理体系文件　　E. 相应的计算机系统

6. 企业对药品流通过程中的质量风险应进行(　　)。

A. 评估　　B. 控制　　C. 沟通　　D. 审核

7. 药品批发企业质量负责人要求是(　　)。

A. 大学本科以上学历　　B. 执业药师资格

C. 3 年以上药品经营质量管理工作经历　　D. 药学专业中级以上职称

8. 药品批发企业质量管理部门负责人应当是(　　)。

A. 执业药师资格　　B. 3 年以上药品经营质量管理工作经历

C. 大学本科以上学历　　D. 药学专业中级以上职称

9. 药品批发企业经营疫苗的质量管理和验收还应当配备(　　)。

A. 2 名以上专业技术人员

B. 专业技术人员本科以上学历及中级以上专业技术职称

C. 有 3 年以上从事疫苗管理或者技术工作经历

D. 具有储存、养护工作经验

10. 经营下列哪些药品需要接受相关法律法规和专业知识培训并经考核合格后上岗(　　)。

A. 从事特殊管理的药品　　B. 冷藏冷冻药品

C. 生物制品　　D. 血液制品

11. 下列哪些岗位的人员必须进行岗前及年度健康检查(　　)。

A. 质量管理　　B. 验收　　C. 养护

D. 采购　　E. 储存

12. 药品经营企业应当每年对员工进行培训,其内容包括(　　)。

A. 相关的法律法规　　B. 药品专业基础知识及技能

C. 企业质量管理制度　　D. 岗位职责

E. 岗位操作规程

13. 企业制订质量管理体系文件包括(　　)。

A. 质量管理制度　　B. 部门及岗位职责　　C. 操作规程

D. 档案　　E. 报告　　F. 记录和凭证

14. 经营冷藏、冷冻药品的，应当配备(　　)。

A. 与其经营规模和品种相适应的冷库，经营疫苗的应当配备 2 个以上独立冷库

B. 用于冷库温度自动监测、显示、记录、调控、报警的设备

C. 冷库制冷设备的备用发电机组或者双回路供电系统

D. 对有特殊低温要求的药品，应当配备符合其储存要求的设施设备

E. 冷藏车及车载冷藏箱或者保温箱等设备

15. 企业应当根据相关验证管理制度，形成验证控制文件，包括(　　)。

A. 验证方案　　B. 报告　　C. 评价

D. 偏差处理　　E. 预防措施

16. 可不开箱检查验收的药品有(　　)。

A. 外包装及封签完整的原料药　　B. 实施批签发管理的生物制品

C. 实行电子监管码的药品　　D. 液体类药品

17. 企业应当按照培训管理制度(　　)。

A. 制订年度培训计划　　B. 开展培训

C. 做好记录　　D. 建立档案

18. 企业应当提供培训条件的岗位的人员是(　　)。

A. 销售特殊管理的药品　　B. 国家有专门管理要求的药品

C. 冷藏药品　　D. 抗生素药品

19. 企业制订的质量管理文件包括(　　)。

A. 质量管理制度　　B. 岗位职责　　C. 操作规程

D. 档案　　E. 记录和凭证

20. 企业对制订的质量管理文件应(　　)。

A. 定期审核　　B. 及时修订　　C. 装订存档　　D. 认真学习

21. 不得由其他岗位人员代为履行岗位是(　　)。

A. 质量管理岗位　　B. 处方审核岗位　　C. 采购岗位　　D. 销售岗位

22. 企业应当建立的相关记录有(　　)。

A. 药品采购　　B. 验收　　C. 销售

D. 陈列检查　　E. 温湿度监测　　F. 不合格药品处理

23. 企业的采购活动应当符合要求的是(　　)。

A. 确定供货单位的合法资格　　B. 确定所购入药品的合法性

C. 核实供货单位销售人员的合法资格　　D. 与供货单位签订质量保证协议

24. 新版 GSP 对首营企业的审核，除三证索取外，另增加了(　　)。

A. 营业执照及其年检证明复印件

B. 相关印章、随货同行单(票)样式

C. 开户户名、开户银行及账号

D.《税务登记证》和《组织机构代码证》复印件

25. 企业应当核实、留存供货单位销售人员的资料有(　　)。

A. 加盖供货单位公章原印章的销售人员身份证复印件
B. 加盖供货单位公章原印章和法定代表人印章或者签名的授权书
C. 供货单位及供货品种相关资料
D. 联系方式和电话号码

26. 企业可采用直调方式购销药品的情形有(　　)。
A. 发生灾情　　B. 疫情　　C. 突发事件　　D. 临床紧急救治

27. 冷藏、冷冻药品到货时,应当重点检查并记录其(　　)。
A. 运输方式　　B. 运输过程的温度记录
C. 运输时间　　D. 送货人

28. 对实施电子监管的药品,企业应当按规定进行(　　)。
A. 药品电子监管码扫码
B. 将数据上传至中国药品电子监管网系统平台
C. 单独验收存放
D. 出库前复核

29. 药品零售企业的药品分类陈列要求为按(　　)陈列。
A. 剂型　　B. 用途　　C. 储存　　D. 类别

30. 药品零售时,不得陈列的品种有(　　)。
A. 第二类精神药品　　B. 毒性中药品种　　C. 罂粟壳　　D. 危险品

31. 企业应当定期对陈列、存放的药品进行检查,重点检查(　　)。
A. 拆零药品　　B. 易变质　　C. 近效期
D. 摆放时间较长的药品　　E. 中药饮片

32. 陈列药品检查中发现有质量疑问的药品应当(　　)。
A. 及时撤柜　　B. 停止销售
C. 由质量管理人员确认和处理　　D. 保留相关记录

33. 应当在处方上签字或者盖章的人员为(　　)。
A. 审核人员　　B. 调配人员　　C. 核对人员　　D. 执业药师

34. 国家有专门管理要求的药品是(　　)。
A. 蛋白同化制剂　　B. 肽类激素
C. 含特殊药品复方制剂　　D. 终止妊娠药品

35. 应当进行重点养护的药品是(　　)。
A. 储存条件有特殊要求　　B. 有效期较短的品种
C. 血液制品　　D. 生物制品

36. 采购首营品种应当(　　)。
A. 审核药品的合法性
B. 索取加盖供货单位公章原印章的药品生产或者进口批准证明文件复印件并予以审核
C. 审核无误的方可采购

37. 药品到货时,收货人员应当(　　)。
A. 核实运输方式是否符合要求

B. 对照随货同行单(票)和采购记录核对药品
C. 做到票、账、货相符
38. 药品入库时,验收不合格的药品应(　　)。
A. 注明不合格事项　B. 注明处置措施　C. 注明来源
39. 对质量可疑的药品应当(　　)。
A. 立即采取停售措施　B. 在计算机系统中锁定
C. 报告质量管理部门确认　D. 报告当地药监部门备案
40. 企业应当严格审核购货单位的(　　)。
A. 生产范围
B. 经营范围或者诊疗范围
C. 按照相应的范围销售药品
41. 冷藏、冷冻药品装车前应当检查(　　)。
A. 冷藏车辆的启动　B. 运行状态　C. 达到规定温度后方可装车
42. 企业委托运输药品应当(　　)。
A. 与承运方签订运输协议
B. 明确药品质量责任
C. 遵守运输操作规程和在途时限
43. 药品经营企业必须制订的操作规程有(　　)。
A. 投诉管理操作规程　B. 运输操作规程
C. 药品零售操作规程　D. 岗位操作规程
E. 计算机系统的操作规程　F. 文件管理操作规程
44. 企业发现已售出药品有严重质量问题,应当(　　)。
A. 立即通知购货单位停售　B. 追回并做好记录
C. 向药品监督管理部门报告
45. 企业应当协助药品生产企业履行召回义务,按照召回计划的要求(　　)。
A. 及时传达　B. 反馈药品召回信息
C. 控制和收回存在安全隐患的药品　D. 建立药品召回记录
46. 药品出库应遵循的原则包括(　　)。
A. 先产先出　B. 近期先出　C. 按批号发货
D. 量大先出　E. 零散货先出
47. 药品出库应双人复核的是(　　)。
A. 外用药品　B. 精神药品　C. 医疗用毒性药品
D. 麻醉药品　E. 处方药品
48. 以下哪些属于不能出库发货的情况(　　)。
A. 药品已超出有效期的　B. 外包装封条损坏的
C. 药品包装内有异常响动或者液体渗漏　D. 包装标识模糊不清或脱落
E. 标识内容与实物不符
49. 药品运输选用运输工具时应考虑的因素包括(　　)。

A. 药品的包装　　B. 药品的质量特性　C. 车况
D. 道路　　E. 天气

50. 关于委托运输药品的说法正确的是(　　)。
A. 应当对承运方运输药品的质量保障能力进行审计
B. 索取运输车辆的相关资料
C. 应当与承运方签订运输协议
D. 应当在当地药品监督管理部门备案
E. 企业委托运输药品应当有记录

51. 以下哪些属于出库复核应把握的要点(　　)。
A. 整件药品的复合,应注意包装的完好性
B. 出库复核记录必须标明质量状况
C. 拼箱药品应逐品种、逐批号对照销售记录复核
D. 药品箱应有醒目的拼箱标志
E. 复核人应在出库复核记录上签章

52. 关于冷藏、冷冻药品的运输说法正确的是(　　)。
A. 根据药品的温度控制要求,在运输过程中采取必要的保温或者冷藏、冷冻措施
B. 运输过程中,药品可以直接接触冰袋、冰排等蓄冷剂
C. 运输途中应实时监测并记录冷藏车、冷藏箱或者保温箱内的温度数据
D. 制订冷藏、冷冻药品运输应急方案
E. 运输途中应实时监测并记录冷藏车、冷藏箱外的温度数据

53. 药品出库复核的内容包括(　　)。
A. 购货单位　　B. 药品的通用名称、剂型、规格、批号、有效期、数量
C. 生产厂商　　D. 质量状况　　E. 出库日期

54. 冷藏、冷冻药品的装箱、装车等项作业,应当符合的要求包括(　　)。
A. 车载冷藏箱或者保温箱在使用前应当到达相应的温度要求
B. 应当在冷藏环境下完成冷藏、冷冻药品的装箱、封箱工作
C. 装车前应当检查冷藏车辆的启动、运行状态,达到规定温度后方可装车
D. 启运时应当做好运输记录,内容包括运输工具和启运时间等
E. 由专人负责

55. 为实现运输过程的质量追溯,药品委托运输记录应包括(　　)。
A. 发货时间、发货地址　　B. 收货单位、收货地址
C. 货单号、药品件数　　D. 运输方式、委托经办人、承运单位
E. 车牌号

56. 拆零药品包装上必须注明的内容包括(　　)。
A. 药品名称、规格、批号　　B. 用法、用量
C. 数量、有效期　　D. 药店名称
E. 生产企业名称

57. 药品零售企业应当在营业场所的显著位置悬挂的是(　　)。

A.《药品经营许可证》 B. 营业执照
C. 执业药师注册证 D.《税务登记证》
E.《组织机构代码证》
58. 药品批发企业销售药品时要做到(　　)。
A. 将药品销售给合法的购货单位 B. 核实购货单位的合法证明文件
C. 核实采购人员身份证明 D. 核实提货人员的身份证明
E. 证明文件复印件需要加盖购货单位公章原印章
59. 药品经营企业,销售处方药时要做到(　　)。
A. 处方经执业药师审核后方可调配
B. 对处方所列药品不得擅自更改或者代用
C. 对有配伍禁忌或者超剂量的处方,应当拒绝调配
D. 调配处方后经过核对方可销售
E. 处方保存需用原件,不可用复印件代替
60. 关于药品零售企业销售规范,以下哪些是正确的(　　)。
A. 实施电子监管的药品售出时,应当进行扫码和数据上传
B. 药品如有质量问题,售出后可以退换
C. 药品生产企业可以派人在零售企业营业场所内从事本企业药品促销活动
D. 销售药品应当开具销售凭证
E. 零售企业不需要做销售记录
61. 关于特殊管理药品,以下哪些内容是正确的(　　)。
A. 特殊管理药品一般包括麻醉药品、精神药品、医疗用毒性药品和放射性药品
B. 必须建立特殊管理药品的购进、储存、养护和销售的制度
C. 特殊管理药品的储存要专库或专柜存放,双人双锁保管,专账记录,购物相符
D. 销售特殊管理的药品,应凭医疗单位处方
E. 国家对特殊管理药品的购进、销售和运输管理有特殊的规定
62. 关于药品拆零销售,以下哪些内容是正确的(　　)。
A. 在方便人民群众用药的前提下,可以对所有药品进行拆零销售
B. 负责拆零销售的人员应经过专门培训
C. 拆零销售期间,不必保留原包装
D. 颗粒剂、液体制剂类,其最小包装不允许破坏,不能拆零销售
E. 药品拆零销售应提供药品说明书原件或者复印件
63. 我国要求报告不良反应的范围包括(　　)。
A. 危及生命、致残、丧失劳动力的不良反应
B. 对人体有害的副作用
C. 非麻醉药品产生的药物依赖性
D. 过敏反应
E. 新药的不良反应
64. 以下关于药品召回的说法,正确的是(　　)。

A. 一级召回是针对使用该药品可能引起严重健康危害的
B. 二级召回是针对使用该药品可能引起永久不可逆的健康危害的
C. 三级召回是针对使用该药品可能一般不会引起健康危害，但由于其他原因需要收回
D. 不同等级召回是根据药品安全隐患的严重程度区分的
E. 药品经营企业应当协助药品生产企业履行召回义务

65. 以下哪些属于禁止发布广告的药品品种（　　）。
A. 麻醉药品、精神药品、医疗用毒性药品、放射性药品、戒毒药品
B. 治疗肿瘤、艾滋病，改善和治疗性功能障碍的药品
C. 非处方药
D. 计划生育用药
E. 防疫制品

66. 零售企业药品陈列要求包括（　　）。
A. 分类陈列　　B. 设置醒目标识
C. 类别标签字迹清晰、放置准确　　D. 按剂型、用途以及储存要求分类
E. 处方药、非处方药分区陈列

67. 以下属于药品陈列要求的是（　　）。
A. 处方药可以采用开架自选的方式陈列
B. 外用药与其他药品应分开摆放
C. 拆零销售的药品集中应存放于拆零专柜或者专区
D. 第二类精神药品、毒性中药品种和罂粟壳不得陈列
E. 冷藏药品应放置在冷藏设备中

68. 药品零售企业对陈列、存放的药品重点进行检查的是（　　）。
A. 拆零药品　　B. 易变质药品
C. 近效期药品　　D. 摆放时间较长的药品
E. 中药饮片

69. 药品零售企业对陈列药品检查时发现有质量疑问的药品应当（　　）。
A. 及时撤柜　　B. 停止销售
C. 有质量管理人员确认和处理　　D. 保留相关记录
E. 由总经理审批

70. 药品零售企业对营业场所的管理要求包括（　　）。
A. 营业场所应进行温度监测和调控
B. 营业场所的温度应当符合阴凉温度要求
C. 定期检查营业场所卫生，保持环境整洁
D. 营业场所应采取防虫、防鼠措施
E. 营业场所不得放置与销售活动无关的物品

71. 关于中药饮片的陈列和储存说法正确的是（　　）。
A. 中药饮片柜斗谱的书写应当正名正字
B. 装斗前应当复核，防止错斗、串斗

C. 应当定期清斗
D. 不同生产企业的饮片可以装入同一个药斗
E. 不同批号的饮片装斗前应当清斗并记录
72. 关于药品储存说法正确的是(　　)。
A. 储存药品相对湿度为45% ~75%
B. 储存药品质量状态实行色标管理
C. 储存药品应当按照要求采取避光、遮光、通风、防潮、防虫、防鼠等措施
D. 搬运和堆码药品应当严格按照外包装标示要求规范操作
E. 堆码高度符合包装图示要求
73. 关于药品合理储存的要求正确的是(　　)。
A. 储存药品应配备货架、托盘等设施设备
B. 进入储存作业区人员需经过批准
C. 储存作业内可以食物等个人用品,但必须与药品严格分开
D. 不可以在仓库烧饭
E. 拆除外包装的零货物品应当集中存放
74. 药品在储存过程中,应当重点养护的品种包括(　　)。
A. 对储存条件有特殊要求的品种　　B. 有效期较短的品种
C. 储存时间较长的品种　　D. 主营品种
E. 近期内发生过质量问题的品种
75. GSP 对药品经营企业计算机系统的要求包括(　　)。
A. 计算机系统能对库存药品的有效期进行自动跟踪和控制
B. 具有近效期预警功能
C. 超过有效期能够自动锁定,防止过期药品销售
D. 具有自动识别假劣药品功能
E. 发现有问题的药品能够在计算机系统中锁定和记录
76. 关于到货药品抽样验收,下列叙述正确的是(　　)。
A. 逐批抽样
B. 实施批签发管理的生物制品,可不开箱检查
C. 生产企业有特殊质量控制要求的应当至少检查一个最小包装
D. 零货、拼箱的可不打开最小包装
E. 外包装及封签完整的原料药可不开箱检查
77. 仓库保管员对以下哪些情况,有权拒收并报告有关部门处理(　　)。
A. 货与单不符　　B. 质量异常　　C. 包装不牢
D. 标志模糊　　E. 包装破损
78. 企业对质量不合格药品进行控制性管理的重点包括(　　)。
A. 发现不合格药品应按规定的要求和程序上报
B. 对不合格药品进行标识和存放
C. 查明质量不合格的原因,分析质量责任,及时处理并制订预防措施

D. 做好不合格药品报废、销毁的记录

E. 做好不合格药品处理情况的汇总和分析

79. 进口药品应当有加盖供货单位质量管理专用章原印章的相关证明文件,其内容包括(　　)。

A.《进口药品注册证》或《医疗产品注册证》

B. 进口麻醉品和精神药品应当有《进口准许证》

C. 进口药材应当有《进口药材批件》

D.《进口药品检验报告书》或注明“已抽样”字样的《进口药品通关单》

E. 批签发管理的生物制品应有批签发证明文件和《进口药品检验报告书》

80. 验收药品应当做好验收记录,其内容包括(　　)。

A. 药品的通用名、商品名、剂型、规格　　B. 批准文号、批号、生产日期、有效期

C. 生产厂商、供货单位　　D. 到货数量、到货日期、验收日期

E. 验收合格数量、验收结果、验收人员签名

81. 进行药品直调时,关于药品验收正确的做法是(　　)。

A. 可委托购货单位进行验收　　B. 可委托供货单位进行验收

C. 派专职人员到购货单位验收　　D. 派专职人员到供货单位验收

E. 不需要进行验收

82. 对于中药材和中药材饮片,以下哪些内容可判为不合格(　　)。

A. 包装袋为黑色的塑料袋　　B. 标明药材原产地

C. 没有说明书的特殊管理饮片　　D. 袋内无合格证

E. 包装袋只标识饮片经营企业名称

83. 按照 GSP 规定,对药品质量进行验收必须符合以下哪些基本要求(　　)。

A. 质量验收人员应按规定条件的专职质量验收人员

B. 配备符合 GSP 规定条件的专职质量验收人员

C. 质量验收人员应按规定逐批验收

D. 药品直调应有直调药品验收记录

E. 应有验收场所及设备

84. 对不合格药品的处理,以下做法正确的是(　　)。

A. 不合格药品的确认,报告,报损、销毁均应有完善的手续或记录

B. 应有质量管理部门负责填写不合格药品报损批表

C. 药品监督管理部门需对每一批药品的销毁进行监督

D. 质量管理部门需对特殊管理药品的销毁进行监督

E. 质量管理部门负责对一般药品的销毁进行监督

85. 企业的采购活动应当符合哪些要求(　　)。

A. 确定供货单位的合法资格　　B. 确定购货单位的合法资格

C. 确定所购入药品的合法性　　D. 核实供货单位销售人员的合法资格

E. 与供货单位签订质量保证协议

86. 以下属于首营企业审核资料的是(　　)。

A.《药品经营许可证》复印件
B. 营业执照及其年检证明复印件
C.《药品经营管理规范》认证证书复印件
D. 开户户名、开户银行及账号
E.《税务登记证》和《组织机构代码证》复印件

87. 首营企业是药品生产企业时,应审核下列哪些资料的真实性和有效性(　　)。
A.《药品生产许可证》、营业执照及其年检证明复印件
B.《药品生产质量管理规范》认证证书复印件
C.《税务登记证》和《组织机构代码证》复印件
D. 相关印章、随货同行单(票)样式
E. 开户户名、开户银行及账号

88. 采购首营品种正确的做法是(　　)。
A. 审核药品的合法性
B. 索取加盖供货单位公章原印章的药品生产批准证明文件复印件
C. 对进口药品索取加盖供货单位公章原印章的药品进口批准证明文件复印件
D. 采购部门负责首营品种的审核
E. 审核合格的资料归入药品质量档案

89. 核实供货单位销售人员的合法资格时应留存以下哪些资料(　　)。
A. 加盖供货单位公章原印章的销售人员身份证复印件
B. 加盖供货单位公章原印章和法定代表人印章或者签名的授权书
C. 供货单位相关资料
D. 供货品种相关资料
E. 加盖供货单位公章原印章的药品销售人员从业资格证书复印件

90. 供货单位销售人员授权书应当载明的内容包括(　　)。
A. 被授权人姓名　　B. 身份证号码　　C. 授权销售的品种
D. 地域　　E. 期限

91. 属于企业与供货单位签订的质量保证协议内容的是(　　)。
A. 明确双方质量责任
B. 供货单位提供符合规定的资料且对其真实性、有效性负责
C. 供货单位按照国家规定开具发票
D. 药品质量符合药品标准
E. 药品包装、标签、说明书符合有关规定

92. 采购药品应当建立采购记录,其内容包括(　　)。
A. 药品的通用名称、剂型、规格　　B. 生产厂商、供货单位
C. 数量、价格　　D. 购货日期
E. 采购中药材、中药饮片的应当标明产地

93. 以下关于供货单位提供的发票说法正确的是(　　)。
A. 发票应当列明药品的通用名称、规格、单位、数量、单价、金额

B. 不能全部列明要求内容的，应当附《销售货物或者供应税务劳务清单》
C. 发票应加盖供货单位发票专用章原印章
D. 发票应注明税票号码
E. 发票上的购、销单位名称及金额、品名应当与付款流向及金额、品名一致

94. 对首营企业审核时应当查验的相关印章包括(　　)。
A. 企业公章　B. 发票专用章　C. 质量管理专用章
D. 药品出库专用章　E. 企业法定代表人名章

参考答案

(一)单项选择题

1. C	2. C	3. C	4. C	5. C	6. C	7. C	8. C	9. C	10. C
11. C	12. C	13. C	14. C	15. C	16. C	17. C	18. C	19. C	20. C
21. C	22. C	23. C	24. C	25. C	26. C	27. C	28. C	29. C	30. C
31. C	32. C	33. C	34. A	35. A	36. A	37. A	38. A	39. A	40. A
41. A	42. C	43. A	44. A	45. A	46. C	47. C	48. B	49. A	50. B
51. D	52. D	53. C	54. C	55. D	56. C	57. B	58. B	59. B	60. D
61. C	62. D	63. A	64. C	65. B	66. C	67. D	68. A	69. A	70. C
71. D	72. C	73. D	74. D	75. D	76. D	77. C	78. D	79. D	80. D
81. B	82. C	83. D	84. D	85. C	86. C	87. B	88. A	89. B	90. B
91. A	92. B	93. D	94. D	95. D	96. D	97. B	98. B	99. D	100. B

(二)多项选择题

1. ABC	2. ABCD	3. ABC	4. BCDE	5. ABCDE
6. ABD	7. ABC	8. AB	9. ABC	10. ABCD
11. ABCF	12. ABCDE	13. ABCF	14. ABCDE	15. ABCDE
16. AB	17. ABCD	18. ABCD	19. ABCE	20. ABCD
21. AB	22. ABCDEF	23. ABCD	24. BCD	25. ABC
26. ABCD	27. ABCD	28. ABD	29. ABCD	30. CD
31. BCDE	32. ABCD	33. ABD	34. ABCD	35. ABCD
36. ABC	37. AB	38. ABC	39. ABC	40. ABC
41. ABC	42. ABC	43. ABCDEF	44. ABC	45. ABCD
46. ABC	47. BCD	48. ABCDE	49. ABCDE	50. ABCE
51. ABCDE	52. ACD	53. ABCDE	54. ABCD	55. ABCDE
56. ABCD	57. ABC	58. ABCDE	59. ABCD	60. ABD
61. ABCDE	62. BDE	63. ABCDE	64. ABCDE	65. ABCDE
66. ABCDE	67. BCDE	68. ABCDE	69. ABCD	70. ACDE
71. ABCE	72. BCDE	73. ABDE	74. ABCDE	75. ABCE
76. ABE	77. ABCDE	78. ABCDE	79. ABCDE	80. ABCDE
81. AC	82. ACDE	83. BCDE	84. ABDE	85. ACDE

86. ABCDE　87. ABCDE　88. ABCE　89. ABCDE　90. ABCDE
91. ABCDE　92. ABCDE　93. ABCDE　94. ABCD

三、简答题

1. 制订《药品经营质量管理规范》的依据是什么?

答:制订《药品经营质量管理规范》的依据是《中华人民共和国药品管理法》《中华人民共和国药品管理法实施条例》。

2.《药品经营质量管理规范》适用范围?

答:《药品经营质量管理规范》中第三条已明确,除药品经营企业外,药品生产企业销售药品、药品流通过程中其他涉及储存与运输药品的,也应符合《药品经营质量管理规范》要求。

3. 企业申请 GSP 认证资料或现场检查中发现有弄虚作假的行为该如何处理?

答:如发现企业存在虚假行为,可直接判定该企业不符合本规范的要求。

4. 质量管理体系内审应多久进行一次?

答:企业质量管理体系内审一般分为定期内审(建议每年度进行一次)和有因内审(即关键要素发生重大变化,包括重大政策出台、企业股权变动、仓库变更、增加经营范围、质量负责人变更或因药品质量原因发生重大质量事故等情况),企业应根据规范和企业有关制度要求开展内审。

5. 企业负责人要经过哪些基本药学专业知识培训? 要取得什么样的效果?

答:因药品与其他商品不同,药品质量关系到百姓的身体健康,在经营过程中任何环节都可能对药品质量产生影响,所以企业负责人应该对所经营的药品有基本的了解。药学专业知识一般包括西药学(药理学、药物分析、药物化学、药剂学等),中药学(中药学、中药药剂学、中药鉴定学、中药化学、中药调剂学等)等;国家有关药品管理的法律法规一般包括《中华人民共和国药品管理法》《中华人民共和国药品管理法实施条例》《药品经营许可证管理办法》《药品流通监督管理办法》《药品经营质量管理规范》《药品召回管理办法》《麻醉药品和精神药品管理办法》《处方药与非处方药流通管理暂行规定》等。

取得的效果包括熟悉所经营药品的特性,熟悉在经营活动中各种违法违规行为,准确无误地执行国家相关法律。

6. 企业负责人、质量负责人的专业是否有要求?

答:《药品经营质量管理规范》对企业负责人专业没有明确要求。

企业质量负责人必须为执业药师,《执业药师资格制度暂行规定》第九条明确了执业药师专业的要求。

《执业药师资格制度暂行规定》第九条规定,凡中华人民共和国公民和获准在我国境内就业的其他国籍的人员具备以下条件之一者,均可申请参加执业药师资格考试:

(一)取得药学、中药学或相关专业中专学历,从事药学或中药学专业工作满 7 年。

(二)取得药学、中药学或相关专业大专学历,从事药学或中药学专业工作满 5 年。

(三)取得药学、中药学或相关专业大学本科学历,从事药学或中药学专业工作满 3 年。

(四)取得药学、中药学或相关专业第二学士学位、研究生班毕业或取得硕士学位,从事药学或中药学专业工作满一年。

（五）取得药学、中药学或相关专业博士学位。

7. 如果法定代表人企业负责人是 2 个人，那么《药品经营质量管理规范》中提到的企业负责人指的是哪个？

答：指《药品经营许可证》载明的企业负责人。

8. 公司法人和企业负责人是一个人，但不参与公司日常经营，实际上有一总经理在管日常经营活动，这怎么办呢？

答：变更《药品经营许可证》企业负责人。

9. 怎样确定企业质量负责人在质量管理工作中具备正确判断和保障实施的能力？

答：质量负责人，必须同时具备以下 3 项条件：大学本科以上学历（含本科）；执业药师资格个人；3 年以上药品经营质量管理工作经历。从学历、专业、执业资格年限、工作经验、既往工作中处理问题的能力等多个方面判断质量负责人履行职责的能力。如通过对于质量管理工作中的难点问题，退货药品的管理、不合格药品的处理、冷链程监控的具体问题的处理，对质量负责人的相关能力进行判断。

10. 企业质量负责人的任职资格条件中，3 年以上药品质量经营管理工作经历是指哪些领域的工作经历？

答：指在药品批发，零售、零售连锁企业从事过药品经营质量管理工作。

11. 在《药品经营质量管理规范》中对质量管理员资格要求中“相关专业”的是哪些专业？

答：“相关专业”指的是“药学或者医学、生物、化学”等专业。

12. 中医大专学历，学过中药学的能不能做中药验收员？

答：《药品经营质量管理规范》第二十二条规定：从事中药材、中药饮片验收工作的，应当具有中药学专业中专以上学历，中医大专学历不符合中药验收员资格要求。

13. 中药材、中药饮片验收养护工作的验收员和养护员是否可以和药品的验收员养护员共用？

答：《药品经营质量管理规范》对中药材、中药饮片验收养护人员资格提出了相关要求，从事中药材、中药饮片验收、养护的人员必须符合相关要求，不能共用。

14. 企业不设立办公室或人力资源部，很多办公室职能由质量管理部门行使吗？

答：不可以。

15. 如何理解“岗位培训”和“继续培训”？

答：岗前培训就是向新员工介绍企业的规章制度、岗位职责、操作规程、企业文化以及企业的业务。就其本质来讲，岗前培训只是培训的开始。岗前培训内容主要包括：公司规章制度、企业文化、岗位安全知识、岗位职责等，办公室人员还可以培训职场礼仪。

继续培训是对在职在岗的工作人员进行知识更新、补充、拓展和能力提高的一种高层次的追加教育。继续培训的内容是新知识、新技术、新理论、新方法、新信息和新技能，目的是为了更新补充知识，扩大视野，改善知识结构，提高创新能力，以适应科技发展、社会进步和本职工作的需要。

16. 连锁门店企业负责人是执业药师了，还需要有质量负责人吗？

答：《药品经营质量管理规范》对药品零售企业没有要求设置“质量负责人”，企业可以根据工作实际需要,可以设立质量负责人,也可以不设立质量负责人。

17. 企业的法定代表人、负责人、质量负责人能否由同一人担任?

答:不能。批发、零售连锁企业总部的法定代表人、企业负责人可为同一人,但质量负责人必须单独设置,不得兼职其他岗位,保证相互监督和制约。

18. 质量负责人能否兼职质量机构负责人?

答:批发、零售连锁企业总部的质量负责人不得兼任质量管理部门负责人,零售药房的企业负责人可以兼任质量负责人。

19. 企业的质量管理部门必须设置质量管理部门负责人、质管员、验收员这三个岗位?

答:是的。但小型企业的质量管理部门负责人可兼任质管员,大型企业验收员还可以实行双岗轮流作业。

20. 委托现代物流企业储存药品的企业,质量管理部门是否还需设验收员的岗位?

答:如企业在经营过程中有发生直调行为的,必须由本企业验收员负责直调的验收工作或者委托验收,一般情况可不设验收员,但必须设立质管员监督委托物流方验收的情况。

21. 具有特殊管理药品经营范围的企业,是否需设置 2 名验收员?

答:特殊管理药品要求双人验收,需设一名验收员,一名验收复核员。

22.《药品经营质量管理规范》对质量管理员资格要求中"相关专业"指的是哪些专业?

答:"相关专业"指的是条款中所叙述的"药学或医学、生物、化学"等专业。验收员、养护员、采购员的专业要求同上。

23.《药品经营质量管理规范》要求收购地产中药材的,验收员应具有中药学中级以上专业技术职称,执业中药师是否属于中药学相关中级职称?

答:执业中药师不属于中药学中级职称,中药学中级以上专业技术职称是指经过县级以上政府人事管理机构考试、考核和评聘认定的主管中药师及以上专业技术职称。

24. 企业质量负责人、质量管理部门负责人、质量管理员、验收员应在职在岗,不得兼职其他业务工作,其他业务工作具体是指哪些?

答:其他业务工作指采购、销售、储存、运输、信息、财务等,不属于企业质量负责人、质量管理部门负责人、质量管理员、验收员岗位职责的工作,但质量管理部门内部人员可以兼任质管部的工作,但最好具有明确分工。

25. 有中药饮片经营范围的批发企业是不是一定要配备一名执业中药师呢?

答:经营中药饮片及中药材(收购)的批发企业没有要求一定要配备一名执业中药师。

26. 请问"中药士"是否是属于药学初级专业技术职称,能不能做药品验收员?

答:"中药士"属于初级专业技术职称,中药学中专毕业经过考试符合规定年限(取得药学专业中专或专科学历,从事本专业技术工作满 1 年),可以认定为中药士,中药士是医药卫生系统中药学专业最低职称。

27. 执业药师担任质管员,还需考"GSP 质量管理员"上岗证吗?

答:执业药师担任质管、验收、养护、仓储等岗位,不需考上岗证。

28. 企业与外省药品经营企业发生业务时,对方的购销员未能提供上岗证明是否可行?

答:购销人员的上岗证明按企业所在省份的具体要求执行。

29. 原来已取得上岗证的四大员,如调整至其他岗位,是否需要重新考上岗证?

答:具体看上岗证类型及现任岗位的要求。如具有质管员上岗证的可担任验收、养护、仓储等岗位,不需重新考上岗证。验收员上岗证可用作养护、仓储岗位;养护员上岗证可用作仓储岗位。医药上岗证现已被国务院取消,不作为硬性规定,但各岗位必须具备 GSP 规定的学历、职称及资历要求。

30. 验收员可否作为收货人员?若仓管员收货,告之验收员验收,验收员验收完又通知仓管员放货,实际操作感觉有点烦琐,能否收货、验收均由验收员完成,这样算是兼其他业务吗?

答:验收员属于质量管理部门人员,收货员属于仓储部人员,条款已明确验收员不得兼职其他业务工作。

31. 关于组织机构图,请问可否在业部下设采购组和销售组,在储运部下设运输组?

答:可以。

32. 具有疫苗经营范围的,要求有两名符合条件的专业技术人员负责疫苗的质量管理和验收工作,请问这 2 名人员是否可以由质量管理人员兼任?

答:不可以。但这 2 名符合条件的专业技术人员负责疫苗的验收和养护工作,也可以负责企业经营的其他品种验收和养护工作。

33. 健康档案包括哪些内容?

答:企业应建立健康检查档案,包括检查时间、地点、应检人员,检查结果,不合格人员处理情况,原始体检表等内容。

34. "患有传染病或者其他可能污染药品的疾病"是指哪些疾病?

答:这些疾病包括:痢疾、伤寒、甲型病毒肝炎、戊型病毒性肝炎等消化道传染病以及活动性肺结核、化脓性皮肤病等。

35. 企业的质量管理制度文件能否采用电子文件形式?

答:文件的起草、审核、批准均应由相应负责人签名确认,若为电子文件应符合以上要求。

36. 企业应当如何保证各岗位获得与其工作内容相对应的必要文件?

答:企业应当及时发放文件,文件明确管理制度、岗位规程、记录凭证。并开展定期培训,组织内部检查、考核、评审等,文件的发放可采用电子文档。

37. 不具有特殊管理药品的经营范围的企业,是否不需要制订特殊药品管理制度?

答:不具有特殊管理药品经营范围的,不需要制订特殊管理药品管理制度,如果经营含特殊药品的复方制剂,必须制订相应的含特殊药品复方制剂管理制度、操作规程等。企业应根据自身经营情况制定符合规范要求的质量管理制度。

38. 记录能否全部实施"无纸化"管理?

答:企业内部的相关记录可采用电子文档记录模式,但收发货产生的"随货同行单"不能使用电子文档。

39. 企业基础数据的更改能否由质量管理部门负责?

答:基础数据的更改应由质量管理部门审核。

40. 对实际操作中发生的录入错误或其他需要更改数据的,应如何处理?

答:对实际业务操作中发生的录入错误或其他需要更改数据的,应采用"冲红"的方式进行调整，不得采用删除、覆盖的方式更改数据。对盘点结果的“盘盈”“盘亏”账目进行数据调整前，企业应查明原因，采取有效措施控制质量风险，对拟调整内容进行审核确认后，方可调整并记录。

41. 疫苗、特殊管理药品的记录及凭证的保存规定是什么？

答：疫苗的记录及凭证保存应超过有效期 2 年；麻醉药品记录及凭证保存期限应自药品有效期满之日起不少于 5 年；易制毒化学药品记录及凭证保存期限应为该药品有效期期满之日起不少于 2 年。

42. 某企业为品种代理公司，目前仅代理一个药品，常温保存，是否需要设置阴凉库？

答：根据药品储存的要求，企业可将低于 20 ℃的常温药品可放在阴凉库管理，但高于 20 ℃的常温药品必须放在常温库，只要是药品经营公司，按照 GSP 相关规定，不能只有常温库而不设阴凉库。

43. 请问药品批发只有抗生素经营范围且末经营须冷藏的抗生素品种，是否还需要冷库？

答：如批发企业没有经营冷链品种，且经营范围上没有冷链品种经营范围的，可不需设置冷库或冷柜，但有冷链品种经营范围的，必须设立。

44. 有没有规定生物制品的冷链运输必须是冷藏车？还是经营生物制品的企业必须配备冷藏车？

答：经营冷链品种的企业必须自有冷藏车一辆，企业在经营过程中，根据实际所需选择使用冷藏车或冷藏箱。

45. 请问能否几家医药公司合资共用一台冷藏车？

答：不可以。

46. 经营生物制品的企业是否一定要全新购置冷藏车？能否可以聘请具备相关制冷工程资质的公司在公司原有车辆按要求改装成符合标准的冷藏车？

答：可以改装，但必须通过验证，符合规范要求。

47. 具有生物制品经营范围的企业，委托第三方物流企业储存后，是否还需要自购冷藏车？

答：如企业委托第三方物流企业储存、配送的，可以不需要自购冷藏车。若企业委托第三方物流企业储存，但没有委托第三方物流企业配送的，则应自购一辆冷藏车。企业和第三方药品物流企业签署协议时，应明确是否完全委托第三方药品物流企业配送。

48. 20 m^3 的冷库是否一定要安装备用制冷机组？

答：规范有明确规定，冷库应安装备用制冷机组。

49. 目前有 4 个冷库的企业，请问还要配备制冷机组吗？

答：企业设置多个冷库的，其中有个别冷库制冷机组损坏，剩余冷库制冷机组正常且冷库容积满足需要，冷库可以不用配置制冷机组。

50. 是否按要求购买发电机之类的产品来预防阴凉库、常温库停电？

答：按照 GSP 要求，强调冷库要配“备用发电机组或双回路供电系统”，如企业仓库所在园区具有备用电，可不用配“备用发电机组或双回路供电系统”，但应签署相关备用电使用协议，以保证停电所需。

51. 疫苗企业的冷库设置要求是什么？

答：应具备2个以上独立的冷库，每个冷库的容积不小于40 m^3，总容积不小于200 m^3。冷库的温度为2 ~8 ℃，至少有1个冷库其温度可调控到低温冷库的要求（-20 ℃）。经营温度有特殊要求产品的，其储存条件应符合其说明书。

52. 兼营诊断试剂的企业，试剂产品是否需要单独存放于冷库？

答：在冷库设置诊断试剂储存区即可。

53. 验收养护室是否还需要设置？

答：GSP 对验收养护室未作要求，验收养护室未列入现场检查内容。

54. 经营中药材的养护工作场所有何要求？

答：企业应按照中药材养护工作所需，设置相应的场所。

55. 中药材、中药饮片的养护工作场所，需要配置哪些养护设备？

答：根据企业经营品种和特性需求，自行选择适宜的养护方法和养护设备。

56. 药材批发企业如果设有养护室，是否安装温湿度计进行自运温湿度监测？

答：不需要。

57. 企业是否必须具有封闭式货物运输工具？

答：不需要自有，可以租用。

58. 仓库是否需设易串味库？

答：《药品经营质量管理规范》药品经营质量管理规范已取消对易串味库的设置要求，企业可根据自身管理要求决定是否设立易串味库。

59. 中药材、中药饮片能否分区存放？

答：不能。如企业具有中药材、中药饮片经营范围的，应分别设置相独立的库房。

60. "在人工作业的冷库储存药品，按质量状态实行色标管理：合格品为绿色，不合格品为红色，待确定品为黄色。"请问这里提到的"待确定品"这个概念是否就是指要设置"待处理区"？

答：企业对冷链品种收货时，发现有温度不符合冷链要求的，应拒收，若药品不能及时运走，可暂存在公司冷库内，并将储存区域设为"待处理区"该区域可固定划分或动态管理。

61. 仓库的自动温湿度监测、记录系统应多久采集一次数据？

答：按附录要求。

62. 仓库的自动温湿度监测、记录系统的监测终端放置点有什么要求？

答：监测终端的安装位置应合理，经过测试或者验证，安装位置应固定。

63. 请问验证用的设备是否可以由企业自行校准？

答：可以。验证用的设备应在出厂检验合格期内或由法定机构进行检定，允许比对校准。

64. 仓库的自动温湿度监测、记录系统的监测终端放置点的测试可验证能否由设备供应商完成后，再由企业确认？

答：验证应由企业主导完成。设备供应商等相关单位可以配合开展验证，但完全委托第三方完成验证是不可以的。

65. 仓库温湿度监测、记录系统可采用哪些报警方式？

答:一般有3种方式:同步声光报警、手机短信报警、中央监控器屏幕报警。

66. 有哪些设备需进行验证?

答:具有生物制品经营范围的或经营有冷链药品的企业,必须对冷库及冷库的温湿度监测系统、冷藏车、保温箱或冷藏箱进行验证。

67. 验证的种类有哪些?

答:包括使用前验证、有因验证、定期验证和停用时间超过规定时间的验证。

68. 验证工作中"停用时间超过规定时间的验证",规定时间否有统一要求?

答:没有统一要求,企业应在制度中予以明确,并按制度执行。

69. 验证是否由质量管理部门人员完成即可?

答:质量管理部门应负责组织开展验证工作,储运等相关部门参与实施。

70. 某公司的冷库一直存放有药品,是否必须进行空载验证?

答:暂不需要,如日后发生仓库变更或冷库改建的情况,再进行空载验证。

71. 某公司已配备冷库,但尚未经营冷藏药品,如何进行满载验证?

答:可以使用阴凉储存的药品模拟满载,完成验证。

72. 验证一般在夏冬两季或极端天气进行,某公司在今年年底申请GSP认证,夏季高温环境下的验证无法完成,在检查过程中会认为该公司的验证工作不完善吗?

答:企业错过了温度极端天气未能完成验证的,在检查中不会判为缺陷。但企业在认证后应继续完成全部的验证工作,否则,在日后的跟踪检查或日常检查将会判为缺陷。

73. 验证文件应包括哪些?

答:应包括验证计划、验证方案、验证报告、验证结果和处理、SOP操作文件、设备技术资料、验证过程记录、验证工具校验记录等。

74. 冷链药品经营企业至少应提供哪些验证报告?

答:至少应提供以下几份报告:

①冷库满载验证报告;

②冷藏车空载、满载验证报告;

③冷藏箱或保温箱空载、满载验证报告。

75. 本公司经营许可范围有"抗生素"范围,也备了冷库30 m^3,但现在没有经营这类品种,也没经营冷藏品种,也要布好"五距、一低"及买保温箱来准备认证吗? 也要自己做冷库的验证吗?

答:如批发企业没有"生物制品"经营范围,亦未经营冷链品种,不需要做验证。

76. 仓库的温湿度监控系统的数据是否需要整合至企业经营管理系统中?

答:仓库的温湿度监控系统不需要整合在企业计算机管理系统中。但企业计算机管理系统中应能同步查阅温湿度监测数据及记录。

77. "验收人员应在验收记录上签署姓名和验收日期。"培训时说所有的记录要求能打印,但不一定要打印出来,随货同行单出处,且要求系统自动显示验收记录及验收员姓名。请问验收记录是否需要再打印出来交给验收员签名并写日期呢?

答:根据权限登录计算机系统,按操作规程完成并生成记录,包括验收员姓名与验收日期,完成电子签章,没必要打印记录再手写签章。

78. 请问满足 GSP 记录要求的话是不是出库单一式三联(一联作为销售记录、一联作为出库复核记录、一联随货同行)就够了?

答:在符合规范要求的前提下,企业根据经营实际情况确定一式几联。

79. 冷藏、冷冻药品保证质量稳定的重要环节就是温度的控制,冷藏药品、冷冻药品的温度分别应该控制在什么范围?

答:冷藏药品温度控制在 2 ~8 ℃,冷冻药品温度控制在-10 ~ -25 ℃。

80. 什么是首营企业,首营品种,如何进行审批?

答:首营企业:购进药品时,与本企业首次发生供需关系的药品生产或经营企业。

①审核程序:采购部门按规定将审核资料收集齐全后,填写"首营企业审批表"→质管部审核并提出明确审核意见→分管副总审批→采购部门进货。

②审核内容:加盖首营企业原印章的合法证照复印件,即《药品生产许可证》或者《药品经营许可证》复印件;营业执照及其年检证明复印件;《药品生产质量管理规范》认证证书或者《药品经营质量管理规范》认证证书复印件、《税务登记证》和《组织机构代码证》复印件;首营企业相关印章、随货同行单(票)样式;首营企业开户户名、开户银行及账号;、供货方质量体系调查表、销售人员的法人委托书(须标明授权范围及有效期)和身份证复印件,盖了首营企业公章的质量保证协议书。除审核有关资料外,必要时应实地考察。

首营品种:本企业首次购进的药品。

①审核程序:采购部门按规定将审核资料收集齐全后,填写"首营品种审批表"→质管部审核并提出明确审核意见→分管副总审批→采购部门进货。

②审核内容:包括加盖供货企业原印章的合法证照复印件,即药品注册批件,质量标准,检验报告书,商标注册证,物价批文,药品包装、标签、说明书实样以及药品生产企业合法资质。

81. 计算机系统中有一些药品因业务原因需要锁定,但又不同于质量原因的锁定,是否允许?

答:允许,但应注明锁定的原因。

82. 企业计算机系统应具备哪些条件?

答:计算机系统应配有服务器、电脑若干、安全稳定的网络、备份硬盘、满足电子监管相关的设备;鼓励企业采用先进的计算机管理技术和方法。

83. 企业计算机基础数据库包括什么内容?

答:应至少包括供货单位、购货单位、购销单位购销人员、药品品种等信息。客户单位及品种的基础数据,应包含证照的有效期、经营范围等具体内容,不应理解为相关资质的扫描件。

84. 建立基础库中,是否需要将客户证件档案扫描入档?

答:没有硬性规定,但为了规范化管理,可以将证件等扫描入档。

85. 如何判别企业计算机系统的权限控制属于良好状态?

答:第一,查看企业人员的登录方式是否具有唯一性,如账号+密码;第二,权限控制具有排他性和多级性,上级权限含下级权限的功能。

86. 计算机对购销客户资质进行控制,尤其是品种类别自动识别很困难,应如何解决?

答:需对计算机系统进行升级改造,改进自动识别功能。

87. 运输记录是否要在系统中体现?

答:是的。如是冷链品种,系统还应有运输过程温度的信息。

88. 请问印章样式可否是复印件盖原印公章呢?

答:企业收集印章样式,目的是在经营过程中核对相关印章(原印章及其复印件)的真伪。印章样式按规范附则要求至少收集 4 个。收集方式可以是以下 3 种:A. 电子版原印章;B. 纸质版原印章;C. 原印章复印件加盖本原印章的纸质版;D. 印章的复印件加盖公章的做法不符合要求。

89. 索取医疗机构的许可证是否一定要盖公章? 盖不到公章怎么办?

答:对大、中型医疗机构的资质证明可以在卫生行政管理部门网站查询,有资质的即可,诊所及民营医院必须加盖公章。

90. 从药品批发企业购进的首营品种,其资料只加盖质量管理部门专用章可以吗?

答:规范已明确要求,资料应加"供货单位公章原印章"。

91. 质量保证协议上签订的双方均盖公章,无法人或授权委托人的签字可以吗?

答:若质保协议条款标明盖章生效,可不需签字。

92. 首营品种定义为本企业首次采购的药品,不再提新剂型、新规格、新包装,且对首营品种合法性的审核仅要求索取盖章的批准证明文件复印件,是否不再要求索取包装、标签、说明书等样张?

答:药品质量标准在《中华人民共和国药典》(2015 版)有收载以及经药监部门备案的包装、标签、说明书样式能在政府官网上查阅,均不需索取复印件。

93. 某医药公司的部分客户属于部队医院,只能提供《部队有偿服务许可证》,能否供药给他们?

答:遵循部队医疗机构有关管理要求,索取相关证明文件。

94. 是否还需要收集供货单位销售人员的购销员证? 如果有些省市对购销员的从业资格不称为上岗证,例如称为购销人员从业证之类,能否认可?

答:因国务院已经取消了医药购销等上岗证,所以可以不收集销售人员的购销员证,应收集当地人事部门认可的从业资格证如学历、职称等。

95. 发票上的购、销单位名称及金额、品名应与付款流向及金额、品名一致,并与财务账目内容相对应。其中"金额、品名应与付款流向及金额、品名一致",是否要求客户汇款金额与销售单位金额以及发票金额必须完全一致? 能否理解为客户汇款 1 万元,则销售对应的单据也是 1 万元,发票金额也是 1 万元? 能不能客户汇款 1 万元,先拿货 8 000 元,然后下次再拿货 2 000 元? 然后分别开具销售单和发票?

答:药品经营质量管理规范要求企业在经营中的票、账、货、款须一致,发票和随货同行单等原始单据应能关联、对应、清晰。并没有要求客户汇款金额与销售单金额以及发票金额必须完全一致。

96. 请问为了企业方便归档,特药的采购记录作个标志与普通药品装订在一起可否?

答:按照国家的有关规定,采购特殊管理药品,应建立专账。

97. 药品采购的整体情况定期进行综合质量评审,是需要多久做一次? 动态跟踪是指什么时候?

答:定期是指至少一年一次;动态跟踪是指发现质量问题的情形时。

98. 特殊药品的验收是否可以由不同的人担任?

答:按照国家的有关规定,特殊管理药品的验收应指定专人负责,且应每年接受特殊药品管理业务培训,并建立专门的验收记录。

99. 企业在库药品的流转很快,在库时间很短,是否也需要养护?

答:企业应按照制度的规定并根据药品的特性和在库时间确定养护品种。

100. 如果采购单位委托物流公司提货是否也要核实提货人员的真实性? 如何核实?

答:必须对采购单位的提货人员进行身份证明的核实,可以电话核实,也可以发传真核实,核实后形成记录,以保证药品销售流向真实、合法。

101. 药品直接发送到采购单位的药品仓库,是否也要核实提货人的真实性?

答:不用。

102. 法人授权委托书授权品种,如为经营企业,因经营品种很多,而且是动态的,是否可以将授权品种表述为"我公司经营品种",不提供药品经营目录可以吗?

答:可以。

103. 随货同行单(票)样式是否采用空白的样式,复印件可以吗?

答:必须使用计算机打印形成的原件,并要加盖药品出库专用章。

104. 如果购货企业为个体零售药店,个体零售药店不用报税,也无须发票进行报销入账,是否可以不用开具发票?

答:销售药品,必须如实开具发票,做到票、账、货、款一致。

105. 请问有些供货商的随货同行单上没有收货地址的,那我们是不是应拒收货物呢? 另外,有的盖药品出库专用章,有的盖药品发货章,这样可以吗?

答:随货同行单的项目应严格按照 GSP 规定,并加盖药品出库专用章原印章;随货同行单应打印,不能手写。

106. 销售特殊管理的药品到个体零售药店或个体诊所时,由于客户没有对公账户,是否可以现金交易?

答:按照国家的有关规定,销售特殊管理药品和必须开具发票,并通过银行转账进行交易,不允许现金交易。

107. 销售特殊管理的药品是否允许客户上门自提?

答:销售特殊管理药品必须送货至客户的许可证中核准的地址(如下家为药品经营企业,应为该企业核准的仓库地址),不允许客户自提。

108. 拼箱标志是否一定要求印刷在包装箱上? 另贴标签提示可否?

答:拼箱标志可以是直接印刷在包装箱上,也可另外贴标签进行提示,达到醒目的效果即可。

109. 关于"药品出库时,应附加盖企业药品出库专用章原印章的随货同行单(票)。"请问是否必须是出库专用章? 如仓库专用间、发货专用章、储运专用章是否可以?

答:应按规范要求统一使用"药品出库专用章"。

110. 请问如何理解"运输工具密闭" ?

答:运输工具密闭是指车箱体应当整体封闭、结构牢固、货箱门严密可锁闭,可有效防尘、防雨、防遗失。

111. 随货同行单(票)的票是否指发票?

答:指发票。

112. 随货同行单上要求把“收货地址”写上,但是实际经营过程中发现客户提供的收货地址与其注册仓库地址不符,审核该客户的资质是合格的,款也是从对公账打过来的,请问在这种情况下,我们企业是否可以对其供货?

答:客户是药品批发、零售连锁企业,收货地址应与客户的核准仓库地址一致。

113. 请问关于供货和购货单位质量体系调查,是不是对客户也要收取质量体系调查表以示做了调查? 还是不需要纸质文件?

答:GSP 要求企业应对药品供货单位、购货单位的质量管理体系进行评价,评价的方式由企业自己决定,但应有记录。

114. 发货复核时遵循的“四不出”原则是什么?

答:药品包装有异常响动和液体渗漏不发货出库;外包装出现破损,封口不牢,衬垫不实,封条严格损坏等现象不发货出库;包装标识模糊不清或脱落不发货出库;药品已超过有效期不发货出库。

115. 如何确定销售单位的合法性?

答:选择证照齐全的单位;选择具有医疗许可证的医疗机构或具有经营许可证的经营机构:所购药品属于诊疗范围或经营范围许可药品。

116. 药品生产经营企业的“三色五区”指的是?

答:红的是不合格区;黄的是退货区、待验区;绿的是合格品区、发货区。

五区指:待验区、合格品区、不合格品区、退货区、发货区。

117. 请问不合格药品能不能退货?

答:按企业所制订的药品退货管理有关制度执行。

118. 经营中药材,在养护工作场所内是否可实施防虫处理的操作?

答:根据企业制订的药品养护管理有关制度执行,但养护过程中不得对其他药品造成污染。

119. 拆除外包装的零货药品,是否可用零货箱,放在整件药品旁,而非专设零件仓库存放?

答:拆零药品应集中存放,未要求专库。

120. 因经营品种减少,又实行快进快出的方式,药品阴凉库经常无库存,温湿度应如何记录?

答:药品库房均应安装温湿度自动监测设备。若库房存放药品,应按要求做好温湿度监测记录。库房暂时没有药品存放的,不需要进行温湿度监测,但应做好记录说明。

121. 特药品中的冷链品种应如何储存?

答:冷链特应储存在冷库或冷柜中,并符合特药管理要求。

122. 某公司想将销售记录、出库复核、随货同行单三单合一,但不在单上标注单价,而在备注栏注明合同号是否符合规定?

答:单据的项目内容应分别满足销售记录、出库复核、随货同行单对应的项目要求。如果不是专门的随货同行单,联单作为随货同行单也可以,但应注明有“随货同行”字样并加盖

“药品出库专用章”。

123. 委托运输的承运方需要提供哪些资质证明材料?

答:企业委托运输药品应对承运方进行质量保障能力的审计,并与承运方签订运输协议,将承运方的所有资质证明材料加盖该单位公章存档,特别说明的是要注意车辆的持有人,因为有些车辆属挂靠。

124. 运输药品,应当根据药品的包装、质量特性并针对车况、道路、天气等因素,选用适宜的运输工具,采取相应措施防止出现破损、污染待问题。请问“包装、质量特性”指什么?“相应措施”包括哪些措施?

答:包装、质量特性是指药品的包装、隆状、储存温度等特性要求。相应措施包括温度控制、装车方式、货物固定、防雨、防潮、防颠簸等措施。

125. 请问企业与承运方签订的运输协议包括哪些关键内容?

答:《药品运输服务协议》的关键内容包括:

(1)运输工具;

(2)运输时限;

(3)货物送达地点;

(4)操作人员等运输质量要求;

(5)明确赔偿责任和赔偿金额。

126. 企业对销售人员进行合法资格审核时,应如何做好记录?

答:资格审核时除需索取销售人员相关证明文件外,还需确认该销售人员是否为客户公司业务代表,核实方式由企业自行决定,记录核实的结果,并由经办人签名。

127. 冷链药品的验收能否在收货区进行?

答:应在冷库内验收。

128. 验收时能否不进行破坏性检查?

答:一般情况下验收到最小包装,可不作破坏性检查。

129. 经营有特殊管理药品的,是必须设两名专职的验收员,验收复核员能否由其他岗位兼职?

答:验收复核工作可由质管员兼职。

130. 某公司有多家控股子公司,是否可以由该公司提供验证设备配合各子公司一起做验证?

答:可以由总公司组织,子公司参与,共同完成验证工作。

131. 对于问题药品在系统锁定后,可由哪个部门进行锁定解除?

答:药品锁定后,经质量管理部门确认无质量问题,应由质量管理部门人员负责解除锁定。

132. 简述专营诊断试剂与兼营诊断试剂的含义?

答:专营的含义是经营范围只有生物制品(限诊断试剂);兼营诊断试剂指经营范围除诊断试剂外,还具有其他经营范围。

133. 能否租用冷藏车进行冷链药品的运输?

答:在自有一台冷藏车的前提下,可根据运输需要进行租用。

134. 某公司连锁业务的药品委托,同一法人的批发公司进行储存、配送,关于他储、配送的相关单据是否由批发公司负责并进行管理?

答:可以。

135. 是否有规定盘点的时间间隔?

答:建议至少每季度进行一次盘点。

136. 冷库药品码放的"五距一低"指导原则是什么?

答:"五距"是指药品堆垛间距、离地距离、离墙距离、离库顶距离和离制冷机的出风口距离应符合要求;"一低"是指低于冷风机出口下沿的位置。

137. 用于冷链药品运输中的"硬冰"和"软冰"的含义?

答:硬冰是指蓄冷剂存放在-20 ℃进行预处理;软冰是指蓄冷剂存放于0 ℃进行预处理。

138. 冷藏车验证的目的?

答:冷藏车的验证目的是明确冷藏车制冷机的温控标准、掌握冷藏车提前预冷时间、掌握冷藏车装卸作业最长时间、确定车内药品码放方式。

139.《药品经营质量管理规范》对储存特殊管理药品仓库的设施要求有哪些?

答:存储特殊管理药品,应设立专库或专柜,实行双人双锁管理,专库应设立防盗、防火及有效的监控系统,应有与公安机关报警系统联网的报警装置。

140. 蛋白同化制剂、肽类激素的管理要求是什么?

答:应参照特殊管理药品进行管理。

141. 在计算机系统中已设定药品近效期提示,是否还需要作纸质的近效期催销表格?

答:可以不做,但应符合企业近效期药品管理制度。

142. 经营特殊管理药品的企业对特药主管负责人的要求是什么?

答:主管特药经营的负责人应为药学专业本科以上学历并取得主管药师以上技术职称或执业药师资格的在职在岗人员。

143. 储存特殊管理药品的要求是什么?

答:经营麻醉药品、一类精神药品应专库储存;经营二类精神药品及蛋肽类药品的可专库或专柜储存,专柜的放置位置应相对固定,容积应与其经营规模相适应。

144. 冷藏类的特殊管理药品如何进行储存?

答:麻醉药品及一类精神药品的冷藏品种应在特殊药品专库内设冷库(柜)存放;二类精神药品及蛋肽类品种可在冷库内设置专柜存放;冷库(柜)的容积应与企业的经营规模相适应。

145. 某公司具有特殊药品经营范围,110 报警系统联网的报警装置能否安装在仓库的大门?

答:110 报警系统联网的报警装置应对特药的专库(柜)进行监控。

146. 某公司存放特殊药品的库房是在阴凉库内用铁网间隔,双从双锁管理,可否?

答:不能。特药库应为独立的库房。

147. 对于含可待因复方口服溶液、复方甘草片和复方地芬诺酯片购销管理具体的规定是什么?

答:对于含可待因复方口服溶液、复方甘草片和复方地芬诺酯片购销要求应严格按照

《关于切实加强部分含特殊药品复方制剂销售管理的通知》(国食监安〔2009〕503号)、《国家食品药品监督管理总局办公厅关于进一步加强含可待因复方口服溶液、复方甘草片和复方地芬诺酯片购销管理的通知》(食药监办药化监〔2013〕33号)等文件要求执行。

148. 某公司具有特殊管理药品的范围,能否申请委托药品第三方物流企业进行仓储?

答:特殊管理药品不得委托第三方物流企业。

149. 将特殊管理药品销售到零售药店的,如药店不具有单位账户,应如何结算货款?

答:如药店不具有单位账户的,可使用药店负责人的银行卡进行转账结算。

150. 委托第三方物流存储的企业,相关记录能否全权委托第三方物流企业保存?

答:企业的购销票据、内部管理记录等不涉及第三方物流企业,应由本企业保管;验收、存储、养护、出库等涉及第三方物流企业的记录,应由第三方物流企业定期反馈至本企业,双方共同保存。

151. 直调药品委托验收的,对方验收员的资质如何确定?

答:直调业务委托验收的,应签订协议时,明确关核实对方验收员的资质。

152. 两家公司同时委托同一家公司仓储及配送,如果这两家公司发生业务往来,物流公司是否要重新验收、入库?

答:物流公司不需要重新验收,但手续必须完善。

153. 自动温湿度监测、记录仪如有出厂合格证是否不需要检定?

答:新购置的并在一年有效期内的不需要检定。过期则需重新检定。

154. 第三方物流企业的冷藏、冷冻药品的储存温湿度是否需传至给委托方保存?

答:不需要。

155. 企业如无直调和特药经营范围,是否还要制订相关表格和制度?

答:直调药品管理制度是必须建立的制度之一;如企业经营范围无特殊管理药品的,不必制订特殊药品管理制度。

156. 企业是否可以将验证外包?

答:允许专业人士或机构指导企业开展验证工作,但企业应作为主体全程参与验证。

157. 如果是统一制式的保温箱或冷藏箱,能否只做其中一个的验证?

答:可以。

158. 批发企业经营"抗生素",若无经营冷链品种,是否可不设冷库?

答:是的。若有经营,应配置相应的冷链设施设备并按要求实行冷链管理。

159. 请问零售连锁企业总部可以不设冷库以冰箱代替吗?冰箱需要验证吗?需要购买冷藏车或保温箱吗?冷藏箱或保温箱是否需要验证?

答:零售连锁总部可以不设冷库,但必须配有 3 m^3 冷柜或冰箱,且不能使用家用冰箱。冷柜或冰箱远离应放置温度自动监测仪。冷藏箱及保温箱应按要求验证。连锁企业若有冷库,冷库及冷库湿度自动监测系统应按要求验证。冷柜(冰箱)及其温度自动监测仪要求检测,不用验证。

160. 零售连锁企业给门店配送生物制品需要自购冷藏车吗?

答:连锁企业不要求自购冷藏车,零售连锁企业总部给门店配送冷链药品可以租用冷藏车,也可以使用冷藏箱或保温箱。

161. 零售连锁企业冷链品种可以委托经审核合格的承运商配送到连锁门店吗?

答:可以。但要建立委托运输记录。

162. 药品零售连锁企业总部对下属门店实行统一管理的基本要求有哪些?

答:药品零售连锁企业总部对所属门店实行统一质量管理、统一采购、统一配送。

163. 药品零售连锁企业能否由其供货单位将药品直接配送至所属门店?

答:供货单位可以将药品直接配送至所属门店,但同时应做到:供货单位只能与药品零售连锁企业总部进行财务结算并开具销售发票给总部;供货单位应开具两份随货同行单,一份给配送门店,一份给总部。

164. 如供货单位将药品直接配送至药品零售连锁企业所属门店,药品零售连锁企业如何完成药品验收?

答:药品零售连锁企业可以委托门店进行验收。门店完成验收并建立验收记录,于当日将验收记录相关信息传递给连锁总部。

165. 药品零售连锁企业总部申报认证的资料与药品批发企业申报认证的资料是否一致?

答:不完全一致。

166. 药品零售连锁企业总部能否配送所属门店以外的药店?

答:不可以。

167. 对药品零售连锁企业进行 GSP 认证现场检查过程时,检查组需要如何抽查所属门店经营品种?

答:为了核实药品零售连锁企业总部统一采购、统一配送、统一质量管理情况,检查组需要抽查所属门店经营品种。检查组一般会随机抽查至少 2 家(含)以上门店,在每家门店抽查至少 5 个品种。

168. 连锁总部与连锁门店的质量负责人可否同一个人?

答:连锁总部与连锁门店的质量负责人不能由同一人担任。

169. 请问零售药店中药营业员证能否当中药调剂员使用?

答:不能。

170. 零售药店的温度控制是否也必须为“自动监控”?

答:不需要。

171. 零售连锁总部统一配送下属门店,门店还需要做首营企业、首营品种的审核及相关制度吗?

答:连锁门店无须制订首营企业、首营品种的相关制度。

172. 药品批发、零售连锁企业应符合哪些条件方可申报 GSP 认证?

答:药品批发、零售连锁企业申报 GSP 认证应具备以下条件:

1)属于以下情形之一的药品经营单位:

(1)具有企业法人资格的药品经营企业;

(2)非专营药品的企业法人所属的药品经营企业;

(3)不具有企业法人资格且无上级主管单位承担质量管理责任的经营实体。

2)具有依法领导取的《药品经营许可证》《企业法人营业执照》或《营业执照》。

3)企业经营内部评审,基本符合 GSP 条件要求。

173. 药品批发、零售连锁企业在哪些情况下申报 GSP 认证不予以受理?

答:药品批发、零售连锁企业有下列情形之一的,不予受理《药品经营质量管理规范》认证:

(1)因违法经营已被立案调查,尚未结案的;

(2)药品监督管理部门已经作出行政处罚决定,尚未履行处罚的;

(3)企业申请认证前连续 6 个月或 1 年内累计 9 个月未经营药品的。

174. 药品批发企业、零售连锁企业总部 GSP 认证的一般程序是什么?认证时限一般是多少个工作日?

答:申请 GSP 认证的一般程序为:企业申请与受理、区县局初审、省(市)局行政审批受理中心对申报资料做形式审查(5 个工作日)、省(市)局药品流通监管处资料审查(15 个工作日)、省(市)局审评认证中心组织认证现场检查(35 个工作日)、省局行政审批(15 个工作日)、制证办结(7 个工作日)、告之发证(3 个工作日)。

175. 药品批发企业、零售连锁企业总部申报 GSP 认证是否需要进行网上申报并取得预受理号后方可到受理大厅交书面申请材料?

答:需要。申报企业在递交书面申报材料前,应先用企业用户数字证书登录"企业网上办事平台"进行网上申报工作,填报申请事项材料,凭申报成功后取得的预受理号方可到受理大厅递交书面申报材料和办理相关后续工作。

176. 药品批发企业、零售连锁企业总部 GSP 认证申报资料主要包括哪些内容?

答:申报材料主要包括 17 项内容,分别是:

(1)《药品经营质量管理规范认证申请书》(药品批发企业或药品零售连锁企业总部);

(2)《药品经营许可证》正副本、GSP 证书、营业执照的复印件;

(3)企业实施《药品经营质量管理规范》情况的自查报告;

(4)企业人员情况一览表;

(5)企业办公场所、储运设施设备情况表;

(6)批发企业有所属药品经营单位的,应提交所属药品经营单位情况表;零售连锁企业总部的则提交《企业所属门店目录表》;

(7)企业药品经营质量管理体系文件目录;

(8)企业管理组织机构的设置与职能框图;

(9)企业办公场所和仓库的平面布局图;

(10)企业近 5 年药品经营情况表;

(11)特殊管理药品和国家有专门管理要求的药品有关情况表;

(12)冷链药品有关情况表;

(13)计算机系统管理情况表;

(14)零售连锁企业总部的,应提交企业对所属门店实行统一质量管理、统一采购、统一配送的自我保证声明;

(15)申报材料真实性的自我保证声明;

(16)在申请认证前 12 个月内,无经销假劣药品的自我保证申明:如企业存在因非违规经营造成经销假劣药品问题的,应提交情况说明和立案、结案的有效证明文件;

(17)企业所在地市局出具的 GSP 认证初审表。

177. 药品批发企业、零售连锁企业总部 GSP 认证申请资料有什么不同?

答:根据新版 GSP 的要求,申请资料较以往的 GSP 认证申请资料在以下几方面发生了变化:

1)细化企业人员情况表;

2)细化办公场所、储运设施设备情况表;

3)增加 3 个"情况表":

(1)特殊管理药品和国家有专门管理要求的药品有关情况表;

(2)冷链药品有关情况表;

(3)计算机系统管理情况表。

4)增加自我保证声明。

178. GSP 认证资料的一般要求有哪些?

答:GSP 认证申报材料的一般要求有 4 项,分别为:

(1)申报材料内容应真实完整;

(2)所有申报材料加盖企业公章;

(3)在递交书面申报材料前,申请人应用企业用户数字证书先进行网上申报工作,填报申请事材料,凭申报成功后取得的预受理号方可到受理大厅办理后续工作;

(4)书面申报材料统一用 A4 纸打印或复印后加盖公章,按顺序装订成册。

179. GSP 认证申报资料中的《企业实施〈药品经营质量管理规范〉情况的自查报告》应包含哪些内容?

答:GSP 认证申报企业应按《××省(市)药品批发企业药品经营质量管理规范认证现场检查标准》或《××省(市)药品零售连锁企业药品经营质量管理规范认证现场检查项目》进行自查总结,自查报告应包括企业基本情况、人员组织结构、办公场所和仓库的情况、计算机系统管理情况、冷链管理(验证)情况、内审情况等,如内审发现问题,还应在报告中列出整改措施;如为认证限期整流器改复查或重新认证企业,还应注明复查和重新认证的原因。

180. GSP 认证申报资料中的《企业人员情况一览表》的填写有什么要求及注意事项?

答:GSP 认证申报企业在填报《企业人员情况一览表》时,应按企业组织机构的情况填写售后服务员资质;经营范围含"中药饮片"或"中药材、中药饮片"的还需填写中药材、中药饮片验收、养护员的资质;经营范围含"生物制品"等经营范围的,应填写生物制品等质量管理工作人员情况。

181. GSP 认证申报资料的《企业办公场所、储运设施设备情况表》的填写有什么要求及注意事项?

答:GSP 认证申报企业在填报《企业办公场所、储运设施设备情况表》时应根据企业设施、设备的实际情况填写;如无所设项目栏目。应注明"无此项";仓库总面积及各库区的计算应准确;表中所有面积均为建筑面积,单位为 m^2,其中冷库容积单位为 m^3。

182. GSP 认证申报资料中的《特殊管理药品和国家有专门管理要求的药品情况表》的填写有什么要求及注意事项?

答;GSP 认证企业在填报《特殊管理药品和国家有专门管理要求的药品情况表》时,将所经营全部品种填写在此表内,管理人员栏,需具体填写人员的岗位名称及姓名;没有"特殊管理药品和国家有专门管理要求的药品"范围的企业在此表中填写"无此项"即可。

183. GSP 认证申报资料中的《冷链药品有关情况表》的填写有什么要求及注意事项?

答:GSP 认证企业在填报《冷链药品有关情况表》时,应在"药品名称"栏填写企业所经营的冷链药品品种目录;经营冷冻品种的还需填写冷冻库、冷冻运输车的情况;冷藏车配有多辆时,需分别列明每辆冷藏车的容积、车辆号牌、发票号;如仓库所在物业有备用发电能力的,"冷库是否具有备用发电机组或双电回路供电系统"填写无此项即可;冷链管理人员栏,需具体填写负责冷链的储存、运输等岗位的人员。没有经营冷藏(冷冻)药品的企业在此表中填写"无此项"即可。

184. 区县局初审 GSP 认证申报资料应注意哪些问题?

答:应注意核查以下几方面内容,并在初审意见中说明核查结果:

(1)有无因违法经营已被立案调查,尚未结案的情况;

(2)有无药品监督管理部门已经作出行政处罚决定,尚未履行处罚的情况;

(3)企业申请认证前连续 6 个月或 1 年内累计 9 个月是否有经营药品;

(4)属零售连锁企业的,在初审意见中还应对总部是否实行统一质量管理、统一购进、统一配送作审查说明。

185. 在哪里可以查到本企业 GSP 认证的进度?

答:在省(市)局认证中心公众网站上的"网上业务"功能栏下拉菜单的"认证进度查询"可实时查询企业 GSP 认证进度。

186. 省(市)局审评认证中心公众岗站上的认证进度公众进度公众系统有什么功能?

答:审评认证进度公众查询系统目前开通了药品 GSP 项认证业务查询。系统主要是实时接受省局业务大厅受理数据,依据申请企业受理时间的先后顺序,动态公示每笔认证业务办理的次序队列及相关进度情况,客观透明反映认证工作次序,及时满足申报企业的查询需求。

187. 省(市)局审评认证中心公众网站上的认证进度公众查询系统中的 GSP 认证进度是依照什么规则来排序的?

答:GSP 认证查询进度的排序主要原则有 3 个:

(1)GSP 认证申报资料在省(市)局业务大厅受理后,即进入排序;

(2)现场检查时间按受理时间及按区县级排序;

(3)资料不齐或补正资料应重新申报排队。

188. 省(市)局审评认证中心组织认证现场检查的主要工作流程有哪些?

答:省(市)局审评认证中心组织认证现场检查的主要流程有:技术审查、制订现场检查方案、抽派检查组、开展现场检查、组织专家评审、出具审核报告。

189. GSP 认证抽派检查组的原则是什么?

答:GSP 认证抽派检查组遵循以下原则:

(1)申报 GSP 认证企业所在地的 GSP 认证检查员予以回避;

(2)同一检查组内的成员不得为同一单位;

(3)在符合以上原则的前提下,做到检查员库中随机抽取。

190. GSP 认证检查组的组成是什么? 检查组长的职责是什么?

答:GSP 认证检查组由 3 名检查员组成,实行组长负责制。检查组长具体负责组织协调、沟通交流、综合情况、主持会议、宣报报告、呈报资料。

191. GSP 认证现场检查方案主要包含几部分内容?

答:GSP 认证现场检查方案主要包括:

(1)企业的基本情况;

(2)检查时间和日程安排;

(3)检查项目及检查方法;

(4)检查组成员及分工;

(5)现场检查需要重点核实问题。

192. 检查项目中的合理缺项如何确定? 合理缺项是否作为评定项目?

答:检查项目分为关键项目,一般项目和合理缺项。合理缺项是由于经营范围不同而出现的合理缺项,根据企业的认证范围确定其合理缺项。合理缺项不予以评定。

193. GSP 认证专家审评会前的预审核内容有哪些?

答:GSP 认证专家审评会前预审核的内容主要包括:

(1)GSP 认证检查组提交的资料是否完整;

(2)GSP 认证检查组现场检查是否按照方案进行检查;

(3)GSP 认证现场检查记录及 GSP 认证检查员的举证是否清晰无歧义;

(4)对检查员认证现场检查报告及有关检查资料存在的问题,提出需要核实的问题。

194. GSP 认证专家审评会审评的主要项目是什么?

答:GSP 认证专家审评会审评主要项目是:

(1)GSP 认证现场检查缺陷项目引用条项目;

(2)GSP 认证检查员记录和收集的证据资料是否能有效支持所定缺陷项目;

(3)GSP 认证现场检查缺陷项目内容是否隐藏有其他条款;

(4)核实 GSP 认证现场检查缺陷项目一般缺陷和严重缺陷项数是否能与最终评定结果相匹配;

(5)GSP 认证专家审评组是否同意检查组的综合评定建议。

195. GSP 认证现场检查的基本程序是什么?

答:GSP 认证现场检查的基本程序是:首次会议、检查取证、综合评定、末次会议。

196. GSP 认证现场检查前检查组的准备工作主要有哪些?

答:GSP 认证现场检查前:

(1)GSP 认证检查组与中心及企业沟通联系;

(2)GSP 认证检查组应提前一天到达被检查企业所在地;

(3)GSP 认证检查组成员应熟悉企业申报材料,了解检查方案,明确检查分工。

197. GSP 认证现场检查过程中在首次会议、末次会议要求被检查企业哪些人员参加?

答:(1)首次会议中企业管理层人员(企业负责人、质量负责人、各部门负责人)参加;

(2)末次会议中被检查企业管理层人员、质量管理部全体人员参加。

198. GSP 认证现场检查过程中企业的队陪同人员应有哪些?

答:企业负责人、质量负责人应全程陪同。

199. GSP 认证现场检查过程的首次会议,被检查企业汇报企业情况应由谁汇报?

答:应由被检查企业负责人汇报。

200. 零售连锁企业总部的现场检查是否需检查其所有门店,如何核实总部对所属门店的质量管理情况?

答:不需要检查所有门店。检查组根据企业实际情况至少随机抽查 2 家以上门店,每家门店随机抽 5 个经营品种,核实门店的药品是否通过连锁总部统一采购、统一配送,是否做到统一质量管理。

201. 在 GSP 认证现场检查过程中需要重点注意的事项有哪些?

答:GSP 认证现场检查过程中需要重点注意的事项:

(1)GSP 认证现场检查组应严格按照现场检查方案进行检查;

(2)GSP 认证现场检查量,检查组应按照新版 GSP 的规定,对照《××省(市)批发、零售连锁、零售企业 GSP 认证现场检查项目》逐项进行检查;

(3)GSP 认证现场检查方案中需要核工业实的内容或事项要重点查实;

(4)GSP 认证中心提出调整检查方案的意见,若调整 GSP 认证现场检查方案,须及时向省(市)局审评中心汇报并征得同意。

202. GSP 认证现场检查记录需要注意哪几个方面?

答:GSP 认证现场检查记录应注意四项内容:

(1)记录应清楚、全面、易懂,便于查阅、追溯;

(2)记录应内容翔实、切中要害、用词准确、具体;

(3)记录应及时,当场记,尽量避免事后回忆、追记;

(4)记录重点,对发现的问题进行逐条记录、核对、取证。

203. GSP 认证现场检查过程中异议应如何处理?

答:GSP 认证现场检查遇到异议应遵循以下几项要求:

(1)GSP 认证检查组应对照 GSP 有关条款,认真分析研究有关不合格项反映出的问题;

(2)GSP 认证检查组如确认检查结果无误,应向企业进行说明和解释;对有明显争议的问题,必要时可重新核对;

(3)如企业对检查仍产生异议,GSP 认证检查组应对企业提出的不同意见如实记录,并附上相关证据材料,经检查组全体成员和被检查企业负责人签字,双方各执一份。

204. GSP 认证现场检查后应填写和需交回的资料有哪些?

答:GSP 认证现场检查后应填写和需交回的资料应当有:

(1)药品 GSP 认证检查纪律;

(2)GSP 认证现场检查缺陷项目表;

(3)GSP 认证现场检查记录;

(4)GSP 认证现场检查报告;

(5)GSP 认证现场检查建议书;

(6)按要求录入的 GSP 认证电子版资料;

(7)现场检查专用电脑移动 U 盘。

205. 修订的新版 GSP 明确了“全面推进一项管理手段、强化 2 个重点环节、突破 3 个难点问题”,包括哪些内容?

答:一项管理手段就是实施企业计算机管理信息系统,2 个重点环节就是药品购销渠道和仓储温湿度控制,3 个难点就是票据管理、冷链管理和药品运输。

206. 药品批发企业的计算机系统应符合哪些要求?

答:有支持系统正常运行的服务器和终端机;有固定接入互联网的方式和安全可靠的信息平台;有实现部门间、岗位间信息传输和信息共享的局域网;药品经营业务票据生成、打印和管理功能;有符合 GSP 要求及企业管理实际需要的应用软件和相关数据。

207. 药品经营全过程管理及质量控制的各类数据的录入、修改和保存应注意哪些问题?

答:原始、真实、准确、安全和可追溯。

208. 应当制订授权范围的计算机操作包括哪些内容?

答:数据的录入、数据的修改、数据的保存、数据的查询和数据的备份。

209. 药品计算机管理软件系统应当对库存药品按期自动生成养护工作计划,依据是什么?

答:质量管理基础数据、养护制度和验收记录。

210. 药品批发企业计算机管理系统录入的质量管理基础数据包括哪些?

答:供货单位信息、购货单位信息、经营品种信息、供货及购货单位销售人员信息、委托运输信息等。

211. 药品验收人员对照药品实物在计算机管理信息系统采购记录的基础上录入哪些内容确认后会系统自动生成验收记录?

答:药品的批号、生产日期、有效期、到货数量、验收合格数量、验收结果等。

212. 药品批发企业负责信息管理的部门或者质量管理人员应当负责的工作有哪些?

答:系统硬件和软件的安装、测试和网络维护;系统数据管理和数据备份;负责培训指导相关岗位人员使用系统;负责系统程序的运行及维护管理;负责系统的网络以及数据的安全管理、保证系统日志的完整性。

213. 供货单位数据库内容应包括哪些内容?

答:《药品生产许可证》或者《药品经营许可证》;三证合一的营业执照既年检证明;GMP 或者 GSP 认证证书;相关的印章、印模及随货同行单票样;开户户名、开户银行及账号。

214. 药品经营企业质量管理部门或者质量管理人员对计算机系统的管理职责有哪些?

答:负责指导设定系统质量控制功能;负责系统操作权限的审核、并定期跟踪检查;指导监督各岗位人员严格按照规定流程及要求操作系统;对业务经营数据修改申请进行审核、符合规定要求的方可按照程序修改;负责处理系统中涉及药品质量的有关问题。

215. 药品零售企业的机会算计系统应当具备的基础功能有哪些?

答:系统应当依据质量管理基础数据,自动识别处方药、特殊管理的药品以及国家有专门管理要求的药品;系统应当与结算系统、开票系统对接,对每笔销售自动打印销售票据,并自动生成销售记录;系统应当依据质量管理基础数据信息,定期自动生成陈列的药品监察计划;系统应当对拆零药品单独建立销售记录。

216. 药品生产经营企业仓库的“五距”指的是?

答:垛与柱、垛与墙、垛与顶、垛与灯、与散热器、与管道 30 cm;垛与地面的间距不小于 10 cm;垛与垛之间距离不小于 5 cm;库房主要通道宽度不小于 200 cm;库房辅通道宽度不小于 100 cm。

217. 药品质量管理体系包括哪些?

答:质量方针质量管理活动;关键要素:组织机构、人员、设施设备、质量管理文件和计算机系统;质量管理活动:质量策划、质量控制、质量保证、质量改进、质量风险管理。

218. 请简述文件的编制流程?

答:文件的起草、文件的审核、文件的批准和生效、文件的复制、文件的颁发与回收、文件的归档、文件的销毁、文件的修订。

219. 简述库房药品温湿度要求?

答:应根据药品标示的贮藏条件要求,分别储存于冷库(2 ~ 10 ℃)、阴凉库(20 ℃以下)或常温库(10 ~ 30 ℃)内,各库房的相对湿度均应保持在 35% ~ 75% 。

附　录

附录1　药品经营企业质量管理年度工作参考表

	序　号	工作内容	备　注
每日	1	首营品种资料的审核、录入、整理归档与历史品种资料的动态管理	质管员
	2	首营企业资料的审核、录入、整理归档与历史企业资料的动态管理	质管员
	3	客户资料的审核、录入、整理归档与历史客户资料的动态管理	质管员
	4	采购计划的审批	质管部部长
	5	送货单的审批	质管员
	6	药品的验收	验收员
	7	不合格药品的确认、报告、报损、销毁的处理与记录	质管员
	8	药品退货的审批	质管员
	9	在库药品的养护与记录	养护员
	10	仓库温湿度的监控与管理及备份	养护员
	11	检验报告单的收集与扫描上传	验收员
	12	仓库等部门日常工作的巡检	质管部部长
	13	公司资质证照的复印盖章与发放	质管员
	14	质量信息(药监系统、公司内外部)的收集、统计、分析与传达发放	质管员
	15	不定时:质量信息查询	质管部部长
	16	不定时:不良反应报告	质管员
	17	不定时:药品的召回	质管部部长
	18	不定时:药品质量投诉和质量事故的调查	质管部部长
	19	不定时:假劣药品的报告	质管部部长
	20	对冷链药品及特殊药品以及含特殊药品的复方制剂的运输记录的审查	质管员

续表

	序 号	工作内容	备 注
每日	21	特殊药品及含特殊药品的复方制剂每次出库单复印件保存，且扫描归档	质管员
	22	新进员工的健康检查及业务上岗培训	质管员
每周	23	省药监有关信息、数据的上传	质管员
	24	质量信息（验收、不合格药品、退货）的收集	质管部部长
	25	重点品种养护巡查	养护员
每月	26	每月一次质量目标考核，并以简报形式下发	质管部长
	27	员工的培训与考核	质管部长
	28	人员档案的动态管理	行政部
	29	使用设备的养护、运行记录	养护员
	30	质量信息（验收、不合格药品、退货）的收集汇总报告分析	质管员
	31	发生重大变化的专项内审	质管部长
每季	32	各部门的质量目标自查（计划、制作、分发、回收）	质管员
每年	33	年度质量信息（验收、养护、不合格……）汇总分析报告	质管员、养护员
	34	年度质量方针、目标汇总、分析报告与制订下一年的质量目标	质管部长
	35	质量体系内审（对质量有重大影响的变动要及时进行专项内审）	质量负责人
	36	设施设备验证	质管部长
	37	数字证的延期	质管员
	38	药品质量风险评估	质量负责人
	39	购进药品的质量评审报告与会议记录	质管部和采购部

附录2 药品经营企业药品质量管理重点要求表

序号	项目	工作要求
1	首营品种	每个新品种必须做首营资料,同时完善原有品种资料
2	首营企业	每个新企业必须做首营资料,同时完善原有品种资料
3	首营客户	每个客户须做首营资料
4	检验报告单	收集每批检验报告单扫描重命名后电子存档,首次经营品种必须是所在地食品药品检验所的检验报告
5	采购评审	每3个月一次动态评审,每年一次整体评审
6	药品收货验收	印章印模等必须扫入电脑比对,收货、验收以及保管等环节必须签字、程序清楚,责任明确
7	药品储存	药品分库、分区、分类储存、色标管理
8	药品养护	制订养护品种计划,每月按养护计划进行养护
9	药品养护汇总	每个季度进行一次养护汇总归档
10	近效期催销表	每月一次近效期催销表
11	质量管理体系内审	每年一次全面内审
12	质量风险评估	每年一次全面内审
13	设备验证	每年一次设备验证
14	设备使用记录	将每月使用情况汇总装订归档
15	设备维护保养记录	将每月使用情况汇总装订归档
16	温湿度校验	每年一次
17	人员培训	制订培训计划,并按照培训计划进行培训
18	不合格品处理记录	不合格的每批药品必须有处理记录
19	药品报损处理	每批报损药品必须有报损处理情况记录
20	药品进货退出	进货退出的每批药品的处理记录
21	质量信息收集	随时收集药品质量新信息进行发布
22	人员健康体检	每年体检一次仓库、质管人员,新进人员必须体检
23	质量目标考核表	每月一次,并以简报形式下发
24	不良反应信息收集	每月收集一次
25	药品召回	根据上级指示进行

续表

序　号	项　目	工作要求
26	特殊药品、含特殊药品的复方制剂	每次出库出库单复印件保存，且扫描归档、不能现金汇款
27	温湿度记录	每天储存一次
28	计算机数据备份	每天一次
29	运输记录	特别要求冷链药品的记录及特殊药品以及含特殊药品的复方制剂
30	中药材及中药饮片	注重毒性中药、罂粟壳及已有批准文号的中药饮片的管理、销售记录规范完整

附录3 常用含麻黄碱类复方制剂品种目录（供参考）

序 号	通用名称	序 号	通用名称
1	氨苯伪麻片	27	氨酚伪麻那敏片（Ⅱ）
2	氨苯伪麻片（Ⅰ）	28	氨酚伪麻那敏片（Ⅲ）
3	氨苯伪麻片（Ⅱ）	29	氨酚伪麻那敏片（Ⅳ）
4	氨酚氯雷伪麻缓释片	30	氨酚伪麻那敏溶液
5	氨酚氯汀伪麻片	31	氨酚伪麻片（Ⅰ）
6	氨酚麻美糖浆	32	氨酚伪麻片（Ⅱ）
7	氨酚美芬伪麻分散片	33	氨麻苯美片
8	氨酚美伪麻片	34	氨麻美敏胶囊Ⅰ
9	氨酚曲麻片	35	氨麻美敏胶囊Ⅱ
10	氨酚伪麻滴剂	36	氨麻美敏咀嚼片
11	氨酚伪麻分散片	37	氨麻美敏口服溶液
12	氨酚伪麻胶囊	38	氨麻美敏口服液
13	氨酚伪麻胶囊（Ⅱ）	39	氨麻美敏片
14	氨酚伪麻咀嚼片	40	氨麻美敏片Ⅱ
15	氨酚伪麻颗粒	41	氨麻美敏片Ⅲ
16	氨酚伪麻氯汀胶囊	42	氨麻美明分散片
17	氨酚伪麻氯汀片	43	氨美愈伪麻口服液
18	氨酚伪麻美芬胶囊	44	贝敏伪麻胶囊
19	氨酚伪麻美芬片（Ⅰ）	45	贝敏伪麻片
20	氨酚伪麻美芬片（Ⅱ）	46	苯酚伪麻片
21	氨酚伪麻美芬片（Ⅲ）	47	苯海拉明伪麻黄碱胶囊
22	氨酚伪麻美那敏片	48	布洛伪麻分散片
23	氨酚伪麻那敏分散片	49	布洛伪麻干混悬剂
24	氨酚伪麻那敏颗粒	50	布洛伪麻缓释胶囊
25	氨酚伪麻那敏泡腾颗粒	51	布洛伪麻缓释片
26	氨酚伪麻那敏片（Ⅰ）	52	布洛伪麻混悬液

续表

序 号	通用名称	序 号	通用名称
53	布洛伪麻胶囊	84	复方桔梗远志麻黄碱片Ⅱ
54	布洛伪麻颗粒	85	复方磷酸可待因口服溶液
55	布洛伪麻口腔崩解片	86	复方磷酸可待因口服溶液(Ⅱ)
56	布洛伪麻那敏片	87	复方磷酸可待因口服溶液(Ⅲ)
57	布洛伪麻泡腾颗粒	88	复方磷酸可待因溶液
58	布洛伪麻片	89	复方氯扑伪麻缓释片
59	布洛伪麻软胶囊	90	复方麻黄碱色甘酸钠膜
60	茶碱麻黄碱胶囊	91	复方麻黄碱糖浆
61	茶碱麻黄碱片	92	复方枇杷氯化铵糖浆
62	非索伪麻缓释片	93	复方妥英麻黄茶碱片
63	酚咖麻敏胶囊	94	复方为麻黄碱口服溶液
64	酚氯伪麻缓释片	95	复方西替利嗪伪麻缓释片
65	酚麻美敏咀嚼片	96	复方盐酸麻黄碱软膏
66	酚麻美敏口服溶液	97	复方盐酸伪麻黄碱缓释胶囊
67	酚麻美敏片	98	复方盐酸伪麻黄碱缓释颗粒
68	酚麻美软胶囊	99	复方盐酸伪麻黄碱缓释片
69	酚美愈伪麻口服溶液	100	复方盐酸西替利嗪伪麻缓释片
70	酚美愈伪麻分散片	101	复方愈酚麻黄糖浆
71	呋麻滴鼻液	102	甘草麻黄碱片
72	复方阿托品麻黄碱栓	103	黄麻嗪胶丸
73	复方氨酚苯海拉明片	104	咖酚伪麻片
74	复方苯海拉明麻黄碱糖浆	105	硫酸伪麻黄碱
75	复方布洛伪麻缓释片	106	氯酚伪麻缓释片
76	复方茶碱麻黄碱片	107	氯雷他定伪麻黄碱缓释片
77	复方胆氨片	108	氯雷伪麻缓释胶囊(Ⅰ)
78	复方酚咖伪麻胶囊	109	氯雷伪麻缓释胶囊(Ⅱ)
79	复方甘草氯化铵糖浆	110	氯雷伪麻缓释片
80	复方甘草麻黄碱片	111	麻黄碱苯海拉明片
81	复方桔梗麻黄碱糖浆	112	美芬伪麻咀嚼片
82	复方桔梗麻黄碱糖浆(Ⅱ)	113	美芬伪麻溴敏口服溶液
83	复方桔梗远志麻黄碱片Ⅰ	114	美酚伪麻片

续表

序　号	通用名称	序　号	通用名称
115	美敏伪麻缓释胶囊	146	双分伪麻片（儿童片）
116	美敏伪麻咀嚼片	147	双酚伪麻干混悬剂
117	美敏伪麻口服溶液	148	双酚伪麻糖浆
118	美敏伪麻溶液	149	双扑伪麻分散片
119	美扑伪麻干混悬剂	150	双扑伪麻胶囊
120	美扑伪麻胶囊	151	双扑伪麻颗粒
121	美扑伪麻颗粒	152	双扑伪麻口服溶液
122	美扑伪麻口服溶液	153	双扑伪麻片
123	美扑伪麻片	154	水杨酸伪麻黄碱
124	美羧伪麻胶囊	155	水杨酸伪麻黄碱片
125	美羧伪麻颗粒	156	特酚伪麻片
126	美息伪麻拉明分散片	157	特洛伪麻胶囊
127	美息伪麻片	158	伪麻滴剂（婴幼儿用）
128	美息伪麻软胶囊	159	伪麻美沙芬滴剂
129	美愈伪麻胶囊	160	伪麻那敏缓释胶囊
130	美愈伪麻颗粒剂	161	伪麻那敏胶囊
131	美愈伪麻口服溶液	162	伪麻那敏片
132	美愈伪麻口服液Ⅰ	163	伪麻溴敏片
133	美愈伪麻口服液Ⅱ	164	西嗪伪麻缓释胶囊
134	美愈伪麻片	165	西嗪伪麻缓释片
135	那敏伪麻胶囊	166	西替利嗪伪麻黄碱缓释胶囊
136	那敏伪麻片	167	西替伪麻缓释胶囊
137	萘普生钠伪麻黄碱缓释胶囊	168	西替伪麻缓释片
138	萘普生钠伪麻黄碱缓释片	169	小儿氨酚伪麻分散片
139	扑尔伪麻片	170	小儿复方麻黄碱桔梗糖浆
140	扑美伪麻片	171	小儿美敏伪麻口服溶液
141	曲美伪麻口服溶液	172	小儿伪麻滴剂
142	沙芬伪麻咀嚼片	173	小儿伪麻美芬滴剂
143	双分伪麻胶囊	174	盐酸麻黄碱滴剂
144	双分伪麻片	175	盐酸麻黄碱片
145	双分伪麻片（成人片）	176	盐酸麻黄碱糖浆

续表

序　号	通用名称	序　号	通用名称
177	盐酸麻黄碱注射液	188	复方氨酚美沙糖浆
178	盐酸西替利嗪盐酸伪麻黄碱缓释胶囊	189	复方氨敏愈麻糖浆
179	盐酸西替利嗪盐酸伪麻黄碱缓释片	190	复方氨酚愈敏口服溶液
180	盐酸西替伪麻缓释片	191	复方茶碱甲麻黄碱片
181	愈酚伪麻待因口服溶液	192	复方甲麻口服溶液
182	愈酚伪麻颗粒	193	复方盐酸甲麻黄碱糖浆
183	愈酚伪麻口服溶液	194	甲麻芩苷那敏片
184	愈酚伪麻片	195	消旋盐酸甲麻黄碱
185	复方福尔可定糖浆	196	盐酸甲麻黄碱片
186	复方氨茶碱暴马子胶囊	197	愈酚甲麻那敏糖浆
187	复方氨酚甲麻口服液	198	愈美甲麻敏糖浆
含麻黄碱的中成药			
1	止咳祛痰颗粒	20	息喘丸
2	天一止咳胶囊	21	痰咳清片
3	天一止咳糖浆	22	苏菲止咳糖浆
4	天一止咳滴丸	23	舒肺糖浆
5	散痰宁滴丸	24	散痰宁糖浆
6	复方川贝精片	25	芦根枇杷叶颗粒
7	复方川贝精颗粒	26	良园枇杷叶膏
8	止咳祛痰糖浆	27	咳痰清糖浆
9	支气管炎片	28	咳立停糖浆
10	镇咳宁糖浆	29	桔远止咳片
11	镇咳宁颗粒	30	蒿蓝感冒颗粒
12	镇咳宁口服液	31	甘桔止咳糖浆
13	镇咳宁胶囊	32	复方川贝精胶囊
14	镇咳宁含片	33	复方鼻炎膏
15	镇咳宁滴丸	34	鼻炎滴剂
16	苑叶止咳糖浆	35	贝桔止咳糖浆
17	小儿化痰止咳糖浆	36	白纸扇感冒颗粒
18	小儿化痰止咳冲剂(颗粒)	37	安嗽糖浆
19	消咳宁片		

参考文献

[1] 第十二届全国人民代表大会常务委员会第十四次会议. 中华人民共和国药品管理法(2015 年修正).

[2] 国家食品药品监督管理总局. 关于修改《药品经营质量管理规范》的决定(第 28 号令). 北京:国家食品药品监督管理总局,2016.

[3] 国家食品药品监督管理总局. 关于修改与《药品经营质量管理规范》相关的冷藏、冷冻药品的储存与运输管理等 5 个附录文件的公告(2016 年第 197 号). 北京:国家食品药品监督管理总局,2016.

[4] 国家食品药品监督管理总局. 药品经营质量管理规范现场检查指导原则(修订稿). 北京:国家食品药品监督管理总局,2016.

[5] 张瑜. GSP 实务[M]. 北京:中国医药科技出版社,2015.

[6] 杨万波,巩海涛. GSP 实务教程[M]. 北京:中国医药科技出版社,2014.

[7] 李玉华,朱玉玲. 实用药品 GSP 基础(项目教学法教改教材)[M]. 2 版. 北京:化学工业出版社,2014.

[8] 梁毅,陈玉文. 药品经营质量管理——GSP 实务[M]. 2 版. 北京:中国医药科技出版社,2015.

[9] 万春燕. 药品经营质量管理规范(GSP)实用教程[M]. 2 版. 北京:化学工业出版社,2014.

[10] 李钧,李志宁. 药品质量风险管理[M]. 北京:中国医药科技出版社,2011.

[11] 药品经营质量管理规范实施手册编委会. 药品经营质量管理规范实施手册(1—4 卷)[M]. 北京:中国卫生管理出版社,2014.